28206
22

CHEFS-D'ŒUVRE

DE LA

LITTÉRATURE

FRANÇAISE

22

ŒUVRES

COMPLÈTES

DE J. RACINE

TOME TROISIÈME

ŒUVRES

COMPLÈTES

DE J. RACINE

AVEC UNE VIE DE L'AUTEUR

ET

UN EXAMEN DE CHACUN DE SES OUVRAGES

PAR

M. SAINT-MARC GIRARDIN

DE L'ACADÉMIE FRANÇAISE

ET M. LOUIS MOLAND

TOME TROISIÈME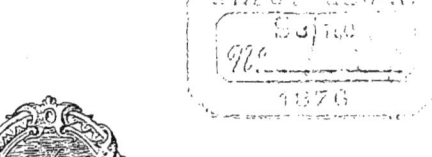

PARIS

GARNIER FRÈRES, LIBRAIRES-ÉDITEURS

6, RUE DES SAINTS-PÈRES

—

M DCCC LXXV

BRITANNICUS

TRAGÉDIE

1669

NOTICE PRÉLIMINAIRE.

Si j'examinais les tragédies romaines jouées sur notre théâtre avant Corneille et Racine, je ferais presque l'histoire de la tragédie en France; car les tragédies empruntées à l'histoire romaine sont très-nombreuses. Je veux me borner aux pièces qui, avant Racine, ont rapport à Néron, à celles surtout qui, comme *Britannicus*, sont inspirées par les récits de Tacite; je ne parlerai même de l'*Othon* de Corneille que parce que le poëte, dans le caractère et dans les discours de son héros, a peint admirablement cette cour de Néron dont Othon avait fait partie.

Je ne cache pas d'ailleurs que, soit dans la notice préliminaire, soit dans l'examen de *Britannicus*, je veux surtout considérer l'usage que les poëtes avant Racine, et Racine lui-même, ont fait de Tacite; comparer ensemble la tragédie telle qu'elle est dans les récits de l'histoire et la tragédie telle qu'elle est sur la scène; chercher quelle est celle qui nous touche et nous intéresse le plus; voir enfin si l'action dramatique et l'illusion théâtrale égalent l'émotion qu'excitent les simples et grands tableaux de l'historien.

Il y a parmi les tragédies de Sénèque une pièce qui a pour titre et pour sujet la *Mort d'Octavie,* et qui a été une des premières tragédies de Sénèque, transportée au XVI⁰ siècle sur notre théâtre par Roland Brisset. Cette tragédie prétendue de Sénèque est curieuse à examiner pour quiconque veut comparer l'histoire et le drame.

Fiancée à Néron dès le règne de Claude, Octavie, par son mariage, approcha Néron de l'empire et en éloigna son frère Britannicus.[1] Elle était belle, chaste et honnête; Néron n'eut jamais que de l'aversion pour elle;[2] il lui préféra d'abord l'affranchie Acté; enfin Poppée, qui, voulant être plus qu'une courtisane, fit périr Octavie pour être impératrice.

Octavie était à la table où périt son frère Britannicus. Agrippine voulut en vain se contenir en face de ce crime qui la menaçait d'un pareil et d'un plus grand; elle fut troublée et abattue; la cour comprit qu'elle était innocente, et que ses périls commençaient avec ce crime qu'elle n'avait ni préparé, ni connu. Octavie resta immobile, parce que, domptée déjà par le malheur, elle avait toutes les dissimulations de la peur.[3]

Rien n'apprit mieux à Octavie les périls qui la menaçaient, et rien, en même temps, ne les augmenta davantage que l'empressement d'Agrippine à se rapprocher d'elle, après la mort de Britannicus. Elle essayait de se faire une force contre Néron de la popularité qu'avait la fille de Claude. C'était bien, en effet, la faveur du peuple et le nom de son père qui faisaient la force d'Octavie; mais c'étaient là aussi ses crimes aux yeux de Néron. Il se décida donc, après la mort d'Agrippine, et surtout, comme le dit Tacite, quand il vit que tous ses forfaits étaient acceptés comme de belles actions,[4] il se décida à répudier Octavie à cause de sa stérilité, et il épousa Poppée. Poppée avait régné sur Néron par l'adultère; elle régna encore plus sur lui

---

1. TACITE, liv. XII, ch. IX.— Despondeturque Octavia; ac, super priorem necessitudinem, sponsus jam et gener Domitius æquari Britannico, studiis matris, arte eorum queis ob accusatam Messalinam, ultio ex filio timebatur.

2. TACITE, liv. XIII, ch. XII. — Ab Octavia uxore, nobili quidem et probitatis spectatæ, fato quodam, an quia prævalent illicita, abhorrebat.

3. TACITE, liv. XIII, ch. XVI. — Agrippinæ is pavor, ea consternatio mentis, quamvis vultu premeretur, emicuit, ut perinde ignaram fuisse, ac sororem Britannici Octaviam, constiterit : quippe sibi supremum auxilium ereptum, et parricidii exemplum intelligebat. Octavia quoque, quamvis rudibus annis, dolorem, caritatem, omnes affectus abscondere didicerat.

Postquam cuncta scelerum suorum pro egregiis accipi videt. (XIV, LX.)

NOTICE PRÉLIMINAIRE.

par le mariage, et elle poursuivit Octavie avec d'autant plus de haine qu'elle l'avait remplacée. Elle commença par l'accuser d'avoir un esclave pour amant, et les servantes d'Octavie furent mises à la question pour leur arracher un témoignage. Quelques-unes cédèrent, vaincues par la souffrance. Le plus grand nombre persista à défendre l'honneur de leur maîtresse. D'abord répudiée, Octavie fut bientôt exilée en Campanie sous la garde de quelques soldats. De là des murmures et des plaintes qui éclatèrent dans le peuple, moins appris à déguiser ses sentiments, et à qui sa pauvreté crée moins de périls. Néron intimidé, mais non repentant, rappelle Octavie. Alors le peuple court au Capitole et remercie les dieux qui protégeaient enfin la vertu. Il renverse les statues de Poppée, porte sur ses épaules les images d'Octavie qu'il couvre de fleurs, qu'il place dans le Forum et dans les temples. Un cortége se forme, se rend au palais et demande à Néron de paraître. Déjà la foule remplissait le palais de cris et de confusion, quand des bandes de soldats sortent, le fer à la main, et dispersent cette foule troublée et éperdue. Ils relèvent les statues de Poppée, et font disparaître les signes de la sédition. Mais Poppée, toujours implacable dans sa haine, plus furieuse encore par la peur qu'elle avait eue, se jette aux pieds de Néron,[1] « disant qu'il ne s'agit plus d'elle-même, ni de son titre d'épouse, quoiqu'il lui soit plus cher que la vie même; c'est son sang que demandent les esclaves d'Octavie qui se parent du nom du peuple. On a pris les armes contre l'empereur. Il n'a manqué qu'un chef à la révolte, et, la révolte continuant, le chef se serait aisément trouvé. Octavie pouvait maintenant quitter la Campanie et marcher sur Rome, puisque, absente même, elle excitait d'un signe la sédition. Si l'intérêt de l'État l'exige, que Néron rappelle Octavie triomphante, mais qu'il le fasse librement et non sur l'ordre du peuple, ou bien qu'il songe à sauver l'État et lui-même par une juste vengeance. Quelques soldats ont suffi pour arrêter un premier mouvement. Mais, si le peuple désespère de pouvoir faire d'Octavie une impératrice en l'imposant à Néron, ils lui donneront un mari qu'elle fera empereur. »

---

1. Quæ semper odio, tum et metu atrox, ne aut vulgi vis acrior ingrueret, aut Nero inclinatione populi mutaretur, provoluta genibus ejus : non eo loci res suas agi, ut

Ces paroles qui s'adressaient à la peur et à la colère de Néron l'effrayaient à la fois et l'excitaient.[1] Mais de quoi accuser Octavie? D'avoir été adultère avec un esclave? accusation déjà détruite par l'impuissance de la torture contre les servantes. Il fallait trouver quelqu'un qui s'accusât lui-même d'avoir séduit Octavie et d'avoir conspiré avec elle contre l'empereur. L'ancien meurtrier d'Agrippine, Anicetus, fut choisi pour remplir ce rôle. Son crime lui avait d'abord donné une faveur bientôt changée en disgrâce, parce que ceux qui exécutent les crimes sont, par leur présence, le reproche et le tourment de ceux qui les ont ordonnés.[2] Néron le fait venir, lui rappelle son premier service; c'est lui qui a sauvé l'empereur des complots de sa mère. Il s'agit de lui rendre un nouveau service en le délivrant d'une épouse ennemie, et il ne faut ici ni soldats, ni glaives. Il suffit d'avouer qu'il a avec Octavie un commerce adultère. S'il consent, Néron lui promet de grandes récompenses, secrètes pour le moment, de grands biens, de beaux domaines; s'il refuse, il mourra. Poussé par sa méchanceté naturelle et par l'entraînement de ses premiers crimes, Anicetus accepte, avoue devant ses amis son adultère avec Octavie. Il fut exilé en Sardaigne où il vécut riche et mourut de mort naturelle. Néron alors, dans un édit, accuse Octavie d'adultère, et la déporte dans l'île de Pandataria. « Parmi tant d'exilés, Octavie fut celle qui excita le plus de pitié. On se souvenait d'Agrippine exilée sous Tibère, de Julie, sous Claude; mais elles étaient dans la force de l'âge, et elles avaient eu des jours heureux; elles pouvaient opposer à leur misère présente le souvenir de leur ancienne splendeur. Quant à Octavie, son mariage avait été son premier malheur; elle avait vu son père et son frère mourir par le poison, puis la

---

de matrimonio certet, quanquam id sibi vita potius, sed vitam ipsam in extremum adductam a clientelis et servitiis Octaviæ, quæ plebis sibi nomen indiderint, ea in pace ausi, quæ vix bello evenirent. Arma illa adversus principem sumpta; ducem tantum defuisse; qui, motis rebus facile reperiretur. Omitteret modo Campaniam et in urbem ipsam pergeret, ad cujus nutum absentis tumultus cierentur... denique, si id rebus conducat, libens quam coactus acciret dominam, vel consuleret securitati justa ultione, et modicis remediis primos motus consedisse; at, si desperent uxorem Neronis fore Octaviam, illi maritum daturos. (TACITE, liv. XIV, ch. LXI.)

1. Varius sermo et ad metum atque iram accommodatus, terruit simul audientem et accendit. (*Ibid.*, ch. LXII.)

2. Quia malorum facinorum ministri quasi exprobantes aspiciuntur. (*Ibid.*)

servante devenue plus puissante que la maîtresse, et Poppée ne la remplaçant comme épouse que pour la faire périr sous une accusation pire que la mort. [1] »

« Et c'est ainsi qu'à vingt ans cette jeune femme, traînée par des centurions et des soldats, partait pour son exil, déjà morte par le sentiment de son malheur, vivante encore pour souffrir et pour gémir. A peine arrivée, elle reçut l'ordre de mourir, attestant en vain qu'elle n'était plus que la veuve et la sœur de Néron, invoquant leurs communs aïeux, et répétant souvent le nom d'Agrippine qui, tant qu'elle avait vécu, l'avait préservée non des malheurs de son mariage, mais de la mort. Les veines lui furent ouvertes; comme le sang glacé par la peur ne coulait pas, elle fut étouffée dans un bain chaud. On fut cruel avec elle même après la mort. Sa tête fut coupée, portée à Rome et présentée à Poppée. [2] » On décréta des actions de grâces et des présents aux dieux immortels, et si nous mentionnons ces hommages, dit Tacite, « c'est pour qu'en lisant l'histoire de notre temps, on sache bien que, chaque fois que l'empereur ordonnait des exils et des meurtres, chaque fois aussi les dieux obtenaient des actions de grâces, les fêtes qui témoignaient autrefois de nos prospérités ne témoignant plus que des malheurs publics. [3] »

Voilà le récit de la vie et de la mort d'Octavie, qui est la plus touchante et la plus douloureuse tragédie qu'on puisse lire, mais

---

1. Non alia exul visentium oculos majore misericordia affecit. Meminerant adhuc quidam Agrippinæ a Tiberio, recentior Juliæ memoria obversabatur Claudio pulsæ. Sed illis robur ætatis affuerat : lœta aliqua viderant et præsentem sevitiam melioris olim fortunæ recordatione allevabant. Huic primum nuptiarum dies loco funeris fuit, deductæ in domum in qua nihil nisi luctuosum haberet, erepto per venenum patre et statim fratre; tum ancilla domina validior et Poppæa non nisi in perniciem uxoris nupta; postremo crimen omni exitio gravius. (Liv. XIV, ch. LXIII.)
2. Ac puella vicesimo ætatis anno inter centuriones et milites, præsagio malorum jam vita exempta, nondum tamen morti acquiescebat. Paucis dehinc intersectis diebus mori jubetur, quum jam viduam se tantum sororem testaretur, communesque Germanicos et postremo Agrippinæ nomen cieret, qua incolumi, infelix quidem matrimonium sed sine exitio pertulisset, restringitur vinculis venæque ejus per omnes artus exsolvuntur; et quia pressus pavore sanguis tardius labebatur, præfervidi balnei vapore necatur, additurque atrocior sævitia, quod caput amputatum latumque in urbem Poppæa vidit. (Liv. XIV, ch. LXIV.)
3. Quod ad eum finem memoravimus, ut quicumque casus temporum illorum nobis vel aliis autoribus noscent, præsumptum habeant, quoties fugas et cædes jussit princeps, toties grates diis actas, quæque rerum secundarum olim, tum publicæ cladis insignia fuisse. (Ibid.)

qui n'est point une tragédie qui convienne au théâtre. Octavie est trop uniformément malheureuse, depuis le commencement de sa vie jusqu'à la fin, pour être un personnage dramatique. De même que les héros du théâtre ne doivent être ni tout à fait vicieux, ni tout à fait vertueux, ils ne peuvent pas non plus être toujours heureux ou toujours malheureux. Il faut une certaine diversité dans leurs aventures comme dans leurs caractères.

La tragédie d'*Octavie*, que nous trouvons dans le théâtre de Sénèque le tragique, n'est probablement point de Sénèque ; mais il y a entre *Octavie* et les tragédies de Sénèque une si grande ressemblance dans la manière de concevoir la tragédie, de substituer les déclamations et les sentences d'école à l'action et à la passion dramatiques, qu'il est impossible de ne pas croire qu'*Octavie* est sortie de l'école de Sénèque, sinon de sa main. Sénèque a survécu trois ans à Octavie.[1] Il a donc pu à toute force faire de la mort d'Octavie le sujet d'une de ses tragédies. — Mais comment, pendant ces trois ans de terreur qu'il a vécu sous Néron, après Octavie, entouré comme il l'était de délateurs et d'espions, a-t-il osé faire une pareille pièce? — Il pensait peut-être qu'elle serait connue et publiée après sa mort, qu'elle serait son testament de vengeance. — Comment s'y est-il mis lui-même en scène? — L'invraisemblance est moins forte qu'elle ne le paraît au premier coup d'œil : d'abord il a pris dans la pièce le beau rôle, celui de défenseur d'Octavie et d'adversaire de la tyrannie. Dans l'histoire, Sénèque, en effet, a défendu Octavie et il a cherché à tempérer la cruauté du tyran par des conseils impuissants et dès lors devenus dangereux pour lui-même. Le rôle qu'il joue dans *Octavie* n'est donc pas faux; seulement, comme il se peignait lui-même, il s'est peint en beau; quoi de plus naturel? *Octavie*, à ce compte, serait une page des mémoires de Sénèque. — Mais, dit-on encore, l'ombre d'Agrippine, dans *Octavie*, prédit la mort de Néron et elle en décrit même les circonstances. Or, Sénèque étant mort avant Néron, il n'a pu ni prédire ni décrire sa fin. — Je réponds qu'il

---

1. Octavie tuée en 62 après J.-C., Sénèque en 65.

n'est pas bien difficile de prédire la chute des tyrans, l'abandon qu'ils éprouvent de leurs courtisans et l'horreur expiatoire de leurs derniers moments.

A prendre l'histoire de Sénèque, rien donc ne prouve absolument qu'il n'est pas l'auteur d'*Octavie*; à prendre le genre de son théâtre, rien ne le prouve non plus. L'*Octavie* a les deux caractères particuliers des tragédies de Sénèque, d'une part l'usage de la déclamation et de la sentence remplaçant le dialogue naturel et vraisemblable du théâtre grec; d'autre part l'usage fréquent de la mythologie introduite avec plus ou moins d'à-propos à travers les déclamations de la rhétorique. La plupart des personnages et des chœurs des tragédies de Sénèque ont une prétention singulière à l'érudition mythologique; la mythologie, qui n'était plus un dogme, était devenue un lieu commun de rhétorique. C'est pour se conformer à cette règle qu'Octavie, au cinquième acte, au moment où elle monte sur le vaisseau qui doit la transporter dans l'île de Pandataria où elle sait qu'elle doit périr assassinée, demande au rossignol « de déplorer ses malheurs dans ses chants et souhaite surtout d'avoir ses ailes pour se dérober à la mort, pour aller loin de la société criminelle des hommes vivre solitaire au fond des forêts et sur une branche fragile faire entendre ses plaintes douloureuses.[1] » Le chœur, touché de ses plaintes, répond dans le même genre en demandant « aux vents et aux nuées, qui ont autrefois dérobé Iphigénie au couteau qui l'allait immoler sur l'autel, de transporter aussi Octavie loin de son supplice au temple de Diane; » car, continue le chœur, l'Aulide et la terre barbare de la Tauride sont plus clémentes que Rome; la Tauride ne sacrifie aux dieux que le

---

1.   Quis mea digne deflere potest
Mala? quæ lacrymis nostris questus,
Reddet aedon? Cujus pennas
Utinam miseræ mihi fata darent!
Fugerem luctus ablata meos
Penna volucri, procul et cœtus
Hominum tristes, cædemque feram.
Sola in vacuo nemore et tenui
Ramo pendens, querulo possem
Gutture mœstum fundere murmur.
(*Octavie*, acte V, v. 914-923.)

sang des étrangers et Rome aime à verser le sang de ses citoyens.[1]

L'*Octavie* appartient, comme les autres tragédies de Sénèque, à ces écoles de déclamation sur lesquelles nous trouvons des détails si curieux dans ce qu'on appelle les controverses de Sénèque et les déclamations de Quintilien. On y plaidait des causes imaginaires et singulières ; on y traitait des questions de morale politique, et, par exemple, cette question chère à tous les rhéteurs grecs : s'il est permis de tuer les tyrans. Tout cela se discutait dans les écoles, sous Tibère, sous Caligula, sous Néron, sous Domitien, sans inspirer jamais aux écoliers des rhéteurs l'idée d'une application à leur temps et à leur pays, ni aux princes l'idée d'un péril pour eux-mêmes. Ç'a été la première expérience de la doctrine de l'art pour l'art. J'ai toujours pensé que les tragédies de Sénèque étaient un des exercices de rhétorique de ces écoles. S'il en est ainsi, il n'est pas extraordinaire qu'un des élèves ou des maîtres de ces écoles, un des disciples de Sénèque, ait fait, après la chute de Néron, sous Vespasien ou sous Titus, une tragédie d'Octavie, où il a, selon l'histoire, donné le beau rôle à son maître Sénèque. La pièce, d'ailleurs, est conforme aux règles de ces tragédies d'école : peu ou point d'action, point de caractères, point de passions ; tout cela est remplacé par des déclamations philosophiques ou mythologiques, et par des dialogues sentencieux, hérissés de petites phrases aiguisées en pointes.

Dès le premier acte, Octavie résume ses malheurs en quelques vers. « Ma mère égorgée, mon père lâchement empoisonné, privée de mon frère que j'ai vu périr, accablée de misère et de deuil, forcée de cacher ma douleur, détestée d'un époux que je

---

1. Lenes auræ zephyrique leves
    Tectam quondam nube ætherea
    Qui vexistis raptam sævæ
    Virginis aris Iphigeniam,
    Hanc quoque tristi procul a pœna
    Portate, precor, templa ad triviæ.
    Urbe est nostra mitior Aulis
    Et Taurorum barbara tellus.
    Hospitis illic cæde litatur
    Numen superum : civis gaudet
       Roma cruore.
    (*Octavie*, v 970.)

déteste, esclave de mon esclave (de Poppée), voilà ma vie, et mon cœur tremble sans cesse, non pas à l'idée de la mort, mais du crime qu'on choisira de m'imputer pour justifier mon supplice.[1] »

Le rapport de pensée et d'expression avec Tacite est frappant. *Crimen omni exitio gravius.*

La nourrice d'Octavie essaye de la consoler. Elle lui parle de la faveur du peuple romain.

OCTAVIE.

« La faveur du peuple peut consoler mes maux; elle ne les suspend point.

LA NOURRICE.

« La force du peuple est grande.

OCTAVIE.

« Celle du prince est plus grande encore.[2] »

Sénèque est le seul défenseur d'Octavie; mais Sénèque s'occupe encore plus de gourmander en philosophe les vices du temps que de secourir l'épouse infortunée de Néron. Dans un long monologue, il regrette son exil en Corse, les études qu'il y faisait sur les époques de la nature qui renouvelle de « temps en temps la face du monde et substitue des races honnêtes et justes aux races criminelles: c'est, dit-il, ce que la nature a fait une première fois sous Saturne, » et alors il décrit les mœurs de l'âge d'or. Bientôt est venu un âge moins paisible et moins doux, et il

---

1. Genetrice cæsa, per scelus rapto patre,
Orbata fratre, miseriis, luctu obruta,
Mœrore pressa, conjugi invisa, ac meæ
Subjecta famulæ; luce non grata fruor;
Trepidante semper corde, non mortis metu,
Sed sceleris. Absit crimen a fatis meis;
Mori juvabit...
(*Octavie*, acte Ier, v. 101-106.)

2.   NUTRIX.
Confirmet animum civium tantus favor.
OCT.
Solatur iste nostra, non relevat, mala.
NUTRIX.
Vis magna populi est.
OCT.
Principis major tamen.
(*Ibid.*, v. 182.)

arrive ainsi, de décadence en décadence, jusqu'à son siècle « où les vices accumulés des générations précédentes retombent tous sur nous, siècle courbé sous le mal et qui voit régner le crime. L'impiété est déchaînée, la débauche est toute-puissante, et le luxe, vainqueur du monde, exerce partout sa rapacité pour assouvir partout sa prodigalité. [1] »

Néron arrive pour interrompre ce monologue scientifique et moral. Alors s'engage entre l'ancien précepteur et son terrible disciple un de ces dialogues coupés et sentencieux dont la liberté nous étonnerait, si nous ne savions pas que les écoles peuvent tout dire là où les disciples ne songent à rien faire, là où il n'y a aucun lien entre la parole et l'action, entre l'intelligence et la volonté. Néron ouvre la scène en ordonnant au préfet du prétoire de lui envoyer la tête de Plautus et de Sulla. Sénèque s'effraye d'ordres si cruels donnés si légèrement.

NÉRON.

« Il est facile d'être juste à qui n'a rien à craindre.

SÉNÈQUE.

« C'est par la clémence qu'il faut se défendre de la peur.

NÉRON.

« La vertu du prince est de savoir détruire ses ennemis.

SÉNÈQUE.

« Et la vertu du père de la patrie est de conserver les citoyens.

NÉRON.

« C'est aux enfants qu'il faut donner ces conseils de vieillard indulgent.

---

1. . . . . . . Nunc adest mundo dies
Supremus ille, qui premat genus impium
Cœli ruina; rursus ut stirpem novam
Generet, renascens melior : ut quondam tulit.
Juvenis, tenente regna Saturno poli.   (*Octavie*, v. 392-396.)
. . . .
Collecta vitia per tot ætates diu
In nos redundant. Seculo premimur gravi,
Quo scelera regnant. Sævit impietas furens.
Turpi libido venere dominatur potens;
Luxuria, victrix orbis, immensas opes
Jam pridem avaris manibus, ut perdat, rapit.
(*Ibid.*, v. 430-435.)

SÉNÈQUE.

« C'est l'ardente jeunesse qu'il faut surtout diriger par les conseils.[1] »

Il y a, dans la bouche de Néron, des mots qui ne sont pas seulement d'un despote, mais du despotisme même professant hautement sa politique insolente et dure contre le peuple. L'hypocrisie démocratique de César et d'Auguste n'a duré que pendant les deux premiers empereurs.

NÉRON.
Le peuple foule aux pieds le pouvoir qui s'abaisse.
SÉNÈQUE.
Et le peuple détruit le pouvoir qui l'oppresse.
NÉRON.
Le prince est défendu par le fer des soldats.
SÉNÈQUE.
La foi, mieux que le fer, vous défend du trépas.
NÉRON.
César doit être craint.
SÉNÈQUE.
César doit être aimé.[1]

1.
NERO.
Justo esse facile est, cui vacat pectus metu.
SEN.
Magnum timoris remedium clementia est.
NERO.
Extinguere hostem, maxima est virtus ducis.
SEN.
Servare cives, major est patriæ patri.
NERO.
Præcipere mitem convenit pueris senem.
SEN.
Regenda magis est fervida adolescentia.
(*Octavie*, v. 443-447.)

2.
NERO.
Calcat jacentem vulgus.
SEN.
Invisum opprimet.
NERO.
Ferrum tuetur principem.
SEN.
Melius fides.
NERO.
Decet timeri Cæsarem.
SEN.
At plus diligi.
(*Ibid.*, v. 455-456.)

NOTICE PRÉLIMINAIRE.

Néron, impatienté de ces maximes générales, égrenées en petites sentences, laisse éclater sa colère. Il veut la mort de tout ce qu'il craint, de tout ce qui s'élève à côté de lui ; il veut la mort de sa femme, que le peuple ose défendre par sa faveur. En vain Sénèque lui rappelle et lui prêche la clémence d'Auguste. La réponse de Néron est terrible et dramatique. Cet Auguste, que vous voulez que j'imite, combien n'a-t-il pas ordonné de meurtres ! Il a conservé, comme empereur, ceux qu'il n'avait pas tués comme triumvir, et il n'a un peu pardonné que parce qu'il avait beaucoup proscrit. Il rappelle alors toutes les cruautés d'Octave, qui n'ont pas empêché Rome de mettre Auguste au rang des dieux, et il conclut en vrai tyran et en vrai rhéteur : « Et moi aussi le ciel m'attend, si je commence par faire tomber sous le tranchant de l'épée tous ceux qui veulent ma perte.[1] »

En faisant ainsi parler Néron, l'auteur, quel qu'il soit, d'*Octavie* ne se conformait pas seulement à l'histoire, il imitait Sénèque, qui avait dit dans son traité de la clémence : « Oui, Auguste a été modéré et clément ; mais c'est après le golfe d'Actium souillé par le sang des Romains, après la destruction en Sicile des flottes ennemies et de la sienne, après les massacres de Pérouse et les proscriptions.[2] » L'imitation est évidente et prouve quel rapport il y a entre Sénèque et l'auteur d'*Octavie*.

La seule action qu'on puisse trouver dans l'*Octavie* est la sédition du peuple romain en apprenant le divorce de Néron : encore ne voyons-nous que le contre-coup de cette sédition dans la description qu'en vient faire au chœur le messager, personnage

---

1. . . . . . Divus Augustus viros
Quot interemit nobiles, juvenes, senes! (Vers 505.)
. . . .
. . . . . . Condidit tandem suos
Jam fessus enses victor, hebetatos feris
Vulneribus et continuit imperium metu.
Armis, fideque militis tutus fuit.
. . . .
Post fata consecratus et templis datus.
Nos quoque manebunt astra, si sævo prior
Ense occuparo quidquid infestum est mihi.
(*Octavie*, v. 505-531.)

2. Fuerit moderatus et clemens Augustus ; nempe post mare Actiacum romano cruore infectum ; nempe post fractas in Sicilia classes, et suas, et alienas ; nempe post Perusinas aras et proscriptiones. (*De Clementia*, liv. Ier, ch. xi.)

emprunté, comme le chœur même, à la tragédie grecque. Il y a deux chœurs différents dans *Octavie* : le chœur des Romains irrités de l'exil d'Octavie et qui se révoltent contre Néron, en attestant le souvenir de l'ancienne puissance du peuple romain. « Abattons, dit ce chœur, les images de Poppée déjà jointes partout aux images de Néron ; arrachons-la elle-même de la couche impériale et portons la flamme et le fer dans le palais du tyran.[1] » A côté de ce chœur de révoltés, il y a le chœur des courtisans de Néron, qui tiennent un langage tout différent et comparent les amours de Poppée et de Néron aux amours mythologiques de Jupiter avec Léda ou avec Europe ; et « c'est encore Jupiter qui, aujourd'hui, abandonnant le ciel qu'il gouverne, vient, ô Poppée, chercher tes embrassements, qu'il préfère à ceux de Léda ou de Danaé. »

Le messager interrompt cette cantate mythologique par le récit de la sédition du peuple. Rendons justice à ce chœur de courtisans : il n'abandonne pas du premier coup le parti de Poppée ; il croit à la puissance du dieu qui soutient Poppée, c'est-à-dire de l'amour ; et il entonne un hymne à l'amour au

---

1. Ubi romani vis est populi?
    . . . .
    . . . . . Gravis en oculis
    Undique nostris jam Poppeæ
    Fulget imago juncta Neroni :
    Affligat humo violenta manus
    Similes nimium vultus dominæ,
    Ipsamque toris detrahat altis :
    Petat infelix* mox et flammis
    Telisque feri principis aulam.
    (*Octavie*, v. 676-689.)

2. Si vera loquax fama Tonantis
    Furta et gratos narrat amores,
    Quem modo Ledæ pressisse sinum
    Tectum plumis pennisque ferunt ;
    Modo per fluctus raptam Europen
    Taurum tergo portasse trucem ;
    Quæ regit et nunc deseret astra,
    Petet amplexus, Poppea, tuos ;
    Quos et Ledæ præferre potest ;
    Et tibi, quondam cui miranti
    Fulvo, Danae, fluxit in auro.
    (*Ibid.*, v. 762-776.)

* Var. *infestis*.

milieu de la révolte du peuple. « Ses flammes seront plus fortes que les feux que les Romains irrités lancent contre le palais. Craignez le châtiment qui va fondre sur vous. Ce n'est point un dieu doux et patient; sa colère est prompte et difficile à apaiser.[1] »

Le chœur n'avait pas besoin de faire intervenir l'amour pour conseiller au tyran une terrible vengeance. Néron veut qu'Octavie périsse; que Rome, qui a tenté d'incendier le palais, soit elle-même incendiée. « Rome est trop heureuse, et c'est son bonheur qui la rend inquiète et insolente. Il faut la dompter par la misère. La misère lui apprendra à respecter les volontés de son maître.[2] »

A ce moment le préfet du prétoire vient lui annoncer que la sédition est réprimée. « Réprimée, dit Néron, et la vengeance qui m'est due !

LE PRÉFET.

« Les chefs de cette révolte impie sont tombés sous le fer.

NÉRON.

« Et cette foule qui lançait des flammes contre mon palais, qui voulait m'imposer ses lois, arracher de mon lit la femme qui m'est chère, qui attentait à ses images, ne le pouvant à sa personne, n'y a-t-il pas de châtiments pour elle !

LE PRÉFET.

« Et quel châtiment ta colère veut-elle tirer de Rome ?

---

1. Invicta gerit tela Cupido ;
Flammis vestros obruet ignes,
Læsi tristes dabitis pœnas
Sanguine vestro : non est patiens
Fervidus iræ, facilisque regi.
. . . .
(*Octavie*, v. 804-809.)

2. Exultat ingens sæculi nostri bonis
Corrupta turba.
. . . .
Ferre nec pacem potest,
Sed inquieta rapitur...
Malis domanda est et gravi semper jugo
Premenda. . . . .
. . . . . . Fracta per pœnas metu
Parere discet principis nutu sui.
(*Ibid.*, v. 834-842.)

NÉRON.

« Un châtiment que les siècles n'oublieront pas.[1] »

La première tête que demande Néron est celle d'Octavie. Tigellin lui-même, le préfet du prétoire, s'effraye du meurtre qui lui est commandé. Néron n'essaye pas de le convaincre comme il a fait avec Sénèque; il fait appel à l'obéissance passive du soldat : « Hésites-tu à obéir ? » dit Néron à Tigellin, et Tigellin, troublé de cet appel à la consigne, répond aussitôt : « Pourquoi te défies-tu de ma fidélité ?[2] »

Octavie périra donc la première, coupable d'un crime que Néron ne peut point pardonner, celui d'avoir la faveur du peuple. Le chœur ne s'y trompe pas. C'est la faveur du peuple qui tue, dit-il a Octavie.[3]

On nous demandera peut-être quel est ce chœur clairvoyant et prudent qui reproche au peuple de causer la perte de ses favoris et qui ne songe pas lui-même à les défendre? Est-ce le chœur qui, tout à l'heure encore, abattait les statues de Poppée et qui ordonnait à Néron de reprendre Octavie? est-ce le chœur des courtisans de Poppée et qui chantait la puissance de l'amour? Cette contradiction, qui nuirait à la vraisemblance dramatique dans une tragédie ordinaire, n'inquiète pas un instant la tragédie de déclamation. Le chœur a repris l'impassibilité qu'il a

1.
PRÆF.
Cecidere motus impii ferro duces.
NERO.
Quid ? illa turba petere quæ flammis meos
Ausa est penates, principi legem dare,
Abstrahere nostris conjugem caram toris,
Violare, quantum licuit, incesta manu
Et voce dira, debita pœna vacat?
PRÆF.
Pœnam dolor constituet in cives tuos ?
NERO.
Constituet, ætas nulla quam famæ eximat.
(*Octavie*, v. 849-852.)

2.
NERO.
Parere dubitas ?
PRÆF.
Cur meam damnas fidem ?
(*Ibid.*, v. 863.)

3.
O funestus multis populi
Dirusque favor !
(*Ibid.*, v. 877.)

dans Sophocle et dans Euripide, assistant à l'action sans prendre parti pour aucun des personnages, et tirant seulement du spectacle de leurs aventures et de leurs passions quelques moralités générales ; ou bien, comme nous sommes à Rome, disons plutôt que le chœur a repris l'impassibilité que donne la doctrine des faits accomplis en face des proscriptions. Le chœur n'est point l'ennemi d'Octavie, et au fond de l'âme il n'approuve pas sa mort ; mais ne lui demandez aucune action pour empêcher le mal, aucune parole pour le maudire. Sa sympathie ne va pas au delà d'une réflexion sur l'instabilité et sur le danger de la faveur populaire : « Voilà, dit-il, celle à qui le peuple voulait restituer sa patrie, son palais, son lit impérial, et le peuple va la voir maintenant traînée à la mort. » Mais quoi ! si le peuple vaincu se croise les bras devant cette catastrophe, n'appartient-il pas au chœur de proclamer l'horreur d'un pareil meurtre ? Non, il songe, en voyant cette catastrophe d'une fille et d'une femme d'empereurs, qu'il est bon d'être obscur et pauvre, d'habiter un toit modeste, d'échapper aux tempêtes qui frappent les hauteurs et à la ruine des palais que détruit la fortune :[1] comme si la pauvreté et l'obscurité défendaient le peuple pendant l'incendie de Rome, comme si les toits modestes n'ont pas été ce jour-là embrasés comme les palais superbes. Les petits croient volontiers que la tyrannie ne les découvrira pas dans leur petitesse. Grande erreur : il a péri en France, sur l'échafaud révolutionnaire, autant d'ouvriers, d'artisans, de laboureurs, de domestiques, de petits marchands que de grands seigneurs, de magistrats, de généraux et de banquiers.

La consolation que le chœur donne à Octavie, qui pleure et gémit pendant qu'elle est entraînée à la mort, est plutôt faite pour la désespérer que pour la ranimer ; il énumère toutes les

---

1. . . . . . Modo cui patriam
Reddere cives, aulam, et fratris
Voluere toros, nunc ad pœnam
Lethumque trahi, flentem, miseram
Cernere possunt.
(*Octavie*, v. 891-895.)
. . . . . . Bene paupertas
Humili tecto contenta latet.
Quatiunt alta sæpe procellæ,
Aut evertit fortuna domos.
(*Ibid.*, v. 895-898.)

catastrophes qui ont frappé les femmes de la famille des Césars la première Agrippine, que tuent les centurions de Tibère; Livie, femme de Drusus, qui tue son mari et qui est tuée à son tour; Messaline, que font périr les affranchis de Claude; la seconde Agrippine enfin, qui tombe sous les coups du fils qu'elle a fait empereur.[1] Héritière d'une pareille race, comment Octavie pouvait-elle échapper au malheur? Sa gloire, c'est d'avoir échappé au crime.

Je dois dire, en finissant, pourquoi j'ai cru devoir examiner avec quelques détails cette *Octavie* attribuée à Sénèque.

Le mérite d'*Octavie*, à mes yeux, est d'être un ouvrage contemporain qui, malgré la raideur de ses formes de rhétorique, nous représente les passions et les sentiments de Rome, après la chute de Néron, sous le règne prudent et modéré de Vespasien. Dans le peuple, Néron avait conservé des partisans, et Tacite nous parle souvent des néroniens. Mais les lettrés, les philosophes et ce qui restait du patriciat romain, pensaient et disaient de Néron ce qu'en pense et ce qu'en dit la tragédie d'*Octavie*. Ainsi Rome croyait que c'était surtout la peur qui rendait Néron cruel. Il est facile d'être juste, dit Néron, à qui n'a point d'ennemis à redouter. On a fait de nos jours un système politique de cette peur que ressentent les tyrans et qui est la rançon de celle qu'ils inspirent. Les crimes de Néron ne sont plus les actes d'un despote pervers et cruel. Il ne faisait qu'écarter les obstacles qui s'opposaient au gouvernement de l'état. Britannicus était un obstacle, Agrippine l'était devenue, Octavie le devenait. Il s'agissait à chaque crime de sauver l'État; et c'est là la plus grande perversité du despotisme d'ériger en œuvres et en nécessités de gouvernement la satisfaction de ses vices. Sur la foi de ce sophisme

---

1.   Animum firment
    Exempla tuum jam multa, domus
    Quæ vestra tulit. Quid sævior est
    Fortuna tibi?...
    Quid, cui licuit regnum in cœlum
    Sperare, parens tanta Neronis?
    Non funesta violata manu,
    Remigis ante mox et ferro.
    Lacerata diu, sævi jacuit
    Victima nati.
                  (*Octavie*, v. 929-956.)

il y a d'honnêtes gens qui poussent l'adoration du principe d'autorité jusqu'à douter de la scélératesse de Néron. Peut-être était-ce un homme d'État au lieu d'être seulement un méchant homme, ou bien encore, pour ne pas trop heurter la conscience du genre humain, c'était un méchant homme, dans lequel les nécessités du gouvernement se combinaient avec les vices de sa nature.

« Qu'est-ce qui provoque surtout la tyrannie impériale, dit un de ces honnêtes gens égarés par le respect irréfléchi de l'autorité, si ce n'est les compétitions au pouvoir? A cet égard la politique de tous les Césars est la même, tous ont des ombrages, tous craignent, non-seulement pour leur pouvoir, mais pour leur vie; tous se défendent par l'exil ou par la mort de leurs concurrents. Tibère exile des femmes; il n'exile pas, il éloigne honorablement Germanicus; il annule plus ses rivaux qu'il ne les persécute. Néron débute par la clémence; puis sa mère l'effraye de Britannicus; puis on l'effraye de sa mère, et il s'effraye de ceux qui l'ont effrayé de sa mère. Britannicus, Octavie, victimes innocentes des fautes d'autrui plus que de la cruauté du prince; Agrippine, mère dévouée et préférant son fils à sa vie, mais préférant le trône à son fils, comment n'accuserais-je pas leur destinée presque autant que l'empereur, ou comment n'accuserais-je pas certaines fatalités politiques?[1] »

Je le répète, l'*Octavie* de Sénèque est, à mes yeux, un ouvrage presque contemporain des temps mêmes qu'il met sur la scène. Il ne faut pas y chercher un autre genre d'intérêt. La lutte entre Octavie et Poppée, l'intervention d'Anicétus, cette affreuse intrigue de la cour de Néron contre une femme qu'on pouvait tuer sans prendre même la peine de la calomnier, tant elle était sans défense et sans force, tout cela qui est la vraie tragédie dans Tacite disparaît dans l'*Octavie,* et les traducteurs du XVIe siècle n'ont pas essayé de reprendre le drame dans le

---

1. J'emprunte cette citation, qui m'étonne encore en la transcrivant, à un ouvrage intitulé *Tacite et son siècle ou la société romaine impériale d'Auguste aux Antonin dans ses rapports avec la société moderne*, par M. Dubois-Cuchan, procureur impérial à Nantes, 1861, t. 1er, p. 589. — Ouvrage très-savant, très-sincère et très-honnête, qui mériterait d'être plus connu, afin de montrer jusqu'à quel point peut nous pousser l'amour systématique du principe d'autorité et l'idée exagérée des droits et des devoirs de l'État. L'idée de la révolution qu'il fallait à tout prix faire triompher inspirait aussi à Robespierre et à Saint-Just leurs affreuses proscriptions.

grand historien pour le transporter sur la scène. Ils se sont contentés de traduire l'*Octavie* dans cette langue du xvie siècle, qui est gracieuse et naïve, mais qui manque de force et de précision. Les tragédies déclamatoires de Sénèque se prêtent mal à cette langue, et on sent à chaque instant, dans la traduction de Brisset, le contraste entre la pensée qui vise à l'effet par l'hyperbole et le style qui ne peut pas y atteindre.

Voyez, par exemple, dans le poëte latin l'ombre d'Agrippine qui apparaît sur la scène pour déclamer sur les malheurs et sur les crimes de sa famille, et lisez cette déclamation emphatique traduite par Brisset, qui est un poëte de l'école de Marot. Je ne sais que préférer de l'affectation du poëte latin ou du style enfantin du poëte français :

> Dedans ces lieux ombreux sans cesse je repense
> En ma mort exécrable, et cette souvenance
> Ne me laisse en repos, que jusqu'ici ma main
> La vengeance n'ait pris de ce fait inhumain.
> Je repense toujours au funeste navire,
> Au grand merci, rendu pour le prix de l'empire,
> Et en mille regrets que mon cœur élançoit,
> Quand l'horrible douleur de la mort me pressoit.
> Je voulois déplorer la mort trop déplorable
> Des dames de ma suite, et l'acte abominable
> De mon cruel enfant; mais je n'eus pas loisir
> De gémir seulement mon mal à mon plaisir.[1]

Je ne puis point, quelque reproche je me fasse de m'être trop arrêté sur la tragédie latine d'*Octavie,* ne pas dire quelques mots de l'*Octavie* d'Alfieri. Il y a là aussi une tentative malheureuse de reproduire le tragique récit du grand historien. Alfieri a voulu être énergique dans une langue qui s'était amollie au xviie et au xviiie siècle. Aussi Tacite était l'auteur dont il voulait le plus s'inspirer, soit pour le style, soit pour les sentiments,

---

1.   Semper memoria, manibus nostris gravis
    Adhuc inultis, reddita et meritis meis
    Funesta merces puppis, et pretium imperii
    Nox illa, qua naufragia deflevi mea.
    Comitum necem, natique crudelis nefas
    Deflere votum fuerat : haud tempus datum est
    Lacrymis, sed ingens scelere geminavit nefas.
                  (Vers 600-606.)

afin de rendre à la poésie italienne la force et la précision qu'il lui reprochait d'avoir perdues. Il déclare même, dans ses jugements sur ses pièces, que sa tragédie d'*Octavie* est prise tout entière de Tacite.[1] Il se trompe. Où trouver, par exemple, dans Tacite l'idée singulière qu'a eue Alfieri de donner à Octavie de l'amour pour Néron, un véritable amour conjugal, patient, persévérant, qui a résisté à toutes les cruautés, à toutes les infidélités, à l'aversion même que Néron lui a toujours montrée ? La tragédie de Sénèque nous avait épargné la vue d'Octavie s'entretenant avec Néron, c'est-à-dire de la brebis avec le loup ; mais comment supporter la brebis bêlant des tendresses au loup ? Tel est cependant le personnage d'Octavie dans Alfieri. « Non, dit-elle tendrement à Néron, je sais bien que tu n'as pas encore trouvé et que tu ne trouveras jamais une femme qui t'aime autant que moi.[2] »

Alfieri dit dans le jugement de sa tragédie que, si Octavie détestait Néron, comme elle le devrait, Néron nous paraîtrait moins coupable de la faire périr, et qu'Octavie elle-même serait moins digne de pitié. D'abord qu'avons-nous besoin de raisons de plus pour détester Néron ? nous n'avons pas non plus besoin d'autres raisons que celles de l'histoire pour déplorer la destinée lamentable d'Octavie. Ses sentiments invraisemblables d'affection pour Néron ne la rendent pas plus touchante. Ah ! que j'aime bien mieux l'Octavie telle que la peint Tacite, brisée dès son enfance par le malheur et par la peur, habituée à toujours se contraindre et à toujours craindre, qui reste immobile devant la mort de son frère ; qui, après cette mort, n'a pour protectrice qu'Agrippine, l'empoisonneuse de son père ! Octavie a vécu sous Néron comme vivent les condamnés à mort dans l'attente de leur supplice, et qui n'en tiennent pas moins à la vie, parce qu'ils n'ont plus que le sentiment de la vie de minute en minute, tous les autres s'éteignant dans la terreur de la mort qu'ils attendent.

Opere di Vittorio Alfieri, t. IV. — *Ottavia*, parere dell' autore, p. 92.
2. *Ottavia*, atto secondo, scena sesta, t. IV, p. 31 ; édit. de Padoue, 1809.

. . . . . . Altra che t'ami
Quanto io, ben so, non la trovasti ancora,
Ne troverai.

(Page 51.)

Le seul personnage qu'Alfieri ait emprunté à Tacite, sans l'avoir altéré ou défiguré, est Néron. Il semble se le reprocher, se plaignant de n'avoir pas pu l'accommoder au théâtre, et remarquant avec raison que Néron est un personnage trop odieux pour être dramatique. Mais, s'il n'est pas sur la scène un personnage dramatique, il en est un, dit-il, très-utile : à la tragédie? Non, mais à l'humanité. En représentant le caractère de Néron tel qu'il est et sans en adoucir l'atrocité, le poëte tragique fait en sorte qu'il n'y ait plus de Néron possible. « Si, après Caligula, Néron, et après Néron, Domitien a été possible, c'est qu'il n'y avait pas à Rome de théâtre où le personnage des tyrans fût représenté au naturel.[1] » Des représentations de ce genre auraient servi de leçon aux princes pour s'abstenir de la tyrannie, ou d'avertissement au peuple pour ne point la supporter. « Et qu'on ne dise point, ajoute Alfieri, que la première action du tyran serait de supprimer les représentations. La tyrannie peut tout détruire, excepté une bonne tragédie. » Heureuse confiance d'Alfieri et du xviiie siècle de croire que le théâtre est un pouvoir indépendant des vicissitudes de la société, et qui peut lui rendre la liberté, loin d'être le premier à la perdre avec elle!

Par respect pour l'enseignement que Néron sur la scène devait donner aux princes et aux peuples, Alfieri l'a donc laissé tel qu'il est dans Tacite. Aussi est-ce le meilleur personnage de la tragédie. Nous retrouvons là le despote peureux et cruel, lâche et sanguinaire, qui craint tout le monde et que craint tout le monde. Ce n'est pas sans regret pourtant qu'Alfieri s'est résigné à nous montrer ce Néron de l'histoire. « La terreur, dit-il, que respire chaque geste et chaque parole de Néron répand sur lui un air de lâcheté qui ne convient pas aux héros de la tragédie. Mais ôtez à Néron cette peur continuelle et livrez-le à sa férocité naturelle, la pièce ne durerait pas deux actes : il égorgerait Octavie à peine arrivée.[2] » Ce serait une scène de boucherie au lieu d'une scène de tragédie. Alfieri attribue à cette monotonie de férocité dans Néron la froideur de sa tragédie, et il s'en excuse sur l'histoire. Reste une question qu'Alfieri ne songe ni à poser

---

1. Parere dell' autore. *Ottavia*, p. 91.
2. *Ottavia*, parere dell' autore, p. 93.

ni à résoudre : comment, dans Tacite, l'histoire des victimes de Néron est-elle si touchante et si dramatique, et pourquoi dans Alfieri les malheurs d'Octavie ne nous émeuvent-ils pas? C'est par la vérité que Tacite nous remue; c'est par l'invention qu'Alfieri nous refroidit.

La Mort de Sénèque, tragédie de Tristan l'Hermite, un des poëtes contemporains de Corneille, tient à *Britannicus* et à la tragédie latine d'*Octavie ;* car dans Tacite la mort de Sénèque est la suite et la conséquence de la mort d'Octavie. Toute la vieille cour de Claude a péri, les coupables comme les innocents, Agrippine comme Britannicus et Octavie. Sénèque périt le dernier, et on ne peut pas plus le compter parmi les innocents qu'Agrippine elle-même. Ils périssaient tous les deux innocents des crimes que Néron leur imputait, mais coupables tous les deux des crimes qu'ils avaient faits pour Néron. Le crime de Sénèque n'était point d'avoir conspiré contre Néron, c'eût été sa vertu; son crime était d'avoir toléré ses vices, excusé ses meurtres, justifié son parricide. Quand les crimes de Néron ne furent plus des crimes qu'on put, quoique étant des fratricides et des parricides, expliquer par la politique et ses prétendues nécessités, Sénèque voulut les arrêter; il défendit Octavie. C'est alors qu'il périt victime de manquer si tard de lâche complaisance.

Il faut suivre dans Tacite la conduite de Sénèque pour détester son caractère. La philosophie en lui valait mieux que le philosophe. C'était une leçon qu'il répétait bien, et qu'il pratiquait mal. Précepteur de Néron, il avait, dans l'*Apothéose de la Citrouille,* parodié insolemment le meurtre de Claude,[1] laissant présumer le complice dans le railleur. Une fois son élève empereur, il se fit d'abord l'apologiste de ses vices. Pourquoi contrarier l'amour de Néron pour l'affranchie Acté, maîtresse sans ascendant et sans ambition, qui préservait les femmes des grandes familles romaines de l'emportement des passions du prince? C'était, selon Tacite, la morale de Sénèque et de Burrhus de permettre le mal pour éviter le pire.[2] Cette morale-là

---

1. Voir, dans les œuvres de Sénèque, *l'Apocolokuntiosis*.
2. Hi rectores imperatoriæ juventæ et, rarum in societate potentiæ, concordes, diversa arte ex æquo pollebant : Burrhus militaribus curis et severitate morum, Seneca præceptis eloquentiæ et comitate honesta; juvantes invicem, quo facilius

conduit loin; et une fois enchaînés aux vices de Néron, Sénèque et Burrhus allèrent aussi loin que lui, et furent plus coupables, puisqu'ils justifiaient les crimes qu'ils n'avaient ni voulus ni sus. Y a-t-il, par exemple, sur aucun théâtre, une scène plus tragique que celle de Néron apprenant que sa mère a échappé au faux naufrage préparé contre elle, tremblant de la voir arriver à la tête du peuple et de l'armée pour punir le parricide, et dans son trouble s'écriant qu'il est perdu si Burrhus et Sénèque ne trouvent pas quelque expédient? Demander un expédient, c'était l'indiquer. Appelés aussitôt, Sénèque et Burrhus arrivent. « On ignore, dit Tacite, s'ils savaient quelque chose d'avance. Ils se taisent longtemps, incertains s'ils devaient dissuader d'un meurtre déjà résolu, ou s'ils croyaient que, dans l'état des choses, il n'y avait plus qu'à choisir entre la mort d'Agrippine ou celle de Néron. Enfin Sénèque, toujours plus hardi, regarde Burrhus, et demande si l'obéissance des soldats irait jusqu'à exécuter le meurtre.[1] »

Quel silence et quelle question! Et voilà donc où en sont arrivés deux honnêtes gens pour avoir, au commencement, approuvé le mal afin d'éviter le pire. Ils se taisent, ils se regardent, et chacun essaye de rejeter sur autrui l'horreur du crime à commettre. Sénèque demande à Burrhus si les soldats obéiront. Ce soin le concerne; il est le chef de la garde prétorienne. Burrhus doute de l'obéissance des soldats; mais il y a là Anicétus qui a commencé le crime par le faux naufrage; qu'il l'achève par le meurtre. Anicétus accepte sans hésiter. En face du crime, il a sur ces tristes honnêtes gens l'avantage du franc scélérat; mais ils ne valent pas mieux que lui, car ils ont tous deux accepté l'idée du parricide, Sénèque en demandant à Burrhus si le soldat obéira, Burrhus en disant qu'Anicétus doit achever ce qu'il a

---

lubricam principis ætatem, si virtutem aspernaretur, voluptatibus concessis retinerent. » (TACITE, *Annales*, liv. XIII, ch. II.)

1. Tum Nero pavore exanimis et jam jamque affore obtestans;... quod contra subsidium sibi? nisi quid Burrhus et Seneca expergiscerentur : quos statim acciverat, incertum an et ante ignaros. Igitur longum utriusque silentium, ne irriti dissuaderent; an eo descensum credebant, ut, nisi præveniretur Agrippina, pereundum Neroni esset? Post Seneca, hactenus promptior, respicere Burrhum ac sciscitari an militi imperanda cædes esset? (TACITE, liv. XIV, ch. VII.)

commencé. Je me trompe, ce n'est pas Anicétus qui a achevé le crime, c'est Sénèque encore en le justifiant dans le discours que Néron prononça devant le sénat, où il disait que la mort de sa mère était une faveur des dieux tutélaires de l'empire,[1] et le sénat comble le tout en décernant des actions de grâces aux dieux.

Le meurtre d'Octavie, qu'il n'avait pas pu empêcher et qu'il ne justifia point, la mort de Burrhus, qui périt de maladie ou de poison, aucune mort, à la cour de Néron, ne paraissant naturelle, affaiblirent le crédit de Sénèque. Il sentit sa faiblesse et demanda à Néron la permission de se retirer de la cour, lui rendant en même temps ses richesses, ses terres, ses villas, tout ce qui excitait l'envie et lui créait des périls. Néron le refusa avec toute sorte de tendresses, l'embrassa et ne le trompa pas. Sénèque, dès ce moment, changea de genre de vie, congédia les courtisans qui l'entouraient, ne souffrit plus qu'on lui fît cortège, sortant peu, se montrant peu et se renfermant chez lui pour soigner sa santé, disait-il, ou vaquer à ses études. Cette obscurité et cette solitude ne sauvèrent pas sa vie; mais l'intervalle qui lui fut laissé jusqu'à l'ordre qu'il reçut de mourir lui servit à raffermir son âme et à faire une de ces belles morts qui étaient le triomphe et presque le but de la philosophie stoïcienne.

Cette belle mort de Sénèque explique la tragédie de Tristan l'Hermite, telle qu'il l'a conçue. Tristan, en effet, peint Sénèque en beau; c'était la mode du temps. Le père du prédicateur Mascaron avait fait un livre intitulé *la Vie et les dernières paroles de la mort de Sénèque*, dédié, dans une préface emphatique, au cardinal de Richelieu, dont il fait un dieu.[2] L'auteur de ce livre avait voulu, disait-il, « imaginer les dernières paroles de Sénèque

---

1. Publica fortuna exstinctam referens. — TACITE, liv. XIV, ch. XI.
2. « Notre grand génie qui affermit le repos de l'État, qui veille pour l'assurer et qui fait régner la justice, est, comme Dieu, la cause universelle du bien, et mérite par ressemblance un nom qui lui appartient par nature. » (*La Vie et les dernières paroles de la mort de Sénèque*, épître au cardinal duc de Richelieu; édit. 1659.) — Il y a évidemment une édition avant 1642, c'est-à-dire avant la mort de Richelieu, car il n'y a que les ministres vivants qu'on traite de dieux.

Le père de Mascaron a fait aussi une sorte de poëme en prose, intitulé *Rome délivrée ou la retraite de Coriolan*, 1646. Cet ouvrage est dédié au cardinal Mazarin avec une préface non moins emphatique.

au lieu des véritables que nous n'avons pas. » Tacite dit, en effet,[1] « qu'il ne croit pas nécessaire de reproduire, au risque de les défigurer, les dernières paroles de Sénèque, puisqu'elles sont dans toutes les mains, telles qu'il les a dictées en mourant.[2] » Ce sont ces suprêmes paroles, perdues aujourd'hui, que Mascaron essayait de nous rendre dans son ouvrage dont le genre, dit-il, est entre le discours et l'histoire, selon un mot de Pline le Jeune.[3]

Tristan l'Hermite, dans sa tragédie,[3] s'est évidemment inspiré de l'ouvrage de Mascaron. Même admiration pour Sénèque; même disposition à prendre le génie du philosophe pour la vertu de l'homme, à oublier le conseiller et l'apologiste de Néron pour ne se souvenir que du solitaire repentant, et du vieillard éloquent qui sait bien mourir. Combien ce Sénèque, composé pour le public, est au-dessous du Sénèque de Tacite! véritable homme de cour, qui tâche d'être honnête sous un prince abominable dont il veut être le confident et le conseiller; qui pendant longtemps risque sa conscience plutôt que sa vie, jusqu'à ce qu'enfin, fatigué de la servitude du crime, et averti de son danger par la froideur du maître, il se retire et tâche d'échapper, par la prudence et par l'humilité de sa conduite, aux regards du tyran, qui le découvre et lui ordonne de mourir. Cette mort devient la belle action et l'excuse de sa vie. Voilà le véritable Sénèque à qui Tacite n'a rien ôté ni en bien ni en mal, et qu'il n'a pas essayé de faire plus constant qu'il ne l'a été dans le vice et dans la vertu. Un personnage de ce genre eût convenu au drame de Shakspeare, où il y a plus de variété et de vérité que de rhétorique. Il ne convenait pas au récit déclamatoire de Mascaron, et à la tragédie ampoulée et sentencieuse de Tristan l'Hermite.

Si j'avais à choisir entre Mascaron et Tristan l'Hermite quel est des deux auteurs celui qui s'est le moins éloigné de la vérité qui est dans Tacite, je prendrais plutôt Mascaron. Tristan

---

1. Liv. XV, ch. LXIII.
2. *Lettres de Pline le Jeune*, liv. V, lettre 5, sur la mort de Fannius, son ami : Quamvis enim agendis causis distringeretur, scribebat tamen exitus occisorum aut relegatorum a Nerone ; et jam tres libros absolverat subtiles et diligentes et latinos, atque inter sermonem historiamque medios.
3. La *Mort de Sénèque* de Tristan l'Hermite est de 1646.

n'a voulu nous montrer dans Sénèque que le philosophe parfait. Mascaron s'est souvenu qu'il avait aussi à nous montrer l'homme mêlé aux malheurs et aux vices de son temps. Dans Tristan, Sénèque se glorifie toujours; dans Mascaron, il s'excuse quelquefois, et c'est là ce qui fait la supériorité du Sénèque de Mascaron sur le Sénèque de Tristan. « J'avoue bien, mes chers amis, dit le Sénèque de Mascaron, que je me suis trop longtemps attaché près de Néron; mais ç'a été tant que son mal n'étoit pas extrême et me laissoit encore quelque espoir d'amendement. L'amour que j'avois pour mon ouvrage m'empêchoit de l'abandonner pendant qu'il lui restoit quelques traits de la forme que je lui avois donnée.[1] » Sénèque oublie, en parlant ainsi, qu'il a assisté Néron pendant le meurtre d'Agrippine. Ce sont donc de mauvaises excuses que celles qu'il fait de sa conduite près de Néron; mais ce sont des excuses.

Quand le Sénèque de Mascaron s'applaudit de mourir, ce n'est point non plus parce que la mort est, en général, pour le stoïcien, une délivrance, mais parce qu'elle délivre Sénèque de l'horreur de vivre sous Néron. « Ne regrettez point ma mort, mes chers amis, elle est plus digne d'envie que de pitié. Je meurs lorsqu'on ne doit plus vivre, dans une saison en laquelle il faut faire les injustices ou les souffrir, être coupable ou malheureux, servir d'instrument ou d'objet de cruauté.[2] »

Ces traits de vérité, qui nous font reconnaître Sénèque au lieu de nous faire seulement reconnaître ses livres, compensent dans Mascaron bien des traits de déclamation. Mascaron a beaucoup lu Sénèque : première cause chez lui d'affectation ; il le traduit dans un style qui vise à l'imitation de Balzac et qui souvent l'atteint : seconde cause d'affectation dans l'auteur de la *Mort de Sénèque ;* mais il a lu aussi Tacite, et c'est là ce qui fait que son Sénèque ne s'éloigne pas autant de l'histoire que celui de Tristan l'Hermite.

Quoique Tristan ait pris la mort de Sénèque pour titre et pour sujet de sa tragédie, il ne s'agit pas seulement dans sa pièce

---

1. *La Vie et les dernières paroles de la mort de Senèque,* par Mascaron; édit. 1659, p. 45.
2. *Ibid.,* p. 54.

de la fin et des dernières paroles du philosophe. La conspiration de Pison contre Néron occupe la plus grande partie de la pièce, et la mort de Sénèque n'est que l'épisode principal. Dans Tacite, cette conspiration est un récit admirable de vérité et de mouvement. L'humanité n'y paraît point en beau; il y a là toutes les variétés de la peur et de la faiblesse, avec quelques traits de courage et d'héroïsme qui relèvent et consolent l'âme humaine. A côté de quelques bons citoyens irrités de l'oppression et de l'avilissement de Rome, il y a des débauchés qui se croient du courage, comme Scevinus; des poëtes comme Lucain irrités de trouver dans Néron un rival triomphant; des prodigues ruinés qui veulent une révolution qui refasse leur fortune; des officiers qui veulent des grades et ne veulent pas les demander à Tigellinus, l'infâme préfet des prétoriens; un grand seigneur, comme Pison, populaire à bon marché et qui se laissera faire empereur, mais qui ne veut y risquer ni sa vie ni sa fortune. Le plus hardi et le plus décidé de tous ces conspirateurs était une courtisane, Épicharis; elle allait propageant partout la haine de Néron, cherchant des hommes de cœur parmi ses amants et ne trouvant souvent que de lâches dénonciateurs, qu'elle démentait devant Néron lui-même et qu'elle troublait par ses reproches méprisants. Ne pouvant plus être une honnête femme, elle était devenue une héroïne à sa façon et visait à l'honneur dont elle était capable, celui d'être la libératrice de Rome.

Que serait-il sorti de cette conspiration si elle avait réussi? la liberté de Rome ou la rivalité des prétendants à l'empire, comme elle parut plus tard entre Galba, Othon et Vitellius? La conspiration fut découverte et ce furent alors des luttes de lâcheté entre les conjurés, au lieu de luttes d'ambition, chacun dénonçant son complice pour sauver sa vie. Épicharis seule fut aussi courageuse à supporter la torture qu'elle avait été ardente à conspirer; elle ne nomma pas un seul de ses complices, et, pour être plus sûre de garder jusqu'au bout son généreux silence, elle se pendit elle-même dans la litière qui la portait brisée par la torture. Pendant ce temps-là Lucain dénonçait sa propre mère, et Sénécion et Quinctianus s'empressaient de nommer leurs complices, sans même attendre la menace des bourreaux, et sans comprendre que cette longue liste de conjurés, qui épouvantait de plus en plus Néron, l'allait rendre de plus en plus implacable contre eux-mêmes.[1]

Dans Tacite, la conspiration de Pison contre Néron est un drame, le plus varié et le plus intéressant du monde par le mélange des personnes et des sentiments; dans la *Mort de Sénèque* de Tristan, la conspiration de Pison n'est qu'une controverse moitié politique, moitié philosophique entre les conjurés. L'action est froide et languissante, excepté quand intervient Épicharis, dont l'ardeur courageuse réchauffe pour ainsi dire la tragédie de Tristan, comme elle ranimait elle-même, pendant sa vie, cette conspiration languissante et l'honorait par sa mort. Scevinus, qui a dénoncé ses complices pour racheter sa vie, annonce à Épicharis que la conspiration est découverte, que Pison s'est fait ouvrir les veines, que Scaurus et Lateranus sont tués,

>   Que Voluse a péri d'une façon tragique
>   Pour expier son crime.
>   ÉPICHARIS.
>   Ou pour la république.
>   SCEVINUS.
>   Et que Flave et Rufus ont hâté leur trépas.
>   ÉPICHARIS.
>   Comme eux Brutus est mort, mais son nom ne l'est pas.

Et plus loin :

>   Je ne trahirai pas des cœurs si généreux,
>   Ils s'exposent pour nous; je veux mourir pour eux.
>   NÉRON.
>   Tu connais donc des gens dont la cruelle envie
>   Fait encore dessein d'attenter à ma vie?
>   ÉPICHARIS.
>   Oui, je sais le dessein de cent hommes d'honneur
>   Qui fondent sur ta mort leur souverain bonheur :
>   J'en sais des plus hardis et des plus grands de Rome,
>   Mais je mourrai cent fois avant que je les nomme.
>   NÉRON.
>   Prends-tu quelque plaisir à te faire gêner?[2]
>   ÉPICHARIS.
>   Beaucoup moins qu'un tyran n'en goûte à l'ordonner.

---

1. Tacite, *Annales*, liv. XV, ch. LVII, p. 59.
2. Torturer.

Et comme Néron la menace de la mort,

> Menace-moi plutôt de vivre sous ton règne.
>
> NÉRON.
>
> Méchante, on t'apprendra comme il faut discourir.
>
> ÉPICHARIS.
>
> Tyran, je t'apprendrai que je sais bien mourir.
>
> (Acte V, scène III.)

On sent bien encore ici le défaut de notre tragédie française, l'invective substituée à l'action, et la patience des tyrans se prêtant complaisamment à la véhémence des discoureurs; cependant Épicharis révélant le nombre des conjurés et taisant leurs noms est une action que manifeste la terreur de Néron. Les autres conjurés parlent plus qu'Épicharis et agissent moins. Pison surtout, le futur empereur, est le plus incertain et le plus timide des conjurés; il ne sait que mourir; il a le courage du stoïcien et non du citoyen, et je le blâmerais plus vivement si je ne me souvenais que, pendant la Terreur de 93 et 94, beaucoup savaient mourir et personne ne savait se défendre. En vain Rufus, son complice et son ami, l'exhorte à courir au Forum, à haranguer le peuple, à tout risquer plutôt que d'attendre la mort. Pison, en vrai disciple des stoïciens, ne croit pas au peuple. Tu sais bien, lui dit Rufus, que le peuple aime le changement :

> PISON.
>
> Au peuple présenter des vœux et des requêtes!
> Tu veux que je me fie à ce monstre à cent têtes,
> D'opinion diverse et sans docilité,
> Qui n'embrasse l'honneur qu'avec l'utilité?
> Quoi, tu veux que Pison dans le péril se voue
> A ces courages bas, à ces âmes de boue,
> Qui de leur joug honteux ne sauroient s'ennuyer,
> Et qui m'accableroient au lieu de m'appuyer?

La réponse de Rufus est belle, et le discours y touche presque à l'action.

> RUFUS.
>
> Auquel des deux partis vois-tu plus d'assurance
> Et lequel est le plus digne de confiance,
> Te semble plus traitable et paraît plus humain,
> Du tyran parricide ou du peuple romain?
> Lequel aimes-tu mieux, de l'estime ou du blâme,
> D'une fin glorieuse ou d'une mort infâme?

> Et de tomber bientôt sanglant sur le carreau
> De la main d'un soldat ou du coup d'un bourreau?
> Reconnais là-dessus ce que le ciel t'inspire;
> Choisis des deux partis et ne prends pas le pire.
> Mais ne perds point de temps à contempler les cieux;
> Il faut lever le bras et non hausser les yeux.
>
> (Acte IV, scène II.)

Il y a là des vers qui font souvenir de Corneille.

Rufus, comme on voit, n'est pas un philosophe contemplatif; étant un des chefs des prétoriens, il songe avant tout à l'action et s'irrite des hésitations de Pison. Avec Sénèque, nous rentrons entièrement dans la philosophie contemplative. Mais là, cette philosophie est à sa place. Sénèque n'a point voulu conspirer contre Néron. Le précepteur s'est fait scrupule d'agir contre son disciple. Le Sénèque de Tristan, comme celui de Tacite, sait quels sont les périls qui le menacent; mais, comme il ne tient pas à la vie, il ne fera rien pour prévenir sa mort par celle de Néron en s'associant aux conspirateurs. Il refuse donc de recevoir Pison qui voulait lui rendre visite. Aussi bien, dit-il à Lucain,

> Aussi bien j'ai promis d'aller voir cette nuit
> Un vieux Cilicien aux bonnes mœurs instruit,
> Un prophète nouveau dont la doctrine pure
> Ne tient rien de Platon, ne tient rien d'Épicure,
> Et s'éloignant du mal veut introduire au jour
> Une loi de respect, de justice et d'amour.
>
> (Acte II, scène IV.)

Ce vieux Cilicien est saint Paul. Tristan croit à la légende des lettres de saint Paul et de Sénèque, et, non content pour son héros d'une belle mort de philosophe, il veut presque lui faire une mort chrétienne. Changeant quelque peu ses dernières paroles, il le montre faisant sa libation suprême, non plus, comme dans Tacite, à Jupiter libérateur, mais au Dieu libérateur:

> Dieu dont le nouveau bruit a mon âme ravie,
> Dieu qui n'es rien qu'amour, esprit, lumière et vie,
> Dieu de l'homme de Tarse, où je mets mon espoir,
> Mon âme vient de toi, veuille la recevoir! [1]

---

[1]. L'auteur de *la Vie et les dernières paroles de la mort de Sénèque*, Mascaron, ne croit pas à la légende de saint Paul et de Sénèque. « Quelques Pères de l'Église, dit-il, ont cru que Sénèque avoit eu des conférences fort particulières avec saint Paul,

NOTICE PRÉLIMINAIRE.

Ayant fait de Sénèque presque un chrétien, je ne suis point étonné que Tristan le fasse parler en partisan déclaré de l'immortalité de l'âme, quoique cette doctrine reste fort obscure dans les ouvrages du philosophe. Mon âme, dit Sénèque, qui pressent sa mort prochaine,

> Mon âme, apprête-toi pour sortir tout entière
> De cette fragile matière,
> Dont le confus mélange est un voile à tes yeux.
> Tu dois te réjouir du coup qui te menace ;
> Pensant te faire injure, on va te faire grâce :
> Si l'on te bannit de ces lieux,
> En t'envoyant là-haut, c'est chez toi qu'on te chasse ;
> Ton origine vient des cieux.

Pendant que Sénèque prépare ainsi son âme au grand passage, Pauline, sa femme, s'afflige de la mort prochaine de son mari. Sénèque essaye de la consoler en lui montrant que sa mort est pour lui une délivrance :

> Faut-il pleurer, Pauline, et faut-il s'étonner
> Au moment bienheureux qui nous doit couronner,
> Quand nos pas glorieux, imprimant la poussière,
> Nous font trouver la palme au bout de la carrière?
> Le pilote battu par les flots irrités,
> Quand son vaisseau mal joint fait eau de tous côtés,
> Errant sans gouvernail au gré de la tempête
> Qui tombe incessamment ou bruit[1] dessus sa tête,
> A-t-il en quelque sorte à se plaindre du sort,
> Si par un coup de vague il est mis dans le port?
> Le pèlerin lassé d'un pénible voyage,
> Aveuglé de la foudre ou mouillé par l'orage,
> Se peut-il affliger avec quelque raison,
> Quand il touche du pied le seuil de sa maison?
> Pourquoi nous plaindrions-nous d'un sort digne d'envie?
> La mort est le repos des travaux de la vie,
> Et celui qui désire en allonger le cours
> Aime à gémir sans cesse et soupirer toujours.
>   (Acte V, scène 1re.)

qui vint à Rome de son temps, et qu'il lui avoit fait prendre goût aux plus relevés mystères de la religion chrétienne... Ces lettres de saint Paul à Sénèque et de Sénèque à saint Paul, sur lesquelles saint Jérôme s'appuie si fort, sont condamnées par tous les savants comme apocryphes et faites à plaisir. » *La Vie de Sénèque*, par Mascaron, p. 21 ; édit. de 1659. Voir, sur cette question des rapports entre Sénèque et saint Paul, l'excellent livre de M. Aubertin, maître de conférences à l'École normale. 1 vol. in-8, 1869.

1. Du vieux verbe *bruire*.

Ces beaux vers ne persuadent pas Pauline de se résigner à la mort de son mari, ou ils la persuadent trop ; car, la mort étant si douce et si belle, elle veut mourir avec Sénèque :

Nous n'avons eu qu'un lit, nous n'aurons qu'un tombeau.

Un centurion vient rendre compte à Néron de la mort de Sénèque, et Tristan lui prête des remords invraisemblables et presque ridicules :

POPPÉE.
César, à ce récit tu parois tout changé :
Qu'as-tu donc ? dis-le-nous.
NÉRON.
Je ne sais ce que j'ai.
Tous mes sens sont troublés. . . . .
(Acte V, scène IV.)

Je ne crois pas aux remords de Néron ; je ne crois qu'à ses alarmes, qui sont, avant sa mort, la seule punition qu'il peut ressentir. J'aime donc ces deux vers, qu'il faut encore compter au nombre des beaux vers de Tristan :

NÉRON.
O dieux, que d'ennemis ! l'effroi qui m'environne
Sur mon front pâlissant fait trembler ma couronne.
(Acte V, scène II.)

La peur, la pâle peur, voilà le seul sentiment que puisse éprouver Néron, mais des remords ! il n'en peut plus trouver dans sa conscience qu'a démoralisée la servitude des Romains.

Je ne veux prendre, dans l'*Othon* de Corneille,[1] que ce qui a rapport à la cour de Néron et ce qui touche au sujet de cette notice préliminaire. Mais je dois remarquer dès le commencement combien Corneille connaissait Tacite, et comment il s'en est heureusement souvenu toutes les fois qu'il s'agit, dans *Othon,* de peindre le règne de Néron. Nous laissons de côté, bien entendu, l'intrigue amoureuse d'Othon avec Plautine et avec Camille, dont Voltaire s'est beaucoup moqué, quoiqu'elle se retrouve presque tout entière dans *Bajazet*. Ce qui a trompé ici le bon goût de Voltaire, c'est qu'il a pris pour une tragédie *Othon,* qui n'est évidemment qu'une tragi-comédie,

1. 1665.

NOTICE PRÉLIMINAIRE. 35

comme c'était encore l'usage d'en faire. Nous discuterons cette question à propos de *Bajazet*. Pour le moment, nous nous contentons de signaler quelques-uns des traits de Tacite transportés par Corneille dans sa tragi-comédie.

Une des choses qui frappent le plus dans l'*Othon* de Corneille et qui est le plus conforme à l'histoire, c'est que le souvenir de Néron et de son influence, même après sa mort, y revient à chaque instant, à travers les tours et détours plus ou moins intéressants de l'intrigue amoureuse qui fait le sujet de la pièce. Quand Camille, la nièce de Galba, se plaint à son oncle de l'époux qu'il lui offre, c'est-à-dire de Pison, au lieu d'Othon qui est l'époux qu'elle souhaite et qu'elle ne nomme pas, dans cette résistance d'une pupille contre son tuteur, Camille parle de Néron :

> Néron fit aux vertus une cruelle guerre
> S'il en a dépeuplé les trois parts de la terre,
> Et si, pour nous donner de dignes empereurs,
> Pison seul, avec vous, échappe à ses fureurs.

Et Galba, en lui répondant, prend aussi ses arguments contre Othon dans les souvenirs du règne de Néron : Pison imitera Auguste,

> Mais l'autre, par Néron dans le vice abîmé,
> Ramènera le luxe où sa main l'a formé,
> Et tous les attentats de l'infâme licence
> Dont il osa souiller la suprême puissance.
> (Acte III, scène III.)

Cet Othon lui-même, en qui Galba craint un successeur et un imitateur de Néron, Othon n'hésite pas à dire qu'il est de la cour de Néron et que, voyant cette cour persécutée par les favoris de Galba, il a songé par nécessité à se choisir un protecteur parmi eux :

> Je vis qu'il étoit temps de prendre des mesures ;
> Qu'on perdoit de Néron toutes les créatures ;
> Et que, demeuré seul de toute cette cour,
> A moins d'un protecteur j'aurois bientôt mon tour ;
> Je choisis Vinius. . . . .

Au premier moment nous ne comprenons pas que ce nom détestable de Néron ne soit pas, pour ainsi dire, étouffé sous la haine publique. Comment revient-il sans cesse dans toutes les bouches? Comment est-il le lieu commun de toutes les conversations? Comment enfin Othon lui-même, le héros de la tragédie de Corneille, avoue-t-il sans embarras qu'il était de sa cour, et qu'en se défendant il défend le parti posthume de Néron? Cette énigme s'éclaircit pour nous quand nous lisons les deux premiers livres des *Histoires* de Tacite. Chose incroyable, Néron a été regretté; Néron a eu son parti après sa mort; il y a eu enfin une réaction contre ses ennemis et détracteurs. Cette réaction a eu deux degrés, le premier pendant le règne si court et si désastreux d'Othon; et, comme si ce premier degré ne suffisait pas pour faire une réparation suffisante à la mémoire de Néron, il y en a un second sous le règne de Vitellius. Cette seconde réaction a été tout à fait néronienne. Tacite nous apprend que Néron était la grande admiration de Vitellius, qui marchait contre Rome, après sa victoire sur Othon, avec un cortége fait à l'instar de la cour de Néron, des histrions, des eunuques, des débauchés; et qu'enfin arrivé à Rome, il avait, dans le Champ de Mars, offert un sacrifice expiatoire aux mânes de Néron. [1]

Quand un peuple a été longtemps gouverné par les vices de son prince et par les siens, il ne faut pas croire que, si le prince meurt, ses vices et ceux de la foule meurent et s'éteignent du même coup. Ils survivent et s'entretiennent dans le peuple. A Rome le Sénat, les chevaliers, les clients des grandes familles, les serviteurs et les affranchis des tués et des exilés s'étaient réjouis de la mort de Néron et avaient commencé à espérer des jours meilleurs; mais le bas peuple, habitué à la vie du cirque et des théâtres, les esclaves corrompus et pervertis, les hommes qui, s'étant ruinés, vivaient des vices de Néron, tous ceux-là s'affligeaient et regrettaient leur empereur, c'est-à-dire leur prospérité malfaisante. Ajoutez le mécontentement des prétoriens, qui, gâtés par quatorze ans de licence sous Néron,

---

[1]. Quantoque magis propinquabat, tanto corruptius iter, immixtis histrionibus et spadonum grege et cetero Neronianæ aulæ ingenio : namque et Neronem ipsum Vitellius admiratione celebrabat... (*Hist.*, liv. II, ch. LXXI.) Lætum fœdissimo cuique, apud bonos invidiæ fuit, quod exstructis in campo Martio aris inferias Neroni fecisset; cæsæ publice victimæ cremataeque... (*Ibid.*, ch. xcv.)

aimaient les vices des princes, autant qu'ils respectaient autrefois leurs vertus. C'était tout ce monde de courtisans ruinés, de populace oisive et curieuse, d'esclaves scélérats, de soldats paresseux et licencieux, qui faisait le parti posthume de Néron. Ce parti avait ses favoris, ses prétendants et soutenait Othon comme celui qui ressemblait le plus à Néron.[1] Galba était vertueux, mais sa vertu s'était entourée de vices qui la discréditaient. Elle choquait par le contraste la corruption et la perversité du temps, et, d'un autre côté, ses favoris y faisaient concurrence. Il y avait là des esclaves et des affranchis promptement instruits à faire argent de tout, et que Corneille a si admirablement peints après Tacite :

> Je les voyois tous trois se hâter sous un maître
> Qui, chargé d'un long âge, a peu de temps à l'être,
> Et tous trois à l'envi s'empresser ardemment
> A qui dévoreroit ce règne d'un moment.[2]
> (Acte Iᵉʳ, scène Iʳᵉ.)

On voit comment, dans Tacite, le contre-coup du règne de Néron se fait sentir sous Galba, Othon et Vitellius ; comment Rome, après Néron, nous fait mieux comprendre Rome sous Néron et nous explique l'inconcevable survivance de ce règne sanguinaire et extravagant. Néron avait son monde, son public ; et c'est ce public qui a fait tomber Galba, élevé Othon et Vitellius. Mais le néronianisme, qui avait pu survivre à Néron, n'a pas pu résister à ses deux imitations qui s'appelaient Othon et Vitellius et qui semblaient s'être partagé ses vices ; l'un, Othon, prenant les vices brillants, le goût du plaisir et du luxe ; l'autre les vices ignobles, le goût de la débauche et de la cruauté grossière. Ces deux images de Néron ont corrigé Rome du néronianisme. Le dégoût du mal a ramené le goût du bien, surtout quand le bien a eu l'habileté de ne pas trop choquer le mal. C'est ce qui fit la fortune de Vespasien.

Il m'est impossible de ne pas remarquer que nous trouvons, jusque dans les auteurs chrétiens du IIIᵉ siècle, des traces singu-

---

1. Prona in eum aula Neronis, ut similem. (*Hist.*, liv. Iᵉʳ, ch. XIII.)
2. Servorum manus subitis avidæ, et tanquam apud senem festinantes. (*Hist.*, liv. Iᵉʳ, ch. VII)

lières de cette grande et désastreuse renommée de Néron; tant cela fait effet sur les hommes de les avoir étonnés même par le mal et par le crime. Je me hâte de dire que chez les chrétiens, à la différence du peuple de Rome, la renommée de Néron n'est qu'en mal. La doctrine chrétienne, venue dans le monde pour rendre à la vérité morale la supériorité qu'elle avait perdue, a redressé la conscience publique; le mal est redevenu le mal, et la tyrannie des méchants et des fous ne s'est plus appelée l'autorité du peuple et de l'empereur. Dans Commodien, poëte chrétien du IIIe siècle, Néron figure l'Antechrist, et il revient de l'enfer dans le monde pour exercer le pouvoir de l'Antechrist.[1]

C'est le mérite de Corneille de nous avoir montré dans *Othon* la peinture de ces temps après Néron, et les complications de son intrigue amoureuse n'ont pas réussi à obscurcir le tableau. Quelques-uns des traits de cette peinture sont même dignes d'être cités à côté de *Britannicus*, et ils prouvent que Racine n'est pas, parmi nos poëtes tragiques, le premier qui ait su s'inspirer *du plus grand peintre de l'antiquité*.[2] Nous verrons, dans la première préface de *Britannicus*, Racine traiter fort

---

1. Ex infero redit, qui fuerat regno præreptus,
    Et diu servatus, cum pristino corpore notus.
    Dicimus hunc autem Neronem esse vetustum.

Spicilegium Solesmense, t. Ier, p. 43. Le père Pitra place Commodien vers 250 de l'ère chrétienne.

Saint Augustin, au ve siècle, dans la *Cité de Dieu*, rapporte les mêmes traditions, qui sont évidemment les légendes populaires de Rome sur Néron, corrigées par l'horreur légitime que les chrétiens avaient de lui. « Quelques-uns pensent que ce que saint Paul a dit, dans la seconde épître aux Thessaloniciens : « déjà s'opère le mystère de l'iniquité, » s'applique à Néron, dont les œuvres paraissaient celles de l'Antechrist. Il y a aussi des personnes qui croient que Néron ressuscitera et sera l'Antechrist. D'autres prétendent que Néron n'a pas été tué, mais qu'il a été caché pour qu'on le crût mort, et qu'il reparaîtra en son temps et remontera sur le trône. — Quidam putant... ut hoc quod dixit Paulus apostolus : « jam enim mysterium iniquitatis operatur,[*] » Neronem voluerit intelligi, cujus jam facta velut Antichristi videbantur. Unde nonnulli ipsum resurrecturum et futurum Antichristum suspicantur. Alii Neronem nec occisum putant, sed substractum potius, ut putaretur occisus, et vivum occultari in vigore ipsius ætatis, in qua fuit, cum crederetur extinctus, donec suo tempore reveletur et restituatur in regnum. » (Liv. XX, ch. xix.) — L'historien chrétien Sulpice Sévère dit aussi dans son *Histoire* que Néron a été sauvé et qu'il reparaîtra à la fin des temps pour exercer le mystère d'iniquité. (Liv. II, ch. xxix.)

2. RACINE. 2e préface de *Britannicus*.

[*] II Thess., II, 7.

dédaigneusement les pièces de Corneille qui ont pour sujet des héros de l'histoire. Il a l'air de croire qu'il est le seul qui ait su mettre l'histoire sur la scène sans la défigurer par le mélange du roman. Il était peut-être bon de remarquer, avant d'arriver à cette diatribe de mauvais goût, que, même dans *Othon*, Corneille avait su représenter l'histoire et la représenter avec les traits de Tacite sans les affaiblir, témoin ce vers que je cite encore au hasard pour montrer la perpétuelle et naturelle alliance qui se fait entre le génie de Tacite et celui de Corneille. Rutile vient annoncer que quinze ou vingt révoltés, au milieu de la place, viennent de proclamer Othon empereur.

Que fait le peuple? dit Galba. Le peuple

> Frémit de leur audace et les laisse passer.
> (Acte IV, scène VI.)

C'est le mot de Tacite sur le renversement de Galba, crime odieux que quelques-uns osèrent, que beaucoup acceptèrent et que tous souffrirent.[1] Le vers de Corneille en est la traduction la plus précise et la plus vive.

---

1. Isque habitus animorum fuit, ut pessimum facinus auderent pauci, plures vellent, omnes paterentur. (Liv. Ier, ch. XXVIII.)

A MONSEIGNEUR

M. LE DUC DE CHEVREUSE.

Monseigneur,

Vous serez peut-être étonné de voir votre nom à la tête de cet ouvrage ; et si je vous avois demandé la permission de vous l'offrir, je doute si je l'aurois obtenue.[1] Mais ce seroit être en quelque sorte ingrat que de cacher plus longtemps au monde les bontés dont vous m'avez toujours honoré. Quelle apparence qu'un homme qui ne travaille que pour la gloire se puisse taire d'une protection aussi glorieuse que la vôtre ?

Non, Monseigneur, il m'est trop avantageux que l'on sache que mes bons amis mêmes ne vous sont pas indifférents, que vous prenez part à tous mes ouvrages, et que vous m'avez procuré l'honneur de lire celui-ci devant un homme dont toutes

---

1. Il est plus correct de dire *je doute que je l'eusse obtenue*. *Je doute si* ne se dit bien que lorsqu'il y a incertitude entre deux choses énoncées : *Je doute s'il faut rejeter son témoignage ou y avoir égard*, etc. (L.) — *Je doute si* exprime, en effet, plus d'incertitude que *je doute que*. Mais c'est pour cela que Racine a eu raison de dire : *Je doute si je l'aurois obtenue*. S'il avait dit au duc de Chevreuse, je doute que je l'eusse obtenue, cela aurait signifié : il est probable que je ne l'aurais pas obtenue ; et comme cela n'empêchait pas Racine de faire sa dédicace, la phrase n'aurait semblé avoir été faite que pour respecter dans M. de Chevreuse une fausse modestie. Le *je doute si* exprime au contraire une véritable incertitude de la part de Racine et dans M. de Chevreuse une sincère modestie. Racine, bien avant cette dédicace, avait des rapports avec M. de Chevreuse. Il pouvait donc lui dédier *Britannicus* sans lui en demander d'avance la permission, ce qui, sans cela, eût été contraire aux usages ; et, ne lui ayant pas demandé cette permission, il pouvait dire très-sincèrement qu'il *doutait si*, la demandant, *il l'eût obtenue*. Entre le *que* et le *si* après le verbe douter, il y a une nuance de pensée qui s'exprime par la différence des conjonctions, et c'est une délicatesse d'expression qu'il ne faut pas sacrifier à une sèche et douteuse correction grammaticale.

les heures sont précieuses.[1] Vous fûtes témoin avec quelle pénétration d'esprit il jugea de l'économie de la pièce, et combien l'idée qu'il s'est formée d'une excellente tragédie est au delà de tout ce que j'en ai pu concevoir.

Ne craignez pas, Monseigneur, que je m'engage plus avant, et que, n'osant le louer en face, je m'adresse à vous pour le louer avec plus de liberté. Je sais qu'il seroit dangereux de le fatiguer de ses louanges ; et j'ose dire que cette même modestie, qui vous est commune avec lui, n'est pas un des moindres liens qui vous attachent l'un à l'autre.

La modération n'est qu'une vertu ordinaire quand elle ne se rencontre qu'avec des qualités ordinaires. Mais qu'avec toutes les qualités et du cœur et de l'esprit, qu'avec un jugement qui, ce semble, ne devroit être le fruit que de l'expérience de plusieurs années, qu'avec mille belles connoissances que vous ne sauriez cacher à vos amis particuliers, vous ayez encore cette sage retenue que tout le monde admire en vous, c'est sans doute une vertu rare en un siècle où l'on fait vanité des moindres choses. Mais je me laisse emporter insensiblement à la tentation de parler de vous ; il faut qu'elle soit bien violente, puisque je n'ai pu y résister dans une lettre où je n'avois autre dessein que de vous témoigner avec combien de respect je suis,

Monseigneur,

Votre très-humble, très-obéissant
et très-fidèle serviteur,

RACINE.

---

1. On ne peut guère douter qu'il ne soit ici question du grand Colbert, beau-père du duc de Chevreuse, lequel avait épousé sa fille aînée. Colbert avait un sens droit et un esprit juste. Avec ces qualités on juge sainement de tout. Si, dans les louanges que Racine prodigue à Colbert, il y a quelque chose pour le contrôleur général, la plus grande partie est pour l'homme, et paraît dictée par la vérité. (G.)

NOTICE HISTORIQUE

SUR

M. LE DUC DE CHEVREUSE.

A lire la plupart des dédicaces emphatiques de la première moitié du xviie siècle, on dirait que les auteurs n'ont jamais approché les personnes à qui ils dédient leurs ouvrages et qu'ils leur parlent pour la première fois, comme à des dieux qui se pencheraient vers les hommes. Les éloges que Racine donne à M. le duc de Chevreuse et à son tout-puissant beau-père, le ministre Colbert, ont le mérite de n'excéder ni la vraisemblance ni la bienséance. Racine, en dédiant son *Britannicus* à M. le duc de Chevreuse, lui parle avec beaucoup de respect et beaucoup d'estime, mais de plain-pied, si je puis ainsi parler, et comme le connaissant depuis longtemps.

Tout ce que nous savons d'ailleurs par les mémoires du temps sur M. le duc de Chevreuse nous montre que Racine n'estimait pas trop haut ses qualités de cœur et d'esprit. Son père, grand ami des docteurs de Port-Royal, lui fit donner une éducation à la fois très-littéraire et très-religieuse, comme était celle qu'on donnait à Port-Royal. Le succès de l'*Andromaque* avait dû désigner le poëte à l'admiration du jeune duc de Chevreuse, qui avait alors vingt et un ans. Racine, de plus, était un des clients de la maison de Luynes; M. Vitart, le cousin de Racine et le patron le plus affectueux de sa jeunesse, était l'intendant de cette famille, et Racine avait logé en commençant à l'hôtel de Luynes; je ne doute même pas que *les amis de Racine auxquels le duc de Chevreuse n'était pas indifférent* étaient son cousin Vitart. Toute cette dédicace se ressent d'une familiarité entre le patron et le protégé, qui n'ôte rien au respect des rangs, mais qui témoigne que les deux personnes qui se rapprochent dans cette épître ne le font pas pour la première fois et que ce n'est pas un vain mot quand Racine dit que le duc de Chevreuse *prend part,* c'est-à-dire intérêt, *à tous ses ouvrages.*

En 1667, le jeune duc de Chevreuse, à vingt et un ans, venait d'épouser la fille de Colbert, et nous voyons qu'il se servit de son entrée dans la famille de Colbert pour introduire Racine auprès de lui et procurer à celui-ci une grande faveur, celle de lire son *Britannicus* au grand ministre. Colbert, le plus laborieux des hommes, travaillait seize heures par jour. C'était une de ces *heures précieuses,* comme le dit à bon droit Racine, que le duc de Chevreuse avait obtenue de son beau-père pour la tragédie du poëte son ami, qui, du reste, n'était pas inconnu à la cour, protégé par la belle duchesse d'Orléans, Henriette d'Angleterre;[1] celle-ci avait honoré *Andromaque* de ses larmes dès la première lecture que Racine lui en fit; il était, de plus, bien vu par le roi, qui avait ri aux *Plaideurs.* Colbert pouvait donc sans se compromettre obliger son gendre dans la personne de son ami. Il ne dérogeait pas en cela à son habitude, qui était « de n'employer son crédit que pour lui ou tout au plus pour ses enfants.[2] » Le duc de Chevreuse était le premier gendre issu des grandes familles de France qui entrât dans la famille de Colbert, et il était de bon goût de lui complaire en ses amis.[3]

Saint-Simon, qui était l'ami de M. le duc de Chevreuse, en a fait un portrait charmant, où les qualités et les défauts s'unissent pour faire une de ces figures que l'on n'oublie plus une fois qu'on les a vues. Ce portrait montre que M. de Chevreuse était fait, dès sa jeunesse, pour goûter, pour comprendre et pour

---

1. Voir l'Épître dédicatoire d'*Andromaque* à Madame.
2. Lettre de Bussy-Rabutin à Mme de Sévigné, 6 juillet 1680.
3. M. Pierre Clément, dans son *Histoire de Colbert,* remarque avec raison que Colbert, lorsqu'il s'agissait de perdre Fouquet, lui avait reproché très-vivement d'avoir marié ses filles dans les plus grandes familles du royaume pour consolider et pour élever sa puissance. Six ans à peine écoulés depuis la chute de Fouquet, Colbert ne trouvait plus de poste assez élevé pour ses enfants. Sa fille aînée épousait le duc de Chevreuse, en 1667; la seconde, le duc de Beauvilliers, en 1671; la troisième, le duc de Mortemart, en 1679. Il leur donnait à chacune une dot de quatre cent mille livres, ce qui, selon l'estimation de M. Clément, élevait sa fortune à 10 millions dès 1667, c'est-à-dire six ans seulement après la chute de Fouquet.

protéger Racine. Saint-Simon semble même lui reprocher d'avoir l'esprit plus porté vers les lettres et la méditation que vers les affaires et le monde. Racine avait tout l'esprit qu'il fallait pour le monde, et le génie qu'il avait dans les lettres ne l'embarrassait pas à la cour. M. de Chevreuse, au contraire, n'avait pas cette allure aisée et habile; son esprit l'était, sa personne ne l'était pas. « Il écrivoit aisément, agréablement et admirablement bien; il étoit affable, gracieux, obligeant. Mais à qui ne le connoissoit pas familièrement, il avoit un extérieur droit, fiché, composé, qui tiroit sur le pédant et qui, avec ce qu'il n'étoit point du tout répandu, éloignoit...[1] Il étoit né avec beaucoup d'esprit naturel, d'agrément dans l'esprit, de goût pour l'application et de facilité pour le travail et pour toutes sortes de sciences, une justesse d'expression sans recherche et qui couloit de source, une abondance de pensées, une aisance à les rendre et à expliquer les choses les plus abstraites et les plus embarrassées avec la dernière netteté et la précision la plus exacte...[2] Mais son trop de lumières, point assez ramassées, l'éblouissoit par de faux jours, et sa facilité prodigieuse de concevoir et de raisonner lui ouvroit tant de routes qu'il étoit sujet à l'égarement sans s'en apercevoir et de la meilleure foi du monde. Ces inconvénients n'étoient jamais en M. de Beauvilliers,[3] qui étoit préférable dans un conseil, et M. de Chevreuse dans toutes les académies. Il avoit aussi une élocution plus naturellement diserte, entraînante et dangereuse aussi, par les grâces qui y naissoient d'elles-mêmes, à entraîner dans le faux à force de chaînons, quand on lui avoit passé une fois ses premières propositions en entier, faute d'attention assez vigilante, et de donner par cet entraînement dans un faux, qu'à la fin on apercevoit tout entier, mais déjà dans le branle, forcé de s'y sentir précipité.[4] »

Les qualités du cœur étaient dans M. de Chevreuse plus grandes encore que ses qualités d'esprit, parce qu'elles étaient plus fermes. Il resta fidèle, comme son beau-frère M. de Beau-

---

1. *Mémoires de Saint-Simon*, t. X, p. 387.
2. *Mémoires de Saint-Simon*, t. X, p. 378.
3. Saint-Simon fait en cet endroit un parallèle entre les ducs de Chevreuse et de Beauvilliers, tous deux gendres de Colbert.
4. SAINT-SIMON, t. XI, p. 294.

villiers, à Fénelon dans sa disgrâce, ayant été un de ses partisans les plus ardents pendant sa faveur. Il était son correspondant avoué à la cour; M™° de Maintenon lui en voulait, selon Saint-Simon, de continuer à aimer et à soutenir en Fénelon quelqu'un qu'elle avait cessé d'aimer et de soutenir, dès qu'elle l'avait vu suspect au roi. Mais le roi respectait la fidélité des deux ducs et les laissait sans soupçons auprès de son petit-fils le duc de Bourgogne, qu'il savait aussi fort affectionné à son ancien précepteur. C'était une des qualités du roi, quand il estimait beaucoup le caractère des gens, de les laisser, dans toutes les questions d'honneur et de fidélité, penser et agir comme ils voulaient.

Racine, dans sa dédicace, loue la modération qui, en M. de Chevreuse, réglait et contenait ses grandes qualités. Saint-Simon le loue aussi de cette qualité, qu'il désigne seulement sous un nom moins mondain que le faisait Racine qui, au moment de son *Britannicus,* était dans le grand train de sa vie mondaine. « Jamais homme, dit Saint-Simon, ne posséda son âme en paix comme celui-là; comme dit le psaume, il la portoit dans ses mains. Le désordre de ses affaires, la disgrâce de l'orage du quiétisme, qui fut au moment de le renverser, la perte de ses enfants, celle de ce parfait dauphin, nul événement ne put l'émouvoir..., avec un cœur bon et tendre toutefois.[1] » Le seul défaut que Saint-Simon reproche à M. le duc de Chevreuse était de ne savoir bien gouverner ni sa fortune ni sa santé. Il avait l'esprit de projets et l'esprit de système, l'un fatal à ses affaires et l'autre à sa santé. Rêveur, méditatif, « très-particulier, comme on disait au xvɪɪᵉ siècle, par le mépris intime du monde et le goût et l'habitude du cabinet, qu'il n'étoit presque pas possible de l'en tirer..., il faisoit tout tard et assez lentement. Il ne connoissoit pour son usage particulier ni les heures ni les temps, et il lui arrivoit souvent là-dessus des aventures qui faisoient notre divertissement entre nous.[2] »

De ces aventures, j'en prends une, parce qu'elle met en vue quelqu'un de la famille de Racine, un de ses amis encore sans doute auxquels, selon la dédicace de *Britannicus,* M. de Che-

1. Saint-Simon, t. X, p. 384.
2. Saint-Simon, t. X, p. 385.

vreuse voulait bien n'être pas indifférent. « Un jour qu'il étoit à Vaucresson, près de Versailles, chez M. de Beauvilliers, on lui annonça, sur les dix heures du matin, un M. Sconin[1] qui avoit été son intendant et qui s'étoit mis à choses à lui plus utiles, où M. de Chevreuse le protégeoit. Il lui fit dire de faire un tour de jardin et de revenir dans une demi-heure. Il continua de faire ce qu'il faisoit et oublia parfaitement son homme. Sur les sept heures du soir, on le lui annonce encore. « Dans un moment, » répond-il sans s'émouvoir. Un quart d'heure après, il l'appelle et le fait entrer. « Ah! mon pauvre Sconin, lui dit-il, je vous « fais bien des excuses de vous avoir fait perdre votre journée. — « Point du tout, monseigneur, répond Sconin. Comme j'ai l'hon- « neur de vous connoître il y a bien des années, j'ai compris ce « matin que la demi-heure pourroit être longue; j'ai été à Paris, « j'y ai fait, avant et après dîner, quelques affaires que j'avois, et « j'en arrive. » M. de Chevreuse demeura confondu. Sconin ne s'en tut pas, ni les gens même de M. de Chevreuse. M. de Beauvilliers s'en divertit, et, quelque accoutumé que M. de Chevreuse fût à ces badinages, il ne résistoit pas[2] à voir remettre ce conte sur le tapis.[3] »

Voilà quel était cet honnête grand seigneur, bien digne des éloges de Racine, très-spirituel, très-instruit et à qui ne manquait pas cette petite dose de défauts ou de ridicules qui achève de rendre les caractères aimables, en tempérant un peu le respect qu'ils inspirent.

1. Le grand-père maternel de Racine était un Sconin, et son cousin germain Vitart, intendant de la maison de Luynes, était aussi, par sa mère, un Sconin. Les rapports des Sconin, des Vitart, des Desmoulins avec Port-Royal et l'attachement que M. de Luynes, le fils du connétable, avait pour Port-Royal permettent de croire que le Sconin dont il est ici question était un parent de Racine, un cousin sans doute, quoiqu'il n'en soit pas question dans les lettres inédites publiées par l'abbé de La Roque.
2. C'est-à-dire, il s'impatientait.
3. Saint-Simon, t. X, p. 386.

PREMIÈRE PRÉFACE.

De tous les ouvrages que j'ai donnés au public, il n'y en a point qui m'ait attiré plus d'applaudissements ni plus de censeurs que celui-ci. Quelque soin que j'aie pris pour travailler cette tragédie, il semble qu'autant je me suis efforcé de la rendre bonne, autant de certaines gens se sont efforcés de la décrier : [1] il n'y a point de cabale qu'ils n'aient faite, point de critique dont ils ne se soient avisés. Il y en a qui ont pris même le parti de Néron contre moi : ils ont dit que je le faisois trop cruel. Pour moi, je croyois que le nom seul de Néron faisoit entendre quelque chose de plus que cruel. Mais peut-être qu'ils raffinent sur son histoire, et veulent dire qu'il étoit honnête homme dans ses premières années : il ne faut qu'avoir lu Tacite pour savoir que, s'il a été quelque temps un bon empereur, il a toujours été un très-méchant homme. Il ne s'agit point dans ma tragédie des affaires du dehors : Néron est ici dans son particulier et dans sa famille; et ils me dispenseront de leur rapporter tous les passages qui pourroient aisément leur prouver que je n'ai point de réparation à lui faire.

D'autres ont dit, au contraire, que je l'avois fait trop bon. J'avoue que je ne m'étois pas formé l'idée d'un bon homme en la personne de Néron : je l'ai toujours regardé comme un monstre. Mais c'est ici un monstre naissant. Il n'a pas encore mis le feu

---

1. Qui ne pardonnerait cet élan de l'indignation au génie outragé par l'injustice du public? Toutes les fois que Racine a fait deux préfaces, il a donné la première au ressentiment; la seconde est pour la réflexion. (G.)

à Rome ; il n'a pas encore tué sa mère, sa femme, ses gouverneurs : à cela près, il me semble qu'il lui échappe assez de cruautés pour empêcher que personne ne le méconnoisse.

Quelques-uns ont pris l'intérêt de Narcisse, et se sont plaints que j'en eusse fait un très-méchant homme, et le confident de Néron. Il suffit d'un passage pour leur répondre. « Néron, dit Tacite, porta impatiemment la mort de Narcisse, parce que cet affranchi avoit une conformité merveilleuse avec les vices du prince encore cachés : *Cujus abditis adhuc vitiis mire congruebat*. [1] »

Les autres se sont scandalisés que j'eusse choisi un homme aussi jeune que Britannicus pour le héros d'une tragédie. Je leur ai déclaré, dans la préface d'*Andromaque*, le sentiment d'Aristote sur le héros de la tragédie ; et que, bien loin d'être parfait, il faut toujours qu'il ait quelque imperfection.[2] Mais je leur dirai encore ici qu'un jeune prince de dix-sept ans, qui a beaucoup de cœur, beaucoup d'amour, beaucoup de franchise et beaucoup de crédulité, qualités ordinaires d'un jeune homme, m'a semblé très-capable d'exciter la compassion. Je n'en veux pas davantage.

« Mais, disent-ils, ce prince n'entroit que dans sa quinzième année lorsqu'il mourut. On le fait vivre, lui et Narcisse, deux ans plus qu'ils n'ont vécu. » Je n'aurois point parlé de cette objection, si elle n'avoit été faite avec chaleur par un homme [3] qui s'est donné la liberté de faire régner vingt ans un empereur qui n'en a régné que huit, quoique ce changement soit bien plus considérable dans la chronologie, où l'on suppute les temps par les années des empereurs.

Junie ne manque pas non plus de censeurs : ils disent que d'une vieille coquette, nommée Junia Silana, j'en ai fait une jeune fille très-sage. Qu'auroient-ils à me répondre, si je leur disois que cette Junie est un personnage inventé, comme l'Émilie de *Cinna*, comme la Sabine d'*Horace*? Mais j'ai à leur dire que s'ils avoient bien lu l'histoire, ils auroient trouvé une Junia

---

1. Tacite, *Annales*, liv. XIII, ch. 1.
2. Tome II, p. 54.
3. Corneille, qui, dans *Héraclius*, fait régner vingt ans l'empereur Phocas, lequel n'en a régné que huit. (G.)

Calvina, de la famille d'Auguste, sœur de Silanus, à qui Claudius avoit promis Octavie. Cette Junie étoit jeune, belle, et, comme dit Sénèque, *festivissima omnium puellarum*.[1] Elle aimoit tendrement son frère; et leurs ennemis, dit Tacite, les accusèrent tous deux d'inceste, quoiqu'ils ne fussent coupables que d'un peu d'indiscrétion. Si je la présente plus retenue qu'elle n'étoit, je n'ai pas ouï dire qu'il nous fût défendu de rectifier les mœurs d'un personnage, surtout lorsqu'il n'est pas connu.

L'on trouve étrange qu'elle paroisse sur le théâtre après la mort de Britannicus. Certainement la délicatesse est grande de ne pas vouloir qu'elle dise en quatre vers assez touchants qu'elle passe chez Octavie. « Mais, disent-ils, cela ne valoit pas la peine de la faire revenir, un autre l'auroit pu raconter pour elle. » Ils ne savent pas qu'une des règles du théâtre est de ne mettre en récit que les choses qui ne se peuvent passer en action, et que tous les anciens font venir souvent sur la scène des acteurs qui n'ont autre chose à dire, sinon qu'ils viennent d'un endroit, et qu'ils s'en retournent en un autre.

« Tout cela est inutile, disent mes censeurs : la pièce est finie au récit de la mort de Britannicus, et l'on ne devroit point écouter le reste. » On l'écoute pourtant et même avec autant d'attention qu'aucune fin de tragédie. Pour moi, j'ai toujours compris que la tragédie étant l'imitation d'une action complète, où plusieurs personnes concourent, cette action n'est point finie que l'on ne sache en quelle situation elle laisse ces mêmes personnes. C'est ainsi que Sophocle en use presque partout : c'est ainsi que dans *Antigone* il emploie autant de vers à représenter la fureur d'Hémon et la punition de Créon après la mort de cette princesse que j'en ai employé aux imprécations d'Agrippine, à la retraite de Junie, à la punition de Narcisse, et au désespoir de Néron, après la mort de Britannicus.

Que faudroit-il faire pour contenter des juges si difficiles? La chose seroit aisée, pour peu qu'on voulût trahir le bon sens. Il ne faudroit que s'écarter du naturel pour se jeter dans l'extraor-

---

1. « La plus gracieuse des jeunes filles. » Lucium Silanum generum suum occidit. Oro, propter quid? Sororem suam, festivissimam omnium puellarum, quam omnes Venerem vocarent, maluit Junonem vocare. (SÉNÈQUE, *Apocolokuntosis*, ch. VIII.)

dinaire. Au lieu d'une action simple, chargée de peu de matière, telle que doit être une action qui se passe en un jour, et qui, s'avançant par degrés vers sa fin, n'est soutenue que par les intérêts, les sentiments et les passions des personnages, il faudroit remplir cette même action de quantité d'incidents qui ne se pourroient passer qu'en un mois; d'un grand nombre de jeux de théâtre d'autant plus surprenants qu'ils seroient moins vraisemblables; d'une infinité de déclamations où l'on feroit dire aux acteurs tout le contraire de ce qu'ils devroient dire. Il faudroit, par exemple, représenter quelque héros ivre, qui se voudroit faire haïr de sa maîtresse de gaieté de cœur, un Lacédémonien grand parleur,[1] un conquérant qui ne débiteroit que des maximes d'amour, une femme qui donneroit des leçons de fierté à des conquérants. Voilà sans doute de quoi faire récrier tous ces messieurs. Mais que diroit cependant le petit nombre de gens sages auxquels je m'efforce de plaire? De quel front oserois-je me mon-

---

1. Racine désigne ici plusieurs tragédies de Corneille, *la Mort de Pompée, Sertorius, Agésilas;* on ne sait quel est *ce héros ivre qui veut se faire haïr par sa maîtresse* (dans le commentaire de La Harpe il est désigné par *Attila*). On sent que le succès médiocre de *Britannicus* et l'acharnement des partisans outrés de Corneille avaient mis Racine dans une situation à ne plus rien ménager. Corneille, malgré son âge, n'avait pas gardé lui-même plus de ménagements, et semblait avoir irrité le jeune poëte par une lettre adressée à Saint-Évremond, l'un de ses plus zélés partisans. (G.) — Je renvoie à l'examen de *Bérénice* de Racine, et de *Tite et Bérénice* de Corneille, l'examen de cette rivalité entre Racine et Corneille et des diverses lettres de Saint-Évremond qui s'y rapportent.

Je veux cependant citer ici quelques-uns des rôles et des vers de Corneille que Racine raille si durement. Voici, par exemple, dans *Attila*, le héros, ivre ou non, qui se voudrait faire haïr de sa maîtresse de gaieté de cœur :

ATTILA.
Quoi, vous pourriez m'aimer, madame, à votre tour?
Qui sème tant d'horreurs fait naître peu d'amour.
Qu'aimeriez-vous en moi? Je suis cruel, barbare,
Je n'ai que ma fierté, que ma fureur de rare;
On me craint, on me hait; on me nomme en tout lieu
La terreur des mortels et le fléau de Dieu.
(*Attila*, acte III, scène II.)

Dans la tragédie d'*Agésilas*, Lysandre et Agésilas parlent beaucoup, cela est vrai; mais l'entretien entre les deux personnages a une grandeur digne de Corneille. César, dans la *Mort de Pompée*, débite beaucoup de maximes d'amour ; mais dans l'*Alexandre* de Racine, Alexandre n'en débite guère moins, et si Corneille dans la *Mort* aussi *de Pompée* donne, par la bouche de Cornélie, des leçons de fierté à des conquérants, la reine Axiane, dans l'*Alexandre*, en donne aussi à l'envi. Racine est sévère et injuste, selon moi, contre Corneille; mais il est exact : il s'est fort bien souvent des fautes de son maître; il n'a oublié que les siennes.

PREMIÈRE PRÉFACE.

trer, pour ainsi dire, aux yeux de ces grands hommes de l'antiquité que j'ai choisis pour modèles? Car, pour me servir de la pensée d'un ancien, voilà les véritables spectateurs que nous devons nous proposer; et nous devons sans cesse nous demander : Que diroient Homère et Virgile, s'ils lisoient ces vers? Que diroit Sophocle, s'il voyoit représenter cette scène? Quoi qu'il en soit, je n'ai point prétendu empêcher qu'on ne parlât contre mes ouvrages, je l'aurois prétendu inutilement : *Quid de te alii loquantur ipsi videant,* dit Cicéron, *sed loquentur tamen.* [1]

Je prie seulement le lecteur de me pardonner cette petite préface, que j'ai faite pour lui rendre raison de ma tragédie. Il n'y a rien de plus naturel que de se défendre quand on se croit injustement attaqué. Je vois que Térence même semble n'avoir fait des prologues que pour se justifier contre les critiques d'un vieux poëte malintentionné, *malevoli veteris poetæ,* et qui venoit briguer des voix contre lui jusqu'aux heures où l'on représentoit ses comédies :

> . . . . Occœpta est agi :
> Exclamat, etc. [2]

On me pouvoit faire une difficulté qu'on ne m'a point faite. Mais ce qui est échappé aux spectateurs pourra être remarqué par les lecteurs. C'est que je fais entrer Junie dans les vestales, où, selon Aulu-Gelle, on ne recevoit personne au-dessous de six ans, ni au-dessus de dix. Mais le peuple prend ici Junie sous sa protection; et j'ai cru qu'en considération de sa naissance, de sa vertu et de son malheur, il pouvoit la dispenser de l'âge prescrit par les lois, comme il a dispensé de l'âge pour le consulat tant de grands hommes qui avoient mérité ce privilége.

Enfin, je suis très-persuadé qu'on me peut faire bien d'autres critiques, sur lesquelles je n'aurois d'autre parti à prendre que

---

1. « C'est aux autres à voir ce qu'ils diront de toi, mais à coup sûr ils en parleront de quelque manière que ce soit. » (*De Republ.,* lib. VI.)

2. « A peine a-t-on levé la toile, que le voilà qui s'écrie, etc. » (Terent., *Eunuch.,* prolog.)

On ne peut pas douter que Racine n'ait voulu désigner ici le grand Corneille. Au reste, Louis Racine dit que ce passage ne doit point faire soupçonner Corneille d'une basse jalousie, mais ses partisans, qui formaient un parti très-considérable, et employaient toutes sortes de moyens pour nuire aux pièces de son rival. (A. M.)

celui d'en profiter à l'avenir. Mais je plains fort le malheur d'un homme qui travaille pour le public. Ceux qui voient le mieux nos défauts sont ceux qui les dissimulent le plus volontiers : ils nous pardonnent les endroits qui leur ont déplu, en faveur de ceux qui leur ont donné du plaisir. Il n'y a rien, au contraire, de plus injuste qu'un ignorant : il croit toujours que l'admiration est le partage des gens qui ne savent rien ; il condamne toute une pièce pour une scène qu'il n'approuve pas ; il s'attaque même aux endroits les plus éclatants, pour faire croire qu'il a de l'esprit ; et pour peu que nous résistions à ses sentiments, il nous traite de présomptueux qui ne veulent croire personne, et ne songe pas qu'il tire quelquefois plus de vanité d'une critique fort mauvaise que nous n'en tirons d'une assez bonne pièce de théâtre :

Homine imperito nunquam quidquam injustius.[1]

---

1. Racine a lui-même traduit exactement ce vers, lorsqu'il a dit : « Il n'y a rien de plus injuste qu'un ignorant. » (G.) (TÉRENCE, *Adelphes*, I, 2, 18.)

SECONDE PRÉFACE.

Voici celle de mes tragédies que je puis dire que j'ai le plus travaillée. Cependant j'avoue que le succès ne répondit pas d'abord à mes espérances : à peine elle parut sur le théâtre, qu'il s'éleva quantité de critiques qui sembloient la devoir détruire.[1] Je crus moi-même que sa destinée seroit à l'avenir moins heureuse que celle de mes autres tragédies. Mais enfin il est arrivé de cette pièce ce qui arrivera toujours des ouvrages qui auront quelque bonté : les critiques se sont évanouies, la pièce est demeurée. C'est maintenant celle des miennes que la cour et le public revoient le plus volontiers. Et si j'ai fait quelque chose de solide, et qui mérite quelque louange, la plupart des connoisseurs demeurent d'accord que c'est ce même *Britannicus*.

A la vérité j'avois travaillé sur des modèles qui m'avoient extrêmement soutenu dans la peinture que je voulois faire de la cour d'Agrippine et de Néron. J'avois copié mes personnages d'après le plus grand peintre de l'antiquité, je veux dire d'après Tacite, et j'étois alors si rempli de la lecture de cet excellent historien, qu'il n'y a presque pas un trait éclatant dans ma tragédie dont il ne m'ait donné l'idée. J'avois voulu mettre dans ce recueil un extrait des plus beaux endroits[2] que j'ai tâché d'imi-

---

1. Cette pièce si belle, dit Louis Racine, et qui fait faire tant d'utiles réflexions, fut très-mal reçue, parce qu'on ne va point au spectacle pour réfléchir, et qu'on y cherche le plaisir du cœur plutôt que celui de l'esprit. Pour découvrir toutes les beautés que celle-ci renferme, il faut la méditer comme on médite Tacite. (A. M.)

2. Ces passages de Tacite se trouveront au bas des pages et feront partie des notes sur la tragédie. (A. M.)

ter ; mais j'ai trouvé que cet extrait tiendroit presque autant de place que la tragédie. Ainsi le lecteur trouvera bon que je le renvoie à cet auteur, qui aussi bien est entre les mains de tout le monde ; et je me contenterai de rapporter ici quelques-uns de ses passages sur chacun des personnages que j'introduis sur la scène.

Pour commencer par Néron, il faut se souvenir qu'il est ici dans les premières années de son règne, qui ont été heureuses, comme l'on sait. Ainsi, il ne m'a pas été permis de le représenter aussi méchant qu'il l'a été depuis. Je ne le représente pas non plus comme un homme vertueux, car il ne l'a jamais été. Il n'a pas encore tué sa mère, sa femme, ses gouverneurs ; mais il a en lui les semences de tous ces crimes : il commence à vouloir secouer le joug ; il les hait les uns et les autres ; il leur cache sa haine sous de fausses caresses, *factus natura*[1] *velare odium fallacibus blanditiis.*[2] En un mot, c'est ici un monstre naissant, mais qui n'ose encore se déclarer, et qui cherche des couleurs à ses méchantes actions : *Hactenus Nero flagitiis et sceleribus velamenta quæsivit.*[3] Il ne pouvoit souffrir Octavie, princesse d'une bonté et d'une vertu exemplaires, *fato quodam, an quia prævalent illicita ; metuebaturque ne in stupra feminarum illustrium prorumperet.*[4]

Je lui donne Narcisse pour confident. J'ai suivi en cela Tacite, qui dit que Néron porta impatiemment la mort de Narcisse, parce que cet affranchi avoit une conformité merveilleuse avec les vices du prince encore cachés : *Cujus abditis adhuc vitiis mire congruebat.* Ce passage prouve deux choses : il prouve et que Néron étoit déjà vicieux, mais qu'il dissimuloit ses vices, et que Narcisse l'entretenoit dans ses mauvaises inclinations.

J'ai choisi Burrhus pour opposer un honnête homme à cette peste de cour, et je l'ai choisi plutôt que Sénèque ; en voici la raison : ils étoient tous deux gouverneurs de la jeunesse de Néron, l'un pour les armes, et l'autre pour les lettres ; et ils

---

1. Dans Tacite : *et consuetudine exercitus.*
2. TACITE, *Annales*, liv. XIV, ch. LVI.
3. *Ibid.*, liv. XIII, ch. XLVII.
4. *Ibid.*, liv. XIII, ch. XII. — Voir dans la notice préliminaire les extraits de Tacite et de Sénèque le tragique sur Octavie.

étoient fameux, Burrhus pour son expérience dans les armes et pour la sévérité de ses mœurs, *militaribus curis et severitate morum ;* Sénèque pour son éloquence et le tour agréable de son esprit, *Seneca praeceptis eloquentiae et comitate honesta.* ¹ Burrhus, après sa mort, fut extrêmement regretté à cause de sa vertu : *Civitati grande desiderium ejus mansit per memoriam virtutis.* ²

Toute leur peine étoit de résister à l'orgueil et à la férocité d'Agrippine, *quae, cunctis malae dominationis cupidinibus flagrans, habebat in partibus Pallantem.* ³ Je ne dis que ce mot d'Agrippine, car il y auroit trop de choses à en dire. C'est elle que je me suis surtout efforcé de bien exprimer, et ma tragédie n'est pas moins la disgrâce d'Agrippine que la mort de Britannicus. Cette mort fut un coup de foudre pour elle ; et il parut, dit Tacite, par sa frayeur et par sa consternation, qu'elle étoit aussi innocente de cette mort qu'Octavie. Agrippine perdoit en lui sa dernière espérance, et ce crime lui en faisoit craindre un plus grand : *Sibi supremum auxilium ereptum, et parricidii exemplum intelligebat.* ⁴

L'âge de Britannicus étoit si connu, qu'il ne m'a pas été permis de le représenter autrement que comme un jeune prince qui avoit beaucoup de cœur, beaucoup d'amour et beaucoup de franchise, qualités ordinaires d'un jeune homme. Il avoit quinze ans, et on dit qu'il avoit beaucoup d'esprit, soit qu'on dise vrai, ou que ses malheurs aient fait croire cela de lui, sans qu'il ait pu en donner des marques : *Neque segnem ei fuisse indolem ferunt; sive verum, seu, periculis commendatus, retinuit famam sine experimento.* ⁵

Il ne faut pas s'étonner s'il n'a auprès de lui qu'un aussi méchant homme que Narcisse; car il y avoit longtemps qu'on avoit donné ordre qu'il n'y eût auprès de Britannicus que des

---

1. TACITE, *Annales*, liv. XIII, ch. II.
2. *Ibid.*, liv. XIV, ch. LI. — Tacite, il est vrai, admire Burrhus, mais comme l'honnête homme d'une détestable société, c'est-à-dire, à peine un honnête homme. — Voir la notice préliminaire.
3. TACITE, *Annales*, liv. XIII, ch. II.
4. *Ibid.*, liv. XIII, ch. XVI.
5. *Ibid.*, liv. XII, ch. XXVI.

gens qui n'eussent ni foi ni honneur : *Nam ut proximus quisque Britannico neque fas neque fidem pensi haberet olim provisum erat.* [1]

Il me reste à parler de Junie. Il ne la faut pas confondre avec une vieille coquette qui s'appeloit *Junia Silana*. C'est ici une autre Junie, que Tacite appelle *Junia Calvina*, de la famille d'Auguste, sœur de Silanus, à qui Claudius avoit promis Octavie. Cette Junie étoit jeune, belle, et, comme dit Sénèque, *festivissima omnium puellarum*. Son frère et elle s'aimoient tendrement ; *et leurs ennemis*, dit Tacite, *les accusèrent tous deux d'inceste, quoiqu'ils ne fussent coupables que d'un peu d'indiscrétion.* Elle vécut jusqu'au règne de Vespasien.

Je la fais entrer dans les vestales, quoique, selon Aulu-Gelle, on n'y reçût jamais personne au-dessous de six ans, ni au-dessus de dix. Mais le peuple prend ici Junie sous sa protection ; et j'ai cru qu'en considération de sa naissance, de sa vertu et de son malheur, il pouvoit la dispenser de l'âge prescrit par les lois, comme il a dispensé de l'âge pour le consulat tant de grands hommes qui avoient mérité ce privilége. [2]

---

1. Tacite, *Annales*, liv. XIII, ch. xv.
2. Racine confond ici la république avec la monarchie : le peuple n'était rien sous les empereurs; sa protection étoit inutile et même nuisible ; il ne faisait point de lois, et ne pouvoit en donner aucune dispense. Racine ne peut donc pas supposer au peuple le droit de faire entrer Junie dans les vestales malgré les lois. (G.) — Les poëtes dramatiques doivent se conformer à l'histoire, mais surtout à l'histoire que tout le monde sait. Celle qui est ignorée du public et connue seulement par les savants peut être changée sans inconvénient par l'imagination des poëtes. Or, l'âge fixé par les lois pour l'entrée des vestales dans leur congrégation est dans l'histoire une de ces questions de détail qui appartiennent aux savants et que Racine pouvait changer à son gré. Quant au peuple, puisque sa faveur pouvait être nuisible, témoin Octavie, dont elle causa la mort, il était craint encore. C'était son dernier reste de puissance.

BRITANNICUS

PERSONNAGES.

NÉRON, empereur, fils d'Agrippine.
BRITANNICUS, fils de l'empereur Claudius et de Messaline.
AGRIPPINE, veuve de Domitius Ænobarbus, père de Néron, et en secondes noces, veuve de l'empereur Claudius.
JUNIE, amante de Britannicus.
BURRHUS, gouverneur de Néron.
NARCISSE, gouverneur de Britannicus.
ALBINE, confidente d'Agrippine.
GARDES.

La scène est à Rome, dans une chambre du palais de Néron.

NOMS DES ACTEURS QUI ONT JOUÉ D'ORIGINAL DANS BRITANNICUS.

NÉRON.	FLORIDOR.
BRITANNICUS.	BRECOURT.
BURRHUS.	LAFLEUR.
AGRIPPINE.	Mademoiselle DESŒILLET.
JUNIE.	Mademoiselle d'ENNEBAUT.
NARCISSE.	HAUTEROCHE.

BRITANNICUS

ACTE PREMIER.

SCÈNE PREMIÈRE.

AGRIPPINE, ALBINE.

ALBINE.

Quoi! tandis que Néron s'abandonne au sommeil,
Faut-il que vous veniez attendre son réveil?
Qu'errant dans le palais, sans suite et sans escorte,
La mère de César veille seule à sa porte?
Madame, retournez dans votre appartement.[1]

---

1. Ce vers, qui est de la conversation ordinaire, serait au-dessous du style tragique, s'il n'était également relevé et par ce qui précède, et par ce qui suit. Deux vers du ton le plus noble peignent d'abord l'humiliation d'Agrippine :

> Errant dans le palais, sans suite et sans escorte,
> La mère de César veille seule à sa porte.

Ces mots si simples : *retournez dans votre appartement*, acquièrent alors de la dignité, et en rendent à Agrippine; et quand elle répond :

> Albine, il ne faut pas s'éloigner un moment;
> Je veux l'attendre ici,

l'on comprend pourquoi la mère de César est *hors de son appartement* à

AGRIPPINE.

Albine, il ne faut pas s'éloigner un moment.
Je veux l'attendre ici : les chagrins qu'il me cause
M'occuperont assez tout le temps qu'il repose.
Tout ce que j'ai prédit n'est que trop assuré :
Contre Britannicus Néron s'est déclaré.
L'impatient Néron cesse de se contraindre ;
Las de se faire aimer, il veut se faire craindre.
Britannicus le gêne, Albine ; et chaque jour
Je sens que je deviens importune à mon tour. [1]

ALBINE.

Quoi ! vous à qui Néron doit le jour qu'il respire,
Qui l'avez appelé de si loin à l'empire ?
Vous qui, déshéritant le fils de Claudius,
Avez nommé César l'heureux Domitius ?
Tout lui parle, madame, en faveur d'Agrippine :
Il vous doit son amour.

AGRIPPINE.

Il me le doit, Albine :
Tout, s'il est généreux, lui prescrit cette loi ;
Mais tout, s'il est ingrat, lui parle contre moi.

---

l'heure où elle devrait y être. Un mauvais poëte avait commencé une mauvaise tragédie par ce vers :

> Eh ! madame, rentrez dans votre appartement.

Quand on se moquait de ce début, il se moquait des critiques en leur citant le vers de Racine, et ne doutait pas que ce ne fût la même chose. C'est parce que beaucoup de gens sont capables de pareilles méprises que le détail où nous sommes entrés peut être bon à les détromper. (L.)

1. Ces deux vers font entendre d'avance tout ce qui sera détaillé dans la suite. Néron, que *gêne* Britannicus ; Agrippine, qui *devient importune*, et une foule d'expressions du même genre que nous verrons dans cette pièce, sont du bon style de l'histoire, qui devait ici faire partie du style tragique. Mais que de goût et d'art il fallait pour les réunir ! (L.)

ALBINE.

S'il est ingrat, madame? Ah! toute sa conduite
Marque dans son devoir une âme trop instruite.
Depuis trois ans entiers, qu'a-t-il dit, qu'a-t-il fait
Qui ne promette à Rome un empereur parfait?
Rome, depuis trois ans, par ses soins gouvernée,
Au temps de ses consuls croit être retournée :
Il la gouverne en père. Enfin Néron naissant
A toutes les vertus d'Auguste vieillissant. [1]

AGRIPPINE.

Non, non, mon intérêt ne me rend point injuste :
Il commence, il est vrai, par où finit Auguste;
Mais crains que, l'avenir détruisant le passé,
Il ne finisse ainsi qu'Auguste a commencé.
Il se déguise en vain : je lis sur son visage
Des fiers Domitius l'humeur triste et sauvage;
Il mêle avec l'orgueil qu'il a pris dans leur sang
La fierté des Nérons qu'il puisa dans mon flanc. [2]
Toujours la tyrannie a d'heureuses prémices : [3]

---

[1]. « Comparare nemo mansuetudini tuæ audebit divum Augustum, etiamsi in certamen juvenilium annorum deduxerit senectutem plus quam maturam. » — « Qui oserait douter que ta clémence ne l'emporte sur celle d'Auguste, quand même il opposerait à tes jeunes années toutes les vertus de sa longue vieillesse? » (SÉNÈQUE, de Clement., liv. I, ch. xi.) (A. M.) — Je ne me suis point permis de corriger les traductions faites par M. Aimé Martin, à moins qu'il n'y eût de graves erreurs de sens. De plus, les citations de Tacite qui sont au bas des pages sont pour la plupart traduites ou analysées dans la notice préliminaire ou dans l'examen de Britannicus. Il était donc inutile de les traduire moi-même de nouveau.

[2]. Agrippine était petite-fille de Claudius Drusus Néron, fils de Tibérius Claudius Néron et de Livie. La famille des Claudiens était une des plus anciennes et des plus illustres de Rome. (G.)

[3]. Racine voulait dire que les tyrans commencent toujours leur règne par la vertu. Mais cette idée est-elle rendue clairement par ces mots : la tyrannie a d'heureuses prémices? Les prémices de la tyrannie peuvent-elles

De Rome, pour un temps, Caïus fut les délices; [1]
Mais, sa feinte bonté se tournant en fureur,
Les délices de Rome en devinrent l'horreur.
Que m'importe, après tout, que Néron, plus fidèle,
D'une longue vertu laisse un jour le modèle?
Ai-je mis dans sa main le timon de l'État
Pour le conduire au gré du peuple et du sénat?
Ah! que de la patrie il soit, s'il veut, le père :
Mais qu'il songe un peu plus qu'Agrippine est sa mère.
De quel nom cependant pouvons-nous appeler
L'attentat que le jour vient de nous révéler?
Il sait, car leur amour ne peut être ignorée,
Que de Britannicus Junie est adorée :
Et ce même Néron, que la vertu conduit,
Fait enlever Junie au milieu de la nuit! [2]

être autre chose que des commencements de mal? Doit-on dire d'un roi dont le règne s'annonce par de bonnes actions que ce sont les prémices de la tyrannie, lors même que ce roi serait plus tard devenu un tyran? Louis Racine et Desfontaines veulent que *prémices* soit ici, par extension, dans le sens de *commencements*. Mais cette explication est loin de justifier Racine; car *toujours la tyrannie a d'heureux commencements* ne peut signifier autre chose que ceci : la tyrannie *commence par réussir*. Il y a donc ici impropriété d'expression. (A. M.) — Si cette expression d'heureuses prémices n'était pas précédée par le vers :

Il commence, il est vrai, par où finit Auguste,

elle pourrait paraître obscure. Ce qui la précède l'éclaircit et elle est élégante.

1. Agrippine, suivant l'usage des Romains dans le discours familier, appelle ici par le prénom de Caïus celui qui dans l'histoire est plus connu sous le nom de Caligula. Quelques vers plus haut, elle appelle également son fils Domitius, au lieu de Néron. (A. M.)

2. Cet enlèvement est le premier trait de la tyrannie de Néron. Les amours de Britannicus et de Junie, et la jalousie de Néron, sont presque le seul incident que Racine ait ajouté à l'histoire.

Pour détourner Néron des excès auxquels ses passions pouvaient l'entraîner, ses ministres lui présentaient des affranchies. Tacite nous l'apprend

ACTE I, SCÈNE 1. 65

Que veut-il? Est-ce haine, est-ce amour qui l'inspire?
Cherche-t-il seulement le plaisir de leur nuire;

lui-même : « Infracta paulatim potentia matris, delapso Nerone in amorem libertæ cui vocabulum Acte fuit... Ne severioribus quidem principis amicis adversantibus, muliercula, nulla cujusquam injuria, cupidines principis explente : quando ab uxore Octavia, nobili quidem, et probitatis spectatæ, fato quodam, an quia prævalent illicita, abhorrebat; metuebaturque ne in stupra feminarum illustrium prorumperet, si illa libidine prohiberetur.

« Sed Agrippina libertam æmulam, nurum ancillam, aliaque eumdem in modum muliebriter fremere. Neque pœnitentiam filii, aut satietatem opperiri; quantoque fœdiora exprobrabat, acrius accendere : donec, vi amoris subactus, exueret obsequium in matrem, seque Senecæ permitteret. Ex cujus familiaribus Annæus Serenus, simulatione amoris adversus eamdem libertam, primas adolescentis cupidines velaverat, præbueratque nomen, ut quæ princeps furtim mulierculæ tribuebat, ille palam largiretur. Tum Agrippina, versis artibus, per blandimenta juvenem aggredi, suum potius cubiculum ac sinum offerre, contegendis quæ prima ætas et summa fortuna expeterent. Quin et fatebatur intempestivam severitatem, et suarum opum, quæ haud procul imperatoriis aberant, copias tradebat : ut nimia nuper coercendo filio, ita rursum intemperanter demissa. Quæ mutatio neque Neronem fefellit, et proximi amicorum metuebant, orabantque cavere insidias mulieris semper atrocis, tum et falsæ. »

« La puissance d'Agrippine déclinait peu à peu depuis que Néron s'était donné à une affranchie nommée Acté. Ses amis même les plus sévères ne s'opposaient pas à ce penchant pour une femme obscure qui assouvissait ses passions, sans offense à personne. Car, soit par une sorte de fatalité, soit par l'attrait si puissant de ce qui est défendu, son épouse Octavie, d'une grande naissance et d'une vertu éprouvée, ne lui inspirait que de l'aversion; et il était à craindre, si on le privait de son affranchie, qu'il ne s'emportât jusqu'à outrager les femmes les plus illustres de Rome.

« Mais Agrippine, avec toute l'indiscrétion d'une femme emportée, se récrie sur ce qu'on lui donne pour rivale une affranchie, pour bru une esclave, et tient mille discours semblables. Elle ne sait pas attendre que le repentir ou la satiété lui rende son fils; plus ses reproches sont sanglants, plus elle irrite sa passion. Enfin, subjugué par la violence de son amour, il se dépouille de tout respect pour sa mère, et se livre à Sénèque. Un des amis de ce dernier, Annæus Serenus, pour voiler la passion naissante du jeune prince, avait feint d'aimer la même affranchie. Il donnait ouvertement en son nom les présents que Néron offrait secrètement à sa maîtresse. Agrippine change alors de conduite. Elle attaque son fils par des caresses; elle va jusqu'à lui offrir son propre appartement; elle lui ouvre son sein pour cacher des plaisirs que l'âge et la haute fortune du prince rendent nécessaires; bien plus, elle s'accuse d'une sévérité déplacée, et lui prodigue ses

II. 5

Ou plutôt n'est-ce point que sa malignité
Punit sur eux l'appui que je leur ai prêté?

ALBINE.

Vous leur appui, madame?

AGRIPPINE.

Arrête, chère Albine.
Je sais que j'ai moi seule avancé leur ruine;
Que du trône, où le sang l'a dû faire monter,
Britannicus par moi s'est vu précipiter.
Par moi seule, éloigné de l'hymen d'Octavie,
Le frère de Junie abandonna la vie,
Silanus, sur qui Claude avoit jeté les yeux,
Et qui comptoit Auguste au rang de ses aïeux.[1]
Néron jouit de tout : et moi, pour récompense,
Il faut qu'entre eux et lui je tienne la balance,[2]

propres richesses, presque égales à celles de l'empereur, aussi outrée dans ses basses complaisances qu'elle l'avait été dans ses rigueurs. Ce changement ne put tromper Néron. Ses amis effrayés le conjuraient de se tenir en garde contre les piéges d'une femme toujours cruelle, maintenant perfide. » (*Annales,* liv. XIII, ch. xii et xiii.) (A. M.)

1. Il y a dans ce vers plusieurs consonnances qui nuisent à l'harmonie : *Octavie, Junie, la vie*. Le second est surtout vicieux, parce que les deux hémistiches riment ensemble. Mais le plus grand défaut de cette période, c'est que les deux derniers vers manquent de clarté. Agrippine veut dire qu'elle fit également périr Silanus. L'expression est vicieuse, et ces mots : *par moi seule abandonna la vie,* devraient être reportés après les derniers vers. (G.) — La tournure que propose Geoffroy serait languissante et ne serait pas plus claire, même en prose : « Le frère de Junie, Silanus, sur qui Claude avait jeté les yeux pour être son gendre et qui comptait Auguste au rang de ses aïeux, abandonna la vie. » La phrase ici tombe platement. Rejetez au contraire après le verbe les attributs du sujet, comme l'a fait Racine : « le frère de Junie, » voilà le sujet mis avant le verbe selon la loi suprême de la syntaxe française; puis viennent après en apposition les attributs du sujet : « Silanus, sur qui Claude avait jeté les yeux. » De cette manière, la phrase est élégante, poétique et se soutient jusqu'au bout.

2. Agrippine veut dominer; il faut qu'elle divise : elle a couronné un méchant et un ingrat, elle est réduite à le redouter ou à l'intimider sans cesse, et l'on pressent aisément quel doit être le résultat de cette conduite

Afin que quelque jour, par une même loi,
Britannicus la tienne entre mon fils et moi.
ALBINE.
Quel dessein!
AGRIPPINE.
Je m'assure un port dans la tempête.
Néron m'échappera, si ce frein ne l'arrête.
ALBINE.
Mais prendre contre un fils tant de soins superflus?
AGRIPPINE.
Je le craindrois bientôt s'il ne me craignoit plus.
ALBINE.
Une injuste frayeur vous alarme peut-être.
Mais si Néron pour vous n'est plus ce qu'il doit être,
Du moins son changement ne vient pas jusqu'à nous,
Et ce sont des secrets entre César et vous.
Quelques titres nouveaux que Rome lui défère,
Néron n'en reçoit point qu'il ne donne à sa mère.
Sa prodigue amitié ne se réserve rien :
Votre nom est dans Rome aussi saint que le sien ;
A peine parle-t-on de la triste Octavie.
Auguste, votre aïeul, honora moins Livie :
Néron devant sa mère a permis le premier
Qu'on portât les faisceaux couronnés de laurier.
Quels effets voulez-vous de sa reconnoissance ? [1]

---

avec un homme tel que Néron. Ainsi, comme dans *Andromaque*, l'auteur a fait voir où conduisaient les faiblesses et les égarements de l'amour, il fera voir dans *Britannicus* où mènent les fureurs de l'orgueil et de l'ambition. (L.)

1. Tibère s'opposa toujours aux honneurs qu'on vouloit rendre à sa mère. Voici comment s'exprime Tacite : « Multa patrum et in Augustam adulatio: alii parentem, alii matrem patriæ appellandam; plerique, ut nomini Cæsaris adscriberetur, Juliæ filius, censebant. Ille moderandos feminarum honores dictitans, eademque se temperantia usurum in his quæ sibi tribue-

AGRIPPINE.

Un peu moins de respect, et plus de confiance.
Tous ces présents, Albine, irritent mon dépit :
Je vois mes honneurs croître, et tomber mon crédit.
Non, non, le temps n'est plus que Néron, jeune encore, [1]
Me renvoyoit les vœux d'une cour qui l'adore;
Lorsqu'il se reposoit sur moi de tout l'État,
Que mon ordre au palais assembloit le sénat,
Et que derrière un voile, invisible et présente,
J'étois de ce grand corps l'âme toute-puissante. [2]
Des volontés de Rome alors mal assuré,
Néron de sa grandeur n'étoit point enivré.
Ce jour, ce triste jour frappe encor ma mémoire, [3]

rentur; ceterum anxius invidia, et muliebre fastigium in diminutionem sui accipiens, ne lictorem quidem ei decerni passus est; aramque adoptionis, et alia hujuscemodi prohibuit. » — « Augusta devint l'objet des adulations du sénat. Les uns vouloient qu'on lui donnât le nom de protectrice, les autres, de mère de la patrie; la plupart, qu'on ajoutât au titre de César celui de fils de Julie. Mais Tibère répétait qu'il ne fallait point prodiguer les honneurs aux femmes, et que lui-même userait de modération dans ceux qui lui seraient décernés. Rongé par l'envie, il voyait son abaissement dans l'élévation d'une femme, et ne permit pas même qu'un licteur marchât devant sa mère : il refusa l'autel de l'adoption, et plusieurs distinctions pareilles. » (*Annales*, liv. I, ch. xiv.) (A. M.)

1. *Le temps n'est plus que*, etc., ne saurait se construire par la grammaire générale : c'est un véritable gallicisme, c'est-à-dire un tour de phrase particulier à la langue française, et qu'il est bon de conserver, surtout en vers, la particule *où*, qui est régulière dans cette phrase, n'étant pas toujours favorable à l'oreille. (L.)

2. « In palatium ob id vocabantur (patres) ut adstaret abditis a tergo foribus velo discreta, quod visum arceret, auditum non adimeret. » — « On assembloit le sénat dans le palais, afin qu'Agrippine pût y assister, placée dans l'embrasure d'une porte secrète, derrière un voile qui la dérobait à la vue, mais sans l'empêcher d'entendre.» (TACITE, *Ann.*, liv. XIII, ch. v.) (A. M.)

3. « Quin et legatis Armeniorum, causam gentis apud Neronem orantibus, ascendere suggestum imperatoris et præsidere simul parabat; nisi ceteris pavore defixis Seneca admonuisset venienti matri occurrere. Ita specie pietatis obviam itum dedecori. » — « Elle fit plus : les ambassadeurs

Où Néron fut lui-même ébloui de sa gloire,
Quand les ambassadeurs de tant de rois divers
Vinrent le reconnoître au nom de l'univers.
Sur son trône avec lui j'allois prendre ma place :
J'ignore quel conseil prépara ma disgrâce ;
Quoi qu'il en soit, Néron, d'aussi loin qu'il me vit,
Laissa sur son visage éclater son dépit.
Mon cœur même en conçut un malheureux augure.
L'ingrat, d'un faux respect colorant son injure
Se leva par avance ; et courant m'embrasser,
Il m'écarta du trône où je m'allois placer.
Depuis ce coup fatal le pouvoir d'Agrippine
Vers sa chute à grands pas chaque jour s'achemine. [1]

d'Arménie défendant la cause de leur nation devant l'empereur, Agrippine se disposait à monter sur le trône de Néron, afin de présider avec lui. L'assemblée était consternée de crainte, lorsque Sénèque conseilla à l'empereur d'aller au-devant de sa mère. Ainsi, sous une apparence de piété filiale, on prévint un affront. » (TACITE, *Ann.*, liv. XIII, ch. v.) (A. M.)

1. Ce vers est une imitation d'un fort beau vers de Corneille, qui, dans *Nicomède,* dit, en parlant de Rome :

> Sa sagesse profonde
> S'achemine à grands pas vers l'empire du monde.

L'expression est heureuse, en ce que *s'acheminer*, qui n'est pas du style noble, est relevé par cette opposition *à grands pas,* et que le tout ensemble forme une image à la fois naturelle et grande, quand il s'agit de l'empire du monde. Il était permis à Racine, qui créait tant d'expressions, d'en emprunter quelquefois ; mais j'avoue que, quoique celles-ci soient bien placées, elles perdent beaucoup en rappelant l'original. *S'achemine* seul à la fin du vers ne me paraît pas d'un aussi bon effet qu'au commencement et avec *à grands pas.* Dans Corneille, le vers marche avec Rome : le but où l'on marche n'est qu'à la fin du vers ; ce doit être l'effet de la phrase, et ici l'inversion le détruit. Le vers de Racine dit bien ce qu'il doit dire : celui de Corneille rend sensible une grande idée par la figure et par le nombre. Mais quand Racine, un moment après, dit, en parlant de Néron :

> Sa réponse est dictée, et même son silence

(dicter un silence !), il ne prend rien à personne, pas même à Tacite ; il peint, comme lui, par des expressions que le génie seul sait rapprocher. (L.)

L'ombre seule m'en reste; et l'on n'implore plus
Que le nom de Sénèque et l'appui de Burrhus.

ALBINE.

Ah! si de ce soupçon votre âme est prévenue,
Pourquoi nourrissez-vous le venin qui vous tue?
Daignez avec César vous éclaircir du moins.[1]

AGRIPPINE.

César ne me voit plus, Albine, sans témoins :
En public, à mon heure, on me donne audience.
Sa réponse est dictée, et même son silence.
Je vois deux surveillants, ses maîtres et les miens,
Présider l'un ou l'autre à tous nos entretiens.
Mais je le poursuivrai d'autant plus qu'il m'évite :
De son désordre, Albine, il faut que je profite.
J'entends du bruit; on ouvre. Allons subitement
Lui demander raison de cet enlèvement :
Surprenons, s'il se peut, les secrets de son âme.
Mais quoi! déjà Burrhus sort de chez lui?[2]

---

1. VAR. *Allez avec César vous éclaircir du moins.*

2. Cette exposition est régulière et satisfaisante : elle instruit parfaitement le lecteur de la situation de la cour de Néron; tous les principaux personnages sont déjà bien connus; et cette ouverture serait digne de figurer à côté de celles de *Bajazet* et d'*Iphigénie*, qui sont des chefs-d'œuvre, si l'on pouvait raisonnablement supposer que la confidente ignore absolument tout ce qui se passe, et qu'Agrippine n'a point encore pu l'entretenir de ses chagrins. C'est ce léger défaut de vraisemblance qui fait que l'exposition n'est que bonne, et ne peut être citée comme un effort de l'art. On voit et on sent qu'Agrippine ne parle pas pour instruire Albine, mais pour instruire le spectateur. (G.) — Il m'est impossible de ne point faire ici une observation sur un point important de l'art dramatique : jusqu'à quel degré la vraisemblance dramatique doit-elle se rapprocher de la vérité? Geoffroy est ici le fidèle interprète de la critique du xviiie siècle, qui voulait que la vraisemblance dramatique égalât autant que possible la vérité réelle. Or, comme la confidente d'Agrippine devait savoir tout ce qui se passait à la cour de Néron, et ce qui causait le dépit d'Agrippine, celle-ci n'avait aucun motif de lui en faire le récit; elle parle pour le spectateur et non

SCÈNE II.

AGRIPPINE, BURRHUS, ALBINE.

BURRHUS.

Madame,
Au nom de l'empereur j'allois vous informer

pour le personnage qui est en scène. C'est une faute. — Il me semble que
Geoffroy confond ici le monde et le théâtre, la réalité de la vie et l'illusion
ou la vraisemblance de la scène. Nous savons bien, quand nous allons au
théâtre, que nous allons assister à une fiction et non à une réalité, que les
actions et les événements que nous allons voir sont inventés pour nous amuser,
que les personnes qui, sur la scène, expriment leur amour ou leur haine, ne
les ressentent pas véritablement, et que tout cela est un jeu destiné à nous
plaire. Avons-nous jamais songé à exiger des héros tragiques qui se poignardent ou qui poignardent leurs adversaires que le sang coule effectivement? Ils feignent de tomber, de mourir, et cela nous suffit. Le théâtre
est une imitation des choses, ce ne sont point les choses elles-mêmes. Tout y
est de convention et de fiction, les victimes et les persécuteurs, les martyrs
et les bourreaux. Même convention pour les choses et les événements que
pour les hommes. Nous savons bien que, pendant les deux heures au plus
que dure une tragédie, il ne peut pas réellement se passer autant d'événements et autant d'actions que nous en voyons se dérouler sur la scène.
Mais nous faisons au théâtre la concession de presser la marche du temps
pour y faire tenir toute l'action du sujet, comme nous resserrons aussi
l'étendue de l'espace pour renfermer dans l'enceinte d'un palais le mouvement des divers personnages de la pièce. L'unité de temps et l'unité de
lieu sont des règles qu'il faut que le public mette un peu de complaisance à
croire observées; est-il vraisemblable, par exemple, que Cinna et Émilie conspirent contre Auguste dans le palais d'Auguste lui-même? L'unité de lieu
suppose nécessairement que la scène est un lieu de convention où les personnages se réunissent, parce qu'il faut qu'ils soient ensemble quelque part;
c'est le lieu où l'action s'expose, se noue et se dénoue. L'unité de temps
qu'on a étendue nécessairement à vingt-quatre heures, au lieu des deux
heures réelles, est également une convention. Pourquoi, mettant la convention partout, ne pas la mettre aussi dans l'exposition? Pourquoi ne pas
vouloir qu'Agrippine dise à Albine ce qu'Albine doit savoir déjà? Oui, il
s'agit d'apprendre au spectateur ce qui amène Agrippine aux portes de l'appartement de Néron, de même qu'il s'agira de lui montrer le meurtre de
Britannicus et la disgrâce d'Agrippine s'accomplissant en moins de deux

D'un ordre qui d'abord a pu vous alarmer,
Mais qui n'est que l'effet d'une sage conduite,
Dont César a voulu que vous soyez instruite.

AGRIPPINE.

Puisqu'il le veut, entrons : il m'en instruira mieux.

BURRHUS.

César pour quelque temps s'est soustrait à nos yeux.
Déjà par une porte au public moins connue
L'un et l'autre consul vous avoient prévenue,
Madame. Mais souffrez que je retourne exprès...

AGRIPPINE.

Non, je ne trouble point ses augustes secrets;
Cependant voulez-vous qu'avec moins de contrainte
L'un et l'autre une fois nous nous parlions sans feinte?

BURRHUS.

Burrhus pour le mensonge eut toujours trop d'horreur.[1]

AGRIPPINE.

Prétendez-vous longtemps me cacher l'empereur?

---

heures, pendant qu'il a fallu dans l'histoire plus de trois années pour accomplir la catastrophe.

Vouloir égaler la vraisemblance dramatique à la vérité réelle, entreprise impossible et puérile. La vraisemblance théâtrale et la vérité réelle sont deux choses qu'on peut essayer de rapprocher, mais qu'il ne faut jamais confondre, car le fond même de l'art dramatique y répugne. Tout y est et doit être une imitation. Si nous sortons du cercle de l'imitation et si nous entrons plus ou moins dans le cercle de la réalité, alors il n'y a plus de drames que les combats de gladiateurs.

Pour en revenir à l'exposition de *Britannicus*, il aurait suffi à Racine selon l'ancienne critique, de dire qu'Albine avait été pendant quelque temps absente d'Agrippine pour que son exposition fût irréprochable. En vérité, si la perfection tient à si peu de chose, ce n'est pas la peine de s'en inquiéter et de se faire un mérite de l'atteindre, ou un reproche d'y manquer.

1. Si la phrase était absolue, l'expression ne serait pas juste; car on ne peut jamais avoir trop *d'horreur pour le mensonge*. La phrase est elliptique, et l'ellipse se rapporte à ce qui précède. *Voulez-vous que nous nous parlions sans feinte? — Je hais trop le mensonge* pour rien feindre. (L.)

ACTE I, SCÈNE II.

Ne le verrai-je plus qu'à titre d'importune?
Ai-je donc élevé si haut votre fortune
Pour mettre une barrière entre mon fils et moi?
Ne l'osez-vous laisser un moment sur sa foi?
Entre Sénèque et vous disputez-vous la gloire
A qui m'effacera plus tôt de sa mémoire? [1]
Vous l'ai-je confié pour en faire un ingrat,
Pour être, sous son nom, les maîtres de l'État?
Certes, plus je médite, et moins je me figure
Que vous m'osiez compter pour votre créature,
Vous dont j'ai pu laisser vieillir l'ambition
Dans les honneurs obscurs de quelque légion; [2]
Et moi qui sur le trône ai suivi mes ancêtres,
Moi, fille, femme, sœur et mère de vos maîtres! [3]

1. Cette construction est remarquable. La grammaire demanderait : *Disputez-vous à qui m'effacera... La gloire* est de trop pour la règle, ou bien il faudrait *la gloire de m'effacer*. Mais, comme la phrase est suspendue par l'intervalle d'un vers à un autre, le poëte a trouvé moyen de mettre une idée de plus à la faveur d'une espèce d'ellipse qu'il laisse remplir à l'imagination. *Disputez-vous la gloire* en disputant *à qui...*, et la clarté et la plénitude du sens font oublier l'irrégularité. Mais on ne saurait trop redire que ces sortes de hardiesses ne doivent être risquées que par le talent assez sûr de lui-même pour juger ce qu'on peut hasarder contre la grammaire en la faisant oublier, c'est-à-dire sans blesser l'oreille et la raison, qui ne manquent jamais de réclamer la règle dès que l'irrégularité se fait sentir. L'art de Racine consiste à la dérober, et cet art n'appartient qu'au génie. (L.)

2. Burrhus n'était que tribun lorsque Agrippine le choisit pour être gouverneur de Néron et préfet des cohortes prétoriennes. Voici ce que dit Tacite : « Burrhum Afranium egregiæ militaris famæ, gnarum tamen cujus sponte præficeretur. » — « La préfecture avait été donnée à Burrhus Afranius, guerrier d'une haute renommée, mais qui n'ignoroit pas à quelle volonté il devait cette élévation. » (A. M.)

3. *Et moi qui,* etc. Le désordre de cette construction peint le trouble qui agite Agrippine : c'est un effet de l'art. Racine a très-heureusement imité ce tour de Virgile (*Æneid.,* liv. I, v. 50 et 51) :

> Ast ego quæ divum incedo regina, Jovisque
> Et soror et conjux.

Agrippine fut la sœur de l'empereur Caïus Caligula, la femme de l'em-

Que prétendez-vous donc? Pensez-vous que ma voix
Ait fait un empereur pour m'en imposer trois?
Néron n'est plus enfant : n'est-il pas temps qu'il règne?[1]
Jusqu'à quand voulez-vous que l'empereur vous craigne?
Ne sauroit-il rien voir qu'il n'emprunte vos yeux?
Pour se conduire, enfin, n'a-t-il pas ses aïeux?
Qu'il choisisse, s'il veut, d'Auguste ou de Tibère;
Qu'il imite, s'il peut, Germanicus mon père.
Parmi tant de héros je n'ose me placer;
Mais il est des vertus que je lui puis tracer :
Je puis l'instruire au moins combien sa confidence[2]
Entre un sujet et lui doit laisser de distance.

BURRHUS.

Je ne m'étois chargé dans cette occasion
Que d'excuser César d'une seule action :

pereur Claude, la mère de l'empereur Néron. Tacite observe qu'Agrippine offrait « un exemple unique jusqu'alors d'une princesse fille, femme, sœur et mère d'empereur. » — « Quam imperatore genitam, sororem ejus qui rerum potitus sit, et conjugem et matrem fuisse unicum ad hunc diem exemplum est. » (*Annales*, liv. XII, ch. xlii.) Tacite donne à Germanicus, père d'Agrippine, le titre d'*imperator*, parce qu'il l'avait reçu réellement du sénat, sur l'approbation même de Tibère, lorsqu'il ramena son armée et reçut le nom d'empereur, après la défaite des Cattes. « Exercitum reduxit, nomenque *imperatoris* accepit. » (*Annales*, liv. I, ch. lxiii.) Mais ce titre d'empereur n'avait point le sens que nous attachons aujourd'hui à ce mot : ce n'était qu'un honneur sans puissance. (G.)

1. Après la mort d'Agrippine, quand les ennemis de Sénèque cherchent à le détruire auprès de Néron, c'est de cette façon qu'ils l'attaquent : « Certe finitam Neronis pueritiam et robur juventæ adesse; exueret magistrum, satis amplis doctoribus instructus, majoribus suis. » (Tacite, *Ann.*, liv. XIV, ch. lii.)

2. Selon d'Olivet, la phrase de Racine est incorrecte, parce qu'on ne peut pas dire : *Je puis l'instruire telle chose, je puis l'instruire combien*. Racine le fils a remarqué que *je puis l'instruire* a le même sens que *je puis lui apprendre*, verbe qui se construit avec *combien*. (A. M.) — J'ajoute qu'on dit fort bien : Je l'ai instruit *que* : or *combien* a ici le sens de la conjonction *que* : Je puis l'instruire qu'il doit y avoir beaucoup de distance...

Mais puisque, sans vouloir que je le justifie,
Vous me rendez garant du reste de sa vie,
Je répondrai, madame, avec la liberté
D'un soldat qui sait mal farder la vérité.
Vous m'avez de César confié la jeunesse,
Je l'avoue; et je dois m'en souvenir sans cesse.
Mais vous avois-je fait serment de le trahir,
D'en faire un empereur qui ne sût qu'obéir?
Non. Ce n'est plus à vous qu'il faut que j'en réponde :
Ce n'est plus votre fils, c'est le maître du monde.
J'en dois compte, madame, à l'empire romain,
Qui croit voir son salut ou sa perte en ma main.
Ah! si dans l'ignorance il le falloit instruire;[1]
N'avoit-on que Sénèque et moi pour le séduire?
Pourquoi de sa conduite éloigner les flatteurs?[2]
Falloit-il dans l'exil chercher des corrupteurs?
La cour de Claudius, en esclaves fertile,
Pour deux que l'on cherchoit en eût présenté mille,
Qui tous auroient brigué l'honneur de l'avilir :
Dans une longue enfance ils l'auroient fait vieillir.
De quoi vous plaignez-vous, madame? On vous révère :

1. *Instruit dans l'ignorance* est une expression aussi juste que hardie. Pourquoi? C'est qu'en effet, lorsqu'on n'élève un prince que pour régner sous son nom, on lui apprend surtout à ignorer tout ce qu'il doit savoir, à négliger tout ce qu'il doit faire. On lui donne véritablement des *leçons d'ignorance;* mais, pour s'exprimer ainsi, il faut saisir les idées dans tous leurs rapports et dans toute leur étendue : c'est le mérite des écrivains originaux, de Tacite, de Racine, de Bossuet, de Montesquieu, etc. C'est la force de leurs conceptions qui a fait leur style. *Une cour en esclaves fertile, vieillir dans une longue enfance, l'honneur de l'avilir,* présentent le même genre de beautés. C'est au lecteur à suppléer ce que ces phrases sous-entendent, et à saisir la vérité de ce qui est sous-entendu. (L.)

2. *De sa conduite* pour *de sa personne,* figure énergique et fort juste : c'est comme si Racine avait dit : *éloigner de sa conduite l'influence des flatteurs.* (G.)

Ainsi que par César, on jure par sa mère.[1]
L'empereur, il est vrai, ne vient plus chaque jour
Mettre à vos pieds l'empire, et grossir votre cour;
Mais le doit-il, madame? et sa reconnoissance
Ne peut-elle éclater que dans sa dépendance?
Toujours humble, toujours le timide Néron
N'ose-t-il être Auguste et César que de nom?
Vous le dirai-je enfin? Rome le justifie.
Rome, à trois affranchis si longtemps asservie,[2]
A peine respirant du joug qu'elle a porté,
Du règne de Néron compte sa liberté.
Que dis-je? la vertu semble même renaître.
Tout l'empire n'est plus la dépouille d'un maître :[3]
Le peuple au Champ de Mars nomme ses magistrats;
César nomme les chefs sur la foi des soldats;

---

1. L'expression de ce vers, comme le remarque La Harpe, est parfaitement conforme aux mœurs. On jurait *par la tête, par le salut de César,* et jurer ainsi par tout autre eût été un crime de lèse-majesté. Racine s'est écarté de la vérité historique en supposant qu'un pareil honneur était rendu à Agrippine, puisque, selon Tacite, ce fut un des moyens que Néron employa pour justifier la mort de sa mère. Il dit, dans une lettre adressée au sénat : « Quod consortium imperii, juraturasque in feminæ verba prætorias cohortes, idemque dedecus senatus et populi speravisset. » — « Elle avait espéré de partager l'empire, de faire jurer aux cohortes prétoriennes obéissance à une femme, et que le peuple et le sénat descendraient jusqu'à la même ignominie. » (*Annales,* liv. XIV, ch. xi.) (A. M.)

2. Claude, plus qu'aucun autre empereur, fut dominé par ses affranchis; il en avait trois principaux, Pallas, Calliste et Narcisse, qui étaient à proprement parler les maîtres de l'empire romain. (G.)

3. *Tout l'empire n'est plus une dépouille enlevée par un maître :* voilà ce que le poëte veut dire. Le dit-il? *La proie d'un maître* était clair et juste; j'oserais affirmer que *la dépouille* n'est ni l'un ni l'autre. *La dépouille de* n'a jamais signifié, ne peut jamais signifier que *la dépouille prise à quelqu'un, prise sur quelque chose; la dépouille des ennemis, la dépouille d'un pays, la dépouille d'un temple,* etc. Donner à cette phrase un sens tout contraire, ce n'est pas enrichir la langue, c'est la dénaturer. Plus cette espèce de faute est rare dans Racine, moins il est permis de la dissimuler. (L.)

ACTE I, SCENE II.

Thraséas au sénat, Corbulon dans l'armée,[1]
Sont encore innocents, malgré leur renommée;
Les déserts, autrefois peuplés de sénateurs,
Ne sont plus habités que par leurs délateurs.[2]
Qu'importe que César continue à nous croire,
Pourvu que nos conseils ne tendent qu'à sa gloire;
Pourvu que dans le cours d'un règne florissant
Rome soit toujours libre, et César tout-puissant?[3]
Mais, madame, Néron suffit pour se conduire.
J'obéis, sans prétendre à l'honneur de l'instruire.
Sur ses aïeux, sans doute, il n'a qu'à se régler;
Pour bien faire, Néron n'a qu'à se ressembler.
Heureux si ses vertus, l'une à l'autre enchaînées,
Ramènent tous les ans ses premières années!

1. Thraséas, célèbre par l'austérité de sa vertu, ne resta pas toujours innocent aux yeux de Néron, qui, devenu tyran, se débarrassa d'un censeur incommode. — Corbulon, général distingué, après avoir longtemps échappé, par sa modération et sa prudence, au danger de sa gloire, périt enfin victime de la haine naturelle de Néron pour tous les grands hommes et tous les honnêtes gens.

Sont encore innocents, malgré leur renommée.

Ce vers réunit l'énergie de Tacite à l'élégance, à l'harmonie de Racine. Les exemples d'une pareille union s'offrent en foule dans cette tragédie; et son caractère le plus frappant, comme son éloge le plus flatteur, est précisément ce mélange du génie du plus profond des historiens avec celui du plus éloquent des poëtes. C'est un genre de perfection presque unique, qui n'a pu être surpassé que par un autre mélange plus étonnant encore du génie de Racine avec le sublime des livres saints. Au delà il n'y a rien. (G.)

2. Traduction de ce passage de Pline le Jeune, dans le panégyrique de Trajan : « Quumque insulas omnes, quas modo senatorum, jam delatorum turba compleret. » — « Maintenant la foule des délateurs remplit les îles naguère peuplées de leurs victimes. » (Ch. XXXV.) (A. M.)

3. Racine semble avoir eu en vue ce beau passage de la vie d'Agricola, où Tacite félicite Nerva d'avoir réuni deux choses autrefois incompatibles, la liberté et la monarchie : « Res olim dissociabiles miscuerit, principatum ac libertatem. » (Ch. III.) (G.)

AGRIPPINE.

Ainsi, sur l'avenir n'osant vous assurer,
Vous croyez que sans vous Néron va s'égarer.
Mais vous qui, jusqu'ici content de votre ouvrage,
Venez de ses vertus nous rendre témoignage,
Expliquez-nous pourquoi, devenu ravisseur,
Néron de Silanus fait enlever la sœur.
Ne tient-il qu'à marquer de cette ignominie
Le sang de mes aïeux qui brille dans Junie? *
De quoi l'accuse-t-il? Et par quel attentat
Devient-elle en un jour criminelle d'État :
Elle qui, sans orgueil jusqu'alors élevée,
N'auroit point vu Néron, s'il ne l'eût enlevée;
Et qui même auroit mis au rang de ses bienfaits
L'heureuse liberté de ne le voir jamais?

BURRHUS.

Je sais que d'aucun crime elle n'est soupçonnée;
Mais jusqu'ici César ne l'a point condamnée,
Madame. Aucun objet ne blesse ici ses yeux :
Elle est dans un palais tout plein de ses aïeux.
Vous savez que les droits qu'elle porte avec elle
Peuvent de son époux faire un prince rebelle;
Que le sang de César ne se doit allier
Qu'à ceux à qui César le veut bien confier;
Et vous-même avouerez qu'il ne seroit pas juste
Qu'on disposât sans lui de la nièce d'Auguste.[1]

---

* VAR. *Le sang de nos aïeux qui brille dans Junie.*

1. *Nièce* est ici poétiquement pour arrière-petite-fille; car Junie ne pouvoit appartenir de plus près à Auguste qu'Agrippine, mère de Néron, qui n'étoit que la fille d'une petite-fille d'Auguste. Tacite dit expressément que Silanus, frère de Junie, étoit arrière-petit-fils d'Auguste, *divi Augusti abnepos.* (*Annales,* liv. XI.) (L. B.)

AGRIPPINE.

Je vous entends : Néron m'apprend par votre voix
Qu'en vain Britannicus s'assure sur mon choix.
En vain, pour détourner ses yeux de sa misère,
J'ai flatté son amour d'un hymen qu'il espère :
A ma confusion, Néron veut faire voir
Qu'Agrippine promet par delà son pouvoir. [1]
Rome de ma faveur est trop préoccupée :
Il veut par cet affront qu'elle soit détrompée,
Et que tout l'univers apprenne avec terreur
A ne confondre plus mon fils et l'empereur.
Il le peut. Toutefois j'ose encore lui dire
Qu'il doit avant ce coup affermir son empire ;
Et qu'en me réduisant à la nécessité
D'éprouver contre lui ma foible autorité,
Il expose la sienne; et que dans la balance
Mon nom peut-être aura plus de poids qu'il ne pense.

BURRHUS.

Quoi, madame! toujours soupçonner son respect?
Ne peut-il faire un pas qui ne vous soit suspect? [2]
L'empereur vous croit-il du parti de Junie?
Avec Britannicus vous croit-il réunie?
Quoi! de vos ennemis devenez-vous l'appui
Pour trouver un prétexte à vous plaindre de lui?
Sur le moindre discours qu'on pourra vous redire,
Serez-vous toujours prête à partager l'empire?

---

1. Ce seul vers peint le caractère d'Agrippine. Peu lui importe que son fils soit criminel ou vertueux. Elle ne voit pas dans l'enlèvement de Junie une violence coupable; elle ne voit que le coup porté à son crédit. (G.)

2. Dans l'édition d'Amsterdam, 1750, et dans toutes les éditions de Didot, on lit :
   Ne peut-il faire un pas qu'il ne vous soit suspect?

Vous craindrez-vous sans cesse; et vos embrassements
Ne se passeront-ils qu'en éclaircissements?
Ah! quittez d'un censeur la triste diligence;[1]
D'une mère facile affectez l'indulgence;
Souffrez quelques froideurs sans les faire éclater;
Et n'avertissez point la cour de vous quitter.[2]

AGRIPPINE.

Et qui s'honoreroit de l'appui d'Agrippine,[3]
Lorsque Néron lui-même annonce ma ruine, *
Lorsque de sa présence il semble me bannir,
Quand Burrhus à sa porte ose me retenir?

---

1. Expression qui est ici plus latine que française. *Diligence* en français signifie promptitude, activité. En latin il signifie proprement exactitude d'attention et de soin. *Litteras tuas legi diligenter.* — *J'ai lu vos lettres avec soin, avec attention.* La diligence d'un censeur est donc prise ici pour *l'attention* à reprendre; et je crois qu'à la faveur de l'étymologie, cet exemple peut être suivi, et donner à notre poésie un terme de plus. (L.)

2. Ce vers, qui, dans son énergique précision, renferme un sens profond, a sans doute été inspiré à Racine par le passage suivant de Tacite. Cet historien rapporte que Néron, craignant les effets du ressentiment de sa mère, lui ôta sa garde, et ne lui permit plus d'habiter le palais impérial. Ce fait amène la réflexion suivante : « Nihil rerum mortalium tam instabile ac fluxum est quam fama potentiæ non sua vi nixæ : statim relictum Agrippinæ limen; nemo solari, nemo adire, præter paucas feminas, amore an odio incertum. » — « De toutes les choses mortelles, il n'en est pas de plus inconstante ni de plus fragile que l'influence d'un pouvoir qui ne tire pas sa force de lui-même. Dès ce jour le palais d'Agrippine fut désert. Personne ne la consolait, personne ne la visitait, excepté quelques femmes; et l'on doute encore si c'était par amour ou par haine. » (*Annales*, liv. XIII, ch. XIX. (A. M.)

3. C'est la passion qui répond à la raison. Agrippine, ambitieuse et violente, n'oppose plus aux sages avis qu'un mouvement de dépit et d'orgueil; elle s'écrie, comme la reine des dieux dans l'*Énéide* :

> Et quisquam numen Junonis adoret
> Præterea, aut supplex aris imponat honorem?

— « Qui honorera désormais la divinité de Junon? quel suppliant placera des offrandes sur ses autels? » (*Énéide.*, liv. I, v. 53 et 54.) (A. M.)

* VAR. *Lorsque Néron lui-même annonce sa ruine.*

ACTE I, SCÈNE II.

BURRHUS.

Madame, je vois bien qu'il est temps de me taire,
Et que ma liberté commence à vous déplaire.
La douleur est injuste : et toutes les raisons
Qui ne la flattent point aigrissent ses soupçons.
Voici Britannicus. Je lui cède ma place.
Je vous laisse écouter et plaindre sa disgrâce,
Et peut-être, madame, en accuser les soins
De ceux que l'empereur a consultés le moins.

SCÈNE III.

BRITANNICUS, AGRIPPINE, NARCISSE, ALBINE.

AGRIPPINE.

Ah! prince, où courez-vous? Quelle ardeur inquiète
Parmi vos ennemis en aveugle vous jette?
Que venez-vous chercher?

BRITANNICUS.

Ce que je cherche? Ah dieux!
Tout ce que j'ai perdu, madame, est en ces lieux.
De mille affreux soldats Junie environnée
S'est vue en ce palais indignement traînée.
Hélas! de quelle horreur ses timides esprits
A ce nouveau spectacle auront été surpris?
Enfin on me l'enlève. Une loi trop sévère
Va séparer deux cœurs qu'assembloit leur misère :
Sans doute on ne veut pas que, mêlant nos douleurs,
Nous nous aidions l'un l'autre à porter nos malheurs.

AGRIPPINE.

Il suffit. Comme vous je ressens vos injures;[1]

---

1. Ici le mot *injure* est pris dans le sens de tort fait ou reçu, et d'outrage

Mes plaintes ont déjà précédé vos murmures.
Mais je ne prétends pas qu'un impuissant courroux
Dégage ma parole et m'acquitte envers vous.
Je ne m'explique point. Si vous voulez m'entendre,
Suivez-moi chez Pallas, où je vais vous attendre. [1]

SCÈNE IV.

BRITANNICUS, NARCISSE.

BRITANNICUS.

La croirai-je, Narcisse? et dois-je sur sa foi
La prendre pour arbitre entre son fils et moi?
Qu'en dis-tu? N'est-ce pas cette même Agrippine
Que mon père épousa jadis pour ma ruine,
Et qui, si je t'en crois, a de ses derniers jours,
Trop lents pour ses desseins, précipité le cours?

NARCISSE.

N'importe. Elle se sent comme vous outragée ;
A vous donner Junie elle s'est engagée ;
Unissez vos chagrins, liez vos intérêts :

en action ; et alors *mon injure, ton injure, son injure,* ne peuvent s'entendre que passivement, pour l'injure que l'on m'a faite, qu'on t'a faite, qu'on lui a faite. C'est l'*injuria* des Latins, qui n'a pas d'autre acception chez eux que celle d'injustice, de violation de droits, du mot *jus, juris.* Dans notre langue, il signifie encore *paroles offensantes;* et alors il ne se prend jamais qu'activement avec le pronom. Tel est ce vers d'*Iphigénie :*

Souffrirai-je à la fois ta gloire et tes injures ? (L.)

1. Pallas avait été un des amants d'Agrippine; il avait conseillé ses crimes et favorisé son ambition. « Agrippine, dit Tacite, dans sa première jeunesse, s'était livrée à Lépide par ambition, et la même ambition l'avait fait descendre jusqu'à se prostituer à Pallas. » — « Agrippina... puellaribus annis stuprum cum Lepido, spe dominationis, admiserat, pari cupidine usque ad libita Pallantis provoluta. » (*Annales,* liv. XIV, ch. ii.) (A. M.)

Ce palais retentit en vain de vos regrets :
Tandis qu'on vous verra, d'une voix suppliante, *
Semer ici la plainte et non pas l'épouvante,
Que vos ressentiments se perdront en discours,
Il n'en faut pas douter, vous vous plaindrez toujours.

BRITANNICUS.

Ah, Narcisse! tu sais si de la servitude
Je prétends faire encore une longue habitude;
Tu sais si pour jamais, de ma chute étonné,
Je renonce à l'empire où j'étois destiné. **
Mais je suis seul encor : les amis de mon père
Sont autant d'inconnus que glace ma misère,
Et ma jeunesse même écarte loin de moi ***
Tous ceux qui dans le cœur me réservent leur foi.
Pour moi, depuis un an qu'un peu d'expérience
M'a donné de mon sort la triste connoissance,
Que vois-je autour de moi, que des amis vendus
Qui sont de tous mes pas les témoins assidus,
Qui, choisis par Néron pour ce commerce infâme,
Trafiquent avec lui des secrets de mon âme?
Quoi qu'il en soit, Narcisse, on me vend tous les jours :
Il prévoit mes desseins, il entend mes discours;
Comme toi, dans mon cœur il sait ce qui se passe.
Que t'en semble, Narcisse?

NARCISSE.

                      Ah! quelle âme assez basse...
C'est à vous de choisir des confidents discrets.

---

* VAR. *Tant que l'on vous verra d'une voix suppliante.*
** VAR. *Je renonce aux grandeurs où j'étois destiné.*
*** VAR. . . . . *Les amis de mon père*
      Sont autant d'inconnus qu'écarte ma misère;
      Et ma jeunesse même éloigne loin de moi.

Seigneur, et de ne pas prodiguer vos secrets.
BRITANNICUS.
Narcisse, tu dis vrai; mais cette défiance [1]
Est toujours d'un grand cœur la dernière science:
On le trompe longtemps. Mais enfin je te croi,
Ou plutôt je fais vœu de ne croire que toi. [2]
Mon père, il m'en souvient, m'assura de ton zèle :
Seul de ses affranchis tu m'es toujours fidèle;
Tes yeux, sur ma conduite incessamment ouverts,
M'ont sauvé jusqu'ici de mille écueils couverts.
Va donc voir si le bruit de ce nouvel orage
Aura de nos amis excité le courage;
Examine leurs yeux, observe leurs discours;
Vois si j'en puis attendre un fidèle secours.
Surtout dans ce palais remarque avec adresse

---

1. Cette maxime, qui est ici un sentiment, parce qu'elle est l'expression simple et naïve du cœur de Britannicus, répand de l'intérêt sur le caractère qu'il a dans la pièce, et qui est celui de son âge. (L.)

2. Dans Racine, Narcisse est le confident de Britannicus et le trahit. Dans Tacite, au contraire, Narcisse est le plus fidèle serviteur de Britannicus et celui qui, sous Claude, veut lui faire rendre l'empire qu'Agrippine veut assurer à son fils Néron. Aussi, au commencement du règne de Néron, elle fait mourir Narcisse. « Aspera custodia et necessitate extrema ad mortem agitur, invito principe, cujus abditis adhuc vitiis per avaritiam ac prodigentiam mire congruebat. » (TACITE, liv. XIII, ch. I.) — Prisonnier et durement surveillé, Narcisse reçoit l'ordre de mourir et se tue; Néron le regretta; les vices de Narcisse, sa cupidité et sa prodigalité s'accordaient merveilleusement avec les vices encore cachés de Néron.

C'est cette conformité dans le mal qui a donné à Racine l'idée de faire de Narcisse le confident perfide de Britannicus. Il a pensé que la postérité s'inquiéterait peu de la réputation de Narcisse, et qu'on ne lui demanderait pas compte d'avoir calomnié la mémoire de cet affranchi de Claude, en le faisant un peu plus méchant encore qu'il n'était. Je citerai cependant, dans l'examen de *Britannicus,* un passage de Tacite où Narcisse exprime son attachement pour Britannicus, pour le fils de son patron, d'une manière touchante et qui fait presque regretter, même pour l'intérêt dramatique, que Racine ait fait si bon marché de la fidélité de Narcisse.

Avec quel soin Néron fait garder la princesse :
Sache si du péril ses beaux yeux sont remis, [1]
Et si son entretien m'est encore permis.
Cependant de Néron je vais trouver la mère
Chez Pallas, comme toi l'affranchi de mon père :
Je vais la voir, l'aigrir, la suivre, et, s'il se peut,
M'engager sous son nom plus loin qu'elle ne veut. [2]

1. *Les yeux* et *les beaux yeux* revenaient beaucoup trop souvent dans *Andromaque :* c'étaient de ces expressions parasites que ne permet pas le style soutenu et soigné. *Les beaux yeux* particulièrement ne doivent guère entrer dans une tragédie; c'est un mot que la galanterie a rendu si trivial, qu'elle l'a presque enlevé à l'amour. On peut le passer à l'extrême jeunesse de Britannicus, et désormais on le verra très-rarement dans les pièces de Racine. (L.)

2. Quelques commentateurs ont trouvé dans ce vers un raffinement de politique trop profond pour l'âge de Britannicus. Mais ce prince a déjà fait voir qu'il en sait assez pour ne pas croire qu'Agrippine le serve par intérêt pour lui. D'ailleurs il ne convenait pas qu'il parût dénué de tous moyens personnels, et l'on verra au troisième acte qu'il les a employés de manière à pouvoir alarmer Agrippine elle-même. C'est ce que le poëte a su préparer, comme il le devait, par ces vers, qui terminent le premier acte assez heureusement, puisqu'ils ajoutent à l'attente du spectateur. (L.)

ACTE DEUXIÈME.

SCÈNE PREMIÈRE.

NÉRON, BURRHUS, NARCISSE, Gardes.

NÉRON.

N'en doutez point, Burrhus : malgré ses injustices,
C'est ma mère, et je veux ignorer ses caprices.
Mais je ne prétends plus ignorer ni souffrir
Le ministre insolent qui les ose nourrir.
Pallas de ses conseils empoisonne ma mère ;
Il séduit, chaque jour, Britannicus mon frère ;
Ils l'écoutent tout seul : et qui suivroit leurs pas *

---

* Var. *Ils l'écoutent lui seul : et qui suivroit leurs pas...*

Tacite dit : « Et Nero infensus iis quibus superbia muliebris innitebatur, demovet Pallantem cura rerum, queis a Claudio impositus, velut arbitrum regni agebat. Ferebaturque, degrediente eo, magna prosequentium multitudine, non absurde dixisse, ire Pallantem ut ejuraret. » — « Irrité contre ceux qui nourrissaient l'orgueil de sa mère, Néron éloigne Pallas de l'administration des affaires, qui lui avait été confiée par Claude, et qui le rendait comme arbitre de l'empire. On rapporte que Néron, voyant cet affranchi (s'éloigner) suivi de la foule de ses créatures, dit assez plaisamment que Pallas allait abdiquer. » (*Annales*, liv. XIII, ch. xiv.) Un sot orgueil et une stupide arrogance formaient le caractère de ce ministre. Ayant été accusé de conspiration, et quelques-uns de ses affranchis, dit encore Tacite, « se trouvant désignés parmis ses complices, il répondit que dans sa maison il ne donnait jamais ses ordres que par un signe de tête ou un geste de la main. Quand de plus longues explications étaient nécessaires, il prenait la plume, afin de ne pas compromettre la dignité de ses paroles. » « Nominatis libertis ejus

Les trouveroit peut-être assemblés chez Pallas.
C'en est trop. De tous deux il faut que je l'écarte.
Pour la dernière fois, qu'il s'éloigne, qu'il parte :
Je le veux, je l'ordonne; et que la fin du jour
Ne le retrouve pas dans Rome ou dans ma cour.
Allez : cet ordre importe au salut de l'empire.

(Aux gardes.)

Vous, Narcisse, approchez. Et vous, qu'on se retire.

SCÈNE II.

NÉRON, NARCISSE.

NARCISSE.

Grâces aux dieux, seigneur, Junie entre vos mains
Vous assure aujourd'hui du reste des Romains.
Vos ennemis, déchus de leur vaine espérance,
Sont allés chez Pallas pleurer leur impuissance.
Mais que vois-je? Vous-même, inquiet, étonné,
Plus que Britannicus paroissez consterné.
Que présage à mes yeux cette tristesse obscure, [1]
Et ces sombres regards errants à l'aventure?
Tout vous rit : la fortune obéit à vos vœux.

---

quos conscios haberet, respondit, nihil unquam se domi, nisi nutu aut manu significasse, vel, si plura demonstranda essent, scripto usum, ne vocem consociaret. » (*Annales,* liv. XIII, ch. xxiii.) (A. M.)

1. Cette expression est figurée. La Harpe a observé que la tristesse est appelée ici *obscure* parce qu'elle obscurcit le front; et cette dernière expression est elle-même une métaphore. D'ailleurs, on dit fort bien *une sombre tristesse;* ainsi l'analogie doit réclamer en faveur de *tristesse obscure.* La même analogie a permis cette expression, qu'on lit dans le vers suivant : *des regards errants à l'aventure,* parce qu'on dit *promener des regards.* (A. M.)

NÉRON.

Narcisse, c'en est fait, Néron est amoureux.

NARCISSE.

Vous ?

NÉRON.

Depuis un moment ; mais pour toute ma vie.
J'aime, que dis-je, aimer ? j'idolâtre Junie.

NARCISSE.

Vous l'aimez ?

NÉRON.

Excité d'un désir curieux,
Cette nuit je l'ai vue arriver en ces lieux,
Triste, levant au ciel ses yeux mouillés de larmes,[1]
Qui brilloient au travers des flambeaux et des armes ;
Belle sans ornement, dans le simple appareil
D'une beauté qu'on vient d'arracher au sommeil.

---

1. Tous les connaisseurs ont vu dans ces huit vers, *Triste, levant au ciel*, etc., un tableau original et parfait. Le mérite de la diction est dans la difficulté vaincue, puisqu'il s'agissait d'ennoblir la petitesse des détails par le choix des mots ; il est aussi dans le choix de ces détails mêmes, parce qu'il fallait caractériser un *amour* qui n'est autre chose que du désir ; et dans cette peinture, le désordre de la situation de Junie, enlevée au milieu de la nuit, est un charme de plus ajouté à celui de sa beauté, le seul qui puisse enflammer Néron ; enfin, l'effet des couleurs poétiques naît surtout du contraste de la frayeur, de la douceur et des larmes de Junie, avec l'appareil de son enlèvement et la figure de ses ravisseurs : c'est ce qui a fourni au poëte des vers qui sont au nombre des plus beaux de notre langue, surtout ces derniers :

> Et le farouche aspect de ses fiers ravisseurs
> Relevoit de ses yeux les timides douceurs,

dont le coloris ne se trouve que dans la palette d'un maître. Les *amours* de Néron ne sont nullement faits pour *intéresser*. Aussi le poëte a-t-il eu soin, comme on le verra dans la suite, de ne donner aux *amours* de Néron que des motifs qui conviennent à son caractère et à la conduite qu'il tiendra dans la pièce, et de rassembler sur les *amours* de Britannicus et de Junie tout ce qu'il y a de plus noble et de plus intéressant. (L.)

Que veux-tu ? je ne sais si cette négligence,
Les ombres, les flambeaux, les cris et le silence,
Et le farouche aspect de ses fiers ravisseurs,
Relevoient de ses yeux les timides douceurs.
Quoi qu'il en soit, ravi d'une si belle vue,
J'ai voulu lui parler, et ma voix s'est perdue :
Immobile, saisi d'un long étonnement,
Je l'ai laissé passer dans son appartement. [1]
J'ai passé dans le mien. C'est là que, solitaire,
De son image en vain j'ai voulu me distraire.
Trop présente à mes yeux, je croyois lui parler;
J'aimois jusqu'à ses pleurs que je faisois couler.
Quelquefois, mais trop tard, je lui demandois grâce :
J'employois les soupirs, et même la menace.
Voilà comme, occupé de mon nouvel amour,
Mes yeux, sans se fermer, ont attendu le jour.
Mais je m'en fais peut-être une trop belle image :
Elle m'est apparue avec trop d'avantage :
Narcisse, qu'en dis-tu ?

---

1. Les grammairiens ne sont pas d'accord sur l'orthographe du participe *laissé* : les uns veulent qu'il s'accorde avec le régime qui le précède, lorsqu'il est suivi d'un verbe neutre; les autres, qu'il soit invariable. La règle n'étoit pas mieux établie du temps de Racine que de nos jours; il a donc pu ne pas mettre le participe *laissé* au féminin; son exemple même doit être allégué en faveur de ceux qui soutiennent que le participe est invariable. D'après cette opinion, le pronom *la* ne seroit pas le régime de *laissé*, mais de *laissé passer*, qui ne présente qu'une seule idée, comme si ce n'étoit qu'un seul verbe. (A. M.)

Je ne crois pas que la règle soit incertaine. Le participe passé des verbes auxiliaires ne s'accorde pas avec le régime qui les précède, quand ils ne sont dans la phrase que des verbes auxiliaires : on dit en parlant d'une femme : Après que je *l'ai eu* regardée, et non pas après que je *l'ai eue* regardé. Les verbes laisser, faire, voir, sont souvent des verbes auxiliaires, dans le vers de Racine par exemple :

Je l'ai laissé passer dans son appartement.

NARCISSE.

　　　　　Quoi, seigneur, croira-t-on
Qu'elle ait pu si longtemps se cacher à Néron ?

NÉRON.

Tu le sais bien, Narcisse. Et soit que sa colère
M'imputât le malheur qui lui ravit son frère ;
Soit que son cœur, jaloux d'une austère fierté,
Enviât à nos yeux sa naissante beauté ; [1]
Fidèle à sa douleur, et dans l'ombre enfermée,
Elle se déroboit même à sa renommée :
Et c'est cette vertu, si nouvelle à la cour,
Dont la persévérance irrite mon amour.
Quoi, Narcisse, tandis qu'il n'est point de Romaine
Que mon amour n'honore et ne rende plus vaine,
Qui, dès qu'à ses regards elle ose se fier,
Sur le cœur de César ne les vienne essayer ;
Seule, dans son palais, la modeste Junie
Regarde leurs honneurs comme une ignominie,
Fuit, et ne daigne pas peut-être s'informer
Si César est aimable, ou bien s'il sait aimer ? [2]

---

1. *Envier* est ici pris dans le sens de *priver*. C'est un latinisme dont Racine a enrichi la langue. On dit : *un roi envie à son peuple le bonheur de le voir*, pour faire entendre qu'il ne le laisse pas jouir de ce bonheur.
Énée, déplorant la mort du jeune Pallas, dit :

　　　　　Te ne . . . . miserande puer...
　　　　　Invidit fortuna mihi...

— « Infortuné jeune homme, faut-il que le sort m'ait envié un ami tel que toi ! » (A. M.)

2. Voilà des sentiments dignes de Néron. Junie seule fuit une cour corrompue, où toutes les femmes se disputent les regards et les faveurs d'un jeune César conduit par *deux jeunes voluptueux* qui président à ses plaisirs. Junie ne s'informe pas si César est aimable, et il la fait enlever pour lui apprendre qu'il sait aimer. Le poëte n'annonce point qu'il va peindre un tyran et sa cour ; mais comme il peint l'un et l'autre ! (L.) — Quelle que

Dis-moi : Britannicus l'aime-t-il?
NARCISSE.
Quoi! s'il l'aime,
Seigneur?
NÉRON.
Si jeune encor, se connoît-il lui-même?
D'un regard enchanteur connoît-il le poison?
NARCISSE.
Seigneur, l'amour toujours n'attend pas la raison.
N'en doutez point, il l'aime. Instruits par tant de charmes,
Ses yeux sont déjà faits à l'usage des larmes ;
A ses moindres désirs il sait s'accommoder ;
Et peut-être déjà sait-il persuader.
NÉRON.
Que dis-tu? Sur son cœur il auroit quelque empire?
NARCISSE.
Je ne sais. Mais, seigneur, ce que je puis vous dire,
Je l'ai vu quelquefois s'arracher de ces lieux,

soit la juste autorité qu'ait sur moi le jugement de La Harpe, je ne puis pas cependant ne pas remarquer que Racine ici me semble retomber dans les défauts de la vieille tragédie romanesque, l'amour hors de propos, l'amour langoureux et prétentieux, et tout cela entre Néron et Narcisse, c'est-à-dire entre un affreux tyran et un détestable valet, un tyran qui veut tuer son frère parce qu'il fait ombrage à sa puissance, et qui n'a certes pas besoin pour s'exciter au crime d'être avec lui en rivalité d'amour ; un valet prêt à tous les forfaits que souhaite son maître, et dont le moindre vice serait d'être seulement un entremetteur. Ces questions de Néron sur Britannicus :

> D'un regard enchanteur connoît-il le poison?

ces réponses de Narcisse :

> Seigneur, l'amour toujours n'attend pas la raison,

tout cela me paraît pencher vers le jargon de la carte du Tendre ; c'est la dernière trace des défauts dont Racine a corrigé notre théâtre, mais qui nous choquent d'autant plus dans *Britannicus*, que le sujet et les personnages y répugnent davantage.

Le cœur plein d'un courroux qu'il cachoit à vos yeux;
D'une cour qui le fuit pleurant l'ingratitude,
Las de votre grandeur et de sa servitude,
Entre l'impatience et la crainte flottant,
Il alloit voir Junie, et revenoit content.

NÉRON.

D'autant plus malheureux qu'il aura su lui plaire,
Narcisse, il doit plutôt souhaiter sa colère :
Néron impunément ne sera pas jaloux.

NARCISSE.

Vous? Et de quoi, seigneur, vous inquiétez-vous?
Junie a pu le plaindre et partager ses peines :
Elle n'a vu couler de larmes que les siennes;
Mais aujourd'hui, seigneur, que ses yeux dessillés,
Regardant de plus près l'éclat dont vous brillez,
Verront autour de vous les rois sans diadème,
Inconnus dans la foule, et son amant lui-même,
Attachés sur vos yeux, s'honorer d'un regard
Que vous aurez sur eux fait tomber au hasard;
Quand elle vous verra, de ce degré de gloire,
Venir en soupirant avouer sa victoire;
Maître, n'en doutez point, d'un cœur déjà charmé,
Commandez qu'on vous aime, et vous serez aimé.[1]

NÉRON.

A combien de chagrins il faut que je m'apprête!
Que d'importunités!

NARCISSE.

Quoi donc! qui vous arrête,
Seigneur?

---

1. C'est le mot d'un flatteur, qui sait fort bien que l'amour ne se *commande* pas, mais qui sait aussi que plus Néron se croira sûr d'être aimé, plus il s'indignera de ne pas l'être. (L.)

ACTE II, SCÈNE II.

NÉRON.

Tout : Octavie, Agrippine, Burrhus,
Sénèque, Rome entière, et trois ans de vertus.¹
Non que pour Octavie un reste de tendresse
M'attache à son hymen et plaigne sa jeunesse :
Mes yeux, depuis longtemps fatigués de ses soins,
Rarement de ses pleurs daignent être témoins.
Trop heureux, si bientôt la faveur d'un divorce
Me soulageoit d'un joug qu'on m'imposa par force !
Le ciel même en secret semble la condamner :
Ses vœux, depuis quatre ans, ont beau l'importuner,
Les dieux ne montrent point que sa vertu les touche :
D'aucun gage, Narcisse, ils n'honorent sa couche;²
L'empire vainement demande un héritier.

NARCISSE.

Que tardez-vous, seigneur, à la répudier ?
L'empire, votre cœur, tout condamne Octavie;
Auguste, votre aïeul, soupiroit pour Livie;
Par un double divorce ils s'unirent tous deux;³

1. Il suffit de ce vers pour faire sentir que ces *trois ans de vertus* n'étaient que trois ans de contrainte et d'hypocrisie, dont le terme sera le premier instant où les passions de Néron trouveront un obstacle. Quelle force de pinceau ne fallait-il pas pour peindre Néron, et quelle délicatesse de nuances pour le peindre naissant! Prendre pour sujet d'une pièce ce passage si difficile à marquer était par soi-même un trait de génie. (L.)

2. Il serait trop long de remarquer les beautés de diction, les expressions neuves, *fidèle à sa douleur, se fier à ses regards, les essayer sur le cœur de César*, tant d'autres non moins heureuses, et ici en particulier la stérilité si noblement et si poétiquement exprimée, une *couche* qui n'est *honorée d'aucun gage* : c'est la langue de Racine. Mais observez que cette scène met le spectateur au fait de tout ce qu'il doit savoir, du dégoût de Néron pour Octavie et pour ses vertus, du désir qu'il a de la répudier, et de ce projet de divorce fait pour fonder la scène suivante, qui va rouler tout entière sur l'offre que Néron doit faire à Junie de l'empire et de sa main. (L.)

3. Auguste, pour épouser Livie, répudia Scribonie; et Livie, quoique déjà enceinte de plusieurs mois, se sépara de Claude Tibère Néron, dont elle

Et vous devez l'empire à ce divorce heureux.
Tibère, que l'hymen plaça dans sa famille,
Osa bien à ses yeux répudier sa fille.
Vous seul, jusques ici, contraire à vos désirs,
N'osez par un divorce assurer vos plaisirs.[1]

NÉRON.

Et ne connois-tu pas l'implacable Agrippine?
Mon amour inquiet déjà se l'imagine
Qui m'amène Octavie, et d'un œil enflammé
Atteste les saints droits d'un nœud qu'elle a formé :
Et, portant à mon cœur des atteintes plus rudes,
Me fait un long récit de mes ingratitudes.
De quel front soutenir ce fâcheux entretien?

NARCISSE.

N'êtes-vous pas, seigneur, votre maître et le sien?
Vous verrons-nous toujours trembler sous sa tutelle?
Vivez, régnez pour vous : c'est trop régner pour elle.
Craignez-vous? Mais, seigneur, vous ne la craignez pas ;
Vous venez de bannir le superbe Pallas,
Pallas, dont vous savez qu'elle soutient l'audace.

NÉRON.

Éloigné de ses yeux, j'ordonne, je menace,

---

avoit déjà un fils ; elle fit entrer, par ce mariage, la postérité des Nérons dans la famille des Octaviens. (L. B.) — Néron vient de former des vœux pour un divorce qui lui paraît difficile et même presque impossible. Le perfide flatteur lève les difficultés ; il autorise le caprice de Néron de l'exemple d'Auguste, et de Tibère, qui avait répudié Julie, fille d'Auguste, fameuse par ses débauches : mais ce traître se garde bien de dire que l'empire est la dot apportée par Octavie à Néron, et que son mariage avec la fille de Claude lui a servi de degré pour monter au trône. (G.)

1. Néron dans la tragédie latine d'*Octavie*, voulant répudier Octavie pour épouser Poppée, s'écrie : « Prohibebor unus facere quod cunctis licet ! » — Racine avait lu la prétendue tragédie de Sénèque et s'en servait au besoin. Cela m'excuse d'avoir commenté cette pièce dans la notice préliminaire.

ACTE II, SCÈNE II.

J'écoute vos conseils, j'ose les approuver ;
Je m'excite contre elle, et tâche à la braver :
Mais, je t'expose ici mon âme toute nue,
Sitôt que mon malheur me ramène à sa vue,
Soit que je n'ose encor démentir le pouvoir
De ces yeux où j'ai lu si longtemps mon devoir :
Soit qu'à tant de bienfaits ma mémoire fidèle
Lui soumette en secret tout ce que je tiens d'elle ;
Mais enfin mes efforts ne me servent de rien :
Mon génie étonné tremble devant le sien ;[1]
Et c'est pour m'affranchir de cette dépendance
Que je la fuis partout, que même je l'offense,
Et que, de temps en temps, j'irrite ses ennuis,
Afin qu'elle m'évite autant que je la fuis.
Mais je t'arrête trop : retire-toi, Narcisse ;
Britannicus pourroit t'accuser d'artifice.

NARCISSE.

Non, non ; Britannicus s'abandonne à ma foi :
Par son ordre, seigneur, il croit que je vous vois,
Que je m'informe ici de tout ce qui le touche,
Et veut de vos secrets être instruit par ma bouche.
Impatient, surtout, de revoir ses amours,[2]

---

1. Les anciens croyaient que chaque homme avait un génie attaché à sa destinée, qui présidait à ses bonnes et à ses mauvaises actions : allégorie ingénieuse qui désigne le caractère. C'est Plutarque qui a fourni à Racine cette idée poétique du *génie*. L'historien rapporte qu'Antoine, perdant toujours au jeu contre Octave, consulta un devin qui lui conseilla de s'éloigner le plus qu'il pourrait de ce jeune homme : « Car, lui dit-il, votre génie redoute le sien ; il est fier et hardi quand il est seul ; mais à l'approche de l'autre, il perd toute sa fierté et sa hardiesse, et devient bas et timide. » (*Vie d'Antoine*.) Octave en effet avait du caractère, et Antoine n'en avait point. (G.)

2. *Ses amours*, pris pour la personne qu'on aime, est un terme familier, qui ne convient pas au style soutenu, à moins qu'il ne soit relevé par ce qui l'entoure. Ce vers est un de ceux qu'on voudrait supprimer : en voilà trois

Il attend de mes soins ce fidèle secours.

NÉRON.

J'y consens; porte-lui cette douce nouvelle :
Il la verra.

NARCISSE.

Seigneur, bannissez-le loin d'elle.[1]

NÉRON.

J'ai mes raisons, Narcisse; et tu peux concevoir
Que je lui vendrai cher le plaisir de la voir.
Cependant vante-lui ton heureux stratagème;
Dis-lui qu'en sa faveur on me trompe moi-même,
Qu'il la voit sans mon ordre. On ouvre; la voici.
Va retrouver ton maître, et l'amener ici.[2]

jusqu'ici. (L.) — Après les fadeurs amoureuses mises dans la bouche de Néron, *ses amours* dans la bouche de Narcisse n'ont rien qui soit déplacé. Les torts de la scène justifient le mot.

1. *Le loin*, cacophonie. Racine le fils observe que *le leur*, dans *Andromaque*, paraît moins dur, parce que l'oreille s'accoutume à ce qu'on dit souvent. (G.) — Observation bien minutieuse et peu juste. *Le leur* peut faire une cacophonie, parce qu'il faut prononcer les deux mots avec la même inflexion de voix et sans les séparer, puisque le sens les réunit toujours. Dans ce vers :

Bannissez-le loin d'elle,

il est impossible que l'acteur et même le premier lecteur venu ne sépare pas les deux mots, en respirant entre *le* et *loin d'elle*, afin de donner au mot *loin d'elle* l'accent et le sens qu'il doit avoir. Une prononciation intelligente doit nécessairement empêcher la cacophonie.

2. Des deux infinitifs qui se suivent dans ce vers, le second est évidemment répréhensible. Il y a opposition entre l'idée qu'il présente et celle que renferme l'impératif *va*, qui le gouverne. L'un exprime l'action de s'éloigner d'un lieu, et l'autre l'action de s'en approcher. Si le vers l'eût permis, il aurait fallu dire *amène-le ici*. (A. M.) — L'observation est juste, mais c'est ici le cas de répéter la réflexion que fait souvent Voltaire, qu'avec cette correction minutieuse, il devient très-difficile de parler en vers.

SCÈNE III.

NÉRON, JUNIE.

NÉRON.

Vous vous troublez, madame, et changez de visage !
Lisez-vous dans mes yeux quelque triste présage ?

JUNIE.

Seigneur, je ne vous puis déguiser mon erreur ;
J'allois voir Octavie, et non pas l'empereur.[1]

NÉRON.

Je le sais bien, madame, et n'ai pu sans envie
Apprendre vos bontés pour l'heureuse Octavie.

JUNIE.

Vous, seigneur ?

NÉRON.

Pensez-vous, madame, qu'en ces lieux
Seule pour vous connoître Octavie ait des yeux ?

JUNIE.

Et quel autre, seigneur, voulez-vous que j'implore ?
A qui demanderai-je un crime que j'ignore ?
Vous qui le punissez, vous ne l'ignorez pas :
De grâce, apprenez-moi, seigneur, mes attentats.

NÉRON.

Quoi ! madame, est-ce donc une légère offense

---

1. Il n'était pas naturel que Junie vînt d'elle-même trouver Néron, et il l'était au contraire qu'elle se rendît auprès d'Octavie. La manière dont elle rencontre Néron est fort bien imaginée. Louis Racine observe à ce sujet, comme dans beaucoup d'autres occasions, que les personnages de Racine n'entrent et ne sortent jamais sans un motif convenable. Comme en effet il n'a jamais manqué à cette règle indispensable, nous le remarquons ici pour n'y plus revenir. (L.)

De m'avoir si longtemps caché votre présence ?
Ces trésors dont le ciel voulut vous embellir,
Les avez-vous reçus pour les ensevelir ?
L'heureux Britannicus verra-t-il sans alarmes
Croître, loin de nos yeux, son amour et vos charmes ?[1]
Pourquoi, de cette gloire exclus jusqu'à ce jour,
M'avez-vous, sans pitié, relégué dans ma cour ?
On dit plus : vous souffrez, sans en être offensée,
Qu'il vous ose, madame, expliquer sa pensée :
Car je ne croirai point que, sans me consulter,
La sévère Junie ait voulu le flatter,
Ni qu'elle ait consenti d'aimer et d'être aimée,
Sans que j'en sois instruit que par la renommée.

JUNIE.

Je ne vous nierai point, seigneur, que ses soupirs
M'ont daigné quelquefois expliquer ses désirs.
Il n'a point détourné ses regards d'une fille
Seul reste du débris d'une illustre famille :
Peut-être il se souvient qu'en un temps plus heureux
Son père me nomma pour l'objet de ses vœux.
Il m'aime ; il obéit à l'empereur son père,
Et j'ose dire encore, à vous, à votre mère :
Vos désirs sont toujours si conformes aux siens...

NÉRON.

Ma mère a ses desseins, madame ; et j'ai les miens.
Ne parlons plus ici de Claude et d'Agrippine ;

---

1. Je m'étonne que les commentateurs minutieux n'aient point remarqué cette phrase incorrecte et un peu obscure : Néron veut dire qu'*il n'est pas juste que Britannicus jouisse seul et sans alarmes du plaisir de voir croître les charmes de Junie.* Si la phrase n'était pas expliquée par tout le discours, elle pourrait dire tout le contraire de la pensée de Néron : *Britannicus ne craindra-t-il pas, n'aura-t-il pas d'alarmes de voir croître loin de nos yeux son amour et vos charmes ?*

Ce n'est point par leur choix que je me détermine.
C'est à moi seul, madame, à répondre de vous ;
Et je veux de ma main vous choisir un époux.

JUNIE.

Ah, seigneur! songez-vous que toute autre alliance
Fera honte aux Césars, auteurs de ma naissance ?

NÉRON.

Non, madame, l'époux dont je vous entretiens
Peut sans honte assembler vos aïeux et les siens ;
Vous pouvez, sans rougir, consentir à sa flamme.

JUNIE.

Et quel est donc, seigneur, cet époux ?

NÉRON.

Moi, madame.

JUNIE.

Vous ?

NÉRON.

Je vous nommerois, madame, un autre nom,
Si j'en savois quelque autre au-dessus de Néron.[1]
Oui, pour vous faire un choix où vous puissiez souscrire,
J'ai parcouru des yeux la cour, Rome et l'empire.
Plus j'ai cherché, madame, et plus je cherche encor
En quelles mains je dois confier ce trésor ;
Plus je vois que César, digne seul de vous plaire,
En doit être lui seul l'heureux dépositaire,
Et ne peut dignement vous confier qu'aux mains
A qui Rome a commis l'empire des humains.

---

1. Cette réponse a de la grandeur ; mais observez que cette grandeur tient au rang et non pas à la personne, et Néron n'en devait pas avoir d'autre. Elle devait servir à donner au langage une sorte de galanterie noble, que le seul Racine a connue dans ce siècle, et que sa diction a su élever au ton de la tragédie. (L.)

Vous-même, consultez vos premières années :
Claudius à son fils les avoit destinées ;
Mais c'étoit en un temps où de l'empire entier
Il croyoit quelque jour le nommer l'héritier.
Les dieux ont prononcé. Loin de leur contredire,[1]
C'est à vous de passer du côté de l'empire.
En vain de ce présent ils m'auroient honoré,
Si votre cœur devoit en être séparé ;
Si tant de soins ne sont adoucis par vos charmes ;
Si, tandis que je donne aux veilles, aux alarmes,
Des jours toujours à plaindre et toujours enviés,
Je ne vais quelquefois respirer à vos pieds.
Qu'Octavie à vos yeux ne fasse point d'ombrage :
Rome, aussi bien que moi, vous donne son suffrage,
Répudie Octavie, et me fait dénouer
Un hymen que le ciel ne veut point avouer.
Songez-y donc, madame, et pesez en vous-même
Ce choix digne des soins d'un prince qui vous aime,
Digne de vos beaux yeux trop longtemps captivés,[2]

---

1. *Contredire*, dans notre langage, a le régime direct, soit avec les choses, soit avec les personnes. On *contredit* un auteur ; on *contredit* les paroles ; on *contredit* l'expérience, etc. Le régime indirect est latin : *contradicere alicui*. Il est clair que Racine l'a choisi de préférence, puisque l'autre ne le gênait en rien. Ce n'est pas la seule fois qu'il fait usage des latinismes comme d'un moyen de plus pour différencier la poésie et la prose, et j'avoue que *leur contredire* ne me blesse nullement, sans doute à cause du rapport étymologique, comme dans ce beau vers de La Fontaine :

Celui de qui la tête *au ciel* étoit voisine.

On oublie qu'en français on est *voisin du ciel*, parce qu'on dirait en latin *vicinum cœlo caput*. (L.)

2. *Les beaux yeux* reviennent ici pour la seconde fois, et il est difficile de donner un sens raisonnable aux mots *trop longtemps captivés*. Racine a-t-il voulu dire que Junie avait trop longtemps vécu dans l'obscurité, ou que ses yeux s'étaient trop longtemps fixés sur Britannicus? Dans l'un ou l'autre cas, la phrase manque de clarté. (A. M.)

ACTE II, SCÈNE III.

Digne de l'univers à qui vous vous devez.*

JUNIE.

Seigneur, avec raison je demeure étonnée.
Je me vois, dans le cours d'une même journée,
Comme une criminelle amenée en ces lieux ;
Et lorsque avec frayeur je parois à vos yeux,
Que sur mon innocence à peine je me fie,
Vous m'offrez tout d'un coup la place d'Octavie.
J'ose dire pourtant que je n'ai mérité
Ni cet excès d'honneur, ni cette indignité.
Et pouvez-vous, seigneur, souhaiter qu'une fille
Qui vit presque en naissant éteindre sa famille,
Qui, dans l'obscurité nourrissant sa douleur,
S'est fait une vertu conforme à son malheur,
Passe subitement de cette nuit profonde
Dans un rang qui l'expose aux yeux de tout le monde,
Dont je n'ai pu de loin soutenir la clarté,
Et dont une autre enfin remplit la majesté ?[1]

NÉRON.

Je vous ai déjà dit que je la répudie :[2]
Ayez moins de frayeur, ou moins de modestie.
N'accusez point ici mon choix d'aveuglement ;
Je vous réponds de vous : consentez seulement.
Du sang dont vous sortez rappelez la mémoire :

---

* VAR. *Digne de l'univers à qui vous les devez.*

1. Louis Racine observe qu'on dit *la majesté, la splendeur*, d'un rang, et non pas *la clarté*, mais que ce mot *clarté*, qui répond à *cette nuit profonde*, est amené si naturellement, qu'il paraît nécessaire. Cette observation est juste ; mais la fin de la période est embarrassée. Le *qui* et les *dont* y jettent un peu d'obscurité, parce qu'ils ne sont pas placés immédiatement après leur régime. (A. M.)

2. Brusquerie de Néron, qui passe subitement de la galanterie à l'incivilité dès qu'il éprouve une légère contradiction. (G.).

Et ne préférez point à la solide gloire
Des honneurs dont César prétend vous revêtir,
La gloire d'un refus sujet au repentir.[1]

JUNIE.

Le ciel connoît, seigneur, le fond de ma pensée.
Je ne me flatte point d'une gloire insensée :
Je sais de vos présents mesurer la grandeur ;
Mais plus ce rang sur moi répandroit de splendeur,
Plus il me feroit honte, et mettroit en lumière
Le crime d'en avoir dépouillé l'héritière.

NÉRON.

C'est de ses intérêts prendre beaucoup de soin,
Madame; et l'amitié ne peut aller plus loin.
Mais ne nous flattons point, et laissons le mystère :
La sœur vous touche ici beaucoup moins que le frère ;
Et pour Britannicus...

JUNIE.

Il a su me toucher,
Seigneur; et je n'ai point prétendu m'en cacher.
Cette sincérité, sans doute, est peu discrète :
Mais toujours de mon cœur ma bouche est l'interprète.
Absente de la cour, je n'ai pas dû penser,
Seigneur, qu'en l'art de feindre il fallût m'exercer.
J'aime Britannicus. Je lui fus destinée
Quand l'empire devoit suivre son hyménée :*
Mais ces mêmes malheurs qui l'en ont écarté,

---

1. Le dernier hémistiche est une menace; et toute la tirade de Néron, sous le voile d'une politesse affectée, a quelque chose de fier et de dur très-convenable au caractère de cet empereur. Dans la réponse de Junie, on remarque cette expression si énergique et si poétique : *mettre en lumière le crime d'avoir dépouillé l'héritière du trône*. (G.)

* VAR. *Quand l'empire sembloit suivre son hyménée.*

Ses honneurs abolis, son palais déserté,
La fuite d'une cour que sa chute a bannie,
Sont autant de liens qui retiennent Junie.
Tout ce que vous voyez conspire à vos désirs :
Vos jours toujours sereins coulent dans les plaisirs;
L'empire en est pour vous l'inépuisable source;
Ou, si quelque chagrin en interrompt la course.¹
Tout l'univers, soigneux de les entretenir,
S'empresse à l'effacer de votre souvenir. ²
Britannicus est seul. Quelque ennui qui le presse,
Il ne voit, dans son sort, que moi qui s'intéresse, ³
Et n'a pour tout plaisir, seigneur, que quelques pleurs
Qui lui font quelquefois oublier ses malheurs. ⁴

NÉRON.

Et ce sont ces plaisirs et ces pleurs que j'envie,
Que tout autre que lui me paieroit de sa vie.

1. *La course* pour *le cours* paraît un mot commandé par la rime, et de plus présente un sens faux. *La course des plaisirs* exprime leur fuite rapide; *le cours*, au contraire, signifie leur durée. (G.)

2. Le pronom *les* qui se trouve dans ce membre de phrase, *soigneux de les entretenir*, ne devait pas séparer le mot *chagrin* de son relatif *l'effacer*, qui est dans le vers suivant. Cela nuit à l'élégance de la construction, et même à la clarté du sens. Remarquons cependant que, dans ce contraste saisi si à propos, et rendu en vers charmants, on a quelque peine à s'arrêter sur cette légère inexactitude grammaticale.(L.)

3. On ne dirait pas aujourd'hui *s'intéresser dans son sort*, comme on le disait certainement du temps de Racine, puisqu'il ne tenait qu'à lui de dire comme on dirait à présent :

Il ne voit à son sort que moi qui s'intéresse.

L'usage a décidé qu'*on s'intéresse dans une affaire d'argent, dans un commerce, dans une entreprise*, etc., pour dire qu'on y a un intérêt pécuniaire; et qu'*on s'intéresse à quelqu'un* ou *à quelque chose*, pour dire qu'on y prend un intérêt d'affection; et il est bon que l'usage ait fixé cette différence. (L.)

4. Ces trois derniers vers respirent la plus tendre passion qui cherche vainement à se cacher sous le sentiment d'une pitié trop vive. Aussi Néron ne s'y trompe pas, et ce sont précisément ces pleurs qu'il envie. (L.)

Mais je garde à ce prince un traitement plus doux :
Madame, il va bientôt paroître devant vous.
JUNIE.
Ah, seigneur ! vos vertus m'ont toujours rassurée.
NÉRON.
Je pouvois de ces lieux lui défendre l'entrée ;
Mais, madame, je veux prévenir le danger
Où son ressentiment le pourroit engager.
Je ne veux point le perdre : il vaut mieux que lui-même
Entende son arrêt de la bouche qu'il aime.
Si ses jours vous sont chers, éloignez-le de vous,
Sans qu'il ait aucun lieu de me croire jaloux.
De son bannissement prenez sur vous l'offense ;
Et, soit par vos discours, soit par votre silence,
Du moins par vos froideurs, faites-lui concevoir
Qu'il doit porter ailleurs ses vœux et son espoir.
JUNIE.
Moi ! que je lui prononce un arrêt si sévère !
Ma bouche mille fois lui jura le contraire.
Quand même jusque-là je pourrois me trahir,
Mes yeux lui défendront, seigneur, de m'obéir.
NÉRON.
Caché près de ces lieux, je vous verrai, madame.
Renfermez votre amour dans le fond de votre âme :
Vous n'aurez point pour moi de langages secrets ;
J'entendrai des regards que vous croirez muets ;
Et sa perte sera l'infaillible salaire
D'un geste ou d'un soupir échappé pour lui plaire.
JUNIE.
Hélas ! si j'ose encor former quelques souhaits,
Seigneur, permettez-moi de ne le voir jamais !

SCÈNE IV.

NÉRON, JUNIE, NARCISSE.

NARCISSE.
Britannicus, seigneur, demande la princesse ;
Il approche.
NÉRON.
Qu'il vienne.
JUNIE.
Ah, seigneur !
NÉRON.
Je vous laisse.
Sa fortune dépend de vous plus que de moi :
Madame, en le voyant, songez que je vous voi.

SCÈNE V.

JUNIE, NARCISSE.

JUNIE.
Ah ! cher Narcisse, cours au-devant de ton maître ;
Dis-lui... Je suis perdue ! et je le vois paroître.

SCÈNE VI.

BRITANNICUS, JUNIE, NARCISSE.

BRITANNICUS.
Madame, quel bonheur me rapproche de vous ?[1]

---

1. Ceux qui désapprouvent cette scène, parce que, disent-ils, s'aller cacher pour entendre une conversation est un jeu puéril qui ne convient

Quoi ! je puis donc jouir d'un entretien si doux ?
Mais parmi ce plaisir [1] quel chagrin me dévore !
Hélas ! puis-je espérer de vous revoir encore ?
Faut-il que je dérobe, avec mille détours,
Un bonheur que vos yeux m'accordoient tous les jours ?
Quelle nuit ! Quel réveil ! Vos pleurs, votre présence
N'ont point de ces cruels désarmé l'insolence !
Que faisoit votre amant ? Quel démon envieux
M'a refusé l'honneur de mourir à vos yeux ?
Hélas ! dans la frayeur dont vous étiez atteinte,
M'avez-vous, en secret, adressé quelque plainte ?
Ma princesse, avez-vous daigné me souhaiter ?
Songiez-vous aux douleurs que vous m'alliez coûter ?
Vous ne me dites rien ! Quel accueil ! Quelle glace !
Est-ce ainsi que vos yeux consolent ma disgrâce ?

pas au sérieux de la tragédie, ne font pas attention que ce n'est pas ici un jeu, mais une cruauté dont Néron seul est capable. Il veut que Junie prononce elle-même à son amant l'arrêt de son bannissement : elle sera la cause de sa mort, s'il lui échappe un geste, un soupir, ou un regard. Quelle situation que celle de Junie, qui sait que Néron l'entend et la voit ! et qu'une pareille scène doit exciter l'attention du spectateur ! (L. R.)

1. Plusieurs critiques ont condamné *parmi ce plaisir ;* ils pensent que cette proposition ne doit être employée que devant un pluriel ou un nom collectif. Il nous semble cependant qu'elle peut être placée heureusement avant un singulier, lorsqu'elle signifie *au milieu de.* Au moins pouvons-nous opposer à la règle sévère de d'Olivet l'exemple de nos plus grands poëtes : dans son épître V, Boileau se sert de cette expression : *des corps ronds errant parmi le vide.* Molière, acte V, scène VII de *l'École des femmes,* s'exprime ainsi :

> Ce m'est quelque plaisir parmi tant de tristesse....

Il est vrai que Voltaire a repris Corneille d'avoir dit, dans *Polyeucte* : *parmi ce grand amour ;* mais lui-même n'a-t-il pas dit, *Henriade,* chant IX :

> Il alla dans Ivry ; là, parmi la licence...

On pourrait encore s'appuyer de ce vers de La Fontaine :

> Une fable avoit cours parmi l'antiquité.

Parlez : nous sommes seuls. Notre ennemi, trompé,
Tandis que je vous parle, est ailleurs occupé.
Ménageons les moments de cette heureuse absence.

JUNIE.

Vous êtes en des lieux tout pleins de sa puissance :
Ces murs mêmes, seigneur, peuvent avoir des yeux :
Et jamais l'empereur n'est absent de ces lieux.

BRITANNICUS.

Et depuis quand, madame, êtes-vous si craintive?
Quoi! déjà votre amour souffre qu'on le captive?
Qu'est devenu ce cœur qui me juroit toujours
De faire à Néron même envier nos amours?[1]
Mais bannissez, madame, une inutile crainte :
La foi dans tous les cœurs n'est pas encore éteinte;
Chacun semble des yeux approuver mon courroux :
La mère de Néron se déclare pour nous.
Rome, de sa conduite elle-même offensée...

JUNIE.

Ah, seigneur! vous parlez contre votre pensée.
Vous-même vous m'avez avoué mille fois
Que Rome le louoit d'une commune voix :
Toujours à sa vertu vous rendiez quelque hommage.
Sans doute la douleur vous dicte ce langage.

BRITANNICUS.

Ce discours me surprend, il le faut avouer :
Je ne vous cherchois pas pour l'entendre louer.
Quoi! pour vous confier la douleur qui m'accable,
A peine je dérobe un moment favorable :

---

1. Cette scène a un double effet; car, si l'on y prend garde, Néron ne souffre pas moins que les deux amants qu'il met à la gêne. Britannicus ne dit pas un mot qui ne fasse sentir combien il est aimé, et son rival l'entend. (L.)

Et ce moment si cher, madame, est consumé
A louer l'ennemi dont je suis opprimé !
Qui vous rend à vous-même, en un jour, si contraire ?
Quoi ! même vos regards ont appris à se taire ? [1]
Que vois-je ? Vous craignez de rencontrer mes yeux !
Néron vous plairoit-il ? Vous serois-je odieux ?
Ah ! si je le croyois !... Au nom des dieux, madame,
Éclaircissez le trouble où vous jetez mon âme.
Parlez. Ne suis-je plus dans votre souvenir ?

JUNIE.

Retirez-vous, seigneur; l'empereur va venir. [2]

1. Ce vers rappelle celui qu'on a vu un peu plus haut :

J'entendrai des regards que vous croirez muets.

C'est un nouvel emploi de la même figure également admirable dans les deux vers. On trouve dans Ovide :

Credidimus lacrymis : an et hæ simulare docentur ?

J'ai cru vos pleurs : les pleurs ont-ils appris à feindre ?

Simulare docentur, qui est ici littéralement traduit, est aussi poétique que l'hémistiche de Racine, *ont appris à se taire*, et lui en a peut-être fourni l'idée. On sait qu'il marquait avec un crayon, dans les classiques anciens, toutes les expressions figurées dont il croyait pouvoir enrichir notre langue. (L.)

2. L'auteur connaissait trop bien son art pour prolonger une situation si pénible : la contrainte de Junie et les angoisses de Britannicus ne vont que jusqu'au point où elles sont supportables pour eux et pour le spectateur. Le poëte a gardé la mesure en tout, et l'effet de la scène en dépendait. Le rôle de Britannicus y était facile, celui de Junie excessivement délicat et hasardeux. Néron lui avait commandé *au moins de la froideur*, et tout ce qu'elle dit n'exprime qu'une terreur profonde. Elle est sans cesse occupée à prévenir tout ce qu'il peut y avoir de dangereux pour le prince dans un pareil entretien :

... Jamais l'empereur n'est absent de ces lieux, etc.

Et quand elle ne peut plus soutenir les reproches de Britannicus, elle met fin à cette douloureuse scène par ce vers si cruel pour lui :

Retirez-vous, seigneur; l'empereur va venir;

mais qui n'est, aux yeux du spectateur, que le dernier terme des forces de

BRITANNICUS.

Après ce coup, Narcisse, à qui dois-je m'attendre?*

SCÈNE VII.

NÉRON, JUNIE, NARCISSE.

NÉRON.

Madame...

Junie. Elle les reprend toutes dans ces mots si heureux qui commencent la scène suivante :

..... Non, seigneur, je ne puis rien entendre,

qui soulagent le spectateur, ainsi qu'elle. Elle a pu se faire un grand effort pour sauver son amant; mais elle ne permet pas que l'oppresseur jouisse un moment de son infâme triomphe. Junie, d'ailleurs, ne devait éclater contre Néron qu'en le quittant si brusquement : c'est tout ce que lui permettait son caractère établi dans la pièce, et la crainte d'exposer Britannicus. (L.)

* Var. *Après ce coup, Narcisse, à quoi dois-je m'attendre?*

Mais comme, dans toutes les éditions faites pendant la vie de l'auteur, on lit ce vers tel qu'il est imprimé ici, on ne peut douter que Racine n'ait mis, *à qui dois-je m'attendre*, et n'ait préféré l'exactitude du sens à celle de la grammaire; cette raison, en y ajoutant même celle de l'euphonie, ne paraît cependant pas suffisante pour justifier un solécisme. (G.) — Il n'y a point là de solécisme; c'est seulement un des sens du mot attendre, sens vieux, mais très-français et constaté par le *Dictionnaire de l'Académie* (éd. 1835). Après ce coup, Narcisse, à qui dois-je m'attendre? c'est-à-dire à qui puis-je me fier? sur qui puis-je compter? et non pas

A quoi puis-je m'attendre?

qui est commun et vulgaire. « Attendre, dit le *Dictionnaire de l'Académie,* s'emploie souvent avec le pronom personnel et signifie, se tenir comme assuré de quelque chose, compter sur quelqu'un... *Je m'attends à vous, il ne faut pas s'attendre à lui...* Proverbe : *Ne t'attends qu'à toi seul.* — Ce solécisme, mal à propos reproché à Racine par Geoffroy, est un curieux exemple de l'erreur qui consiste à prendre la langue de son temps pour la seule bonne langue française et à ne pas connaître l'histoire de notre langue depuis le XVIIe siècle au moins.

JUNIE.

Non, seigneur, je ne puis rien entendre.
Vous êtes obéi. Laissez couler du moins
Des larmes dont ses yeux ne seront pas témoins.

SCÈNE VIII.

NÉRON, NARCISSE.

NÉRON.

Hé bien! de leur amour tu vois la violence,
Narcisse : elle a paru jusque dans son silence!
Elle aime mon rival, je ne puis l'ignorer;
Mais je mettrai ma joie à le désespérer.
Je me fais de sa peine une image charmante ;[1]
Et je l'ai vu douter du cœur de son amante.
Je la suis. Mon rival t'attend pour éclater :
Par de nouveaux soupçons, va, cours le tourmenter ;
Et tandis qu'à mes yeux on le pleure, on l'adore,
Fais-lui payer bien cher un bonheur qu'il ignore.[2]

---

1. *Une image charmante de sa peine* est atroce de pensée et d'expression. Néron devait parler ainsi; mais combien de fois la jalousie a parlé de même au fond du cœur ! (L.)

2. On peut être étonné que Néron, tout occupé du plaisir d'enfoncer le poignard dans le cœur d'un rival, ne dise rien des secrets que Britannicus vient de révéler, de la conspiration d'Agrippine, du mécontentement de Rome, etc. Néron n'en parle pas, mais il s'en souvient; et bientôt il prouvera qu'il n'a rien perdu de cette conversation. (G.) — Ceux qui croient que Racine a eu tort de sacrifier à la mode du temps en faisant de Néron lui-même un amoureux et un jaloux, ceux-là ne sont point étonnés de le voir parler seulement de son amour, de sa jalousie, et oublier la conspiration d'Agrippine et de Britannicus. C'est la faute qui continue et qui se montre.

NARCISSE, seul.

La fortune t'appelle une seconde fois,
Narcisse; voudrois-tu résister à sa voix?
Suivons jusques au bout ses ordres favorables;
Et, pour nous rendre heureux, perdons les misérables.[1]

[1]. Si ce vers excite ordinairement des murmures, c'est parce qu'il exprime trop crûment une idée odieuse et basse; parce que le personnage énonce à froid, seul avec lui-même, ce qu'on pourrait supporter tout au plus dans un mouvement de passion et dans la chaleur du dialogue; enfin, c'est parce qu'il est malheureux de terminer un acte par un petit monologue si désagréable à entendre. Boileau, qui engagea son ami à sacrifier une scène très-bien écrite, mais inutile, aurait pu lui demander la suppression de ces quatre vers, qui n'était pas un sacrifice. (L.) — Dans *Athalie*, Mathan :

> Et prodigue surtout du sang des misérables.

— Dans la *Mort de Pompée*, Photin conseille au roi Ptolomée de trahir Pompée :

> Rangez-vous du parti des destins et des dieux...
> Quels que soient leurs décrets, déclarez-vous pour eux;
> Et, pour leur obéir, perdez le malheureux.

Ces odieuses maximes, qui choquent surtout dans un monologue, parce qu'on ne se les avoue jamais à soi-même, sont un reste du machiavélisme politique qui était, dans la première moitié du xviie siècle, un des lieux communs favoris du théâtre. Encore un des défauts dont Racine a corrigé son siècle, et dont on trouve çà et là quelques traces dans ses pièces, comme pour mieux attester les services qu'il a rendus.

ACTE TROISIÈME.[1]

SCÈNE PREMIÈRE.

NÉRON, BURRHUS.

BURRHUS.
Pallas obéira, seigneur.
NÉRON.
Et de quel œil
Ma mère a-t-elle vu confondre son orgueil?
BURRHUS.
Ne doutez point, seigneur, que ce coup ne la frappe;
Qu'en reproches bientôt sa douleur ne s'échappe.
Ses transports dès longtemps commencent d'éclater;
A d'inutiles cris puissent-ils s'arrêter!
NÉRON.
Quoi! de quelque dessein la croyez-vous capable?
BURRHUS.
Agrippine, seigneur, est toujours redoutable :
Rome et tous vos soldats révèrent ses aïeux;*
Germanicus son père est présent à leurs yeux.

---

1. Racine, au commencement de cet acte, supprima, par les conseils de Boileau, une scène entre Burrhus et Narcisse. Cette scène est rapportée à la fin de la pièce.

* VAR. *Rome et tous vos soldats honorent ses aïeux.*

ACTE III, SCÈNE I.

Elle sait son pouvoir; vous savez son courage;
Et ce qui me la fait redouter davantage,
C'est que vous appuyez vous-même son courroux,
Et que vous lui donnez des armes contre vous.

NÉRON.

Moi, Burrhus?

BURRHUS.

Cet amour, seigneur, qui vous possède...

NÉRON.

Je vous entends, Burrhus. Le mal est sans remède :
Mon cœur s'en est plus dit que vous ne m'en direz;
Il faut que j'aime enfin.

BURRHUS.

Vous vous le figurez,
Seigneur; et, satisfait de quelque résistance,
Vous redoutez un mal foible dans sa naissance,
Mais si dans son devoir votre cœur affermi *
Vouloit ne point s'entendre avec son ennemi;
Si de vos premiers ans vous consultiez la gloire;
Si vous daigniez, seigneur, rappeler la mémoire
Des vertus d'Octavie indignes de ce prix,[1]
Et de son chaste amour vainqueur de vos mépris;
Surtout si, de Junie évitant la présence,
Vous condamniez vos yeux à quelques jours d'absence,

---

* VAR. *Mais si dans sa fierté votre cœur affermi.*

1. Nous avons observé, à l'occasion d'un vers de la *Thébaïde,* qu'*indigne* est un latinisme; en français, *indigne* se prend toujours en mauvaise part; les Latins, au contraire, lui donnent un autre sens. (G.) — Horace dit, en parlant de deux frères étroitement unis (ép. I, liv. I) :

> Vivitis indigni fraternum rumpere fœdus.

— « Vous êtes *indignes* de rompre l'union fraternelle. » Ce qui veut dire : *Vous avez trop de vertu pour cesser de vous aimer.* (A. M.)

Croyez-moi, quelque amour qui semble vous charmer,[1]
On n'aime point, seigneur, si l'on ne veut aimer.[2]

NÉRON.

Je vous croirai, Burrhus, lorsque dans les alarmes
Il faudra soutenir la gloire de nos armes,
Ou lorsque, plus tranquille, assis dans le sénat,
Il faudra décider du destin de l'État,
Je m'en reposerai sur votre expérience.
Mais, croyez-moi, l'amour est une autre science,
Burrhus; et je ferois quelque difficulté
D'abaisser jusque-là votre sévérité.
Adieu, je souffre trop éloigné de Junie.

SCÈNE II.

BURRHUS.

Enfin, Burrhus, Néron découvre son génie.*
Cette férocité que tu croyois fléchir

---

1. Encore un rapprochement à faire avec l'*Octavie* de Sénèque :

> Vis magna mentis blandus atque animi calor.
> Amor est.
> Quem si fovere atque alere desistas, cadit,
> Brevique vires perdit extinctus suas.
> (Vers 561-563).

2. Donnez cette scène à traiter à un homme médiocre, Burrhus s'étendra sur la censure de l'amour, et Néron sur ses louanges; et de là quelle suite de lieux communs ! Le poëte a tranché court, parce que Néron n'est pas un amant, ni Burrhus un rhéteur. Celui-ci n'a dit qu'un mot, et n'a insisté que sur les considérations politiques; il a parlé en ministre et en homme sage. Et quel art dans la réponse de Néron ! quelle déférence apparente pour la capacité de Burrhus ! et quel air de respect dans cette crainte affectée de compromettre la sévérité d'un homme d'État dans des intérêts d'amour! Observez que Néron parle toujours, dans cette pièce, avec noblesse et avec dignité ; il devait être odieux, et non pas vil et petit. (L.)

* VAR. *Hé bien, Burrhus, Néron découvre son génie!*

ACTE III, SCÈNE II.

De tes foibles liens est prête à s'affranchir. [1]
En quels excès peut-être elle va se répandre !
O dieux ! en ce malheur quel conseil dois-je prendre ?
Sénèque, dont les soins me devroient soulager, [2]
Occupé loin de Rome, ignore ce danger.
Mais quoi ! si d'Agrippine excitant la tendresse,
Je pouvois... La voici : mon bonheur me l'adresse.

SCÈNE III.

AGRIPPINE, BURRHUS, ALBINE.

AGRIPPINE.

Hé bien ! je me trompois, Burrhus, dans mes soupçons ?
Et vous vous signalez par d'illustres leçons !
On exile Pallas, dont le crime peut-être
Est d'avoir à l'empire élevé votre maître.
Vous le savez trop bien ; jamais, sans ses avis,
Claude, qu'il gouvernoit, n'eût adopté mon fils.

---

1. J'aimerais mieux que Burrhus ne fît pas cette observation à propos de l'amour de Néron. Les sages qui prêchent les jeunes gens sur les inconvénients et les dangers de l'amour doivent s'attendre à n'être pas toujours très-bien écoutés. Ils n'ont même pas besoin pour cela d'avoir affaire à des Nérons. Malgré l'art de Racine, tout ce qui dans sa tragédie touche à l'amour a un air gauche et inopportun. Néron est trop tyran pour être un amoureux. Dans l'amour de Néron, Burrhus sent sa férocité ; mais il pourrait la sentir de même dans tous ses sentiments, parce que dans tous ses sentiments il est Néron. En se plaignant de voir son sermon mal accueilli, Burrhus nous fait sentir que l'amour ne peut pas avoir place dans une tragédie entre Néron et Agrippine, il n'est pas vraisemblable, il est gêné et gênant. Quand on lit Tacite, on comprend pourquoi Néron tue Britannicus : il le tue parce que c'est un frère et un prétendant. Quand on lit quelques scènes de Racine, on risque de croire que Néron tue Britannicus parce que c'est son rival d'amour. Au lieu d'être un tyran, Néron n'est plus qu'un jaloux, un Othello ou un Orosmane.

2. Ce vers et le suivant ont été conservés de la grande scène supprimée entre Burrhus et Narcisse. (G.)

Que dis-je? A son épouse on donne une rivale;
On affranchit Néron de la foi conjugale :
Digne emploi d'un ministre ennemi des flatteurs,
Choisi pour mettre un frein à ses jeunes ardeurs,
De les flatter lui-même, et nourrir dans son âme[1]
Le mépris de sa mère et l'oubli de sa femme!

BURRHUS.

Madame, jusqu'ici c'est trop tôt m'accuser;
L'empereur n'a rien fait qu'on ne puisse excuser.
N'imputez qu'à Pallas un exil nécessaire :
Son orgueil dès longtemps exigeoit ce salaire;
Et l'empereur ne fait qu'accomplir à regret
Ce que toute la cour demandoit en secret.
Le reste est un malheur qui n'est point sans ressource :
Des larmes d'Octavie on peut tarir la source.
Mais calmez vos transports: par un chemin plus doux,
Vous lui pourrez plus tôt ramener son époux :
Les menaces, les cris, le rendront plus farouche.

AGRIPPINE.

Ah! l'on s'efforce en vain de me fermer la bouche.
Je vois que mon silence irrite vos dédains;
Et c'est trop respecter l'ouvrage de mes mains.
Pallas n'emporte pas tout l'appui d'Agrippine :
Le ciel m'en laisse assez pour venger ma ruine.
Le fils de Claudius commence à ressentir

---

1. La correction grammaticale exigerait *et de nourrir;* la préposition doit se répéter avant chaque infinitif. Mais on ose à peine faire remarquer cette négligence dans une tirade si éloquente. (G.) — La grammaire n'a rien à dire; la préposition *de* peut très-bien servir aux deux verbes. La phrase de Racine est selon le génie de notre ancienne langue, dont l'allure était plus libre et plus aisée que la langue du xviiie siècle et surtout celle des commencements du xixe siècle.

Des crimes dont je n'ai que le seul repentir.¹
J'irai, n'en doutez point, le montrer à l'armée,
Plaindre aux yeux des soldats son enfance opprimée,
Leur faire, à mon exemple, expier leur erreur.
On verra d'un côté le fils d'un empereur
Redemandant la foi jurée à sa famille,
Et de Germanicus on entendra la fille;²
De l'autre, l'on verra le fils d'Ænobardus,³

1. Elle en veut avoir le fruit, et elle ne l'a point, dit Louis Racine, parce qu'elle ne gouverne pas. *Ressentir* est là pour *avoir du ressentiment, se montrer sensible.* On dit très-bien *ressentir une perte, ressentir des injures, ressentir un malheur;* pourquoi ne dirait-on pas de même *ressentir des crimes*, surtout lorsqu'on en est la victime? (G.) — La faute consiste à avoir employé le partitif *des*, que le lecteur prend pour une préposition, par l'habitude où nous sommes d'entendre : *se ressentir de;* il eût donc au moins été préférable de mettre *ressentir les crimes.* (A. M.) — Britannicus est déjà assez âgé pour avoir du ressentiment des crimes qui m'ont été inutiles. Voilà le sens de ces deux vers, qu'obscurcissent un peu les diverses acceptions du verbe *ressentir.*
2. « Præceps post hæc Agrippina ruere ad terrorem et minas, neque principis auribus abstinere, quominus testaretur adultum jam esse Britannicum, veram dignamque stirpem suscipiendo patris imperio, quod, insitus et adoptivus, per injurias matris exerceret. Non abnuere se quin cuncta infelicis domus mala patefierent, suæ inprimis nuptiæ, suum veneficium. Id solum diis et sibi provisum, quod viveret privignus. Ituram cum illo in castra. Audiretur hinc Germanici filia, inde debilis rursus Burrhus et exul Seneca, trunca scilicet manu et professoria lingua generis humani regimen expostulantes. » — « Pour lors, Agrippine ne se contient plus; elle éclate en menaces terribles; elle crie aux oreilles même du prince que Britannicus n'est plus un enfant, que c'est le fils de Claude, le véritable, le digne héritier de l'empire; tandis que lui n'est qu'un étranger, un enfant adoptif, qui n'a fait usage du pouvoir que pour persécuter sa mère; qu'elle ne craindra pas de dévoiler les catastrophes d'une famille souillée de crimes, tout, jusqu'à son inceste, jusqu'au poison offert de sa main; que sa prévoyance et la bonté des dieux ont laissé vivre Britannicus; qu'elle ira le présenter aux soldats; qu'on entendra d'un côté la fille de Germanicus, de l'autre le rhéteur Sénèque et le vieux Burrhus, l'un échappé de l'exil ou des bancs de l'école, l'autre avec un bras mutilé, s'avançant pour réclamer l'empire de l'univers. » (TACITE, *Ann.*, liv. XIII, c. XIV.)
3. Quand elle est irritée, elle ne l'appelle ni César, ni Néron, ni l'empereur, ni son fils : c'est le fils d'Ænobardus. (L. R.)

Appuyé de Sénèque et du tribun Burrhus,
Qui, tous deux de l'exil rappelés par moi-même,
Partagent à mes yeux l'autorité suprême.
De nos crimes communs je veux qu'on soit instruit;
On saura les chemins par où je l'ai conduit.
Pour rendre sa puissance et la vôtre odieuses,
J'avouerai les rumeurs les plus injurieuses;
Je confesserai tout, exils, assassinats,
Poison même...

BURRHUS.

Madame, ils ne vous croiront pas :[1]
Ils sauront récuser l'injuste stratagème
D'un témoin irrité qui s'accuse lui-même.
Pour moi qui le premier secondai vos desseins,
Qui fis même jurer l'armée entre ses mains,
Je ne me repens point de ce zèle sincère.
Madame, c'est un fils qui succède à son père.
En adoptant Néron, Claudius par son choix
De son fils et du vôtre a confondu les droits.

---

1. Cette suspension et la réponse de Burrhus : *Madame, ils ne vous croiront pas*, sont, en fait de dialogue, des coups de l'art. On peut juger à quel point Agrippine allait s'avilir quand Burrhus l'arrête au *poison*, et lui fait entendre qu'elle ne doit pas dire ce qu'on ne doit pas croire : c'est la relever à temps et comme il convenait à Burrhus. Ce n'est pas un courtisan qui flatte, c'est un ministre vertueux qui veut sauver l'honneur de l'empire. Il y a ici, pour les lecteurs capables de réfléchir, autant de mérite dans l'effet moral que de vérité dans l'observation des bienséances et des caractères. On voit bien que ce n'est pas Burrhus qu'Agrippine menace, c'est Néron; et quand les méchants se divisent, il ne leur en coûte pas plus d'avouer leurs crimes, pour nuire, qu'il ne leur en a coûté de les commettre. Voilà cette Agrippine si fière, prête à se placer elle-même dans le rang des derniers scélérats pour se venger de son complice, et ressaisir le pouvoir qui échappe à son ambition trompée ; et, pour comble de punition, Burrhus lui fait comprendre qu'elle s'avilirait inutilement, et qu'elle ne peut rien contre le maître que ses crimes lui ont donné. Quelle leçon ! (L.)

Rome l'a pu choisir. Ainsi, sans être injuste,[1]
Elle choisit Tibère adopté par Auguste:

1. Il est nécessaire de rétablir ici la vérité historique. Voici comment Tacite s'exprime sur l'avénement de Néron (*Ann.*, liv. XII, ch. LXVIII et LXIX) : « Vocabatur interim senatus; votaque pro incolumitate principis consules et sacerdotes nuncupabant, quum jam exanimis vestibus et fomentis obtegeretur, dum res firmando Neronis imperio componuntur. Jam primum Agrippina, velut dolore victa, et solatia conquirens, tenere amplexu Britannicum, veram paterni oris effigiem appellare, ac variis artibus demorari, ne cubiculo egrederetur. Antoniam quoque, et Octaviam, sorores ejus, attinuit, et cunctos aditus custodiis clauserat, crebroque vulgabat ire in melius valetudinem principis, quo miles bona in spe ageret, tempusque prosperum ex monitis Chaldæorum adventaret. — Tunc medio diei, tertium ante idus octobris, foribus palatii repente diductis, comitante Burrho, Nero egreditur ad cohortem, quæ more militiæ excubiis adest. Ibi, monente præfecto, festis vocibus exceptus, inditur lecticæ. Dubitavisse quosdam ferunt, respectantes, rogitantesque ubi Britannicus esset : mox, nullo in diversum auctore, quæ offerebantur secuti sunt. Illatusque castris Nero, et congruentia tempori præfatus, promisso donativo, ad exemplum paternæ largitionis, imperator consalutatur. Sententiam militum secuta patrum consulta : nec dubitatum est apud provincias. » — « Cependant on convoquait le sénat. Les consuls et les pontifes faisaient des vœux pour la santé du prince : il n'était déjà plus, et on le couvrait encore de vêtements, comme pour le réchauffer, jusqu'à ce que tout fut prêt pour assurer l'empire à Néron. Agrippine, feignant d'être accablée de douleur et de chercher des consolations, pressait Britannicus sur son sein, l'appelait l'image vivante de son père, et le retenait près d'elle par divers artifices. Elle retenait aussi ses deux sœurs Octavie et Antonia ; des gardes étaient placés à toutes les portes ; on publiait souvent que le prince allait mieux, pour entretenir l'espérance du soldat, et attendre le moment favorable fixé par les astrologues. Enfin, le troisième jour avant les ides d'octobre, à midi, les portes du palais s'ouvrent tout à coup. Néron, accompagné de Burrhus, se présente à la cohorte qui était de garde suivant l'usage. Là, sur un signe du préfet, les troupes l'accueillent avec des cris de joie, et il monte en litière. On dit que plusieurs soldats hésitaient, et que, regardant derrière eux, ils demandèrent à plusieurs reprises où était Britannicus. Mais personne ne se prononçant pour lui, ils cédèrent bientôt au mouvement général. Arrivé au camp, Néron fit un discours conforme aux circonstances, promit des largesses égales à celles de son père, et fut salué empereur par acclamation. Le sénat suivit l'exemple de l'armée, et les provinces ne balancèrent point à l'imiter. » (A. M.) — J'ai un peu changé ici la traduction de M. Aimé Martin, afin de rétablir l'exactitude du sens. Ainsi M. Aimé Martin avait cru devoir traduire ces trois mots de Tacite : *tenere amplexu Britannicum*, par cette phrase : Agrippine *presse tendrement Britannicus sur son sein*, confondant le verbe

Et le jeune Agrippa, de son sang descendu,
Se vit exclus du rang vainement prétendu.[1]
Sur tant de fondements sa puissance établie
Par vous-même aujourd'hui ne peut être affoiblie :
Et, s'il m'écoute encor, madame, sa bonté
Vous en fera bientôt perdre la volonté.
J'ai commencé, je vais poursuivre mon ouvrage.

AGRIPPINE.

Ah ! lui-même à mes yeux puisse-t-il se montrer !

ALBINE.

Madame, au nom des dieux, cachez votre colère.
Quoi ! pour les intérêts de la sœur ou du frère,
Faut-il sacrifier le repos de vos jours?
Contraindrez-vous César jusque dans ses amours?

SCÈNE IV.

AGRIPINE, ALBINE.

ALBINE.

Dans quel emportement la douleur vous engage,
Madame ! L'empereur puisse-t-il l'ignorer !

Tenere, tenir, avec l'adverbe peu usité *tenere,* tendrement. Cela donnait à Agrippine un rôle plus hypocrite encore que son caractère; le vrai sens suffit, elle tenait Britannicus embrassé pour l'empêcher de s'éloigner.

1. Rome ne choisit pas plus Tibère que Néron. Livie avait employé en faveur de son fils Tibère les mêmes manœuvres qu'Agrippine, et Tacite les rapporte avec la même fidélité. *Vainement prétendu :* hémistiche faible, et qui présente une idée contraire à l'histoire. L'infortuné Agrippa, relégué dans l'île de Planasia, n'était guère à portée de prétendre au rang qui lui appartenait par les droits du sang; et le meurtre de ce petit-fils d'Auguste fut le premier acte du règne de Tibère. Dans quelques éditions, on lit :

Se vit exclus d'un rang vainement prétendu. (G.)

AGRIPPINE.

Quoi! tu ne vois donc pas jusqu'où l'on me ravale,
Albine? C'est à moi qu'on donne une rivale.[1]
Bientôt, si je ne romps ce funeste lien,
Ma place est occupée, et je ne suis plus rien.
Jusqu'ici d'un vain titre Octavie honorée,
Inutile à la cour, en étoit ignorée :
Les grâces, les honneurs, par moi seule versés,
M'attiroient des mortels les vœux intéressés.
Une autre de César a surpris la tendresse :
Elle aura le pouvoir d'épouse et de maîtresse;
Le fruit de tant de soins, la pompe des Césars,
Tout deviendra le prix d'un seul de ses regards.
Que dis-je? l'on m'évite, et déjà délaissée...
Ah! je ne puis, Albine, en souffrir la pensée.
Quand je devrois du ciel hâter l'arrêt fatal,[2]
Néron, l'ingrat Néron... Mais voici son rival.

SCÈNE V.

BRITANNICUS, AGRIPPINE, NARCISSE, ALBINE.

BRITANNICUS.

Nos ennemis communs ne sont pas invincibles,

---

1. Voilà le secret des fureurs d'Agrippine : elle s'embarrasse peu de Britannicus, de Junie, d'Octavie, des débauches et des crimes de Néron; elle veut dominer, elle veut régner. Tacite l'a parfaitement caractérisée en deux mots : « Filio dare imperium, tolerare imperitantem nequibat. » — « Elle pouvait faire son fils empereur, mais non supporter son empire. » (*Annales,* liv. XII, ch. LXIV.) (G.)

2. Un astrologue, consulté par Agrippine, avoit prédit que Néron serait empereur, mais qu'il tuerait sa mère. Agrippine avait répondu : « Occidat, dum imperet. » — « Qu'il me tue, mais qu'il règne. » (TACITE, *Annales*, liv. XIV, ch. IX.) (G.)

Madame ; nos malheurs trouvent des cœurs sensibles :
Vos amis et les miens, jusqu'alors si secrets,
Tandis que nous perdions le temps en vains regrets,
Animés du courroux qu'allume l'injustice,
Viennent de confier leur douleur à Narcisse.
Néron n'est pas encor tranquille possesseur
De l'ingrate qu'il aime au mépris de ma sœur.
Si vous êtes toujours sensible à son injure,
On peut dans son devoir ramener le parjure.
La moitié du sénat s'intéresse pour nous :
Sylla, Pison, Plautus...

AGRIPPINE.

Prince, que dites-vous ?
Sylla, Pison, Plautus, les chefs de la noblesse ?

BRITANNICUS.

Madame, je vois bien que ce discours vous blesse ;
Et que votre courroux, tremblant, irrésolu,
Craint déjà d'obtenir tout ce qu'il a voulu.
Non, vous avez trop bien établi ma disgrâce ;
D'aucun ami pour moi ne redoutez l'audace :
Il ne m'en reste plus ; et vos soins trop prudents
Les ont tous écartés ou séduits dès longtemps.

AGRIPPINE.

Seigneur, à vos soupçons donnez moins de créance,
Notre salut dépend de notre intelligence.
J'ai promis, il suffit. Malgré vos ennemis,
Je ne révoque rien de ce que j'ai promis.
Le coupable Néron fuit en vain ma colère :
Tôt ou tard il faudra qu'il entende sa mère.
J'essaierai tour à tour la force et la douceur ;
Ou moi-même, avec moi conduisant votre sœur,
J'irai semer partout ma crainte et ses alarmes.

Et ranger tous les cœurs du parti de ses larmes.
Adieu. J'assiégerai Néron de toutes parts.
Vous, si vous m'en croyez, évitez ses regards.

SCÈNE VI.
BRITANNICUS, NARCISSE.

BRITANNICUS.
Ne m'as-tu point flatté d'une fausse espérance?
Puis-je sur ton récit fonder quelque assurance,
Narcisse?

NARCISSE.
Oui. Mais, seigneur, ce n'est pas en ces lieux
Qu'il faut développer ce mystère à vos yeux.
Sortons. Qu'attendez-vous?

BRITANNICUS.
Ce que j'attends, Narcisse?
Hélas![1]

NARCISSE.
Expliquez-vous.

BRITANNICUS.
Si, par ton artifice,
Je pouvois revoir...

NARCISSE.
Qui?

BRITANNICUS.
J'en rougis. Mais enfin
D'un cœur moins agité j'attendrois mon destin.

---

1. Ici l'intérêt tragique de la pièce va s'interrompre encore une fois pour faire place au médiocre intérêt que nous prenons aux amours de Britannicus et de Junie.

NARCISSE.

Après tous mes discours, vous la croyez fidèle?

BRITANNICUS.

Non, je la crois, Narcisse, ingrate, criminelle,
Digne de mon courroux; mais je sens, malgré moi,
Que je ne le crois pas autant que je le doi.
Dans ses égarements, mon cœur opiniâtre
Lui prête des raisons, l'excuse, l'idolâtre.
Je voudrois vaincre enfin mon incrédulité;
Je la voudrois haïr avec tranquillité.
Et qui croira qu'un cœur si grand en apparence,
D'une infidèle cour ennemi dès l'enfance,
Renonce à tant de gloire, et, dès le premier jour,
Trame une perfidie inouïe à la cour?

NARCISSE.

Et qui sait si l'ingrate, en sa longue retraite,
N'a point de l'empereur médité la défaite?
Trop sûre que ses yeux ne pouvoient se cacher,
Peut-être elle fuyoit pour se faire chercher,
Pour exciter Néron par la gloire pénible*
De vaincre une fierté jusqu'alors invincible.[1]

BRITANNICUS.

Je ne la puis donc voir?

NARCISSE.

Seigneur, en ce moment
Elle reçoit les vœux de son nouvel amant.

---

* Var. *Pour exciter César par la gloire pénible...*

1. Voilà le texte que Racine lui-même commenta depuis avec tant d'éloquence dans la scène d'Aricie avec sa confidente, au second acte de *Phèdre*. (G.) — Les amours d'Aricie et d'Hippolyte dans *Phèdre* ne m'inspirent guère plus d'intérêt que les amours de Junie et de Britannicus. Ceux d'Aricie et d'Hippolyte n'ont que le mérite de rendre Phèdre jalouse et d'avoir produit la plus sublime peinture de la jalousie que nous ayons au théâtre.

ACTE III, SCÈNE VI.

BRITANNICUS.

Hé bien! Narcisse, allons. Mais que vois-je? C'est elle.

NARCISSE, à part.

Ah, dieux! A l'empereur portons cette nouvelle.

SCÈNE VII.

BRITANNICUS, JUNIE.

JUNIE.

Retirez-vous, seigneur, et fuyez un courroux
Que ma persévérance allume contre vous.
Néron est irrité. Je me suis échappée
Tandis qu'à l'arrêter sa mère est occupée.
Adieu ; réservez-vous, sans blesser mon amour,
Au plaisir de me voir justifier un jour.
Votre image sans cesse est présente à mon âme :
Rien ne l'en peut bannir.

BRITANNICUS.

Je vous entends, madame : [1]

---

1. Britannicus, même en croyant un moment aux apparences de l'infidélité, n'éclate pas contre Junie. Sa douleur est douce et tendre, et s'exprime par des plaintes plutôt que par des reproches. Cette modération et cette réserve sont une des nuances de son caractère, comme de celui de Junie, et font partie de l'intérêt et de la dignité que comportaient ces deux rôles. Quand la jalousie n'est pas un des ressorts de l'intrigue, et ne tient qu'à un incident passager, il faut bien se garder de lui donner un développement qui porterait à faux : le spectateur, qui sait que la méprise peut cesser d'un mot, et que ce mot va être dit, ne se soucie nullement qu'on veuille lui donner plus d'émotion qu'il n'en doit avoir, ni qu'on le détourne par là du véritable intérêt qui l'occupe. Dans *Iphigénie,* un faux rapport fait croire un instant à cette princesse qu'Achille ne songe plus à elle : il paraît ; elle ne lui dit que deux vers, et le quitte : lui-même sort un instant après ; et quand tous deux reparaissent dans l'acte suivant, l'explication

Vous voulez que ma fuite assure vos désirs,
Que je laisse un champ libre à vos nouveaux soupirs.
Sans doute, en me voyant, une pudeur secrète
Ne vous laisse goûter qu'une joie inquiète.
Hé bien! il faut partir!

JUNIE.

Seigneur, sans m'imputer...

BRITANNICUS.

Ah! vous deviez du moins plus longtemps disputer.
Je ne murmure point qu'une amitié commune
Se range du parti que flatte la fortune ;
Que l'éclat d'un empire ait pu vous éblouir ;
Qu'aux dépens de ma sœur vous en vouliez jouir ;
Mais que, de ces grandeurs comme une autre occupée,
Vous m'en ayez paru si longtemps détrompée ;
Non, je l'avoue encor, mon cœur désespéré
Contre ce seul malheur n'étoit point préparé.
J'ai vu sur ma ruine élever l'injustice ; [1]

---

s'est faite derrière la scène, et l'auteur n'a eu garde d'en occuper le spectateur, qui a autre chose à penser. C'est dans la comédie seulement que ces sortes de méprises peuvent produire de véritables scènes. (L.)

1. Les grammairiens puristes qui croient qu'il n'y a de bon langage que celui de leur temps réclament contre ce vers :

J'ai vu sur ma ruine élever l'injustice.

Selon eux, il aurait fallu dire : *s'élever* l'injustice ; ils prennent pour une faute ce qui est une tournure de langage propre à Racine et par conséquent propre à la langue du xviie siècle et à la meilleure.

Il pense voir en pleurs dissiper cet orage,

dit Hermione dans *Andromaque,* acte V, scène Ire, et non pas *se* dissiper cet orage.

Léandre dit dans les *Plaideurs,* acte Ier, scène v, en parlant d'Isabelle :

Elle voit dissiper sa jeunesse en regrets,

et non pas *se* dissiper. La suppression du pronom personnel n'est point une faute quand ce pronom n'est point absolument nécessaire, et que sa sup-

De mes persécuteurs j'ai vu le ciel complice ;
Tant d'horreurs n'avoient point épuisé son courroux,
Madame ; il me restoit d'être oublié de vous.

JUNIE.

Dans un temps plus heureux, ma juste impatience
Vous feroit repentir de votre défiance ;
Mais Néron vous menace : en ce pressant danger,
Seigneur, j'ai d'autres soins que de vous affliger.
Allez, rassurez-vous, et cessez de vous plaindre :
Néron nous écoutoit, et m'ordonnoit de feindre.

BRITANNICUS.

Quoi ! le cruel...

JUNIE.

Témoin de tout notre entretien,
D'un visage sévère examinoit le mien,
Prêt à faire sur vous éclater la vengeance
D'un geste confident de notre intelligence.[1]

pression donne à la phrase plus de vivacité et de précision. Tel est le cas pour les vers de Racine. Ajoutez-y le pronom personnel, ils ne seront pas plus clairs ; ils seront moins vifs :

> J'ai vu sur ma ruine s'élever l'injustice.
> Elle voit *se* dissiper sa jeunesse en regrets.
> Il pense voir en pleurs *se* dissiper cet orage.

La suppression du pronom personnel donne au verbe actif un sens absolu et presque neutre qui peut aider au sens de la phrase. Parfois aussi cette suppression du pronom est une ellipse. Ainsi dans le vers de *Britannicus* :

> J'ai vu sur ma ruine élever l'injustice,

le sujet est sous-entendu ; mais nous comprenons tous quels sont ceux qui ont élevé l'injustice sur la ruine de Britannicus. Si vous rétablissez le pronom personnel, l'injustice n'est plus qu'une abstraction qui s'est, pour ainsi dire, élevée elle-même. L'ascendant progressif de l'abstraction est le fléau des langues cultivées.

1. La Harpe signale ce vers comme un de ceux frappés au coin de Racine. Il le fait particulièrement remarquer avec ceux-ci de la même scène :

> Ai-je évité vos yeux, que je cherchois toujours ?...

BRITANNICUS.

Néron nous écoutoit, madame ! Mais, hélas !
Vos yeux auroient pu feindre, et ne m'abuser pas :
Ils pouvoient me nommer l'auteur de cet outrage !
L'amour est-il muet, ou n'a-t-il qu'un langage ?
De quel trouble un regard pouvoit me préserver !
Il falloit...

JUNIE.

Il falloit me taire et vous sauver.
Combien de fois, hélas ! puisqu'il faut vous le dire,
Mon cœur de son désordre alloit-il vous instruire !
De combien de soupirs interrompant le cours,
Ai-je évité vos yeux que je cherchois toujours !
Quel tourment de se taire en voyant ce qu'on aime,
De l'entendre gémir, de l'affliger soi-même,
Lorsque par un regard on peut le consoler !
Mais quels pleurs ce regard auroit-il fait couler !
Ah ! dans ce souvenir, inquiète, troublée,
Je ne me sentois pas assez dissimulée :
De mon front effrayé je craignois la pâleur ;
Je trouvois mes regards trop pleins de ma douleur ;
Sans cesse il me sembloit que Néron en colère
Me venoit reprocher trop de soin de vous plaire ;
Je craignois mon amour vainement renfermé ;
Enfin, j'aurois voulu n'avoir jamais aimé.
Hélas ! pour son bonheur, seigneur, et pour le nôtre,
Il n'est que trop instruit de mon cœur et du vôtre ![1]

De mon front effrayé je craignois la pâleur...
Je trouvois mes regards trop pleins de ma douleur, etc.

Puis il ajoute : « Nul n'a su, comme Racine, fondre ensemble, pour ainsi dire, la langue de la poésie et celle de l'amour. »

1. Racine le fils a raison d'observer que *pour son malheur* aurait le même sens, et serait moins élégant. *Instruit de mon cœur*, etc., pour

BRITANNICUS

JUNIE. *Prince, continuez des transports si charmants*
Je conçois vos bontés par ses remerciments

Acte III, Scène VIII

Garnier frères Éditeurs

ACTE III, SCÈNE VII.

Allez, encore un coup, cachez-vous à ses yeux :
Mon cœur plus à loisir vous éclaircira mieux.
De mille autres secrets j'aurois compte à vous rendre.[1]

BRITANNICUS.

Ah ! n'en voilà que trop : c'est trop me faire entendre, *
Madame, mon bonheur, mon crime, vos bontés.
Et savez-vous pour moi tout ce que vous quittez ?

(Se jetant aux pieds de Junie.)

Quand pourrai-je à vos pieds expier ce reproche ?

JUNIE.

Que faites-vous? Hélas! votre rival s'approche.

SCÈNE VIII.

NÉRON, BRITANNICUS, JUNIE.

NÉRON.

Prince, continuez des transports si charmants.[2]

instruit de l'état de mon cœur, etc., est une ellipse très-heureuse et très-poétique. (G.)

1. « *Avoir à rendre compte*, dit La Harpe, est une phrase toute faite, on ne peut y changer l'ordre des mots, et *j'ai compte* est une construction vicieuse. C'est le cinquième vers à ôter de cette pièce. » Qu'il me soit permis de contredire cette fois le grand critique auteur de cette note. L'expression de Racine dit tout ce que dit la phrase *toute faite*, et elle le dit plus rapidement ; elle est donc digne d'être française, et l'autorité de Racine doit nous la faire adopter. (A. M.)

On dit fort bien : *Nous avons compte à faire, compte à rendre*. Cela, il est vrai, dans le langage des affaires ; pourquoi ne le dirait-on pas dans le langage ordinaire ?

* VAR. *Ah! n'en voilà que trop pour me faire comprendre.*

2. Néron, qui vient, averti par Narcisse, surprendre Britannicus aux genoux de sa maîtresse, formerait une situation peu digne de la tragédie, si, suivant la remarque de Voltaire, le caractère de Néron et le danger de Britannicus ne mêlaient une grande terreur à cette surprise. *Transports si charmants* : expression romanesque, mais relevée ici par une ironie amère et un persiflage cruel. (G.)

III.   9

Je conçois vos bontés par ses remerciements,
Madame : à vos genoux je viens de le surprendre.
Mais il auroit aussi quelque grâce à me rendre :
Ce lieu le favorise, et je vous y retiens,
Pour lui faciliter de si doux entretiens.

BRITANNICUS.

Je puis mettre à ses pieds ma douleur ou ma joie
Partout où sa bonté consent que je la voie;
Et l'aspect de ces lieux où vous la retenez
N'a rien dont mes regards doivent être étonnés.

NÉRON.

Et que vous montrent-ils qui ne vous avertisse
Qu'il faut qu'on me respecte et que l'on m'obéisse ?

BRITANNICUS.

Ils ne nous ont pas vus l'un et l'autre élever,
Moi pour vous obéir, et vous pour me braver;
Et ne s'attendoient pas, lorsqu'ils nous virent naître,
Qu'un jour Domitius me dût parler en maître.[1]

NÉRON.

Ainsi par le destin nos vœux sont traversés ;
J'obéissois alors; et vous obéissez.
Si vous n'avez appris à vous laisser conduire,
Vous êtes jeune encore, et l'on peut vous instruire.

BRITANNICUS.

Et qui m'en instruira?

NÉRON.

Tout l'empire à la fois.

Rome.

---

1. Un jour, avant la mort de Claude, Néron ayant rencontré Britannicus l'appela de son nom, et celui-ci lui répondant l'appela du nom de Domitius : « Obvii inter se, Nero Britannicum nomine, ille Domitium, salutavere.» (*Annales,* liv. XII, ch. li.)

BRITANNICUS.

Rome met-elle au nombre de vos droits
Tout ce qu'a de cruel l'injustice et la force,
Les emprisonnements, le rapt, et le divorce?

NÉRON.

Rome ne porte point ses regards curieux
Jusque dans des secrets que je cache à ses yeux.
Imitez son respect.

BRITANNICUS.

On sait ce qu'elle en pense.

NÉRON.

Elle se tait du moins : imitez son silence.

BRITANNICUS.

Ainsi Néron commence à ne se plus forcer.

NÉRON.

Néron de vos discours commence à se lasser.

BRITANNICUS.

Chacun devoit bénir le bonheur de son règne.

NÉRON.

Heureux ou malheureux, il suffit qu'on me craigne.[1]

BRITANNICUS.

Je connois mal Junie, ou de tels sentiments
Ne mériteront pas ses applaudissements.

NÉRON.

Du moins, si je ne sais le secret de lui plaire,

---

1. Ennius, dans une de ses tragédies, fait dire à un tyran : « Oderint, dum metuant. — Qu'on me haïsse, pourvu qu'on me craigne. » (L. B.) — Dans l'*Octavie*, le dialogue entre Sénèque et Néron :

>
> ###### NÉRON.
> Decet timeri Cæsarem.
> ###### SÉNÈQUE.
> At plus diligi.
> ###### NÉRON.
> Metuant necesse est. . . . .
> Jussique nostris pareant. . . . .

Je sais l'art de punir un rival téméraire.
BRITANNICUS.
Pour moi, quelque péril qui me puisse accabler,
Sa seule inimitié peut me faire trembler.
NÉRON.
Souhaitez-la ;[1] c'est tout ce que je vous puis dire.
BRITANNICUS.
Le bonheur de lui plaire est le seul où j'aspire.
NÉRON.
Elle vous l'a promis, vous lui plairez toujours.
BRITANNICUS.
Je ne sais pas du moins épier ses discours.
Je la laisse expliquer sur tout ce qui me touche,
Et ne me cache point pour lui fermer la bouche.
NÉRON.
Je vous entends. Hé bien, gardes!
JUNIE.
Que faites-vous?

C'est votre frère. Hélas! c'est un amant jaloux.
Seigneur, mille malheurs persécutent sa vie :
Ah! son bonheur peut-il exciter votre envie?
Souffrez que, de vos cœurs rapprochant les liens,
Je me cache à vos yeux, et me dérobe aux siens.
Ma fuite arrêtera vos discordes fatales;
Seigneur, j'irai remplir le nombre des vestales.
Ne lui disputez plus mes vœux infortunés;
Souffrez que les dieux seuls en soient importunés.
NÉRON.
L'entreprise, madame, est étrange et soudaine.

---

1. Le Kain prononçait *souhaitez-la* avec un accent que n'ont point encore oublié ceux qui ont vu jouer Néron par ce grand acteur. (G.)

Dans son appartement, gardes, qu'on la ramène.
Gardez Britannicus dans celui de sa sœur.
BRITANNICUS.
C'est ainsi que Néron sait disputer un cœur!
JUNIE.
Prince, sans l'irriter, cédons à cet orage.
NÉRON.
Gardes, obéissez sans tarder davantage.

SCÈNE IX.

NÉRON, BURRHUS.

BURRHUS.
Que vois-je? O ciel!
NÉRON, sans voir Burrhus.
Ainsi leurs feux sont redoublés :
Je reconnois la main qui les a rassemblés.
Agrippine ne s'est présentée à ma vue,
Ne s'est dans ses discours si longtemps étendue,
Que pour faire jouer ce ressort odieux.
(Apercevant Burrhus.)
Qu'on sache si ma mère est encore en ces lieux.
Burrhus, dans ce palais je veux qu'on la retienne,
Et qu'au lieu de sa garde on lui donne la mienne.
BURRHUS.
Quoi, seigneur, sans l'ouïr? Une mère![1]
NÉRON.
Arrêtez : [2]

1. Sed cuicumque, nedum parenti defensionem tribuendam. (TACITE, *Ann.*, liv. XIII, ch. xx.) — Les souvenirs de Tacite sont partout.
2. Autre rapprochement avec l'*Octavie* : colère de Néron contre Sénèque qui lui fait quelques remontrances :

J'ignore quel projet, Burrhus, vous méditez ;
Mais, depuis quelques jours, tout ce que je désire
Trouve en vous un censeur prêt à me contredire.
Répondez-m'en, vous dis-je ; ou, sur votre refus,
D'autres me répondront et d'elle et de Burrhus.[1]

Desiste tandem, jam gravis nimium mihi,
Instare : liceat facere quod Seneca improbat.

1. La progression est ici également marquée, et dans l'intrigue, et dans le caractère du tyran. Son frère est arrêté, parce qu'il est aimé de Junie; sa mère est arrêtée en même temps, parce qu'elle favorise leurs amours; et son gouverneur est menacé des fers, parce qu'il a dit un mot en leur faveur. L'intrigue se noue comme il doit arriver dans un troisième acte, et Néron et la pièce marchent du même pas. (L.) — Oui ; mais pourquoi est-ce l'amour qui pousse Néron? Sa méchanceté naturelle y suffisait, comme dans Tacite. Je ne puis pas m'habituer à voir l'intrigue amoureuse accompagner partout l'histoire pour l'énerver.

ACTE QUATRIÈME.

SCÈNE PREMIÈRE.

AGRIPPINE, BURRHUS.

BURRHUS.
Oui, madame, à loisir vous pourrez vous défendre :
César lui-même ici consent de vous entendre.
Si son ordre au palais vous a fait retenir,
C'est peut-être à dessein de vous entretenir.
Quoi qu'il en soit, si j'ose expliquer ma pensée,
Ne vous souvenez plus qu'il vous ait offensée ;
Préparez-vous plutôt à lui tendre les bras,
Défendez-vous, madame, et ne l'accusez pas.
Vous voyez, c'est lui seul que la cour envisage ;*
Quoiqu'il soit votre fils, et même votre ouvrage,
Il est votre empereur. Vous êtes, comme nous,
Sujette à ce pouvoir qu'il a reçu de vous.
Selon qu'il vous menace, ou bien qu'il vous caresse,
La cour autour de vous ou s'écarte ou s'empresse.
C'est son appui qu'on cherche en cherchant votre appui.
Mais voici l'empereur.
    AGRIPPINE.
    Qu'on me laisse avec lui.

* Var. *Vous le voyez, c'est lui que la cour envisage.*

SCÈNE II.

NÉRON, AGRIPPINE.

AGRIPPINE, s'asseyant.

Approchez-vous, Néron, et prenez votre place.[1]
On veut sur vos soupçons que je vous satisfasse.
J'ignore de quel crime on a pu me noircir :
De tous ceux que j'ai faits je vais vous éclaircir.
Vous régnez : vous savez combien votre naissance
Entre l'empire et vous avoit mis de distance.
Les droits de mes aïeux, que Rome a consacrés,
Étoient même sans moi d'inutiles degrés.
Quand de Britannicus la mère condamnée
Laissa de Claudius disputer l'hyménée,
Parmi tant de beautés qui briguèrent son choix,
Qui de ses affranchis mendièrent les voix,
Je souhaitai son lit, dans la seule pensée
De vous laisser au trône où je serois placée.
Je fléchis mon orgueil; j'allai prier Pallas.

---

1. Ce ton de supériorité est remarquable dans la situation d'Agrippine. Elle ne voit jamais dans Néron que son fils, et dans l'empereur que son ouvrage; mais sa hauteur est naturelle et jamais affectée. Chez elle tout est fier, et rien n'étale la fierté. On ne saurait trop faire sentir cette nuance, qui sépare le poëte dramatique du rhéteur. Il y a tant de rhéteurs et si peu de poëtes! (L.) — Voltaire, comparant ce début à celui de la fameuse scène d'Auguste dans *Cinna*, le trouve plus naturel et plus simple; mais la situation est bien différente. Agrippine accusée se présente pour se justifier; Auguste offensé s'apprête à confondre un ingrat et un traître : deux personnages dans des attitudes si différentes ne doivent pas débuter de la même manière. Auguste imposant à Cinna des conditions et des lois, doit avoir un autre ton qu'Agrippine, invitant son fils et son empereur à écouter sa justification. (G.)

Son maître, chaque jour caressé dans mes bras,[1]
Prit insensiblement dans les yeux de sa nièce
L'amour où je voulois amener sa tendresse.
Mais ce lien du sang qui nous joignoit tous deux[2]
Écartoit Claudius d'un lit incestueux :
Il n'osoit épouser la fille de son frère.
La sénat fut séduit : une loi moins sévère
Mit Claude dans mon lit, et Rome à mes genoux.
C'étoit beaucoup pour moi, ce n'étoit rien pour vous.
Je vous fis sur mes pas entrer dans sa famille ;
Je vous nommai son gendre, et vous donnai sa fille :
Silanus, qui l'aimoit, s'en vit abandonné,
Et marqua de son sang ce jour infortuné.[3]
Ce n'étoit rien encore. Eussiez-vous pu prétendre
Qu'un jour Claude à son fils pût préférer son gendre?
De ce même Pallas j'implorai le secours :[4]
Claude vous adopta, vaincu par ses discours,
Vous appela Néron ; et du pouvoir suprême
Voulut, avant le temps, vous faire part lui-même.
C'est alors que chacun, rappelant le passé,
Découvrit mon dessein déjà trop avancé ;
Que de Britannicus la disgrâce future

---

1. Prævaluere hæc, adjuta Agrippinæ illecebris, quæ ad eum per speciem necessitudinis, crebro ventitando, pellicit patruum ut, prælata ceteris, et nondum uxor, potentia uxoria jam uteretur. (*Annales,* liv. XII, ch. III.)

2. Pactum inter Claudium et Agrippinam matrimonium jam fama, jam amore illicito firmabatur; necdum celebrare solemnia nuptiarum audebant, nullo exemplo deductæ in domum patrui fratris filiæ. Quin et incestum, ac, si sperneretur, ne in malum publicum erumperet metuebatur. (XII, v.)

3. Die nuptiarum Silanus sibi mortem conscivit; sive eo usque spem vitæ produxerat, seu delecto die, ad augendam invidiam. (XII, VIII.)

4. Adoptio in Domitium, auctoritate Pallantis, festinatur; qui obstrictus Agrippinæ, ut conciliator nuptiarum et mox stupro ejus illigatus, stimulabat Claudium consuleret reipublicæ. (XII; XXV.)

Des amis de son père excita le murmure.[1]
Mes promesses aux uns éblouirent les yeux;
L'exil me délivra des plus séditieux;
Claude même, lassé de ma plainte éternelle,
Éloigna de son fils tous ceux de qui le zèle,
Engagé dès longtemps à suivre son destin,
Pouvoit du trône encor lui rouvrir le chemin.
Je fis plus : je choisis moi-même dans ma suite
Ceux à qui je voulois qu'on livrât sa conduite;[2]
J'eus soin de vous nommer, par un contraire choix,
Des gouverneurs que Rome honoroit de sa voix;
Je fus sourde à la brigue, et crus la renommée;
J'appelai de l'exil, je tirai de l'armée,[3]
Et ce même Sénèque, et ce même Burrhus,
Qui depuis... Rome alors estimoit leurs vertus.
De Claude en même temps épuisant les richesses,
Ma main sous votre nom répandoit ses largesses.
Les spectacles, les dons, invincibles appas,

---

1. « On rendit à Claude des actions de grâces, avec des flatteries plus recherchées en l'honneur de Domitius; on porta une loi qui le faisoit entrer dans la famille des Claudius, avec le nom de Néron : le titre d'Augusta fut déféré à Agrippine. Dès lors il n'y eut point de cœur si insensible qui ne fût touché de la douloureuse fortune de Britannicus. — Rogata lex, qua Domitius in familiam Claudiam et nomen Neronis transiret. Augetur et Agrippina cognomento Augustæ : quibus patratis, nemo adeo expers misericordiæ fuit, quem non Britannici fortunæ mœror afficeret. » (TACITE, *Annales,* liv. XII, ch. XXVI.)

2. Commotus his quasi criminibus, Claudius optimum quemque educatorem filii exsilio ac morte afficit, datosque a noverca custodiæ ejus imponit. (*Annales,* liv. XII, ch. XLI.)

3. At Agrippina, ne malis tantum facinoribus notesceret, veniam exsilii pro Annæo Seneca, simul præturam impetrat, lætum in publicum rata ob claritudinem studiorum ejus, utque Domitii pueritia tali magistro adolesceret, et consiliis ejusdem ad spem dominationis uterentur; quia Seneca fidus in Agrippinam memoria beneficii, et infensus Claudio dolore injuriæ, credebatur. (*Annales,* liv. XII, ch. VIII.)

Vous attiroient les cœurs du peuple et des soldats,
Qui d'ailleurs, réveillant leur tendresse première,
Favorisoient en vous Germanicus mon père.
Cependant Claudius penchoit vers son déclin.
Ses yeux, longtemps fermés, s'ouvrirent à la fin :
Il connut son erreur. Occupé de sa crainte,
Il laissa pour son fils échapper quelque plainte,
Et voulut, mais trop tard, assembler ses amis.
Ses gardes, son palais, son lit, m'étoient soumis.[1]
Je lui laissai sans fruit consumer sa tendresse :
De ses derniers soupirs je me rendis maîtresse :
Mes soins, en apparence, épargnant ses douleurs,
De son fils en mourant lui cachèrent les pleurs.[2]
Il mourut. Mille bruits en courent à ma honte.
J'arrêtai de sa mort la nouvelle trop prompte ;[3]

---

1. Autre exemple de ces expressions trouvées qui étonnent par leur force et leur précision, au point de se faire remarquer même dans la perfection de ce grand morceau, qui, dans son genre, est unique au théâtre. (L.)

2. Il est inutile de faire remarquer la profondeur de ce vers, où Agrippine n'avoue le plus grand des crimes que pour le rejeter sur Néron. Talma en a bien saisi le sens ; car, à mesure qu'Agrippine le prononce, il détourne ses regards avec un sourire amer qui prépare merveilleusement le vers épouvantable qu'il dit à la fin de la pièce :

Ma main de Claude même aura tranché les jours.

Ainsi tout est lié dans les pièces de Racine. Plus on l'étudie, plus on s'étonne de l'étendue de sa pensée ; et souvent c'est une découverte que d'en bien saisir tous les rapports. Talma a eu plusieurs fois ce bonheur, et nous en avons déjà cité un exemple. (Acte II, scène II.) (A. M.)

3. Rome entière ne doutait point qu'Agrippine n'eût hâté la mort de son mari. Tacite entre dans tous les détails de cet assassinat. Je dois relever et corriger ici une singulière inattention de M. Aimé Martin. Il a cru que les premières lignes du chapitre LXVI du livre XII : « In tanta mole curarum... » s'appliquaient à Claude qui, tombé malade, aurait été à Sinuesse, tandis que dans Tacite c'est Narcisse qui est malade et qui part pour Sinuesse. L'occasion qu'Agrippine s'empresse de saisir pour faire périr Claude, c'est l'absence de Narcisse, qui était un des plus fidèles affranchis de

Enfin, des légions l'entière obéissance
Ayant de votre empire affermi la puissance,
Et tandis que Burrhus alloit secrètement
De l'armée en vos mains exiger le serment,
Que vous marchiez au camp, conduit sous mes auspices,
Dans Rome les autels fumoient de sacrifices;
Par mes ordres trompeurs tout le peuple excité
Du prince déjà mort demandoit la santé.
On vit Claude; et le peuple, étonné de son sort,
Apprit en même temps votre règne et sa mort.
C'est le sincère aveu que je voulois vous faire :
Voilà tous mes forfaits. En voici le salaire :

Claude et l'ennemi d'Agrippine. J'ai dû faire cette remarque pour expliquer pourquoi j'ai retranché les premières lignes du LXVIe chapitre du livre XII. « Tum Agripina, sceleris olim certa et oblatæ occasionis propera, nec ministrorum egens, degenere veneni consultavit: ne repentino et præcipiti facinus proderetur; si lentum et tabidum delegisset, ne admotus supremis Claudius, et dolo intellecto, ad amorem filii rediret. Exquisitum aliquid placebat, quod turbaret mentem et mortem differret. Deligitur artifex talium, vocabulo Locusta, nuper veneficii damnata, et diu inter instrumenta regni habita. Ejus mulieris ingenio paratum virus, cujus minister e spadonibus fuit Halotus, inferre epulas et explorare gustu solitus. Adeoque cuncta mox pernotuere, ut temporum illorum scriptores prodiderint infusum delectabili cibo boletorum venenum, nec vim medicaminis statim intellectam, socordia ne Claudii an vinolentia. Simul soluta alvus subvenisse videbatur. Igitur exterrita Agrippina, et quando ultima timebantur, spreta præsentium invidia, provisam jam sibi Xenophontis medici conscientiam adhibet. Ille, tanquam nisus evomentis adjuvaret, pinnam, rapido veneno illitam, faucibus ejus dimisisse creditur, haud ignarus summa scelera incipi cum periculo, peragi cum præmio. » — « Agrippine, dès longtemps préparée au crime, se hâte de saisir l'occasion; ses agents étaient prêts; elle n'hésitait que sur le choix du poison. Prompt et actif, il décelait la main qui l'aurait donné; faible et lent, Claude pouvait à sa dernière heure ouvrir les yeux sur tant de perfidie, et reprendre sa tendresse pour son fils. Il fallait une composition nouvelle, qui troublât la raison sans précipiter la mort. On eut recours à une femme habile dans cet art, nommée Locuste, naguère condamnée à titre d'empoisonneuse et depuis longtemps employée à la cour comme un instrument de pouvoir. Cette femme mit tout son génie à préparer le poison; il fut donné par l'eunuque Halotus, chargé d'offrir et de goûter les mets. Ces circonstances furent

ACTE IV, SCÈNE II.

Du fruit de tant de soins à peine jouissant
En avez-vous six mois paru reconnoissant,
Que, lassé d'un respect qui vous gênoit peut-être,
Vous avez affecté de ne me plus connoître.
J'ai vu Burrhus, Sénèque, aigrissant vos soupçons,
De l'infidélité vous tracer des leçons,
Ravis d'être vaincus dans leur propre science.
J'ai vu favoriser de votre confiance [1]
Othon, Sénécion, jeunes voluptueux, [2]
Et de tous vos plaisirs flatteurs respectueux;

bientôt si connues, qu'au rapport des historiens du temps, le poison fut présenté dans un plat de champignons, mets favori aimé du prince, qui n'en sentit pas sur-le-champ les effets, soit à cause de son apathie, soit parce qu'il était ivre; d'ailleurs, une évacuation subite parut l'avoir sauvé. Saisie d'effroi, Agrippine, dans ce péril extrême, ne craint plus de tout braver, au risque de montrer son crime à découvert. Elle a recours à la complicité du médecin Xénophon, qu'elle avait eu soin de gagner. On dit que celui-ci, sous prétexte d'aider le vomissement, introduisit dans la gorge du prince une plume imprégnée d'un poison subtil, sachant bien que s'il y a péril à commencer un crime, il y a profit à le consommer. » (*Annales*, liv. XII, ch. LXVI et LXVII.) (A. M.)

1. Quoique toutes les éditions faites pendant la vie de l'auteur portent:

J'ai vu favoriser de votre confiance...

je pense, avec Racine le fils, que c'est une faute d'impression. *Favorisés* au participe forme ici une belle inversion : *J'ai vu Othon, Sénécion, favorisés de votre confiance.* (G.) — J'ai rétabli l'infinitif écrit et imprimé par Racine, comme plus conforme à l'ancienne langue : il y a là encore un de ces infinitifs pris d'une manière absolue qui soutiennent et relèvent la phrase. *J'ai vu mettre au pouvoir*, tournure plus vive que *j'ai vu mis au pouvoir*.

2. Voici ce que dit Tacite d'Othon et de Sénécion : « Simul adsumptis in conscientiam Othone et Claudio Senecione, adolescentulis decoris; quorum Otho familia consulari, Senecio liberto Cæsaris patre genitus, ignara matre, dein frustra obnitente, penitus irrepserant per luxum et ambigua secreta. » — « Néron mit dans sa confidence Othon et Sénécion, tous deux dans la fleur de la jeunesse et de la beauté, Othon, d'une famille consulaire, Sénécion, né d'un affranchi de César. Cette liaison, d'abord ignorée d'Agrippine, et qu'elle s'efforça vainement de rompre, s'était formée par des plaisirs et des mystères peut-être honteux. » (*Annales*, liv. XIII, ch. XII.)

Et lorsque, vos mépris excitant mes murmures,
Je vous ai demandé raison de tant d'injures,
(Seul recours d'un ingrat qui se voit confondu)
Par de nouveaux affronts vous m'avez répondu.
Aujourd'hui je promets Junie à votre frère;
Ils se flattent tous deux du choix de votre mère :
Que faites-vous? Junie enlevée à la cour, [1]
Devient en une nuit l'objet de votre amour ;
Je vois de votre cœur Octavie effacée,
Prête à sortir du lit où je l'avois placée ;
Je vois Pallas banni, votre frère arrêté ;
Vous attentez enfin jusqu'à ma liberté :
Burrhus ose sur moi porter ses mains hardies.
Et lorsque, convaincu de tant de perfidies,
Vous deviez ne me voir que pour les expier,
C'est vous qui m'ordonnez de me justifier.

NÉRON.

Je me souviens toujours que je vous dois l'empire;
Et, sans vous fatiguer du soin de le redire,
Votre bonté, madame, avec tranquillité
Pouvoit se reposer sur ma fidélité.
Aussi bien ces soupçons, ces plaintes assidues,
Ont fait croire à tous ceux qui les ont entendues
Que jadis, j'ose ici vous le dire entre nous,
Vous n'aviez, sous mon nom, travaillé que pour vous.
« Tant d'honneurs, disoient-ils, et tant de déférences
« Sont-ce de ses bienfaits de foibles récompenses?

---

1. Racine a voulu dire sans doute, *Junie amenée par force à la cour*, et il a dit tout le contraire ; car *enlevée à la cour* ne peut signifier autre chose que *dérobée, ravie, arrachée à la cour*. (G.) — Le *Dictionnaire de l'Académie* de 1835 cite ce sens d'*enlever à* pour *amener* à. *Les prêtres ont enlevé le corps à l'église.*

« Quel crime a donc commis ce fils tant condamné?
« Est-ce pour obéir qu'elle l'a couronné?
« N'est-il de son pouvoir que le dépositaire? »
Non que, si jusque-là j'avois pu vous complaire,
Je n'eusse pris plaisir, madame, à vous céder
Ce pouvoir que vos cris sembloient redemander;
Mais Rome veut un maître, et non une maîtresse.
Vous entendiez les bruits qu'excitoit ma foiblesse :
Le sénat chaque jour et le peuple, irrités
De s'ouïr par ma voix dicter vos volontés,
Publioient qu'en mourant Claude avec sa puissance
M'avoit encor laissé sa simple obéissance.
Vous avez vu cent fois nos soldats en courroux
Porter en murmurant leurs aigles devant vous;
Honteux de rabaisser par cet indigne usage
Les héros dont encore elles portent l'image.
Toute autre se seroit rendue à leurs discours :
Mais, si vous ne régnez, vous vous plaignez toujours.[1]
Avec Britannicus contre moi réunie,
Vous le fortifiez du parti de Junie ;
Et la main de Pallas trame tous ces complots.
Et, lorsque malgré moi j'assure mon repos,
On vous voit de colère et de haine animée :
Vous voulez présenter mon rival à l'armée ;
Déjà jusques au camp le bruit en a couru.

AGRIPPINE.

Moi, le faire empereur? Ingrat! l'avez-vous cru?

---

1. C'est le mot de Tibère sur Agrippine, première veuve de Germanicus : « Vous vous croyez opprimée, parce que vous ne régnez pas. » — « Audita hæc raram occulti pectoris vocem elicuere, correptamque græco versu admonuit, *non ideo lædi, quia non regnaret.* » (TACITE, *Annales*, liv. IV, ch. LII.) (A. M.)

Quel seroit mon dessein? qu'aurois-je pu prétendre?
Quels honneurs dans sa cour, quel rang pourrois-je attendre?¹
Ah! si sous votre empire on ne m'épargne pas,
Si mes accusateurs observent tous mes pas,
Si de leur empereur ils poursuivent la mère,
Que ferois-je au milieu d'une cour étrangère?
Ils me reprocheroient, non des cris impuissants,
Des desseins étouffés aussitôt que naissants,
Mais des crimes pour vous commis à votre vue,
Et dont je ne serois que trop tôt convaincue.
Vous ne me trompez point, je vois tous vos détours;
Vous êtes un ingrat, vous le fûtes toujours : ²
Dès vos plus jeunes ans, mes soins et mes tendresses
N'ont arraché de vous que de feintes caresses.
Rien ne vous a pu vaincre ; et votre dureté
Auroit dû dans son cours arrêter ma bonté.

1. Agrippine se justifie de même dans Tacite, quand elle est accusée de conspirer contre Néron. « Vivere ego, Britannico potiente rerum, poteram? At si Plautus aut quis alius, rempublicam judicaturus obtinuerit, desunt scilicet mihi accusatores, qui non verba, impatientia caritatis aliquando incauta, sed ea crimina objiciant, quibus, nisi a filio, absolvi non possim. » — « Britannicus sur le trône me laisserait-il la vie? Plautus ou tout autre peut-il devenir mon maître sans devenir mon juge? Manquerais-je d'accusateurs qui me reprocheraient, non des paroles imprudentes échappées à la tendresse d'une mère, mais des crimes dont il n'y a qu'un fils qui puisse m'absoudre? » (*Annales*, liv. XIII, ch. XXI.) (A. M.)

2. Agrippine, après avoir accablé Néron du reproche d'ingratitude, se hâte de tempérer l'aigreur de ses discours par une effusion d'amour maternel, qui semble n'être qu'un mouvement de la nature, mais qui, dans une femme de son caractère, n'est en effet qu'une arme de plus contre son fils et un moyen de domination. Cependant il est remarquable que la dernière idée qu'elle présente à Néron, c'est que, s'il était capable d'attenter aux jours de sa mère, un grand crime serait pour lui-même un grand danger. Et voilà où en sont réduits ceux qui ont concouru à élever une puissance injuste : ils se menacent sans cesse les uns les autres, jusqu'à ce qu'ils périssent les uns par les autres. *Occides tu, et te alius.* C'est la sentence des méchants, et l'ordre de la Providence. (L.)

Que je suis malheureuse ! et par quelle infortune
Faut-il que tous mes soins me rendent importune !
Je n'ai qu'un fils. O ciel ! qui m'entends aujourd'hui,
T'ai-je fait quelques vœux qui ne fussent pour lui ?
Remords, craintes, périls, rien ne m'a retenue ;
J'ai vaincu ses mépris ; j'ai détourné ma vue
Des malheurs qui dès lors me furent annoncés ;
J'ai fait ce que j'ai pu : vous régnez, c'est assez.
Avec ma liberté, que vous m'avez ravie,
Si vous le souhaitez, prenez encor ma vie,
Pourvu que par ma mort tout le peuple irrité
Ne vous ravisse pas ce qui m'a tant coûté.

NÉRON.

Hé bien donc, prononcez. Que voulez-vous qu'on fasse ?

AGRIPPINE.

De mes accusateurs qu'on punisse l'audace ; [1]
Que de Britannicus on calme le courroux ;
Que Junie à son choix puisse prendre un époux ;
Qu'ils soient libres tous deux, et que Pallas demeure ; [2]
Que vous me permettiez de vous voir à toute heure ;

(Apercevant Burrhus dans le fond du théâtre.)

Que ce même Burrhus, qui nous vient écouter, [3]

---

1. Néron n'a dit qu'un mot, mais par ce mot il a paru se rendre. Agrippine, qui pleurait tout à l'heure, commande aussitôt, et, du ton le plus absolu, dicte sans hésiter ses ordres et ses vengeances. Elle ordonne tout, et n'oublie rien. (G.)

2. *Demeure* est une façon de parler peu convenable pour dire rester à la cour. (G.) — Je ne comprends pas bien pourquoi demeurer est moins convenable que rester. Le *Dictionnaire de l'Académie* (1835) dit que demeurer signifie encore : s'arrêter, se tenir, rester en quelque endroit. Il ne semble faire aucune différence entre rester et demeurer. — « Colloquium filii exposcit, ubi nihil pro innocentia, quasi diffideret : nec beneficiis, quasi exprobraret, disseruit ; sed ultionem in delatores, et præmia amicis obtinuit. » (*Annales*, liv. XIII, ch. XXI.)

3. Burrhus ne manque de respect ni à elle ni à Néron. Il est resté dehors

A votre porte enfin n'ose plus m'arrêter.

NÉRON.

Oui, madame, je veux que ma reconnoissance [1]
Désormais dans les cœurs grave votre puissance ;
Et je bénis déjà cette heureuse froideur,
Qui de notre amitié va rallumer l'ardeur.
Quoi que Pallas ait fait, il suffit, je l'oublie ;
Avec Britannicus je me réconcilie ;
Et, quant à cet amour qui nous a séparés,

pendant leur entretien ; il entend que l'entretien finit, parce que Néron, toujours assis, s'est levé brusquement, en prononçant à haute voix :

Hé bien donc, prononcez. Que voulez-vous qu'on fasse?

Burrhus, qui ne peut quitter Agrippine que quand elle est avec Néron, entre pour recevoir les ordres de Néron ; et, comme il est entré sans avoir été appelé, Agrippine l'accuse *d'être venu les écouter;* ce qui donne lieu à la magnifique scène qui va suivre, et à laquelle on ne devoit pas s'attendre, Néron ayant menacé Burrhus de le faire arrêter : mais Néron vient d'être convaincu qu'Agrippine est son ennemie. Sans ce mot d'Agrippine, Néron n'eût pas confié son secret à Burrhus, qu'il regardoit comme *un censeur prêt à le contredire.* Aussi va-t-il lui dire :

Mais son inimitié vous rend ma confiance.

Quel art d'amener les scènes! (L. R.)

1. Cette scène est une des plus belles qu'il y ait au théâtre : les littérateurs la placent au même rang que celle d'Auguste et de Cinna, de Cléopâtre et de ses deux fils, de Mithridate avec ses enfants. La différence qu'on peut remarquer entre des scènes si imposantes et si théâtrales vient encore moins de la différence du génie des auteurs que de la différence du sujet. La plus intéressante, sans contredit, est celle d'Auguste et de Cinna, parce que rien n'égale la situation du maître du monde pardonnant à son assassin : celle de Cléopâtre, dans *Rodogune,* est la plus terrible ; celle de Mithridate la plus brillante : mais celle d'Agrippine et de Néron me paraît être la plus profonde pour l'art et la peinture des caractères, et en même temps la plus grave et la plus austère pour le style. Voltaire a dit judicieusement, à l'occasion du discours de Cléopâtre à ses enfants, dans *Rodogune :* « Il semble que Racine l'ait pris pour modèle du grand discours d'Agrippine à Néron ; mais la situation de Cléopâtre est bien plus frappante, l'intérêt est beaucoup plus grand, et la scène bien autrement intéressante. » (G.)

Je vous fais notre arbitre, et vous nous jugerez.
Allez donc, et portez cette joie à mon frère.
Gardes, qu'on obéisse aux ordres de ma mère.

SCÈNE III.

NÉRON, BURRHUS.

BURRHUS.

Que cette paix, seigneur, et ces embrassements
Vont offrir à mes yeux des spectacles charmants!
Vous savez si jamais ma voix lui fut contraire,
Si de son amitié j'ai voulu vous distraire,
Et si j'ai mérité cet injuste courroux.

NÉRON.

Je ne vous flatte point, je me plaignois de vous,
Burrhus : je vous ai crus tous deux d'intelligence ;
Mais son inimitié vous rend ma confiance.
Elle se hâte trop, Burrhus, de triompher :
J'embrasse mon rival, mais c'est pour l'étouffer. [1]

---

1.   Ils s'étouffent, Attale, en voulant s'embrasser.
(*Frères ennemis,* acte III, scène VI.)
C'est la figure à la mode. Dans le *Clarigène* de Duryer, 1636 :
Il est temps qu'Alexandre appris à triompher
N'embrasse ce tyran qu'afin de l'étouffer. (Page 72.)
Dans la *Parthénie* de Baro, 1642 :
Tu ranimes mes maux en pensant les chasser,
Et m'étouffes enfin quand tu crois m'embrasser. (Page 74.)

Il y avait au XVIIe siècle des figures qui étaient fort accréditées et qui se transmettaient de poëte en poëte. Boileau s'est moqué des vers de Théophile :
Le voilà ce poignard qui du sang de son maître
S'est souillé lâchement ; il en rougit, le traître !
Ce jeu de mots tragique se retrouve dans beaucoup d'auteurs du XVIIe siècle :

BURRHUS.

Quoi, seigneur !

NÉRON.

C'en est trop ; il faut que sa ruine
Me délivre à jamais des fureurs d'Agrippine.
Tant qu'il respirera, je ne vis qu'à demi.
Elle m'a fatigué de ce nom ennemi ;
Et je ne prétends pas que sa coupable audace
Une seconde fois lui promette ma place.

BURRHUS.

Elle va donc bientôt pleurer Britannicus?

NÉRON.

Avant la fin du jour je ne le craindrai plus.

BURRHUS.

Et qui de ce dessein vous inspire l'envie?[1]

NÉRON.

Ma gloire, mon amour, ma sûreté, ma vie.

BURRHUS.

Non, quoi que vous disiez, cet horrible dessein
Ne fut jamais, seigneur, conçu dans votre sein.

NÉRON.

Burrhus!

BURRHUS.

De votre bouche, ô ciel! puis-je l'apprendre?

« Ce poignard, qui ne rougit que du sang de Pauline, comme s'il avait honte d'avoir blessé une femme. » (*La Mort de Sénèque*, par Mascaron, le père du prédicateur, p. 88, édit. de 1659.)

...... Son fer, honteux d'un si lâche dessein,
        A rougi de courroux d'ouvrir un si beau sein.
                    (*Alcidiane*, tragédie de Desfontaines, 1664, p. 74.)

1. On ne peut dire *l'envie d'un dessein*. Le terme est absolument impropre. (L.) C'est seulement un pléonasme; c'est dire en deux mots ce qu'un seul doit dire.

ACTE IV, SCÈNE III.

Vous-même, sans frémir, avez-vous pu l'entendre?
Songez-vous dans quel sang vous allez vous baigner?
Néron dans tous les cœurs est-il las de régner?
Que dira-t-on de vous? Quelle est votre pensée?

NÉRON.

Quoi! toujours enchaîné de ma gloire passée,[1]
J'aurai devant les yeux je ne sais quel amour
Que le hasard nous donne et nous ôte en un jour?
Soumis à tous leurs vœux, à mes désirs contraire,
Suis-je leur empereur seulement pour leur plaire?

BURRHUS.

Et ne suffit-il pas, seigneur, à vos souhaits
Que le bonheur public soit un de vos bienfaits?
C'est à vous à choisir, vous êtes encor maître.
Vertueux jusqu'ici, vous pouvez toujours l'être :[2]
Le chemin est tracé, rien ne vous retient plus;
Vous n'avez qu'à marcher de vertus en vertus.
Mais, si de vos flatteurs vous suivez la maxime,

---

1. En prose il faudrait dire *enchaîné par*... L'exemple de tous nos bons poëtes depuis Malherbe a prouvé que le *de* ablatif a plus de grâce en poésie que le *par*, toutes les fois qu'il n'est pas contraire à la syntaxe et au génie de la langue. (L.)

2. Louis Racine remarque avec raison que Burrhus ne pense sûrement pas que Néron ait jamais été *vertueux;* il est même très-persuadé du contraire; et le spectateur est dans la confidence de ses sentiments là-dessus, depuis qu'il a entendu dans sa bouche ces vers du troisième acte :

Enfin, Burrhus, Néron découvre son génie, etc.

Mais ce n'est ici qu'une leçon, et nullement une flatterie; et puisque Néron a voulu jusque-là paraître ce qu'il n'était pas, Burrhus ne peut faire mieux que de lui persuader, s'il est possible, qu'il est ce qu'il a voulu paraître. Il est permis de se servir de l'amour-propre du méchant pour le rendre meilleur; c'est l'office d'un honnête homme. Narcisse, au contraire, se servira tout à l'heure de l'amour-propre de Néron pour le porter au crime; c'est l'office d'un scélérat, et Burrhus et Narcisse soutiennent le rôle qui leur est propre. (L.

Il vous faudra, seigneur, courir de crime en crime,
Soutenir vos rigueurs par d'autres cruautés,
Et laver dans le sang vos bras ensanglantés.[1]
Britannicus mourant excitera le zèle
De ses amis, tout prêts à prendre sa querelle.
Ces vengeurs trouveront de nouveaux défenseurs;
Qui, même après leur mort, auront des successeurs :
Vous allumez un feu qui ne pourra s'éteindre.
Craint de tout l'univers, il vous faudra tout craindre,[2]
Toujours punir, toujours trembler dans vos projets,

1. Les principales idées de ces vers sont empruntées au passage suivant de Sénèque : « Hoc enim, inter cetera, vel pessimum habet crudelitas, quod perseverandum est, nec ad meliora patet regressus. Scelera enim sceleribus tuenda sunt. Quid autem eo infelicius, cui jam esse malo necesse est? O miserabilem illum, sibi certe! Nam ceteris misereri ejus nefas sit, qui cædibus ac rapinis potentiam exercuit, qui suspecta sibi cuncta reddidit, tam externa quam domestica; quum arma metuat, ad arma confugiens; non amicorum fidei credens, non liberorum pietati? Qui ubi circumspexit quæque fecit, quæque facturus est, et conscientiam suam plenam sceleribus ac tormentis adaperuit : sæpe mortem timet, sæpius optat; invisior sibi quam servientibus. » — « Ce que la cruauté a de pire, c'est qu'on est forcé d'y persévérer, et qu'elle ne permet point de retour vers l'humanité. Il faut protéger le crime par le crime. Qu'y a-t-il de plus à plaindre que celui pour qui le mal est une nécessité ? Le misérable! il se fait pitié à lui-même, et ne peut obtenir la compassion des autres. Tous les cœurs se sont fermés ; il n'a signalé sa puissance que par des meurtres et des rapines : étrangers, domestiques, tout lui est suspect, même la fidélité de ses amis, même la tendresse de ses enfants; il redoute les armes, et c'est dans les armes qu'il met sa sûreté; de quelque côté qu'il porte ses regards, sa conscience se tourmente également des crimes qu'il a faits et de ceux qui lui restent à faire; souvent il craint la mort; plus souvent il la désire. Malheureux! qui se fait à lui-même plus d'horreur qu'à ceux qu'il opprime. » (*De Clement.*, liv. I, ch. VIII.) (A. M.)

2. Imitation heureuse de ce mot énergique, *timet timentes* : « il craint ceux qui le craignent. » Les uns en font honneur à Ennius; d'autres l'attribuent à Sénèque le Tragique, et citent le second acte de l'*Hercule furieux*, dans lequel il ne se trouve pas. Corneille a rendu avec moins de force la même pensée, quand il a dit (*Pompée*, acte 1er, scène 1re) :

Auteur des maux de tous, il est à tous en butte. (G.)

ACTE IV, SCÈNE III.

Et pour vos ennemis compter tous vos sujets. [1]
Ah! de vos premiers ans l'heureuse expérience
Vous fait-elle, seigneur, haïr votre innocence?
Songez-vous au bonheur qui les a signalés?
Dans quel repos, ô ciel, les avez-vous coulés!
Quel plaisir de penser et de dire en vous-même :
« Partout, en ce moment, on me bénit, on m'aime ; [2]

---

1. « Frequens vindicta paucorum odium reprimit, omnium irritat : voluntas oportet ante sæviendi quam caussa deficiat. Alioquin, quemadmodum præcisæ arbores plurimis ramis repullulant, et multa satorum genera, ut densiora surgant, reciduntur, ita regia crudelitas auget inimicorum numerum, tollendo. Parentes enim liberique eorum qui interfecti sunt, et propinqui, et amici, in locum singulorum succedunt. » — « Les vengeances trop répétées répriment la haine du petit nombre et irritent celle de tous. Vous manquerez plutôt de volonté pour punir que d'occasions pour frapper. Semblable aux arbres élagués, qui se couvrent d'un plus grand nombre de rameaux, aux herbes, qui se multiplient sous le fer qui les fauche, ainsi la cruauté du souverain accroît en les frappant le nombre de ses ennemis : une multitude de parents, d'amis, d'enfants, prennent soudain la place de chaque victime qu'il immole. » (Senec., de Clement., lib. I, cap. viii.) (A. M.)

2. « Juvat..... ita loqui secum : Ego ex omnibus mortalibus placui, electusque sum, qui in terris deorum vice fungerer : ego vitæ necisque gentibus arbiter. Qualem quisque sortem, statumque habeat, in manu mea positum est... In hac tanta facultate rerum, non ira me ad iniqua supplicia compulit, non juvenilis impetus, non temeritas hominum et contumacia, quæ sæpe tranquillissimis pectoribus quoque patientiam extorsit : non ipsa ostentandæ per terrores potentiæ dira, sed frequens magnis imperiis, gloria. Conditum, imo constrictum apud me ferrum est. Summa parcimonia etiam vilissimi sanguinis, etc. » — « Qu'il est doux de pouvoir se dire à soi-même : Seul élu entre tous les mortels, j'ai été trouvé digne de représenter les dieux sur la terre. Je suis l'arbitre de la vie et de la mort parmi les nations, et les hommes n'ont que la condition et l'état que je leur assigne... Et, dans un si haut degré de puissance, ni la colère, ni la fougue de la jeunesse, ni la témérité et la résistance du peuple, qui lasse trop souvent la patience des plus sages monarques, n'ont pu m'arracher un seul acte de tyrannie. J'ai dédaigné de signaler mon pouvoir par la terreur; orgueil féroce, trop commun dans les grands empires. Mon glaive reste enfermé dans le fourreau, ou plutôt il y est enchaîné, et je suis avare même du sang le plus vil. » (Senec., de Clement., liv. I, ch. iii.) (A. M.)

« On ne voit point le peuple à mon nom s'alarmer; *
« Le ciel dans tous leurs pleurs ne m'entend point nommer;
« Leur sombre inimitié ne fuit point mon visage : [1]
« Je vois voler partout les cœurs à mon passage! »
Tels étoient vos plaisirs. Quel changement, ô dieux!
Le sang le plus abject vous étoit précieux :
Un jour, il m'en souvient, le sénat équitable
Vous pressoit de souscrire à la mort d'un coupable;
Vous résistiez, seigneur, à leur sévérité;
Votre cœur s'accusoit de trop de cruauté;
Et plaignant les malheurs attachés à l'empire,
« Je voudrois, disiez-vous, ne savoir pas écrire. [2] »
Non, ou vous me croirez, ou bien de ce malheur
Ma mort m'épargnera la vue et la douleur :
On ne me verra point survivre à votre gloire.
Si vous allez commettre une action si noire,

(Se jetant aux pieds de Néron.)

Me voilà prêt, seigneur : avant que de partir,

* Van. *On ne voit plus le peuple à mon nom s'alarmer.*

1. « Illius demum magnitudo stabilis fundataque est, quem omnes tam supra se esse quam pro se sciunt; cujus curam excubare pro salute singulorum atque universorum quotidie experiuntur : quo procedente, non tanquam malum aliquod aut noxium animal e cubili prosilierit, diffugiunt, sed tanquam ad clarum ac beneficum sidus certatim advolant. » — Celui-là seul jouit d'une puissance stable, qui n'est au-dessus de tous que pour le bien de tous, et que le peuple voit veiller également à la prospérité de la multitude et à celle de chaque citoyen. En le voyant sortir de son palais, le peuple ne prend pas la fuite, comme à l'aspect de quelque animal farouche s'élançant hors de son antre, mais il accourt en foule, et s'empresse autour de lui, comme pour contempler un astre bienfaisant. » (Senec., *de Clement.*, liv. I, ch. III.) (A. M.)

2. « Animadversurus in latrones duos Burrhus præfectus tuus, vir egregius, et tibi principi notus, exigebat a te ut scriberes, in quos et ex qua causa animadverti velles. Hoc sæpe dilatum, ut aliquando fieret, instabat. Invisus invito quum chartam protulisset, traderetque, exclamasti : Vellem nescire litteras. O dignam vocem, quam audirent omnes gentes

Faites percer ce cœur qui n'y peut consentir ;
Appelez les cruels qui vous l'ont inspirée ;
Qu'ils viennent essayer leur main mal assurée...
Mais je vois que mes pleurs touchent mon empereur ;
Je vois que sa vertu frémit de leur fureur.
Ne perdez point de temps, nommez-moi les perfides
Qui vous osent donner ces conseils parricides ;
Appelez votre frère, oubliez dans ses bras...

NÉRON.

Ah! que demandez-vous?

BURRHUS.

Non, il ne vous hait pas,
Seigneur ; on le trahit : je sais son innocence ;
Je vous réponds pour lui de son obéissance.
J'y cours. Je vais presser un entretien si doux.

NÉRON.

Dans mon appartement qu'il m'attende avec vous. [1]

quæ romanum imperium incolunt, quæque juxta jacent dubiæ libertatis, quæque se contra viribus aut animis attollunt! O vocem, in concionem omnium mortalium mittendam, in cujus verba principes regesque jurent! O vocem publica generis humani innocentia dignam, cui redderetur antiquum illud seculum! » — « Votre préfet Burrhus, cet homme dont vous honorez la vertu, obligé de sévir contre deux malfaiteurs, vous priait de signer leur condamnation ; vous aviez longtemps différé, et cependant un jour que son devoir le forçait de vous presser davantage, vous prîtes à regret la fatale sentence, en vous écriant : Je voudrais ne pas savoir écrire. O paroles dignes d'être entendues de tous les peuples soumis à l'empire romain ! de ceux qui, voisins de nos frontières, jouissent encore d'une liberté douteuse, ou qui opposent leur force et leur courage à la domination de Rome! O paroles qui devraient retentir dans l'assemblée du genre humain, et sur lesquelles les princes et les rois devraient jurer! Paroles dignes de l'innocence du premier âge! Heureux mortels! le siècle d'or vous serait-il rendu? » (SENEC., *de Clement.,* liv. II, ch. I.) (A. M.)

1. Le plus grand éloge du discours de Burrhus, c'est qu'il parvienne à toucher Néron même, et qu'on n'en soit pas surpris; comme le plus grand éloge de la scène suivante, c'est qu'on la supporte après celle-ci ; car c'est le comble de l'art que de faire supporter Narcisse. Au reste, il est remar-

SCÈNE IV.

NÉRON, NARCISSE.

NARCISSE.

Seigneur, j'ai tout prévu pour une mort si juste : [1]
Le poison est tout prêt. La fameuse Locuste [2]
A redoublé pour moi ses soins officieux :
Elle a fait expirer un esclave à mes yeux ;
Et le fer est moins prompt, pour trancher une vie,
Que le nouveau poison que sa main me confie.

NÉRON.

Narcisse, c'est assez ; je reconnois ce soin,
Et ne souhaite pas que vous alliez plus loin.

---

quable que c'est la curiosité seule qui soutient cette scène. Comment Narcisse fera-t-il pour ramener Néron de si loin ? Voilà ce que tout le monde se dit en le voyant aborder Néron au fort de l'émotion dont il n'a pas été le maître, et qui dure encore. (L.)

1. Voltaire a critiqué le rôle de Narcisse. Ce n'est pas qu'il n'y ait remarqué un art fait pour servir de modèle dans les rôles de cette espèce, il ne pouvait pas s'y tromper ; mais il voudrait que Narcisse *eût un plus grand intérêt* à faire le mal, qu'*il fût intéressé à la perte de Britannicus*. C'est demander, en d'autres termes, que Narcisse soit dans la pièce un personnage plus considérable qu'il ne l'est ; et cela se pouvait-il ? L'intérêt relatif de chaque personnage est toujours proportionné à la place qu'il occupe dans le plan et dans l'action ; et l'affranchi Narcisse a-t-il besoin, pour être méchant, d'un autre intérêt que celui qui rendait ses pareils si puissants et si dangereux dans Rome, l'intérêt de dominer son maître en flattant ses vices et servant ses passions ? Celui-là n'est-il pas suffisant pour l'homme et pour le rôle, soit dans l'ordre moral, soit dans la théorie dramatique ? (L.)

2. Nero... parari venenum jubet, ministro Pollione Julio... cujus cura attinebatur damnata veneficii nomine Locusta, multa scelerum fama... — Promittentibus tam præcipitem necem quam si ferro urgeretur, cubiculum Cæsaris juxta decoquitur virus, cognitis antea venenis rapidum. (*Annales,* liv. XIII, ch. xv.)

NARCISSE.

Quoi! pour Britannicus votre haine affoiblie
Me défend...

NÉRON.

Oui, Narcisse : on nous réconcilie.

NARCISSE.

Je me garderai bien de vous en détourner,[1]
Seigneur. Mais il s'est vu tantôt emprisonner :
Cette offense en son cœur sera longtemps nouvelle.
Il n'est point de secrets que le temps ne révèle :
Il saura que ma main lui devoit présenter
Un poison que votre ordre avoit fait apprêter.
Les dieux de ce dessein puissent-ils le distraire!
Mais peut-être il fera ce que vous n'osez faire.

NÉRON.

On répond de son cœur; et je vaincrai le mien.

NARCISSE.

Et l'hymen de Junie en est-il le lien?
Seigneur, lui faites-vous encor ce sacrifice?

NÉRON.

C'est prendre trop de soin. Quoi qu'il en soit, Narcisse,
Je ne le compte plus parmi mes ennemis.

NARCISSE.

Agrippine, seigneur, se l'étoit bien promis :
Elle a repris sur vous son souverain empire.

---

1. Il reconnoît donc que c'est un crime : il a cependant appelé cette mort *une mort si juste*. Quand il voit son maître changé, il change de langage, et en l'assurant qu'il ne veut pas le détourner de la réconciliation, il va le pousser au crime. Il commence par inspirer à Néron des craintes, et il l'irrite ensuite contre Agrippine, Burrhus et Sénèque, sans paroître en avoir le dessein. (L. R.)

NÉRON.

Quoi donc? Qu'a-t-elle dit? et que voulez-vous dire?

NARCISSE.

Elle s'en est vantée assez publiquement.

NÉRON.

De quoi?

NARCISSE.

Qu'elle n'avoit qu'à vous voir un moment;
Qu'à tout ce grand éclat, à ce courroux funeste,
On verroit succéder un silence modeste;
Que vous-même à la paix souscririez le premier :
Heureux que sa bonté daignât tout oublier!

NÉRON.

Mais, Narcisse, dis-moi, que veux-tu que je fasse?
Je n'ai que trop de pente à punir son audace;
Et, si je m'en croyois, ce triomphe indiscret
Seroit bientôt suivi d'un éternel regret.
Mais de tout l'univers quel sera le langage?
Sur les pas des tyrans veux-tu que je m'engage,
Et que Rome, effaçant tant de titres d'honneur,
Me laisse pour tout nom celui d'empoisonneur?
Ils mettront ma vengeance au rang des parricides.

NARCISSE.

Et prenez-vous, seigneur, leurs caprices pour guides?
Avez-vous prétendu qu'ils se tairoient toujours?
Est-ce à vous de prêter l'oreille à leurs discours?
De vos propres désirs perdrez-vous la mémoire?
Et serez-vous le seul que vous n'oserez croire?
Mais, seigneur, les Romains ne vous sont pas connus :
Non, non, dans leurs discours ils sont plus retenus.
Tant de précaution affoiblit votre règne :

Ils croiront, en effet, mériter qu'on les craigne.
Au joug, depuis longtemps, ils se sont façonnés;
Ils adorent la main qui les tient enchaînés;
Vous les verrez toujours ardents à vous complaire :
Leur prompte servitude a fatigué Tibère.[1]
Moi-même, revêtu d'un pouvoir emprunté,
Que je reçus de Claude avec la liberté,
J'ai cent fois, dans le cours de ma gloire passée,
Tenté leur patience, et ne l'ai point lassée.
D'un empoisonnement vous craignez la noirceur?
Faites périr le frère, abandonnez la sœur;
Rome, sur les autels prodiguant les victimes,
Fussent-ils innocents, leur trouvera des crimes :[2]
Vous verrez mettre au rang des jours infortunés
Ceux où jadis la sœur et le frère sont nés.

NÉRON.

Narcisse, encore un coup, je ne puis l'entreprendre.
J'ai promis à Burrhus, il a fallu me rendre.
Je ne veux point encore, en lui manquant de foi,
Donner à sa vertu des armes contre moi.
J'oppose à ses raisons un courage inutile :
Je ne l'écoute point avec un cœur tranquille.

NARCISSE.

Burrhus ne pense pas, seigneur, tout ce qu'il dit :

---

1. *Une servitude qui fatigue celui qui l'impose!* admirable expression d'une pensée profonde. Tacite peint Tibère comme un despote ombrageux, ennemi de la liberté par caractère, mais dégoûté des flatteries grossières, dont il sentait la bassesse mieux que personne. Tacite rapporte que, sortant un jour du sénat, il s'écria : « O homines ad servitutem paratos! » — « O hommes nés pour la servitude! » Mot qui a fourni à Racine l'idée de ce vers énergique. (G.)

2. Après le meurtre d'Octavie : « Dona ob hæc templis decreta. » (*Annales*, liv. XV, ch. LXIV.)

Son adroite vertu ménage son crédit;
Ou plutôt ils n'ont tous qu'une même pensée.
Ils verroient par ce coup leur puissance abaissée ;
Vous seriez libre alors, seigneur, et devant vous
Ces maîtres orgueilleux fléchiroient comme nous.
Quoi donc! ignorez-vous tout ce qu'ils osent dire?
« Néron, s'ils en sont crus, n'est point né pour l'empire;
« Il ne dit, il ne fait que ce qu'on lui prescrit :
« Burrhus conduit son cœur, Sénèque son esprit.
« Pour toute ambition, pour vertu singulière,
« Il excelle à conduire un char dans la carrière,
« A disputer des prix indignes de ses mains,
« A se donner lui-même en spectacle aux Romains,
« A venir prodiguer sa voix sur un théâtre,
« A réciter des chants qu'il veut qu'on idolâtre,
« Tandis que des soldats, de moments en moments,
« Vont arracher pour lui les applaudissements. »
Ah! ne voulez-vous pas les forcer à se taire? [1]

1. Narcisse a attaqué Néron par tous ses faibles, par la crainte, par la jalousie de l'amour, par celle du pouvoir. Inépuisable dans ses moyens, il le blesse enfin dans ses prétentions aux talents du théâtre, et Néron ne ménage plus rien; l'orgueil le plus vindicatif est celui qui vient de la vanité. Néron était sûr d'être le maître du monde; mais il voulait en être le premier musicien. *Qualis artifex pereo!* disait-il en mourant. « Quelle perte! un si grand artiste! » Ce furent ses dernières paroles; et Tacite et Suétone nous apprennent qu'une des raisons les plus décisives de sa haine pour Britannicus, et de la mort de ce jeune prince, fut la jalousie que Néron avait conçue de la beauté de sa voix. *Non minus æmulatione vocis quæ illi jucundior.* Quel parti Racine a tiré de toutes ces traditions historiques qui conduisent à la connaissance des hommes! Quoiqu'on se doute bien que Néron est déjà entraîné quand il sort avec Narcisse, cependant rien n'est encore ni décidé ni terminé. Le crime sera-t-il consommé? Et comment le sera-t-il? Cela suffit régulièrement pour soutenir la curiosité et l'intérêt; mais les gens de l'art pressentent aussi qu'il y a peu de matière pour le cinquième acte. Au reste, le quatrième est sans contredit un des plus beaux du théâtre français; il en est peu qui rassemblent trois scènes capitales de cette force et de cette variété. (L.)

NÉRON.

Viens, Narcisse : allons voir ce que nous devons faire.¹

1. Si Néron sortoit déterminé, l'action seroit finie : il sort pour aller délibérer. Le spectateur prévoit quelle sera la décision d'un conseil tenu avec Narcisse; cependant il reste dans l'incertitude jusqu'à la quatrième scène de l'acte suivant. La délibération de Néron et les apprêts du festin se passent pendant l'intervalle de cet acte au suivant. (L. R.)

ACTE CINQUIÈME.

SCÈNE PREMIÈRE.

BRITANNICUS, JUNIE.

BRITANNICUS.
Oui, madame, Néron, qui l'auroit pu penser?
Dans son appartement m'attend pour m'embrasser.
Il y fait de sa cour inviter la jeunesse ;
Il veut que d'un festin la pompe et l'allégresse
Confirment à leurs yeux la foi de nos serments,
Et réchauffent l'ardeur de nos embrassements ;
Il éteint cet amour, source de tant de haine ;
Il vous fait de mon sort arbitre souveraine.
Pour moi, quoique banni du rang de mes aïeux,
Quoique de leur dépouille il se pare à mes yeux ;
Depuis qu'à mon amour cessant d'être contraire,
Il semble me céder la gloire de vous plaire,
Mon cœur, je l'avouerai, lui pardonne en secret,
Et lui laisse le reste avec moins de regret.
Quoi! je ne serai plus séparé de vos charmes!
Quoi! même en ce moment, je puis voir sans alarmes
Ces yeux que n'ont émus ni soupirs ni terreur,
Qui m'ont sacrifié l'empire et l'empereur!
Ah, madame!... Mais quoi! Quelle nouvelle crainte

Tient parmi mes transports votre joie en contrainte?[1]
D'où vient qu'en m'écoutant vos yeux, vos tristes yeux,
Avec de longs regards se tournent vers les cieux?
Qu'est-ce que vous craignez?

JUNIE.

Je l'ignore moi-même;
Mais je crains.

BRITANNICUS.

Vous m'aimez?

JUNIE.

Hélas! si je vous aime!

BRITANNICUS.

Néron ne trouble plus notre félicité.

JUNIE.

Mais me répondez-vous de sa sincérité?

BRITANNICUS.

Quoi! vous le soupçonnez d'une haine couverte?

JUNIE.

Néron m'aimoit tantôt, il juroit votre perte;
Il me fuit, il vous cherche; un si grand changement
Peut-il être, seigneur, l'ouvrage d'un moment?

BRITANNICUS.

Cet ouvrage, madame, est un coup d'Agrippine :
Elle a cru que ma perte entraînoit sa ruine.
Grâce aux préventions de son esprit jaloux,
Nos plus grands ennemis ont combattu pour nous.
Je m'en fie aux transports qu'elle m'a fait paroître;
Je m'en fie à Burrhus; j'en crois même son maître :
Je crois qu'à mon exemple, impuissant à trahir,

---

1. *La crainte* qui, *parmi des transports, tient la joie en contrainte,* n'est pas un tour heureux. On est également fâché d'entendre Britannicus se plaindre des yeux de Junie, etc. (G.)

Il hait à cœur ouvert, ou cesse de haïr.

JUNIE.

Seigneur, ne jugez pas de son cœur par le vôtre :
Sur des pas différents vous marchez l'un et l'autre.
Je ne connois Néron et la cour que d'un jour;
Mais, si j'ose le dire, hélas! dans cette cour
Combien tout ce qu'on dit est loin de ce qu'on pense!
Que la bouche et le cœur sont peu d'intelligence!
Avec combien de joie on y trahit sa foi!
Quel séjour étranger et pour vous et pour moi![1]

BRITANNICUS.

Mais que son amitié soit véritable ou feinte,
Si vous craignez Néron, lui-même est-il sans crainte?
Non, non, il n'ira point, par un lâche attentat,
Soulever contre lui le peuple et le sénat.
Que dis-je? Il reconnoît sa dernière injustice;
Ses remords ont paru, même aux yeux de Narcisse.
Ah! s'il vous avoit dit, ma princesse, à quel point...

---

1. Britannicus est confiant, et Junie est inquiète et alarmée; cela devait être : l'amour, surtout dans une jeune personne, est naturellement accompagné de crainte, et combien plus encore dans la situation de Junie, après son enlèvement, après le terrible entretien qu'elle a eu avec Néron! Voilà ce que n'ont pas considéré ceux qui ont été surpris de cette défiance dans Junie, *qui ne connaît Néron et la cour que d'un jour.* Ils se sont imaginé qu'il n'y avait que la politique qui dût avoir des yeux, comme s'il y en avait de plus perçants que ceux de l'amour. Il est vrai que Britannicus ne partage point les frayeurs de sa maîtresse; mais cette confiance, contrastant avec la méchanceté hypocrite de Néron, rend l'oppresseur plus odieux et l'opprimé plus intéressant. De plus, l'amour doit avoir dans les deux sexes des teintes différentes; et l'inquiétude timide ne sied pas à l'un comme à l'autre. Quand l'amant de Junie lui dit : « Qu'est-ce que vous craignez? » elle peut répondre avec une ingénuité aimable :

Je l'ignore moi-même;
Mais je crains.

Ce langage ne conviendrait pas à Britannicus: c'est à elle de craindre, et à lui de la rassurer. (L.)

ACTE V, SCÈNE I.

JUNIE.

Mais Narcisse, seigneur, ne vous trahit-il point?

BRITANNICUS.

Et pourquoi voulez-vous que mon cœur s'en défie?[1]

JUNIE.

Et que sais-je? Il y va, seigneur, de votre vie :
Tout m'est suspect; je crains que tout ne soit séduit;
Je crains Néron; je crains le malheur qui me suit.
D'un noir pressentiment malgré moi prévenue,
Je vous laisse à regret éloigner de ma vue.
Hélas! si cette paix dont vous vous repaissez
Couvroit contre vos jours quelques piéges dressés;
Si Néron, irrité de notre intelligence,
Avoit choisi la nuit pour cacher sa vengeance;
S'il préparoit ses coups tandis que je vous vois;
Et si je vous parlois pour la dernière fois!
Ah, prince!

BRITANNICUS.

Vous pleurez! Ah, ma chère princesse!
Et pour moi jusque-là votre cœur s'intéresse!
Quoi! madame, en un jour où, plein de sa grandeur,
Néron croit éblouir vos yeux de sa splendeur,
Dans des lieux où chacun me fuit et le révère,

---

1. VAR. *Lui, me trahir! Hé quoi! vous voulez donc, madame,*
Qu'à d'éternels soupçons j'abandonne mon âme?
Seul de tous mes amis, Narcisse m'est resté.
L'a-t-on vu de mon père oublier la bonté?
S'est-il rendu, madame, indigne de la mienne?
Néron de temps en temps souffre qu'il l'entretienne,
Je le sais. Mais il peut, sans violer sa foi,
Tenir lieu d'interprète entre Néron et moi.
Et pourquoi voulez-vous que mon cœur s'en défie?
   JUNIE.
Et que sais-je? etc.

Aux pompes de sa cour préférer ma misère!
Quoi! dans ce même jour et dans ces mêmes lieux,
Refuser un empire, et pleurer à mes yeux!
Mais, madame, arrêtez ces précieuses larmes :
Mon retour va bientôt dissiper vos alarmes.
Je me rendrois suspect par un plus long séjour : [1]
Adieu. Je vais, le cœur tout plein de mon amour,
Au milieu des transports d'une aveugle jeunesse,
Ne voir, n'entretenir que ma belle princesse. [2]
Adieu.

JUNIE.

Prince...

BRITANNICUS.

On m'attend, madame, il faut partir.

JUNIE.

Mais du moins attendez qu'on vous vienne avertir.

SCÈNE II.

BRITANNICUS, AGRIPPINE, JUNIE.

AGRIPPINE.

Prince, que tardez-vous? Partez en diligence.
Néron impatient se plaint de votre absence.

1. Selon l'Académie, le mot *séjour* s'emploie ordinairement pour désigner le temps pendant lequel on demeure dans un même lieu et dans un même pays; ainsi, l'on fait un séjour à la campagne; mais ce mot ne peut se dire du court espace de temps qui s'écoule pendant l'entretien de deux personnes. Ce n'est point faire un séjour chez un ami que de lui rendre une visite d'un instant. (A. M.)

2. Cette expression, que le temps a bannie de la tragédie, est répétée trois fois dans vingt-sept vers : *ma princesse, ma chère princesse,* et *ma belle princesse.* (A. M.)

ACTE V, SCÈNE II.

La joie et le plaisir de tous les conviés
Attend, pour éclater, que vous vous embrassiez.
Ne faites point languir une si juste envie ;
Allez. Et nous, madame, allons chez Octavie.

BRITANNICUS.

Allez, belle Junie ; et, d'un esprit content,
Hâtez-vous d'embrasser ma sœur qui vous attend. [1]
Dès que je le pourrai, je reviens sur vos traces, [2]
Madame ; et de vos soins j'irai vous rendre grâces.

SCÈNE III.

AGRIPPINE, JUNIE.

AGRIPPINE.

Madame, ou je me trompe, ou, durant vos adieux,
Quelques pleurs répandus ont obscurci vos yeux.

---

1. *Allez, allons, allez :* cet abus du verbe *aller* est une négligence qui choque à la lecture et disparaît au théâtre. On a remarqué avec raison la singulière affinité qui se trouve entre les deux derniers vers et ceux de la dernière scène d'*Héraclius* :

> Allons lui rendre hommage, et d'un esprit content
> Montrer Héraclius au peuple qui l'attend.

Dans cette courte scène, il faut observer qu'Agrippine, qui ne dit que six vers, en dit assez pour se faire connaître aux spectateurs par un nouveau trait de caractère. Exercée à toute la scélératesse d'une cour corrompue, elle se montre aussi confiante, aussi crédule que Britannicus lui-même : elle ne doute point que Néron n'attende son frère avec impatience pour l'embrasser. Cette crédulité, qui dans Britannicus est l'effet de la jeunesse et de l'inexpérience, est produite dans Agrippine par l'excès de l'ambition, passion toujours plus insensée et plus aveugle dans les femmes ; elle est le fruit de son orgueil, qui lui persuade que Néron n'a pu résister à ses discours et à son ascendant : elle en est si convaincue, qu'elle fait presque un crime à Junie de quelques larmes qui semblent annoncer de l'inquiétude. (G.)

2. Var. *Dès que je le pourrai, je reviens sur ses traces.*

Puis-je savoir quel trouble a formé ce nuage?
Doutez-vous d'une paix dont je fais mon ouvrage?
JUNIE.
Après tous les ennuis que ce jour m'a coûtés,
Ai-je pu rassurer mes esprits agités?
Hélas! à peine encor je conçois ce miracle.
Quand même à vos bontés je craindrois quelque obstacle,
Le changement, madame, est commun à la cour;
Et toujours quelque crainte accompagne l'amour.
AGRIPPINE.
Il suffit, j'ai parlé, tout a changé de face :
Mes soins à vos soupçons ne laissent point de place.
Je réponds d'une paix jurée entre mes mains;
Néron m'en a donné des gages trop certains.
Ah! si vous aviez vu par combien de caresses
Il m'a renouvelé la foi de ses promesses;
Par quels embrassements il vient de m'arrêter!
Ses bras, dans nos adieux, ne pouvoient me quitter.
Sa facile bonté, sur son front répandue,
Jusqu'aux moindres secrets est d'abord descendue :
Il s'épanchoit en fils qui vient en liberté
Dans le sein de sa mère oublier sa fierté.
Mais bientôt reprenant un visage sévère,
Tel que d'un empereur qui consulte sa mère,
Sa confidence auguste a mis entre mes mains
Des secrets d'où dépend le destin des humains. [1]

---

1. Le dernier entretien que Néron eut avec sa mère, dont il avait ordonné la mort, offre la même scène de dissimulation. Agrippine se rendit en litière à Baies, où Néron l'attendait. « Ibi blandimentum sublevavit metum, comiter excepta superque ipsum collocata. Nam pluribus sermonibus, modo familiaritate juvenili Nero, et rursus adductus, quasi seria consociaret, tracto in longum convictu, prosequitur abeuntem arctius oculis et pectori hærens, sive explenda simulatione, seu periturae matris su-

Non, il le faut ici confesser à sa gloire :
Son cœur n'enferme point une malice noire ;
Et nos seuls ennemis, altérant sa bonté,
Abusoient contre nous de sa facilité ;
Mais enfin, à son tour, leur puissance décline :
Rome encore une fois va connoître Agrippine ;
Déjà de ma faveur on adore le bruit. [1]
Cependant en ces lieux n'attendons pas la nuit :
Passons chez Octavie, et donnons-lui le reste
D'un jour autant heureux que je l'ai cru funeste.
Mais qu'est-ce que j'entends? Quel tumulte confus!
Que peut-on faire?

JUNIE.

O ciel, sauvez Britannicus!

SCÈNE IV.

AGRIPPINE, JUNIE, BURRHUS.

AGRIPPINE.

Burrhus, où courez-vous? Arrêtez. Que veut dire...

---

premus aspectus, quamvis ferum animum retinebat. » — « Là, ses craintes furent dissipées par les caresses de son fils, qui l'accueillit avec toutes les apparences de la tendresse, et la fit placer au-dessus de lui. Tantôt il s'épanchait avec l'enjouement familier d'un jeune homme; tantôt, affectant la gravité, il semblait lui communiquer les secrets les plus importants. Le festin se prolongea; et lorsque Agrippine voulut se retirer, Néron la reconduisit; et, la pressant contre son sein, il fixa sur elle des regards plus tendres qu'à l'ordinaire, soit pour mettre le comble à sa dissimulation, soit que le dernier aspect d'une mère qu'il envoyait à la mort eût attendri ce cœur féroce. » (TACITE, *Ann.*, liv. XIV, ch. IV.) (A. M.)

1. Suivant La Harpe, les dix vers qui commencent par ces mots : *par quels embrassements*, doivent être placés au rang des vers les plus parfaits de notre langue. Tout ce morceau d'ailleurs est plein d'expressions neuves et sublimes, telles que celles-ci : *il s'épanchoit en fils ; déjà de ma faveur on adore le bruit*. En effet, ajoute La Harpe, on adore tout de la faveur, même le bruit. Mais qui, excepté Racine, aurait osé le dire? (A. M.)

BURRHUS.

Madame, c'en est fait, Britannicus expire.

JUNIE.

Ah! mon prince!

AGRIPPINE.

Il expire?

BURRHUS.

Ou plutôt il est mort,
Madame.

JUNIE.

Pardonnez, madame, à ce transport.
Je vais le secourir, si je puis, ou le suivre.

SCÈNE V.

AGRIPPINE, BURRHUS.

AGRIPPINE.

Quel attentat, Burrhus!

BURRHUS.

Je n'y pourrai survivre,
Madame; il faut quitter la cour et l'empereur.

AGRIPPINE.

Quoi! du sang de son frère il n'a point eu d'horreur!

BURRHUS.

Ce dessein s'est conduit avec plus de mystère.
A peine l'empereur a vu venir son frère,
Il se lève, il l'embrasse, on se tait; et soudain
César prend le premier une coupe à la main :
« Pour achever ce jour sous de meilleurs auspices,
« Ma main de cette coupe épanche les prémices,

« Dit-il. Dieux, que j'appelle à cette effusion,
« Venez favoriser notre réunion. »
Par les mêmes serments Britannicus se lie.
La coupe dans ses mains par Narcisse est remplie ;
Mais ses lèvres à peine en ont touché les bords,
Le fer ne produit point de si puissants efforts,
Madame : la lumière à ses yeux est ravie ;
Il tombe sur son lit sans chaleur et sans vie.
Jugez combien ce coup frappe tous les esprits :
La moitié s'épouvante et sort avec des cris ;
Mais ceux qui de la cour ont un plus long usage
Sur les yeux de César composent leur visage.
Cependant sur son lit il demeure penché ;
D'aucun étonnement il ne paroît touché :
« Ce mal dont vous craignez, dit-il, la violence,
« A souvent sans péril attaqué son enfance. »
Narcisse veut en vain affecter quelque ennui,
Et sa perfide joie éclate malgré lui.
Pour moi, dût l'empereur punir ma hardiesse,
D'une odieuse cour j'ai traversé la presse ;
Et j'allois, accablé de cet assassinat,
Pleurer Britannicus, César et tout l'État.[1]

1. Dans ce récit, Racine lutte encore contre Tacite. « Mos habebatur principum liberos, cum ceteris idem ætatis nobilibus, sedentes vesci, in adspectu propinquorum, propria et parciore mensa. Illic epulante Britannico, quia cibos potusque ejus delectus ex ministris gustu explorabat, ne omitteretur institutum, aut utriusque morte proderetur scelus, talis dolus repertus est : innoxia adhuc, ac præcalida, et libata gustu potio traditur Britannico ; dein, postquam fervore adspernabatur, frigida in aqua adfunditur venenum, quod ita cunctos ejus artus pervasit, ut vox pariter et spiritus ejus raperentur. Trepidatur a circumsedentibus, diffugiunt imprudentes. At quibus altior intellectus, resistunt defixi, et Neronem intuentes. Ille, ut erat reclinis, et nescio similis, solitum ita, ait, per comitialem morbum, quo primum ab infantia adflictaretur Britannicus et redituros paulatim visus sensusque. At Agrippinæ is pavor, ea con-

AGRIPPINE.

Le voici. Vous verrez si c'est moi qui l'inspire. [1]

sternatio mentis, quamvis vultu premeretur, emicuit, ut perinde ignaram fuisse, ac sororem Britannici Octaviam, constiterit : quippe sibi supremum auxilium ereptum, et parricidii exemplum intelligebat. Octavia quoque, quamvis rudibus annis, dolorem, caritatem, omnes affectus abscondere didicerat. Ita post breve silentium, repetita convivi lætitia. » — « C'était l'usage que dans les festins les enfants des princes, réunis à ceux des premières familles de Rome, fussent assis, sous les yeux de leurs parents, à une table particulière et plus simplement servie ; là se trouvait Britannicus. Les mets et les vins qu'on lui présentait étaient goûtés par un officier choisi de sa maison. Comme on ne voulait ni manquer à cette coutume, ni trahir le secret du crime par la mort de deux personnes, une ruse fut imaginée : on essaye devant Britannicus un breuvage innocent, mais si chaud qu'il ne peut le supporter ; alors on y verse de l'eau froide, dans laquelle on avait introduit un poison subtil, qui pénètre tous ses membres avec une telle rapidité, qu'il lui ravit soudain la parole et la vie. Ceux qui l'environnent se troublent : quelques imprudents prennent la fuite ; d'autres, plus pénétrants, attendent immobiles et regardent Néron. Lui, comme étranger à ce qui se passe, reste négligemment couché sur son lit ; il dit que c'est un de ces accès d'épilepsie dont Britannicus est affligé depuis son enfance, et que peu à peu il reprendra ses sens. Mais Agrippine fit de vains efforts pour dissimuler son effroi. La consternation se peignit si vivement sur son visage, qu'on la jugea aussi innocente que la sœur même de Britannicus. Elle sentit qu'elle perdait sa dernière ressource, et que ce crime était le prélude d'un parricide. Pour Octavie, malgré l'inexpérience de son âge, elle avait appris à cacher sa douleur, sa tendresse, et toutes ses affections. Ainsi, après un moment de silence, on se livra de nouveau à la joie du festin. » (*Annales,* liv. XIII, ch. XVI.) (A. M.)

1. VAR. *Le voici. Vous verrez si je suis sa complice.*
    Demeurez.

Dans les premières représentations, Néron arrivait avec Junie fondant en larmes, et lui disait :

> De vos pleurs j'approuve la justice.
> Mais, madame, évitez ce spectacle odieux ;
> Moi-même en frémissant j'en détourne les yeux.
> Il est mort : tôt ou tard il faut qu'on vous l'avoue.
> Ainsi de nos desseins la fortune se joue :
> Quand nous nous rapprochons, le ciel nous désunit.
>
> JUNIE.
>
> J'aimois Britannicus, seigneur, je vous l'ai dit.
> Si de quelque pitié ma misère est suivie,

SCÈNE VI.

NÉRON, AGRIPPINE, BURRHUS, NARCISSE.

NÉRON, voyant Agrippine.[1]

Dieux!

AGRIPPINE.

Arrêtez, Néron : jai deux mots à vous dire.
Britannicus est mort : je reconnois les coups;
Je connois l'assassin.

NÉRON.

Et qui, madame?

AGRIPPINE.

Vous.

NÉRON.

Moi? Voilà les soupçons dont vous êtes capable.
Il n'est point de malheur dont je ne sois coupable.
Et si l'on veut, madame, écouter vos discours,
Ma main de Claude même aura tranché les jours.[2]

> Qu'on me laisse chercher dans le sein d'Octavie
> Un entretien conforme à l'état où je suis.
> NÉRON.
> Belle Junie, allez; moi-même je vous suis.
> Je vais, par tous les soins que la tendresse inspire,
> Vous...

C'est alors qu'Agrippine l'arrêtait en lui disant : « Arrêtez... »
 Cette variante formait autrefois la scène sixième. Racine supprima cette scène par le conseil de Boileau.
 1. Ici, Néron ne paroît plus tel qu'il étoit dans les scènes précédentes. Ce n'est pas qu'il soit changé, mais il cesse de se déguiser. Il avoit voulu jusque-là cacher son caractère à sa mère et à son gouverneur; mais, après la trahison qu'il vient de commettre, il ne veut plus rien ménager. Ce crime a ouvert le passage à tous les autres; on ne peut plus le croire vertueux; il va donc se montrer tel qu'il est. C'est le dernier coup de pinceau du poëte (L. R.)
 2. Il y a dans cette réponse autant d'impudence que de malignité : personne ne sait mieux que lui que c'est Agrippine qui a fait périr Claude, et c'est Néron qui reproche à sa mère ce crime commis pour lui. Quelle leçon! Agrippine, selon l'histoire, ne fut pas, à beaucoup près, si hardie qu'elle

Son fils vous étoit cher, sa mort peut vous confondre;
Mais des coups du destin je ne puis pas répondre.

AGRIPPINE.

Non, non, Britannicus est mort empoisonné;
Narcisse a fait le coup, vous l'avez ordonné.

NÉRON.

Madame!... Mais qui peut vous tenir ce langage?

NARCISSE.

Hé, seigneur, ce soupçon vous fait-il tant d'outrage?[1]
Britannicus, madame, eut des desseins secrets
Qui vous auroient coûté de plus justes regrets :
Il aspiroit plus loin qu'à l'hymen de Junie;
De vos propres bontés il vous auroit punie.
Il vous trompoit vous-même; et son cœur offensé*
Prétendoit tôt ou tard rappeler le passé.
Soit donc que malgré vous le sort vous ait servie,
Soit qu'instruit des complots qui menaçoient sa vie,

l'est ici; elle fut consternée de la mort de Britannicus, qui lui présageait la sienne, et ne vit dans ce premier attentat qu'un essai du parricide : *parricidii exemplum*. Le poëte, observant toujours les mêmes nuances, a très-sagement séparé cette femme, toute méchante qu'elle était, d'un monstre tel que Néron. Il l'avait peinte altière et emportée, pour qu'elle pût avec vraisemblance ne rien ménager avec Néron, qui la pousse à bout. Les reproches, les menaces et les prédictions dont elle l'accable, la réconcilient assez avec le spectateur pour laisser une juste distance entre elle et son fils; en sorte que toute l'horreur reste sur Néron, comme cela devait être, et toute la pitié sur Britannicus et Junie. (L.)

1. C'est un des traits les plus profonds et les plus admirables de la pièce; mais c'est un des moins sentis. Néron, toujours faible, se défend, et nie le crime. Narcisse, avec une impudence digne des scélérats consommés, encourage, enhardit son maître : il lève le masque, il avoue tout, et soutient que tout est bien fait. C'est le discours d'un scélérat qui compte déjà sur le crédit que lui donne le crime sur un maître tel que Néron. Agrippine elle-même est confondue de cet excès d'effronterie; et, n'espérant plus rien de son fils, c'est alors qu'elle laisse un libre cours à sa fureur, et qu'elle accable Néron des imprécations les plus terribles. (G.)

*. VAR. *Madame, il vous trompoit; et son cœur offensé.*

ACTE V, SCÈNE VI.

Sur ma fidélité César s'en soit remis,
Laissez les pleurs, madame, à vos seuls ennemis :
Qu'ils mettent ce malheur au rang des plus sinistres :
Mais vous...

AGRIPPINE.

Poursuis, Néron : avec de tels ministres,
Par des faits glorieux tu te vas signaler ;
Poursuis. Tu n'as pas fait ce pas pour reculer :
Ta main a commencé par le sang de ton frère ;
Je prévois que tes coups viendront jusqu'à ta mère. [1]
Dans le fond de ton cœur je sais que tu me hais ; *
Tu voudras t'affranchir du joug de mes bienfaits.
Mais je veux que ma mort te soit même inutile :
Ne crois pas qu'en mourant je te laisse tranquille ;
Rome, ce ciel, ce jour que tu reçus de moi,
Partout, à tout moment, m'offriront devant toi.
Tes remords te suivront comme autant de furies ;
Tu croiras les calmer par d'autres barbaries ;

---

1. Ces sortes de prophéties font impression sur le spectateur qui a lu l'histoire, et qui sait qu'elles ont été réalisées. La peinture des forfaits et du supplice de Néron, présentée dans l'avenir, est aussi fidèle que terrible. L'effet de ces imprécations, que la morale dramatique substitue à la punition présente, si le sujet ne la donne pas, est beaucoup moindre quand on sait qu'elles ne seront pas accomplies, et que le coupable demeurera impuni, comme dans le cinquième acte de *Mahomet*, où Palmire s'écrie :

> Que le monde par toi séduit et ravagé
> Rougisse de ses fers, les brise et soit vengé !
> Que ta religion, que fonda l'imposture,
> Soit l'éternel mépris de la race future.

On sait trop que rien de tout cela n'est arrivé. L'auteur a compensé cet inconvénient, autant qu'il l'a pu, par ce mot sublime dans la bouche de Mahomet : *Il est donc des remords !* Mais ces *remords* n'étaient et ne pouvaient être que le regret momentané de la perte de Palmire ; ce qui fait sentir encore davantage le vice du dénoûment, malgré l'art et les efforts de l'auteur. (L.)

* VAR. *Tu te fatigueras d'entendre tes forfaits.*

Ta fureur, s'irritant soi-même dans son cours,
D'un sang toujours nouveau marquera tous tes jours.
Mais j'espère qu'enfin le ciel, las de tes crimes,
Ajoutera ta perte à tant d'autres victimes;
Qu'après t'être couvert de leur sang et du mien,
Tu te verras forcé de répandre le tien;
Et ton nom paraîtra, dans la race future,
Aux plus cruels tyrans une cruelle injure. [1]
Voilà ce que mon cœur se présage de toi.
Adieu : tu peux sortir.

NÉRON.

Narcisse, suivez-moi. [2]

SCÈNE VII.

AGRIPPINE, BURRHUS.

AGRIPPINE.

Ah, ciel! de mes soupçons quelle étoit l'injustice!
Je condamnois Burrhus pour écouter Narcisse!

---

1. Voilà un exemple de cet art, si fréquent dans Racine, de donner aux idées les plus fortes l'expression la plus simple. Dire à un homme que son nom sera une injure pour les tyrans est déjà terrible, mais *pour les plus cruels tyrans une cruelle injure!* je ne crois pas que l'invective puisse imaginer rien au delà, et pourtant il n'y a rien de trop pour Néron; son nom est devenu celui de la cruauté... Quelle vérité effrayante dans la peinture de ce monstre naissant! C'est une des productions les plus frappantes du génie de Racine, et une de celles qui prouvent que ce grand homme pouvait tout faire. (L.)

2. La froideur avec laquelle Néron entend les imprécations d'Agrippine, son silence, cet ordre sec et laconique, *Narcisse, suivez-moi,* sont le dernier trait du caractère de cet empereur : on voit déjà un scélérat endurci, déterminé à se livrer à ses flatteurs et à ses passions, et qui va hâter l'accomplissement des imprécations de sa mère. Jusque-là, le dénoûment est terrible; il y a une sorte de consternation répandue sur la scène : on frémit et du crime qui vient de se commettre, et de tous ceux que ce premier crime annonce ; mais cet effet commence à s'affaiblir après la sortie de Néron. (G.)

Burrhus, avez-vous vu quels regards furieux
Néron en me quittant m'a laissés pour adieux?
C'en est fait, le cruel n'a plus rien qui l'arrête ;
Le coup qu'on m'a prédit va tomber sur ma tête.
Il vous accablera vous-même à votre tour.

BURRHUS.

Ah, madame! pour moi, j'ai vécu trop d'un jour.
Plût au ciel que sa main, heureusement cruelle,
Eût fait sur moi l'essai de sa fureur nouvelle!
Qu'il ne m'eût pas donné, par ce triste attentat,
Un gage trop certain des malheurs de l'État!
Son crime seul n'est pas ce qui me désespère ;
Sa jalousie a pu l'armer contre son frère :
Mais s'il vous faut, madame, expliquer ma douleur,
Néron l'a vu mourir sans changer de couleur.
Ses yeux indifférents ont déjà la constance
D'un tyran dans le crime endurci dès l'enfance.
Qu'il achève, madame, et qu'il fasse périr
Un ministre importun qui ne le peut souffrir.
Hélas! loin de vouloir éviter sa colère,
La plus soudaine mort me sera la plus chère.

SCÈNE VIII.

AGRIPPINE, BURRHUS, ALBINE.

ALBINE.

Ah, madame! ah, seigneur! courez vers l'empereur;
Venez sauver César de sa propre fureur;
Il se voit pour jamais séparé de Junie.

AGRIPPINE.

Quoi! Junie elle-même a terminé sa vie?

ALBINE.

Pour accabler César d'un éternel ennui,
Madame, sans mourir elle est morte pour lui.
Vous savez de ces lieux comme elle s'est ravie.[1]
Elle a feint de passer chez la triste Octavie ;
Mais bientôt elle a pris des chemins écartés,
Où mes yeux ont suivi ses pas précipités.
Des portes du palais elle sort éperdue.
D'abord elle a d'Auguste aperçu la statue ;
Et mouillant de ses pleurs le marbre de ses pieds,
Que de ses bras pressants elle tenoit liés :
« Prince, par ces genoux, dit-elle, que j'embrasse,
« Protége en ce moment le reste de ta race :
« Rome, dans ton palais, vient de voir immoler
« Le seul de tes neveux qui te pût ressembler.
« On veut après sa mort que je lui sois parjure ;
« Mais pour lui conserver une foi toujours pure,
« Prince, je me dévoue à ces dieux immortels
« Dont ta vertu t'a fait partager les autels. »
Le peuple cependant, que ce spectacle étonne,
Vole de toutes parts, se presse, l'environne,
S'attendrit à ses pleurs, et, plaignant son ennui[2],
D'une commune voix la prend sous son appui ;
Ils la mènent au temple, où depuis tant d'années[3]

---

1. On *se dérobe*, on *s'échappe* de quelque endroit ; mais on ne peut *se ravir* d'un lieu. C'est le huitième et le dernier des vers que la critique la plus sévère puisse être autorisée à rayer de cet ouvrage. (L.)

2. Ce mot *ennui* est ici trop au-dessous de ce qu'il doit exprimer. (G.)
Le mot ennui est pris ici dans son vieux sens de douleur et d'angoisse.

3. On ne recevoit point parmi les vestales une fille au-dessus de dix ans ; mais, devant des spectateurs à qui cette règle est peu connue, le poëte peut supposer une exception faite par le peuple en faveur de la vertueuse et malheureuse Junie. C'est ce qui paroît cependant à l'abbé Dubos une faute inexcusable. « Il fait donner, dit-il, par le peuple une dispense d'âge : évé-

Au culte des autels nos vierges destinées
Gardent fidèlement le dépôt précieux
Du feu toujours ardent qui brûle pour nos dieux.
César les voit partir sans oser les distraire.
Narcisse, plus hardi, s'empresse pour lui plaire;
Il vole vers Junie, et, sans s'épouvanter,
D'une profane main commence à l'arrêter.
De mille coups mortels son audace est punie;
Son infidèle sang rejaillit sur Junie.
César, de tant d'objets en même temps frappé,
Le laisse entre les mains qui l'ont enveloppé.
Il rentre. Chacun fuit son silence farouche;[1]
Le seul nom de Junie échappe de sa bouche.
Il marche sans dessein; ses yeux mal assurés
N'osent lever au ciel leurs regards égarés;
Et l'on craint, si la nuit jointe à la solitude
Vient de son désespoir aigrir l'inquiétude,
Si vous l'abandonnez plus longtemps sans secours,
Que sa douleur bientôt n'attente sur ses jours.
Le temps presse : courez. Il ne faut qu'un caprice,[2]
Il se perdroit, madame.

---

nement ridicule par rapport à ces temps-là, où le peuple ne faisoit plus les lois. » Un homme d'esprit peut-il, par une critique si pitoyable, attaquer un dénoûment si heureux? Lorsque le spectateur, apprenant que Narcisse est déchiré par le peuple, apprend aussi que Junie est, par la protection du peuple, à l'abri de la fureur de Néron, il est content, et le grand objet du poëte est de le contenter. (L. R.)

1. *Fuir un silence.* Quand on voudroit examiner à la rigueur cette expression, on la trouveroit très-juste. Peut-on faire entendre en moins de mots que, le silence de Néron étant la preuve de sa fureur, chacun s'enfuit? C'est par ces alliances de mots que le poëte dit les choses avec tant de vivacité, et se fait une langue qui semble n'être qu'à lui. (L. R.)

2. Ce récit renferme quelques négligences, telles que *tenir le marbre de ses pieds liés de ses bras pressants;* César, *qui n'ose distraire,* pour *qui n'ose arrêter; des yeux mal assurés qui n'osent lever des regards égarés;* le

AGRIPPINE.

Il se feroit justice.[1]
Mais, Burrhus, allons voir jusqu'où vont ses transports :
Voyons quel changement produiront ses remords ;
S'il voudra désormais suivre d'autres maximes.

BURRHUS.

Plût aux dieux que ce fût le dernier de ses crimes![2]

---

caprice qui peut porter un amant à se tuer. Cette description jette un peu de froideur dans ce récit. (A. M.)

Je trouve M. Aimé Martin bien sévère ; je le trouve surtout trop disposé, comme Geoffroy, à condamner, dans la langue de Racine et du XVIIe siècle, tout ce qui n'est pas conforme à la langue du XIXe, plus coupée et plus maigre que celle du XVIIe siècle. Ces deux vers :

> Et mouillant de ses pleurs le marbre de ses pieds
> Que de ses bras pressants elle tenoit liés,

sont la plus belle et la plus fidèle image que je connaisse des suppliants antiques embrassant les statues des dieux. Ils sont un groupe de sculpture.

> Ses yeux mal assurés
> N'osent lever au ciel leurs regards égarés.

Il n'y a ni impropriété ni pléonasme d'expression dans *ces yeux* qui ont *des regards*. Le regard est l'expression des yeux.

1. Cette réponse, dictée par la passion du moment, quoique dure et cruelle pour une mère, est admirable dans la bouche d'Agrippine. On pressent avec effroi que sa violence et ses emportements hâteront le moment du parricide. (G.)

2. Narcisse est mis en pièces par le peuple et abandonné par le tyran qu'il a servi : son châtiment est complet. Celui de Néron ne l'est qu'en prédiction, comme le sujet et l'histoire l'exigeaient. Mais il perd Junie qu'il a cru posséder, et on nous le représente dans un état d'épouvante et de désespoir qui fait même craindre qu'il n'attente sur sa vie. Junie est dans une retraite sacrée, à l'abri des attentats de Néron. Le poëte a fait tout ce que demandait son art, et tiré de son sujet tout ce qu'il pouvait donner. Il n'en est pas moins vrai que ce dernier acte est d'un effet médiocre et fort inférieur à celui du quatrième ; mais, si l'on ne traitait que les sujets dont la principale force est dans le dénoûment, il en est beaucoup que le génie se refuserait. *Britannicus* est au second rang pour l'effet théâtral ; il est au premier pour la conception originale, la vérité et la profondeur des vues morales et politiques, et par le fini de l'exécution. Voltaire, fait plus

que personne pour apprécier les beautés sévères de cette tragédie, leur a rendu la justice qu'il leur devait, et a très-bien fait sentir pourquoi, dans la nouveauté, le public parut peu sensible à un genre de mérite que le temps seul pouvait mettre à sa place. Après avoir rappelé les objections faites contre l'ouvrage au moment où il parut, il ajoute qu'on en trouva la réfutation dans l'ouvrage même, à mesure qu'il fut mieux jugé et mieux senti. Il entre, en grand artiste, dans les vues de l'auteur, et en reconnaît la justesse. *Britannicus*, dit-il, *fut la pièce des connaisseurs*, et nul n'a plus de droit que lui de prononcer en leur nom. Cependant il pense que *cet estimable ouvrage est un peu froid :* ce sont ses termes. J'ose croire qu'ils ne sont pas justes; que la louange est ici trop restreinte, et la censure trop rigoureuse. Une pièce qui attache le spectateur d'un bout à l'autre, et par des impressions aussi vives que celles de la scène du second acte entre Britannicus et Junie, de la scène du troisième acte entre Britannicus et Néron, et surtout de la scène du quatrième entre Néron et Burrhus, une telle pièce ne saurait être taxée de *froideur*, à moins qu'on n'appelle *froid* tout ce qui n'est pas déchirant, et Voltaire n'était pas capable de cette sottise. Mais vers la fin de sa vie, sans renoncer jamais à cette admiration solennelle qu'il avait professée pendant quarante ans pour l'*excellent* Racine, il eut quelque accès d'humeur contre lui et contre quelques autres grands hommes; ce qui le fit tomber dans des contradictions choquantes, dont son dernier jugement sur *Athalie* est une preuve déplorable. (L.) — Les premières représentations de *Britannicus* eurent peu de succès : la pièce était trop au-dessus des auditeurs; Racine n'avait pas encore formé son public. Toutefois une circonstance singulière, et qui a été racontée, dit-on, par Boileau, contribua peut-être à la froideur du parterre : « Le rôle de Néron étoit joué par Floridor, le meilleur comédien de son siècle; c'étoit un acteur fort aimé du public, et tout le monde souffroit de lui voir représenter Néron et d'être obligé de lui vouloir du mal. Cela fut cause que l'on donna le rôle à un acteur moins chéri, et dès lors la pièce s'en trouva mieux. » (*Bolœana*, p. 107.) (A. M.)

FIN DE BRITANNICUS.

EXAMEN CRITIQUE
DE BRITANNICUS.

Je devrais peut-être ne plus citer Tacite, l'ayant déjà tant cité dans la Notice préliminaire qui précède *Britannicus*. Je me sens cependant encore entraîné à comparer les grands et terribles récits de l'historien romain avec la tragédie de Racine, après les avoir comparés aux pièces de Sénèque, d'Alfieri et de Tristan. Ici du moins la lutte sera entre génies plus égaux et plus curieuse à suivre, si surtout nous considérons comment Racine, en s'appuyant sur Tacite, a cherché à l'imiter, l'a parfois atteint et ne l'a jamais surpassé. Est-ce infériorité de génie ou de genre littéraire? Est-ce la différence de la société française avec la société latine? Il y a de toutes ces raisons dans l'infériorité que j'avoue de Racine comparé à Tacite.[1]

Disons d'abord que, lorsqu'il s'agit de peindre les hor-

---

1. « On s'accorde assez généralement, dit mon vieil ami M. de Sacy, à regarder *Athalie* comme le chef-d'œuvre de Racine. *Britannicus* lui dispute la première place auprès de quelques esprits sévères. Si vous êtes de cet avis et que vous y teniez, ne lisez pas Tacite. Racine lui a tout pris sans pouvoir l'égaler. Tacite est plus grand peintre encore que Racine. Les plus beaux vers du poëte pâlissent devant la prose de l'historien. » (*Constitutionnel* du 23 novembre 1868 ; deux articles sur le premier volume de notre édition de Racine.)

reurs de la société romaine, sous Claude et sous Néron, l'historien presque contemporain est autrement inspiré par l'indignation qu'il ressent que ne peut l'être le poëte du règne de Louis XIV, qui prend pour sujet de tragédie le premier crime de Néron. Pour l'historien, tout est récent, tout est vivant encore, et sa colère d'honnête homme est aussi ardente que le souvenir des crimes qu'il raconte. Pour le poëte, tout s'adoucit malgré lui par l'éloignement. Tacite retrace ce qu'il voit, Racine essaye de se représenter ce qu'il lit. On peut croire aussi que le génie de Racine était moins sévère et moins sombre que celui de Tacite, de même que son temps aussi était moins attristant. Enfin la poésie dramatique diminue, bon gré malgré, les héros et même les scélérats qu'elle prend dans l'histoire; elle les fait agir plus ou moins à l'instar des autres hommes; ils ont dans l'histoire une originalité glorieuse ou affreuse qu'ils perdent en arrivant sur la scène.

Le Néron de Racine semble fait pour justifier quelques-unes des réflexions que je viens de faire. Il est amoureux comme un jeune seigneur de la cour de Louis XIV, amoureux, je le sais, avec des traits de férocité qui annoncent Néron, amoureux cependant, et cet amour-là le rapproche de nous, et surtout des mœurs et des habitudes du siècle de Louis XIV. Le Néron de Racine, à cause de cet amour que lui a donné Racine pour le mettre à la portée de son temps, a des actions et des sentiments qui ne sont pas du tout du Néron de Tacite. Celui-là est un despote libertin, mais n'est pas du tout un prince amoureux.

Je ne puis donc, dans l'examen que je veux faire du *Britannicus*, me dispenser de recourir à Tacite. C'est là qu'est le sujet, et c'est là aussi qu'est le modèle du drame qu'a essayé Racine. Je prendrai l'un après l'autre les personnages principaux, Agrippine, Néron, Britannicus, Burrhus, Narcisse, pour les étudier tour à tour dans le poëte et dans l'historien, admirant ainsi tour à tour les grands tableaux de l'histoire, et les scènes où la poésie dramatique se relève à côté de l'histoire par la vivacité passionnée de son action.

Je commence par Britannicus. Il donne son nom à la tragédie de Racine, mais il n'en est pas véritablement le sujet. Le vrai sujet de *Britannicus* est la chute politique d'Agrippine, qui est le présage et la vision certaine de sa mort.

Dans Tacite, les périls de Britannicus et l'intérêt qu'ils excitent commencent avant le règne de Néron et au mariage d'Agrippine avec Claude. Faible, à peine intelligent, excepté quand il s'agissait d'antiquités ou de jurisprudence, Claude se laisse persuader par Agrippine et par son affranchi Pallas d'adopter Néron, le fils d'Agrippine et de Domitius, au préjudice de Britannicus son fils. Le sénat rend grâces aux dieux de cette adoption qui prépare la ruine du fils au profit du beau-fils. « Alors, dit Tacite, il n'y eut personne à Rome, si peu de pitié qu'il eût dans l'âme, qui ne s'affligeât du sort de Britannicus. Privé peu à peu de ses plus intimes serviteurs, il tournait en dérision les caresses hypocrites de sa belle-mère, comprenant déjà la fausseté; car on dit qu'il avait de l'esprit et du cœur, soit que ce fût vrai, soit que ses périls l'aient fait aimer et lui aient créé une renommée qu'il a conservée, n'étant pas mise à l'épreuve.[1] »

Les affranchis de Claude se disputaient entre eux à qui gouvernerait l'empereur. L'affranchi Pallas avait consenti à partager le pouvoir avec Agrippine, qui se l'était lié par l'adultère,[2] et travaillait avec elle à l'usurpation de Néron. L'autre affranchi favori, Narcisse, tenait pour Britannicus. Narcisse avait été l'accusateur et presque le meurtrier de Messaline;

---

1. Nemo adeo expers misericordiæ fuit, quem non Britannici fortunæ mœror afficeret. Desolatus paulatim etiam servilibus ministeriis, intempestiva novercæ officia in ludibria vertebat, intelligens falsi : neque enim segnem ei fuisse indolem ferunt, sive verum, seu periculis commendatus, retinuit famam sine experimento. (*Annales*, liv. XII, ch. xxvi.)

2. Obstrictus Agrippinæ ut conciliator nuptiarum et mox stupro ejus illigatus. (*Ibid.*, liv. XII, ch. xxv.)

mais il voyait où allait Agrippine qui visait à la mort de Claude pour assurer l'élévation de Néron, et il disait qu'étant perdu lui-même, quoi qu'il arrivât, sous Néron, puisqu'il avait Agrippine pour ennemie, comme sous Britannicus, puisqu'il avait tué Messaline sa mère, il ne devait plus songer qu'aux bienfaits qu'il avait reçus de Claude et il ne demandait pas mieux que de sacrifier sa vie pour sauver celle de l'empereur. En parlant ainsi, il embrassait Britannicus, priait les dieux de hâter en lui la force de l'âge, tantôt tendait les mains au ciel, tantôt vers Britannicus; qu'il se pressât de grandir, qu'il chassât les ennemis de son père, qu'il punît même les meurtriers de sa mère.[1]

Que ce palais des Césars est tragique dans Tacite, même avant le meurtre de Britannicus! Cet empereur dont les assassins, qui sont sa femme et son serviteur favori, comptent les jours; cet adolescent, qui grandit trop lentement au gré de ses amis pour sauver son père, chasser sa marâtre, venger sa mère, et qui, dans le meurtre déjà entrevu de son père, voit apparaître le sien; ce meurtrier enfin de Messaline, devenu le protecteur de son fils et qui ne songe qu'à sauver son maître et le fils de son maître, dût ce fils venger sur lui sa mère, quels tableaux! quels personnages! Je ne veux point les demander à Racine, ils précèdent sa tragédie; nous n'y avons donc aucun droit. Pourquoi cependant a-t-il si singulièrement dénaturé ce personnage de Narcisse qui, dans Tacite, nous émeut par sa fidélité envers Britannicus et dont Racine a fait le plus détestable des espions et des traîtres? Non que je m'intéresse à la mémoire historique de Narcisse. Un scélérat de plus ou de moins dans la cour de Claude ou de Néron n'est point une

---

1. ... Narcissus Agrippinam magis magisque suspectans, prompsisse inter proximos ferebatur : certam sibi perniciem, seu Britannicus rerum, seu Nero potiretur; verum ita de se meritum Cæsarem, ut vitam usui ejus impenderet. ... Hæc atque talia dictitans, amplecti Britannicum, robur ætatis quam maturrimum precari, modo ad deos, modo ad ipsum tendere manus, adolesceret, patris inimicos depelleret, matris etiam interfectores ulcisceretur. (*Ann.*, liv. XII, ch. LXV.)

affaire. J'avoue pourtant que, dans Tacite, le meurtrier de Messaline a des repentirs violents et audacieux, comme ses crimes, qui en font un personnage dramatique. Je sens que, dans cette lutte de crimes ouverte autour de Claude au profit de Néron, Narcisse est le seul homme qui pouvait combattre à armes égales Agrippine et Pallas. Aussi, dès les premiers jours du règne de Néron, Narcisse fut tué pour satisfaire à la haine d'Agrippine. Tacite dit que Néron le regretta, parce que ses vices, encore cachés, se sentaient d'accord avec la cupidité et la prodigalité de Narcisse.[1]

Ce sont ces paroles de Tacite qui ont conduit Racine à faire de Narcisse l'espion de Britannicus et le flatteur de Néron. Il a pensé qu'il ne risquait pas de calomnier un homme signalé par les regrets de Néron.

Nous avons montré Britannicus tel qu'il est dans Tacite, et l'intérêt qu'il inspire avant la mort de son père. Voyons-le, dans Tacite encore, tel qu'il est sous Néron et avant de tomber sous le poison de Locuste.

Britannicus était malheureux dans les défenseurs que lui donnaient les changements de sa fortune. Sous Claude, c'était Narcisse qui le défendait, et ce défenseur autorisait les inimitiés d'Agrippine contre Britannicus. Sous Néron, c'est Agrippine elle-même qui le défend ou plutôt qui s'en fait un appui contre Néron. De là la haine chaque jour plus grande de Néron contre Britannicus. Il craignait en lui l'ambition d'Agrippine, qu'il ne laissait pas assez régner; mais de plus il le craignait lui-même. Britannicus avait déjà quatorze ans et ne paraissait pas disposé à oublier les droits qui lui avaient été ravis.

On contait qu'aux dernières saturnales, comme on tirait la royauté au sort entre jeunes gens du même âge, le sort avait

---

1. Narcissus... ad mortem agitur, invito principe, cujus abditis adhuc vitiis per avaritiam ac prodigentiam mire congruebat. (*Ann.*, liv. XIII, ch. 1ᵉʳ.)

fait roi Néron. Il avait droit, d'après le jeu, d'ordonner à chacun de faire quelque chose : il ordonna aux autres jeunes gens des choses qui ne pouvaient pas les embarrasser; mais il commanda à Britannicus de se lever, de s'avancer au milieu du cercle et de chanter quelque morceau de chant, espérant qu'un enfant qui n'était pas même habitué à la joie des repas modestes, loin de l'être aux repas licencieux de la cour, se troublerait à paraître ainsi devant le monde. Britannicus s'avança hardiment et chanta avec beaucoup d'assurance un fragment de chœur tragique où un jeune prince se plaint d'être chassé du palais de ses pères et dépouillé de sa couronne. L'émotion fut grande et ne se déguisa point, la nuit et la liberté du festin ôtant la dissimulation. Néron comprit, et sa haine s'accrut contre Britannicus. [1]

Voilà dans Tacite les préliminaires du meurtre; scène vraiment touchante et héroïque que celle de ce jeune homme changeant sa dérision préparée en victoire inattendue, et jetant le trouble et l'émotion au sein même des courtisans de Néron. Je me souviens qu'au temps de la querelle des romantiques et des classiques, cette scène de Tacite était opposée à Racine par ses détracteurs. Combien, disait-on, elle est imprévue et saisissante! Quelle grandeur dans le pathétique! Et comme cela est supérieur à la rivalité amoureuse entre Britannicus et Néron dont Racine a fait le nœud de sa pièce!

Ceci m'amène naturellement à examiner le personnage de

---

1. Turbatus his Nero, et propinquo die quo quartumdecimum ætatis annum Britannicus explebat, volutare secum modo matris violentiam, modo ipsius indolem, levi quidem experimento nuper cognitam, quo tamen favorem late quæsivisset. Festis Saturno diebus, inter alia æqualium ludicra, regnum lusu sortientium, evenerat ea sors Neroni. Igitur ceteris diversa nec ruborem allatura; Britannico jussit exsurgeret, progressusque in medium, cantum aliquem inciperet, irrisum ex eo sperans pueri, sobrios quoque convictus, nedum temulentos, ignorantis : ille constanter exorsus est carmen, quo evolutum eum sede patria rebusque summis significabatur. Unde orta miseratio, manifestior quia dissimulationem nox et lascivia exemerat. Nero, intellecta invidia, odium intendit... (*Ann.*, liv. XIII, ch. xv.)

Britannicus dans Racine et à mesurer, sans l'exagérer, son infériorité avec le Britannicus de Tacite.

N'hésitons pas à le dire, l'infériorité du Britannicus de Racine tient à ce qu'au lieu d'être un jeune homme qui ressent l'injustice et qui revendique les droits de sa naissance, il est trop souvent un héros de roman ou de pastorale plutôt que de tragédie. Ces fadeurs amoureuses nous répugnent d'autant plus qu'elles se mêlent aux crimes et aux horreurs du palais des Césars. Quand l'amant s'écarte un instant et laisse paraître l'adolescent fier et irrité que Tacite nous a montré, j'ose dire alors que le Britannicus de la tragédie égale celui de l'histoire, et qu'à défaut du chant vengeur qui le révéla à la cour de Néron, il sait trouver des accents dignes d'une âme plus forte que son âge. Il y a un curieux triage à faire entre les deux personnages que Racine a mêlés, si mal à propos, l'amant qui court après sa maîtresse enlevée et le prince qui revendique les droits de sa naissance. Quand l'amant parle, je souris et je me souviens de la mode qui, au xviie siècle, de tous les héros de théâtre faisait avant tout des amoureux. Quand le fils dépouillé par le gendre songe à sa vengeance, je sens que je rentre dans l'histoire, dans une sombre et terrible histoire, et que je respire un air plus fort, plus viril, plus tragique. Je me plains seulement de passer sans cesse d'un climat dans un autre. Ainsi, tantôt Britannicus prie Narcisse de chercher Junie enlevée et de savoir

..... Si du péril ses beaux yeux sont remis.
(Acte Ier, scène iv.)

Tantôt il prend Narcisse à témoin de la fierté de ses sentiments et de ses projets :

Ah! Narcisse, tu sais si de la servitude
Je prétends faire encore une longue habitude;
Tu sais si pour jamais, de ma chute étonné,
Je renonce à l'empire où j'étois destiné.
Mais je suis seul encor; les amis de mon père

> Sont autant d'inconnus que glace ma misère,
> Et ma jeunesse même écarte loin de moi
> Tous ceux qui dans le cœur me réservent leur foi.
> Pour moi, depuis un an qu'un peu d'expérience
> M'a donné de mon sort la triste connoissance,
> Que vois-je autour de moi que des amis vendus,
> Qui sont de tous mes pas les témoins assidus,
> Qui, choisis par Néron pour ce commerce infâme,
> Trafiquent avec lui des secrets de mon âme?
> (Acte Ier, scène IV.)

Avec les *beaux yeux de sa princesse,* Britannicus était aux bords du fleuve du Tendre; avec les vers que je viens de citer, nous sommes à Rome, sous Néron et en plein Tacite.

Singulière vicissitude des goûts littéraires: au XVIIe siècle, c'étaient peut-être les tendresses de Britannicus et de Junie, que sais-je? celles aussi peut-être de Néron, qui faisaient excuser la sévérité du sujet; de nos jours, au contraire, ce sont les sombres couleurs dont Racine, d'après Tacite, a peint son sujet et ses personnages qui nous font excuser les traits d'idylle ou d'élégie qu'il a mêlés à sa tragédie. Quand Britannicus arrive pour la première fois au palais après l'enlèvement de Junie, quels vers de chevalier amoureux!

> Que faisoit votre amant? quel démon envieux
> M'a refusé l'honneur de mourir à vos yeux?
> Hélas! dans la frayeur dont vous étiez atteinte,
> M'avez-vous en secret adressé quelque plainte?
> Ma princesse, avez-vous daigné me souhaiter?
> (Acte II, scène VI.)

Mais à peine avons-nous le temps de sourire à ces galanteries romanesques, que la tragédie rentre, par un bizarre et mesquin détour, il est vrai, mais rentre cependant, à cause de la terreur instinctive qui s'attache à Néron. Néron ordonne à Junie de déclarer elle-même à Britannicus qu'il doit renoncer à son amour.

> JUNIE.
> Moi, que je lui prononce un arrêt si sévère!
> . . . .

> Quand même jusque-là je pourrois me trahir,
> Mes yeux lui défendroient, seigneur, de m'obéir.
>   NÉRON.
> Caché près de ces lieux, je vous verrai, madame.
> Renfermez votre amour dans le fond de votre âme,
> Vous n'aurez point pour moi de langages secrets;
> J'entendrai des regards que vous croirez muets;
> Et sa perte sera l'infaillible salaire
> D'un geste ou d'un soupir échappé pour lui plaire.
>   (Acte II, scène IV.)

Ainsi Néron, caché derrière une tapisserie, verra et entendra tout. Moyen de comédie. — Oui, mais le personnage qui se cache derrière le rideau n'est pas un rival : c'est Néron, et la terreur s'attache à tout ce qu'il fait. A cause de lui, la scène, qui pourrait tourner à la comédie, devient tragique. Junie, en effet, si elle parle librement, ne risque pas seulement d'affliger Britannicus; elle risque de le faire périr; les périls et les douleurs de la scène vont donc au delà des périls et des douleurs de l'amour. Néron a beau dire qu'il met sa joie à désespérer son rival, et qu'il se fait de sa peine une image charmante.[1] Junie a raison de ne pas s'y tromper : Néron a contre ses rivaux d'autres moyens que de les désespérer de jalousie, et Locuste l'empoisonneuse est cachée avec lui derrière le rideau qui le couvre.

Si l'amour nous choque souvent dans Britannicus, c'est surtout quand l'amour est fade et romanesque comme dans les premières scènes. Mais quand la tendresse de Junie et de Britannicus devient le sujet de la jalousie de Néron, quand nous commençons à trembler de plus en plus pour la vie du jeune prince, l'amour alors qui est un péril de plus redevient de mise dans la tragédie. Pourquoi, dira-t-on encore pourtant, lorsque Néron et Britannicus ont tant de causes de se haïr, puisque l'un est le spoliateur et l'autre le spolié, pourquoi ajouter la jalousie à cette haine? n'est-ce pas assez qu'ils soient rivaux d'empire, faut-il qu'ils soient rivaux d'amour? se haï-

---

1. Acte II, scène VIII.

ront-ils plus comme amants de la même femme que comme prétendants au même trône, et au trône du monde? Je vois là, et c'est ce qui me gêne, cette primauté donnée par notre théâtre à l'amour sur toutes les autres passions du cœur humain. Il n'a pas suffi à Racine de faire de Néron et de Britannicus deux *frères ennemis*, il lui a fallu en faire deux amants jaloux l'un de l'autre, et ce que le jeune homme de vingt-cinq ans n'avait pas fait dans sa *Thébaïde,* où l'amour au moins est relégué dans les personnages secondaires, le grand poëte d'*Andromaque,* sacrifiant encore à l'amour romanesque, même quand il veut le répudier, l'a mis dans ses deux personnages principaux, et dans un sujet qui ne le comporte pas mieux que les affreuses aventures de la famille d'Œdipe.

Une fois ce défaut admis, et imputé au temps de Racine plutôt qu'à lui-même, hâtons-nous de dire que le poëte a su tirer de ce défaut même des effets qui l'éclipsent et le cachent, pour ainsi dire. Ainsi, dans la scène entre Néron et Britannicus, nous oublions, ou plutôt les deux personnages oublient eux-mêmes que leur querelle a l'amour pour sujet. J'entends Britannicus rappeler les droits de sa naissance et Néron opposer la force à la justice. Ces lieux, dit Britannicus,

> ... Ne nous ont pas vu l'un et l'autre élever,
> Moi pour vous obéir et vous pour me braver,
> Et ne s'attendoient pas, lorsqu'ils nous virent naître,
> Qu'un jour Domitius me dût parler en maître.
>
> NÉRON.
>
> Ainsi par le destin nos vœux sont traversés ;
> J'obéissois alors, et vous obéissez.
> Si vous n'avez appris à vous laisser conduire,
> Vous êtes jeune encore et l'on peut vous instruire.
> . . . .
>
> BRITANNICUS.
>
> Ainsi Néron commence à ne se plus forcer.
>
> NÉRON.
>
> Néron de vos discours commence à se lasser.
>
> BRITANNICUS.
>
> Chacun devoit bénir le bonheur de son règne.
>
> NÉRON.
>
> Heureux ou malheureux, il suffit qu'on me craigne.

Voyez comme, aussitôt que Britannicus et Néron sont en face l'un de l'autre, les tristes et amers ressentiments que leur suggère l'histoire viennent se placer entre eux et effacent tous les autres sentiments, ou devraient les effacer. L'ombre des crimes passés et des crimes futurs se dresse, pour ainsi dire, à côté d'eux pour en écarter tout ce qui est image gracieuse ou touchante. Dans ce choc entre la colère de l'innocence et l'insolence de la tyrannie, Racine s'inspire du génie et de la conscience indignée de Tacite. Chaque réponse de Britannicus à Néron est un cri de révolte contre la puissance du mal, un cri de vengeance que pousse dans ce jeune homme l'humanité outragée et lasse enfin d'être patiente. L'écho du chant qui étonnait et émouvait malgré elle la cour de Néron retentit dans ce terrible entretien.

L'amour qui malheureusement a ouvert la scène, qui s'est effacé un instant devant les graves passions de l'histoire, va y reparaître avec celles du roman. Quoique la cruauté du despote se fasse sentir à travers les emportements de l'amant jaloux, quoique le passage du tyran au rival soit ménagé avec un art infini, nous croyons cependant que la tragédie descend d'un degré, quand Britannicus s'écrie que l'inimitié de Junie est le seul péril qui puisse le faire trembler.

> Souhaitez-la,

répond Néron,

> c'est tout ce que je puis vous dire.

Les hommes de mon âge se souviennent d'avoir entendu Talma prononcer ce vers; il était terrible, il exprimait le tyran plus que l'amant; mais il avait beau faire, la scène revenait à la rivalité d'amour, et, tandis qu'avec les goûts de notre temps nous cherchions à retrouver le plus possible le tyran dans le rival, nous ne pouvions pas nous dissimuler que Racine, sacrifiant de son côté aux goûts de son siècle, avait essayé de montrer le plus possible le rival dans le tyran. Notons, en effet, que le mot qui irrite le plus Néron, c'est le reproche que lui fait Britannicus d'avoir espionné Junie.

> Je ne sais pas du moins épier ses discours ;
> Je la laisse expliquer sur tout ce qui me touche
> Et ne me cache point pour lui fermer la bouche.

C'est alors qu'il appelle ses gardes ; il avait écouté tranquillement qu'on lui reprochât

> Les emprisonnements, le rapt et le divorce.

L'empereur s'était contenu ; l'amant s'emporte, quand il se sent blessé par la révélation que Junie a faite de son stratagème. Ce n'est pas la première fois, aussi bien, que dans le Néron de Racine l'amant prime le tyran.

A la fin du deuxième acte, Néron vient d'écouter la conversation de Junie et de Britannicus : il a entendu celui-ci exprimer l'espoir de voir Agrippine elle-même se déclarer pour lui.[1] Eh bien, à ce moment, Néron, le cruel et soupçonneux Néron, ne songe point aux périls dont le menace le courroux d'Agrippine et de Rome ; il oublie la conspiration qu'il a presque découverte, pour ne songer qu'à désespérer son rival en lui faisant douter du cœur de son amante ; et il presse Narcisse, non d'aller chercher des soldats pour arrêter les conspirés, mais d'aller retrouver Britannicus :

> Par de nouveaux soupçons, va, cours le tourmenter ;
> Et tandis qu'à mes yeux on le pleure, on l'adore,
> Fais lui payer bien cher un bonheur qu'il ignore.
> (Acte II, scène VIII.)

A ne considérer ici que la peinture de la jalousie, la pein-

---

1. La foi dans tous les cœurs n'est pas encore éteinte ;
Chacun semble des yeux approuver mon courroux ;
La mère de César se déclare pour nous ;
Rome de sa conduite elle-même offensée...
(Acte II, scène VI.)

ture est vive et profonde, et voilà bien comme haïssent les jaloux; mais Néron n'est-il qu'un jaloux? La jalousie même la plus raffinée n'est que le plus petit vice de cette âme perverse.

Un exemple emprunté à la *Marie Stuart* de Schiller éclaircira le genre de reproche que je fais à cette scène. Il y a entre Élisabeth d'Angleterre et Marie Stuart d'Écosse une rivalité de puissance, et en outre une rivalité de beauté, de même qu'il y a aussi entre le Néron et le Britannicus de Racine une rivalité d'empire et d'amour. Mais pour Néron et Britannicus, la rivalité d'empire est la plus forte et doit même être la seule; ils sont hommes. Marie Stuart et Élisabeth, au contraire, ont beau être ennemies de puissance, de parti, de religion; avant tout, elles sont femmes, et la rivalité de beauté et de coquetterie l'emporte dans leurs âmes sur toutes les autres. Nous ne sommes donc point étonnés de voir la querelle, engagée sur des questions de droit politique, finir par des défis de beauté et de coquetterie. La manière a plus insultante que Marie Stuart ait de triompher d'Élisabeth est d'en triompher comme femme.

> Leicester était là; j'étais reine à ses yeux,

s'écrie-t-elle avec joie, quoiqu'elle sache bien que ce triomphe est son arrêt de mort. Rien ne choque dans le dénoûment de cette scène entre Marie Stuart et Élisabeth; elle est selon l'histoire; elle est surtout selon le cœur de la femme. Je dirais volontiers qu'avec le Néron et le Britannicus de Racine l'allure des haines féminines a remplacé l'allure des haines viriles.

Arrêtons-nous. Nous touchons, grâce à Dieu, à la fin de cet épisode de l'amour de Néron et de Britannicus pour Junie. Dès ce moment, commence la tragédie historique, la tragédie qu'un grand historien a inspirée à un grand poëte. L'infériorité de Racine finit; son égalité avec Tacite commence. Néron,

Burrhus, Agrippine reprennent dès les derniers vers du troisième acte leurs sentiments et leurs passions de l'histoire. Néron redevient le parricide que nous attendons.

>NÉRON, à Burrhus.
>Qu'on sache si ma mère est encore en ces lieux,
>Burrhus, dans ce palais je veux qu'on la retienne,
>Et qu'au lieu de sa garde on lui donne la mienne.
>BURRHUS.
>Quoi, seigneur, sans l'ouïr! une mère!
>NÉRON.
>Arrêtez,
>J'ignore quels projets, Burrhus, vous méditez;
>Mais depuis quelques jours tout ce que je désire
>Trouve en vous un censeur prêt à me contredire.
>Répondez-m'en, vous dis-je, ou, sur votre refus,
>D'autres me répondront et d'elle et de Burrhus.
>(Acte III, scène IX.)

Comme les deux derniers actes de *Britannicus* ne se ressentent presque plus de l'épisode amoureux que nous venons de critiquer, nous n'avons plus dans l'examen des personnages qui y ont le rôle principal, Néron, Agrippine, Burrhus, qu'à comparer les récits de l'histoire avec les scènes de la tragédie et à voir si l'émotion dramatique égale l'intérêt historique.

Racine a donné à son Burrhus un rôle meilleur que celui qu'il a dans l'histoire. Dans Tacite, Burrhus n'a qu'une vertu relative, et relative à la cour de Néron où il a vécu. Racine a corrigé son personnage en bien. Il a pensé que, puisque selon Tacite la mort de Burrhus avait excité les regrets de Rome parce qu'elle le trouvait honnête,[1] il pouvait corriger en bien son caractère et l'élever jusqu'à la vertu, faisant ainsi

---

1. Ses deux successeurs, Fenius Rufus et Sophonius Tigellinus, ajoutèrent par le contraste à sa réputation ; dans l'un une probité inerte, dans l'autre l'impudicité et les vices les plus effrontés.

« Civitati grande desiderium ejus mansit, per memoriam virtutis, et successorum, alterius segnem innocentiam, alterius flagrantissima flagitia et adulteria. » (*Ann.*, liv. XIV, ch. LI).

de ce personnage le bon génie de Néron et l'opposant à Narcisse qui en est le mauvais. Ces personnages tout d'une pièce soit en bien, soit en mal, conviennent au drame, qui n'admet pas volontiers les caractères partagés et douteux. On ne demande pas au théâtre la vérité seulement ; on lui demande un peu plus que la vérité, soit en bien, soit en mal. Burrhus, dans Racine, est donc tout à fait honnête. Il prêche à Agrippine la modération, au moment de son entretien avec Néron :

> Défendez-vous madame, et ne l'accusez pas.
> Vous voyez, c'est lui seul que la cour envisage ;
> Quoiqu'il soit votre fils et même votre ouvrage,
> Il est votre empereur ; vous êtes, comme nous,
> Sujette à ce pouvoir qu'il a reçu de vous ;
> Selon qu'il vous menace ou bien qu'il vous caresse,
> La cour autour de vous ou s'écarte ou s'empresse.

Ces précautions n'ont rien d'égoïste ; ce n'est pas l'intérêt de sa fortune qu'il ménage ; il songe à la réconciliation du fils et de la mère.

Le Burrhus de Tacite est d'une vertu moins sévère ; il accepte, comme Sénèque, les libéralités que Néron, après le meurtre de Britannicus, répand dans sa cour. « Il y eut, dit l'historien, des voix qui s'élevèrent contre ces hommes toujours prompts à vanter la vertu, et qui acceptaient, dans un pareil moment, des maisons et des villas qu'ils se partageaient comme une proie.[1] » Non-seulement le Burrhus de l'histoire se laisse enrichir par Néron fratricide. Quelque temps après, l'histrion Paris accuse Agrippine d'un complot contre Néron ; Néron s'épouvante, et, cruel par peur, est près d'ordonner le meurtre de sa mère. Burrhus ne peut le calmer qu'en lui promettant la mort d'Agrippine, si elle est convaincue du complot. C'est ainsi qu'il apaise les frayeurs de l'empereur, et,

---

[1]. Nec defuere qui arguerent viros gravitatem asseverantes, quod domos, villas, id temporis, quasi prædam divisissent. (*Ann.*, liv. XIII, ch. XVIII.)

dès le matin, il va avec Sénèque pour interroger Agrippine, afin qu'elle se disculpe, si elle le peut, ou pour la punir si elle est coupable. Il avait avec lui des affranchis de Néron qui servaient de témoins à l'interrogatoire. Dans cette visite, Burrhus parla durement et avec menace.[1] Je sais bien pourquoi ces duretés et ces menaces de la part de Burrhus : il était écouté par les affranchis du palais, et c'est la punition des gens de bien qui ne veulent pas quitter le service des méchants d'être forcés d'être aussi méchants qu'eux, et même plus méchants, pour garder le triste crédit qu'ils ne veulent pas perdre.

Avouons-le, ce n'est pas le Burrhus de Tacite qui aurait tenu à Néron le beau discours qu'il lui tient dans Racine pour le détourner du meurtre de son frère. Ce n'est pas celui qui promettait à Néron la mort de sa mère, si elle était coupable, qui ne refusait pas de parler en juge et presque en bourreau, ce n'est pas celui-là qui aurait dit à Néron :

> Songez-vous dans quel sang vous allez vous baigner ?
> . . . .
> Ah ! si de vos flatteurs vous suivez la maxime,
> Il vous faudra, seigneur, courir de crime en crime,
> Soutenir vos rigueurs par d'autres cruautés
> Et laver dans le sang vos bras ensanglantés...

Ce n'est pas surtout le Burrhus de Tacite qui aurait fini par ces vers :

> Non, ou vous me croirez, ou bien de ce malheur
> Ma mort m'épargnera la vue et la douleur :
> On ne me verra pas survivre à votre gloire.
> Si vous allez commettre une action si noire,

---

1. Nero, trepidus et interficiendæ matris avidus, non prius differri potuit quam Burrhus necem ejus promitteret, si facinoris coargueretur... Sic lenito principis metu, et luce orta, itur ad Agrippinam, ut nosceret objecta, dissolveretque vel pœna lueret. Burrhus in mandatis, Seneca coram, fungebatur; aderant et ex libertis, arbitri sermonis. Deinde a Burrho, postquam crimina et auctores exposuit, minaciter actum. (*Ann.*, liv. XIII, ch. xx-xxi.)

Se jetant aux pieds de Néron :

> Me voilà prêt, seigneur, avant que de partir,
> Faites percer ce cœur qui n'y peut consentir.
> (Acte IV, scène III.)

Le Burrhus de l'histoire n'était pas prêt à sacrifier sa vie et son crédit à sa conscience. Que voulez-vous? dira-t-on, il connaissait Néron, et il savait que ce beau discours l'aurait perdu lui-même sans sauver Britannicus et sans donner à Rome le courage de frapper le tyran. Un jour, en effet, après le meurtre d'Agrippine, le grand honnête homme du temps, Thraséas, entendant le sénat rendre grâces aux dieux de l'assassinat de la mère par le fils, sortit de l'assemblée. Que dit Tacite de cette sortie? « Alors Thraséas Pœtus, qui jusque-là avait laissé passer en silence ou avec un court assentiment les flatteries du sénat, sortit de la salle et se créa un péril, sans créer à personne un commencement de liberté.[1] »

Que veut dire Tacite par cette phrase? que Thraséas eut tort, s'il voulut donner un exemple de courage à un sénat et à un peuple qui n'en pouvaient plus recevoir? Non : Thraséas, ce jour-là, ne songeait pas à rien faire pour la liberté, incapable désormais de revivre à Rome; il songeait seulement à la dignité de sa conscience. C'est là la dernière vertu qui reste aux honnêtes gens dans les sociétés à la fois vicieuses et lâches, et qui n'est, après tout, que la préférence donnée au sort du martyr sur le métier du bourreau. Racine a donné à son Burrhus mieux que cette vertu.

Je ne lui en fais pas un reproche; le drame, comme je l'ai dit, comporte volontiers l'idéal de la vertu. Outre cette raison générale, il y en avait une qui était particulière à la conception de la tragédie de Racine. En prenant Néron pour son personnage principal, il n'avait pas voulu le représenter tel que nous

---

1. Thraseas Pœtus, silentio vel brevi consensu priores adulationes transmittere solitus, exiit tum senatu ac sibi causam periculi fecit, cæteris libertatis initium non præbuit. (*Ann.*, liv. XIV, ch. XII).

sommes habitués à nous l'imaginer. Il l'avait représenté avant son premier crime, et y arrivant par le penchant de son caractère et par l'impulsion de ses flatteurs ; mais pourtant il n'avait pas voulu que nous désespérassions de lui dès le commencement. Il fallait donc que la vertu eût un défenseur auprès de Néron, et que, grâce à ce défenseur, Néron hésitât quelques instants entre le bien et le mal. Cette opposition entre le bien et le mal, entre Burrhus et Narcisse, qui éclate surtout dans le quatrième acte, quand Burrhus, par ses prières, détourne Néron du meurtre de son frère, et que Narcisse l'y ramène par ses perfides suggestions, Racine avait voulu la montrer d'une manière plus sensible encore dans une scène qu'il supprima sur le conseil de Boileau. Cette scène ouvrait le troisième acte, et Louis Racine nous l'a conservée dans ses Mémoires sur la vie de son père. Burrhus y reprochait à Narcisse d'abandonner ou même de trahir Britannicus, et de se faire le flatteur et le complaisant de Néron.

NARCISSE.
Ce langage, seigneur, est facile à comprendre ;
Avec quelque bonté César daigne m'entendre ;
Mes soins trop bien reçus pourroient vous irriter...
A l'avenir, seigneur, je saurai l'éviter.
BURRHUS.
Narcisse, vous réglez mes desseins sur les vôtres.
. . . .
. . . . Pour César je crains votre présence ;
Je crains, puisqu'il nous faut parler sans complaisance,
Tous ceux qui, comme vous, flattant tous ses désirs,
Sont toujours dans son cœur du parti des plaisirs.
. . . .
NARCISSE.
Seigneur, c'est un peu loin pousser la violence ;
Vous pouvez tout ; j'écoute et garde le silence.
Mes actions un jour pourront vous repartir ;
Jusque-là...
BURRHUS.
Puissiez-vous bientôt me démentir !
Plût aux dieux qu'en effet ce reproche vous touche !
Je vous aiderai même à me fermer la bouche.

> Sénèque, dont les soins devroient me soulager,
> Occupé loin de Rome, ignore ce danger.
> Réparons, vous et moi, cette absence funeste,
> Du sang de nos Césars réunissons le reste.
> Rapprochons-les, Narcisse, au plutôt, dès ce jour,
> Tandis qu'ils ne sont point séparés sans retour...

Boileau eut raison de critiquer cette scène : la vertu de Burrhus était trop prêcheuse et se drapait avec affectation en face de Narcisse : « Vous indisposerez les spectateurs, disait Boileau à son ami, en leur montrant ces deux hommes ensemble. Pleins d'admiration pour l'un et d'horreur pour l'autre, ils souffriront pendant leur entretien. Convient-il au gouverneur de l'empereur, à cet homme si respectable par son rang et sa probité, de s'abaisser à parler à un misérable affranchi, le plus scélérat de tous les hommes? Il le doit trop mépriser pour avoir avec lui quelque éclaircissement; et d'ailleurs, quel fruit espère-t-il de ses remontrances? est-il assez simple pour croire qu'elles feront naître quelques remords dans le cœur de Narcisse? Lorsqu'il lui fait connaître l'intérêt qu'il prend à Britannicus, il découvre son secret à un traître, et au lieu de servir Britannicus, il en précipite la perte. » Ces réflexions persuadèrent Racine, et la scène fut supprimée. Au lieu de mettre en paroles l'opposition entre Narcisse et Burrhus, le poëte la mit en action, montrant l'un détournant Néron du crime et l'autre l'y ramenant.

Il est temps d'arriver aux personnages qui sont le véritable sujet de la tragédie de Racine et qui en font l'intérêt à la fois dramatique et historique, Agrippine et Néron, la mère ambitieuse et le fils ingrat. La mort de Britannicus n'est qu'un incident de la querelle qui s'élève entre Néron et sa mère et qui finira par le meurtre d'Agrippine.

Le caractère d'Agrippine est le chef-d'œuvre de Racine; il est digne de l'Agrippine de Tacite : il l'atteint en l'imitant; il l'égale en le mettant admirablement en action, et s'il n'y avait pas dans Tacite l'incomparable récit de la mort d'Agrippine à

Baïes, récit qui n'entrait pas dans le plan de la pièce de Racine, j'hésiterais entre l'Agrippine du poëte et celle de l'histoire.

Tacite raconte qu'Agrippine ayant consulté les devins de Chaldée sur l'avenir de Néron, ils répondirent qu'il serait empereur, mais qu'il tuerait sa mère. « Qu'il me tue et qu'il règne, » dit-elle.[1] Le mot était d'une mère ambitieuse, mais d'une mère, et, quand on étudie de près le caractère d'Agrippine dans Tacite, on s'aperçoit que, sous Claude, l'amour maternel s'accorde en elle avec l'ambition. Ambitieuse seulement, Agrippine ne se serait pas hâtée d'empoisonner Claude et de mettre Néron sur le trône. Elle aurait compris qu'elle était plus sûre de régner comme femme d'un mari imbécile que comme mère d'un fils pervers et déjà disposé à l'ingratitude. A peine Claude expiré, elle sentit la distance que l'empire mettait entre son fils et elle. Elle vit qu'elle ne ferait plus que recevoir la puissance qu'elle avait donnée. Ce furent alors pour la reconquérir tantôt des complaisances et des caresses calculées, tantôt des colères et des menaces factieuses. Elle opposa Britannicus à Néron, celui qu'elle avait précipité du trône à celui qu'elle y avait placé. Voulant se faire craindre en se faisant haïr, elle arriva à la pire condition d'une ambitieuse. Elle fut à la fois faible et détestée, n'étant plus impératrice par son propre crime et n'étant plus mère par la perversité de son fils. Tacite juge Agrippine sévèrement et la déteste comme Rome la détestait. Comme Rome aussi, il est contre elle du parti de Poppée, qui excitait Néron contre sa mère. « Personne, dit Tacite, ne combattait ces suggestions, parce que tout le monde souhaitait la chute du pouvoir d'Agrippine et que personne ne croyait que la haine d'un fils irait jusqu'au meurtre.[2] »

---

1. Multos ante annos... consulenti super Nerone responderunt Chaldæi fore ut imperaret matremque occideret; atque illa : Occidat, inquit, dum imperet. (*Ann.*, liv. XIV, ch. ix.)

2. Hæc atque talia, lacrymis et arte adulteræ penetrantia nemo prohibebat, cupientibus cunctis infringi matris potentiam et credente nullo usque ad cædem ejus duratura filii odia. (*Ibid.*, liv. XIV, ch. 1er.)

Racine est plus indulgent que Tacite pour Agrippine. Il a voulu dans son Agrippine peindre la femme ambitieuse et il l'a peinte admirablement ; mais il n'a pu lui donner le terrible et douloureux relief de l'Agrippine de Tacite. Tuée par son fils, l'histoire ne l'a pas plainte. L'Agrippine de Racine, dont nous voyons l'ambition, sans voir les attentats qu'elle lui suggère, nous intéresse par son ambition et ne nous indigne pas. Nous voyons qu'elle périra, et par quelle main ! Nous sommes donc tout disposés à déplorer son sort. Cette différence entre les deux Agrippine tient à la différence des temps. Rien dans les événements, dans les mœurs, dans les personnes de la première moitié du XVIIe siècle ne ressemble, grâce à Dieu, aux temps des premiers Césars.

Les femmes du règne de Louis XIII et de la Fronde sont coquettes, frivoles, intrigantes ; elles ont, je le veux bien, beaucoup des défauts de leur sexe et de la jeunesse ; mais elles n'ont pas les grands crimes et les grandes fautes de l'ambition. L'habileté, l'orgueil, le malheur, les crimes des femmes ambitieuses de la famille des Césars sont, pour ainsi dire, à la taille de l'empire romain. Racine ne trouve autour de lui rien qui puisse lui donner l'idée et la mesure de ces ambitions aussi gigantesques que leur objet, qui est le gouvernement du monde entier. La reine mère Anne d'Autriche, gouvernée autrefois par Mazarin, ne songeait guère à gouverner son fils Louis XIV. Elle se contentait des honneurs et des respects de son rang. Dans Tacite, la lutte établie entre Agrippine et son fils doit, par la violence de l'une et par la perversité de l'autre, aboutir inévitablement au parricide. Dans Racine, le parricide se pressent ; mais la tragédie est bornée à la mort de Britannicus et à la disgrâce d'Agrippine, disgrâce qui éclate par un crime fait sans elle et malgré elle. Tout est donc plus contenu dans la tragédie que dans l'histoire. Mais, dans ce cercle moins grand et moins agité, quelle peinture habile et saisissante de l'ambition ! et cela dès la première scène ! Quels vers qui découvrent tout un caractère et toute une situation !

Sa confidente Albine lui dit en vain que Néron tient tout d'elle et qu'il lui doit son amour :

AGRIPPINE.
. . . . . Il me le doit, Albine;
Tout, s'il est généreux, lui prescrit cette loi;
Mais tout, s'il est ingrat, lui parle contre moi.

Ce qu'Agrippine demande à Néron, ce n'est pas de s'appliquer à faire le bonheur de Rome ; ce qu'elle veut, c'est qu'il lui laisse le pouvoir :

Ah! que de la patrie il soit, s'il veut, le père;
Mais qu'il songe un peu plus qu'Agrippine est sa mère.

Elle se plaint que Néron ait fait cette nuit même enlever Junie. Est-ce, par hasard, qu'elle s'intéresse à l'amour de Britannicus et de Junie? Non ! mais il faut qu'elle tienne la balance entre Britannicus et Néron,

Afin que quelque jour, par une même loi,
Britannicus la tienne entre mon fils et moi.
. . . .
ALBINE.
Mais prendre contre un fils tant de soins superflus!
AGRIPPINE.
Je le craindrois bientôt s'il ne me craignoit plus.

Voilà Agrippine et Néron, non plus une mère et un fils, mais une ambitieuse et un ingrat. L'ambitieuse détruit la mère dans Agrippine; l'ingratitude détruit le fils dans Néron. Les calculs de la politique et non plus le sentiment de l'affection naturelle règlent les rapports qu'auront dorénavant entre eux cette mère et ce fils dénaturés. Dans Tacite cette démoralisation de la mère et du fils est poussée à l'extrémité par la terrible vérité de l'histoire; dans Racine, elle est contenue par la vraisemblance dramatique, moins sévère que l'histoire contre l'humanité.

Il y a encore de la mère dans Agrippine à travers l'ambitieuse, mais il n'y a plus de fils dans Néron. Triste et touchante vérité : la mère est plus indestructible dans la femme que le fils n'est indestructible dans l'homme. Il y a moins de mères dénaturées que de fils ingrats. Ainsi l'a voulu la Providence qui, pour l'entretien général de l'humanité, avait plus besoin de la tendresse maternelle que la piété filiale. Voyez Agrippine dans la grande scène du quatrième acte : il y a, même à travers son ambition et son orgueil, des mouvements de douleur maternelle qui nous rappellent qu'il y a là une mère et un fils.

> Que je suis malheureuse, et par quelle infortune
> Faut-il que tous mes soins me rendent importune !
> Je n'ai qu'un fils ; ô ciel, qui m'entends aujourd'hui,
> T'ai-je fait quelques vœux qui ne fussent pour lui ?
> Remords, craintes, périls, rien ne m'a retenue ;
> J'ai vaincu ses mépris ; j'ai détourné ma vue
> Des malheurs qui dès lors me furent annoncés ;
> J'ai fait ce que j'ai pu, vous régnez ; c'est assez.
> Avec ma liberté que vous m'avez ravie,
> Si vous le souhaitez, prenez encor ma vie,
> Pourvu que par ma mort tout le peuple irrité
> Ne vous ravisse pas ce qui m'a tant coûté.
>   (Acte IV, scène ii.)

Il y a de la mère encore, quoique toujours mêlée d'orgueil et d'ambition, dans la joie qu'elle ressent et qu'elle exprime d'avoir réconcilié Britannicus avec Néron, ou plutôt d'avoir reconquis son crédit : elle le croit du moins, et c'est là surtout ce qui la touche. L'ambition cependant ne parle pas seule, ou elle parlerait autrement s'il ne s'agissait pas d'un fils dont une mère pense avoir retrouvé la tendresse. Elle veut rassurer Junie qui doute de la sincérité de Néron dans sa réconciliation avec Britannicus.

> AGRIPPINE.
> Je réponds d'une paix jurée entre mes mains ;
> Néron m'en a donné des gages trop certains.
> Ah ! si vous aviez vu par combien de caresses
> Il m'a renouvelé la foi de ses promesses,
> Par quels embrassements il vient de m'arrêter !

> Ses bras, dans nos adieux, ne pouvoient me quitter.
> Sa facile bonté sur son front répandue
> Jusqu'aux moindres secrets est d'abord descendue ;
> Il s'épanchoit en fils qui vient en liberté
> Dans le sein de sa mère oublier sa fierté.
> Mais bientôt reprenant un visage sévère,
> Tel que d'un empereur qui consulté sa mère,
> Sa confidence auguste a mis entre mes mains
> Des secrets d'où dépend le destin des humains.
> Non, il le faut ici confesser à sa gloire,
> Son cœur n'enferme point une malice noire ;
> Et nos seuls ennemis, altérant sa bonté,
> Abusoient contre nous de sa facilité.
>   (Acte V, scène IV.)

Je crois qu'il y a de la mère dans la joie crédule qu'expriment ces vers, quoiqu'il y ait aussi, encore un coup, beaucoup d'ambition et d'orgueil. Tacite lui-même a cru que, dans Néron et dans les adieux qu'à Baïes il faisait à sa mère avant de l'envoyer à la mort, Tacite a cru qu'il y avait du fils.[1] Si Tacite, peignant Agrippine et Néron, et les peignant à la lueur terrible de l'histoire, a laissé subsister dans leurs portraits des traces de la mère et du fils, ne nous étonnons point que Racine, les peignant à son tour sous la lumière tempérée de la vraisemblance dramatique, ait conservé aussi ces traits qui adoucissent, sans l'altérer, l'impression sévère et douloureuse de la tragédie.

Nulle part ce caractère de l'ambitieuse à la fois et de la mère n'éclate mieux que dans la grande scène du quatrième acte entre Agrippine et Néron. Il faut d'autant plus admirer cette scène, que c'est là que nous pouvons le mieux saisir ce que j'appellerai volontiers le secret de la composition du *Britannicus* et la manière dont Racine imitait Tacite. Tacite, en effet, ne dit qu'un mot de cette scène d'éclaircissements entre Agrippine et Néron. « Elle demanda un entretien avec son fils

---

1. Nero... prosequitur abeuntem, arctius oculis et pectori hærens; sive explenda simulatione, seu periturae matris supremus adspectus quamvis ferum animum retinebat. (TACITE, *Ann.*, liv. XIV, ch. IV.)

où elle ne dit rien pour se justifier, comme si elle doutait de sa situation, rien non plus des bienfaits que lui devait Néron, comme si elle les lui reprochait; elle demanda et obtint vengeance de ses accusateurs et des récompenses pour ses amis.[1] »

Là où Tacite est bref et sec, et n'en exprime que mieux, par cette brièveté, l'orgueil de cette implacable dominatrice qui demande vengeance au lieu de demander grâce, Racine introduit une grande scène d'explications. Il y a là la différence nécessaire entre l'histoire et le drame : l'histoire, où les caractères et les événements se développent peu à peu ; le drame, où ils se concentrent en quelques moments et doivent éclater dans une scène. Racine a su admirablement rassembler dans cette grande scène les traits de ses deux personnages, Agrippine et Néron. Dans Tacite, Agrippine ne se défend pas devant Néron, parce qu'une mère, et surtout une mère orgueilleuse, n'a point, devant son fils, à se justifier comme une accusée ; dans Racine, au contraire, elle se défend comme une mère affligée et irritée, et elle ne manque pas non plus de reprocher à Néron tout ce qu'elle a fait pour lui et l'empire qu'elle lui a donné. Mais quoi ! c'est là que la clairvoyante ingratitude du fils écarte la mère pour aller à l'ambitieuse. Agrippine n'a pas travaillé pour Néron, mais pour elle-même ; elle a pensé qu'elle régnerait plus aisément et plus sûrement sous son fils que sous son mari. Elle s'est trompée : un fils est plus facilement ingrat qu'un vieux mari n'est indocile. Entre Néron et Agrippine ce n'est plus une question d'affection, c'est une lutte de pouvoir ; l'une veut retenir le pouvoir qu'elle a donné et l'autre ne veut pas rendre le pouvoir qu'il a reçu.

> Oui, Rome veut un maître et non une maîtresse,

dit Néron, aimant à opposer à sa mère ce titre de femme qui

---

[1]. Colloquium filii exposcit, ubi nihil pro innocentia, quasi diffideret, nec beneficiis, quasi exprobraret, disseruit, sed ultionem in delatores et præmia amicis obtinuit. (*Ann.*, liv. XIII, ch. xxi.)

l'écarte du trône, mais non pas du pouvoir, selon Agrippine;
car enfin cette Rome dont on parle tant, comme si elle avait
encore une volonté, à qui obéit-elle donc, sinon au caprice de
ses Césars? Et les Césars, à qui obéissent-ils? Aux femmes et
aux affranchis. Livie sous Auguste et sous Tibère, Messaline et
Agrippine elle-même sous Claude, régnaient, avec les affranchis, plus véritablement que les empereurs. L'empire était
tombé en quenouille comme tombent tous les despotismes.
Aussi Agrippine, dans toute la tragédie, parle de l'empire
comme de son héritage.

> Et moi qui sur le trône ai suivi mes ancêtres,
> Moi, fille, femme, sœur et mère de vos maîtres.
> (Acte Ier, scène II.)

Avec Néron, ce ne sont plus les droits de la famille que
rappelle Agrippine, ce sont des titres plus puissants et plus
terribles, les crimes qu'elle a faits pour que Néron héritât des
Césars, lui qui n'est que *le fils d'Ænobardus*.[1]

Toute la vie et toute l'ambition d'Agrippine sont rassemblées dans cette scène avec Néron, et c'est alors surtout qu'on
voit clairement que le personnage principal de la tragédie de
Racine est Agrippine. La mort de Britannicus n'est qu'un épisode
précurseur de la mort d'Agrippine elle-même; et de même que
Racine a réuni avec un art admirable, dans la scène entre la
mère et le fils, l'histoire et le caractère d'Agrippine depuis le
mariage de Claude jusqu'à la mort de Britannicus, de même il
a su enfermer aussi, pour ainsi dire, dans sa tragédie, la vie et
le caractère d'Agrippine pour les temps même qui vont s'écouler jusqu'à sa mort et presque cette mort elle-même. Le poëte
sait égaler le pressentiment à l'action. Dans la dernière scène
entre Néron et Agrippine, nous ne voyons pas, il est vrai, le terrible et merveilleux tableau de la mort d'Agrippine telle qu'elle
est dans Tacite, le faux naufrage de Baïes, Agrippine s'échappant

---

1. Acte III, scène III.

à la nage, silencieuse et comprenant tout, sachant bien qu'elle a échappé à un parricide, et que le parricide commencé s'achèvera ; nous ne voyons pas les soldats qui marchent la nuit vers le palais d'Agrippine, écartant le peuple, dispersant les esclaves; le centurion qui tue la mère par l'ordre du fils ; enfin Agrippine, qui a toujours su, par les mots qu'elle trouvait, égaler l'horreur des crimes qu'elle faisait ou qu'elle subissait, Agrippine disant au centurion de frapper ce ventre qui a porté Néron; non, nous ne voyons pas ces terribles spectacles; mais nous avons la vision du parricide, si nous n'en avons pas l'affreux aspect; le fer et le sang manquent seuls.

J'ajoute que, si le tableau de Racine inspire moins de terreur que celui de Tacite, il se prête plus à la pitié, et qu'il nous dispose à plaindre et à approuver Agrippine. Elle ne craint pas d'accuser Néron de la mort de son frère, et elle prévoit « que ses coups viendront jusqu'à sa mère. » Mais, quoiqu'elle prévoie tout, elle ne craint rien, et elle soulage, par ses imprécations contre son fils, son indignation et la nôtre; elle satisfait par sa colère à ce besoin de justice et d'expiation morale que nous ressentons tous devant le crime. Elle venge Britannicus et l'humanité outragée; elle se venge elle-même par avance, elle empêche que le meurtrier triomphe insolemment de son meurtre, et, si elle ne peut pas punir, au moins elle condamne au nom de la conscience humaine et elle maudit au nom de la majesté maternelle. Supposez un instant que Néron, sortant de la table où il vient de tuer Britannicus, ne trouve pas Agrippine et ces terribles paroles :

> Arrêtez-vous, Néron! j'ai deux mots à vous dire.
> Britannicus est mort; je reconnois les coups,
> Je connois l'assassin.
> NÉRON.
> Et qui, madame?
> AGRIPPINE.
> Vous !

Quoi! nous verrions l'assassin jouir impunément de son

forfait, sans qu'il y ait au moins une bouche et une conscience humaine pour le lui reprocher! Non! Comme il y a eu un crime, il faut qu'il y ait un châtiment; ainsi le demande impérieusement l'âme humaine ; et le châtiment de Néron commence au moins, s'il ne s'achève pas, quand nous le voyons trembler sous la parole de sa mère et ne se défendre que par le mensonge qui nie ou par la perversité qui reproche à sa mère les crimes mêmes qu'elle a commis pour lui.

Moi! dit Néron,

> Moi! Voilà les soupçons dont vous êtes capable.
> Il n'est point de malheur dont je ne sois coupable;
> Et si l'on veut, madame, écouter vos discours,
> Ma main de Claude même aura tranché les jours.
> Son fils vous étoit cher, sa mort peut vous confondre,
> Mais des coups du destin je ne puis pas répondre.

Agrippine, heureusement fidèle à ce rôle de vengeur que Racine lui a donné, ne se laisse point détourner du terrible interrogatoire qu'elle a ouvert :

> Non, non, Britannicus est mort empoisonné;
> Narcisse a fait le coup, vous l'avez ordonné.
>
> NÉRON.
>
> Madame! mais qui peut vous tenir ce langage?

répond Néron reculant toujours devant l'implacable vérité d'Agrippine. Ce meurtrier déconcerté a encore à subir un autre châtiment que celui d'être accusé par Agrippine, c'est celui d'être défendu par Narcisse. Voyant son maître qui se trouble, il vient effrontément le défendre; il avoue le crime; il s'en enorgueillit : c'est un meurtre politique, c'est un coup d'État que Néron a confié à sa fidélité; et Agrippine alors indignée du silence de Néron qui laisse avouer ses crimes par un esclave, Agrippine honteuse aussi, pour ainsi dire, de cet abaissement misérable, prononce au parricide la fatale malédiction que Néron accepte comme la méritant déjà :

> Poursuis, Néron ; avec de tels ministres
> Par des faits glorieux tu te vas signaler ;
> Poursuis ; tu n'as pas fait ce coup pour reculer.
> Ta main a commencé par le sang de ton frère ;
> Je prévois que tes coups viendront jusqu'à ta mère.
> Dans le fond de ton cœur je sais que tu me hais ;
> Tu voudras t'affranchir du joug de mes bienfaits.
> . . . .
> Mais j'espère qu'enfin le ciel, las de tes crimes,
> Ajoutera ta perte à tant d'autres victimes ;
> Qu'après t'être couvert de leur sang et du mien,
> Tu te verras forcé de répandre le tien ;
> Et ton nom paroîtra, dans la race future,
> Aux plus cruels tyrans une cruelle injure.
> Voilà ce que mon cœur se présage de toi.
> Adieu : tu peux sortir.
>
> NÉRON.
> Narcisse, suivez-moi.

Cette scène devrait être la dernière, car elle est le vrai dénoûment de la tragédie, et celui qui peut le plus nous satisfaire. Néron y est puni, en étant deux fois abaissé sous nos yeux, d'abord par les imprécations d'Agrippine et ensuite par l'odieuse apologie de Narcisse. De plus, la tragédie y est complète, car Agrippine, le personnage principal, y prévoit sa mort, ce qui est presque déjà la recevoir, et le mot sec et menaçant de Néron : *Narcisse, suivez-moi !* laissé pour adieu à Agrippine, n'est-ce pas déjà le fer parricide montré et levé par le fils sur la mère ? Elle ne s'y trompe pas un instant :

> Burrhus, avez-vous vu quels regards furieux
> Néron en me quittant m'a laissés pour adieux !
> C'en est fait, le cruel n'a plus rien qui l'arrête ;
> Le coup qu'on m'a prédit va tomber sur ma tête.

La tragédie, encore un coup, est donc complète après le départ de Néron maudit par sa mère. Quel autre dénoûment peut-il y avoir ou quel autre châtiment le poëte peut-il réserver à Néron que celui même qu'Agrippine a prononcé contre lui : Tu seras Néron !

> Et ton nom paroîtra, dans la race future,
> Aux plus cruels tyrans une cruelle injure.

Tout est donc consommé. Non ! le tyran et le meurtrier est puni, comme il peut l'être ; mais nous avons oublié que Néron n'est pas seulement dans *Britannicus* un tyran et un assassin ; c'est aussi un prince amoureux, c'est l'amant de Junie ; et c'est de ce côté que l'école romanesque a cru sans doute qu'il fallait aussi punir Néron. Racine, qui était si bien en train de détruire cette école et de ne plus mettre dorénavant l'amour que dans les sujets où il pouvait avoir la première place, Racine, par un reste de soumission à la mode, a cru que ce serait punir cet assassin de son frère et de sa mère que lui faire perdre sa maîtresse. La dernière scène de la tragédie nous raconte donc que Junie s'est dévouée au culte de Vesta, et que, comme Narcisse voulait l'empêcher d'entrer dans le sanctuaire, le peuple a massacré Narcisse, punition qui nous touche peu, frappant le scélérat subalterne et laissant debout le scélérat principal. Je sais bien que, selon la doctrine de l'école romanesque, Néron est frappé au cœur, ayant perdu sa maîtresse ; je sais bien qu'Albine fait tout ce qu'elle peut pour satisfaire à notre besoin de justice et d'expiation en nous montrant Néron désespéré :

> ALBINE.
> Il rentre ; chacun fuit son silence farouche ;
> Le seul nom de Junie échappe de sa bouche.
> Il marche sans dessein ; ses yeux mal assurés
> N'osent lever au ciel leurs regards égarés ;
> Et l'on craint, si la nuit jointe à la solitude
> Vient de son désespoir aigrir l'inquiétude,
> Si vous l'abandonnez plus longtemps sans secours,
> Que sa douleur bientôt n'attente sur ses jours.
> Le temps presse, courez ; il ne faut qu'un caprice...
> Il se perdroit, madame.
> AGRIPPINE.
> Il se feroit justice.

J'ai toujours vu qu'au théâtre le mot terrible et juste

d'Agrippine soulageait le public, en rendant la vérité à la situation. Si, en effet, le désespoir de Néron, tel que nous le dépeint Albine, ne vient que du chagrin que lui cause l'entrée de Junie au couvent des vestales, nous sommes tentés de renvoyer ce désespoir d'amour à la pénitence d'Amadis, quand il se lamente sur les rigueurs d'Oriane, ou même à celle de don Quichotte pleurant sa Dulcinée. Il y a plus : nous nous indignons que cet empoisonneur de son frère et le prochain meurtrier de sa mère ne soit sensible qu'à la perte d'une fille dont il a tué le fiancé. Quoi! c'est le nom de Junie qui échappe seul de sa bouche et non pas celui de son frère assassiné ou de sa mère cruellement menacée! Quoi! Néron a des chagrins! Il devrait avoir les fureurs d'Oreste, il n'a que les douleurs d'un chevalier séparé de sa belle. Et vous voulez que nous soyons satisfaits de sa punition et même que nous le plaignions ou que nous l'empêchions d'attenter à ses jours! Qu'il se tue! répondons-nous avec Agrippine; il se fera justice.

Ainsi cette dernière intervention de l'amour à travers les crimes de Néron vient refroidir et troubler le dénoûment de *Britannicus*, comme elle en a troublé quelques-unes des principales scènes. Ainsi la faute que Racine avait empruntée si mal à propos à la mode de son temps se fait sentir d'un bout à l'autre de la pièce, et se fait sentir d'autant plus qu'elle ressort par le contraste même que lui font les grandes et terribles scènes que Racine a empruntées à Tacite.

Il me reste, selon le plan que je me suis fait, à dire en quelques mots quel fut le succès de *Britannicus* en 1669 et quelles furent les critiques que souleva cette tragédie.

1669 est une année heureuse pour notre théâtre français. C'est l'année du *Tartuffe* (5 février 1669) et de *Britannicus* (13 décembre). Ces grandes œuvres ne furent pas dès leur première apparition de grands succès. Nous avons, dans la préface d'un roman de Boursault intitulé *Artémise et Poliante*,[1] ce que

---

1. Ce roman de Boursault est peu intéressant. Artémise et Poliante,

nous appellerions aujourd'hui le feuilleton de la première représentation de *Britannicus*. Boursault n'était pas un des amis de Racine; mais, comme l'auteur d'*Andromaque* avait déjà une grande réputation, Boursault en parle avec beaucoup de précautions, ne voulant ni le louer, ce qui est contraire à son goût, ni le blâmer, de peur de paraître envieux. « Il étoit sept heures sonnées, dit-il, quand je sortis de l'hôtel de Bourgogne, où l'on venoit de représenter pour la première fois le *Britannicus* de M. Racine, qui ne menaçoit pas moins que de mort violente tous ceux qui se mêlent d'écrire pour le théâtre.[1] Pour moi qui m'en suis autrefois mêlé, mais si peu que par bonheur il n'y a personne qui s'en souvienne, je ne laissois pas d'appréhender comme les autres, et, dans le dessein de mourir d'une plus honnête mort que ceux qui seroient obligés de s'aller pendre, je m'étois mis dans le parterre pour avoir l'honneur de me faire étouffer par la foule. Mais le marquis de Courboyer, qui ce jour-là justifioit publiquement qu'il étoit noble,[2] ayant attiré à son spectacle tout ce que la rue Saint-Denis a de marchands qui se rendent régulièrement à l'hôtel de Bourgogne pour avoir la première vue de tous les ouvrages qu'on y représente, je me trouvois si à mon aise, que j'étois résolu de prier M. Corneille, que j'aperçus

---

fiancés depuis longtemps l'un à l'autre, sont brouillés par un incident peu vraisemblable; cependant ils se réconcilient et se marient. Mais Poliante est forcé de partir pour l'armée, et Artémise se déguise en homme pour suivre son mari à la guerre. Il n'y a d'intéressant et d'élevé que le caractère de l'abbesse du couvent où Artémise, pendant sa brouille de fiancée avec Poliante, est près de faire profession.

1. On a cru que cette plaisanterie assez froide était dirigée contre la première préface de *Britannicus,* qui est très-violente contre les rivaux de Racine. Cela ne se peut pas, puisqu'il s'agit ici de la première représentation de *Britannicus,* qui n'était pas par conséquent encore imprimé. La plaisanterie est donc plutôt dirigée contre les amis du poëte qui annonçaient d'avance *Britannicus* comme un chef-d'œuvre qui éclipserait tout.

2. Le marquis de Courboyer, gentilhomme huguenot, condamné à mort pour une dénonciation calomnieuse de lèse-majesté contre le sieur d'Aunay, eut la tête tranchée en place de Grève le vendredi 13 décembre 1669.

tout seul dans une loge, d'avoir la bonté de se précipiter sur moi au moment que l'envie de se désespérer le voudroit prendre, lorsque Agrippine, ci-devant impératrice de Rome, qui, de peur de ne pas trouver Néron, à qui elle devoit parler, l'attendoit à sa porte, dès quatre heures du matin, imposa silence à tous ceux qui étoient là pour écouter, et me fit remettre ma prière à une autre fois. M. de...,[1] admirateur de tous les nobles vers de M. Racine, fit tout ce qu'un véritable ami d'auteur peut faire pour contribuer au succès de son ouvrage, et n'eut pas la patience d'attendre qu'on le commençât pour avoir la joie de l'applaudir. Son visage, qui, au besoin, passeroit pour un répertoire du caractère des passions, épousoit toutes celles de la pièce l'une après l'autre et se transformoit, comme un caméléon, à mesure que les acteurs débitoient leur rôle. Surtout le jeune Britannicus, qui avoit quitté la bavette depuis peu et qui lui sembloit élevé dans la crainte de Jupiter Capitolin, le touchoit si fort, que, le bonheur dont apparemment il devoit bientôt jouir l'ayant fait rire, le récit qu'on vint faire de sa mort le fit pleurer ; et je ne sais rien de plus obligeant que d'avoir un fond de joie et un fond de tristesse au très-humble service de M. Racine.[2] Cependant les auteurs qui ont la malice de s'attrouper pour décider souverainement des pièces de théâtre, et qui s'arrangent

1. Boursault semble vouloir désigner M. Despréaux, disent les frères Parfait, t. X de l'*Histoire du Théâtre français*, p. 431.
2. Je ne puis pas ne pas remarquer en passant combien sont froides et convenues toutes ces plaisanteries qui ne sont que du bout des lèvres. Il m'est difficile aussi de croire que cet admirateur de Racine qui applaudit avant le lever du rideau, qui rit et qui pleure à volonté, soit Boileau. Je sais bien que Boileau avait, selon ses contemporains, le talent de mimer les personnes qu'il vouloit ; mais il ne faut pas oublier que ce personnage ardent et grimaçant dont parle Boursault dans son récit ne peut guère être Boileau qui, dès 1669, était un poëte accrédité et qui ne devait pas se donner en spectacle par des gesticulations exagérées, propres seulement à un jeune enthousiaste. Des deux amis, Boileau et Racine, c'était Boileau alors qui était l'homme important et le patron autorisé de Racine plutôt que son louangeur fanatique.

ordinairement sur un banc de l'hôtel de Bourgogne, qu'on appelle le banc formidable, à cause des injustices qu'on y rend, s'étoient dispersés, de peur de se faire reconnoître, et tant que durèrent les deux premiers actes, l'appréhension de la mort leur faisoit désavouer une si glorieuse qualité; mais le troisième les ayant un peu rassurés, le quatrième, qui lui succéda, sembloit ne leur vouloir pas faire de miséricorde, quand le cinquième, qu'on estime le plus méchant de tous, eut pourtant la bonté de leur rendre tout à fait la vie. Des connoisseurs, auprès de qui j'étois incognito et de qui j'écoutois les sentîments, en trouvèrent les vers fort assurés; mais Agrippine leur parut fière sans sujet, Burrhus vertueux sans dessein, Britannicus amoureux sans jugement, Narcisse lâche sans prétexte, Junie constante sans fermeté et Néron cruel sans malice. »

A prendre ce récit, il semble que les deux premiers actes de *Britannicus* réussirent bien, puisque les auteurs rivaux croyaient n'avoir plus qu'à se pendre; que le troisième acte eut moins de succès, puisqu'il rassura les auteurs; que le quatrième acte fut bien accueilli, puisqu'il renouvela leur chagrin, et que le cinquième acte enfin leur rendit la vie parce qu'il fut jugé le moins bon. Voilà, à travers les fades plaisanteries de Boursault, les faits que nous croyons discerner : le succès de *Britannicus* n'augmenta pas d'acte en acte, il hésita d'un acte à l'autre. Les vers furent très-admirés, l'action parut froide; il y eut trop d'histoire pour les uns et trop d'amour pour les autres. Quant aux caractères, quoique Boursault ait la prétention de nous donner le jugement des connaisseurs, près desquels il était *assis incognito,* je trouve qu'ils sont jugés de la manière du monde la plus fausse à l'aide d'antithèses sans mérite et sans justesse. Qu'est-ce qu'Agrippine qui est *fière sans sujet?* Fille, femme, sœur, mère d'empereurs, elle a sujet d'être fière. Burrhus *vertueux sans dessein;* pourquoi sans dessein? Il a le noble dessein de sauver l'empire et l'empereur du fléau de leurs vices. Britannicus *amoureux sans jugement.* Voulait-on un amoureux raisonneur? Narcisse *lâche sans prétexte.* Il n'est pas lâche, il est scélérat. Junie *constante sans fermeté.* Il eût fallu aussi une amante à la façon des adorables furies de Corneille. Enfin Néron *cruel sans malice.* C'est au contraire la méchanceté du sophiste alliée à la cruauté du bourreau. Tout est donc faux dans ces antithèses soi-disant caractéristiques.

Viennent encore dans Boursault d'autres critiques qui ne sont pas plus justes, et toujours tournées en plaisanteries : « D'autres spectateurs, dit-il, pour les trente sols qu'ils avoient donnés à la porte, crurent avoir la permission de dire ce qu'ils en pensoient, trouvèrent la nouveauté de la catastrophe si étonnante, et furent si touchés de voir Junie, après l'empoisonnement de Britannicus, s'aller rendre religieuse de l'ordre de Vesta, qu'ils auroient nommé cet ouvrage une tragédie chrétienne, si on ne les avoit pas assurés que cette Vesta ne l'étoit pas. Comme ce jour-là j'étois prié d'aller souper chez une dame, je ne fus pas plus tôt arrivé où l'on m'attendoit, qu'on me demanda des nouvelles de la tragédie que je venois de voir, et voici de quelle manière j'en parlai :

« Quoique rien ne m'engage à vouloir du bien à M. Racine et qu'il m'ait désobligé, sans lui en avoir donné aucun sujet, je vais rendre justice à son ouvrage, sans examiner qui en est l'auteur. Il est constant que dans le *Britannicus* il y a d'aussi beaux vers qu'on en puisse faire; et cela ne me surprend pas, car il est impossible que M. Racine en fasse de méchants. Ce n'est pas qu'il n'ait répété en bien des endroits : *Que fais-je? que dis-je?* et *quoi qu'il en soit,* qui n'entrent guère dans la belle poésie. Mais je regarde cela comme sans doute il l'a regardé lui-même, c'est-à-dire comme une façon de parler naturelle qui peut échapper au génie le plus austère et paroître dans un style qui sera d'ailleurs fort châtié. Le premier acte promet quelque chose de fort beau et le second même ne le dément pas; mais, au troisième, il semble que l'auteur se soit lassé de travailler; et le quatrième, qui contient une partie de l'histoire romaine et qui par conséquent n'apprend rien qu'on ne puisse voir dans Florus et dans Coiffeteau, ne laisseroit pas de faire oublier qu'on s'est ennuyé au précédent, si, dans le cinquième, la façon dont Britannicus est empoisonné et celle dont Junie se rend vestale ne faisoient pitié. Au reste, si la pièce n'a pas eu tout le succès qu'on s'en promettoit, ce n'est pas faute que chaque acteur n'ait triomphé dans son personnage. »

Que conclure de ce récit? Il s'accorde avec la deuxième préface de *Britannicus* de Racine. « J'avoue, dit Racine, que le succès ne répondit pas d'abord à mes espérances. C'est maintenant celle de mes pièces que la cour et le public revoient le plus volontiers… » Voltaire parle de la même manière : « Ce n'est qu'avec le temps que les connaisseurs firent revenir le public à *Britannicus*. On vit que cette pièce était la peinture fidèle de la cour de Néron. On admira enfin toute l'énergie de Tacite exprimée dans des vers dignes de Virgile. On comprit que Britannicus et Junie ne pouvaient pas avoir un autre caractère. On démêla dans Agrippine des beautés vraies, solides, qui ne sont ni gigantesques, ni hors de la nature… Le développement du caractère de Néron fut regardé comme un chef-d'œuvre. On convint que le rôle de Burrhus est admirable d'un bout à l'autre et qu'il n'y a rien de ce genre dans toute l'antiquité. *Britannicus* fut la pièce des connaisseurs qui conviennent des défauts et qui apprécient les beautés.[1] »

J'ai toujours eu soin de citer le sentiment de Saint-Évremond sur les tragédies de Racine, parce que Saint-Évremond est un des interprètes les plus autorisés de l'esprit du siècle, surtout dans les vingt premières années du gouvernement de Louis XIV, de 1661 à 1680. Voici ce qu'il écrit à M. de Lionne :

« J'ai lu *Britannicus* avec assez d'attention pour y remarquer de belles choses. Il passe, à mon sens, l'*Alexandre* et l'*Andromaque* ; les vers sont plus magnifiques, et je ne serois

---

1. VOLTAIRE, *Commentaires sur Corneille* (préface de la *Bérénice* de Corneille).

pas étonné qu'on y trouvât du sublime. Cependant je déplore le malheur de cet auteur d'avoir si dignement travaillé sur un sujet qui ne peut souffrir une représentation agréable. En effet, l'idée de Narcisse, d'Agrippine et de Néron, l'idée, dis-je, si noire et si horrible qu'on se fait de leurs crimes ne sauroit s'effacer de la mémoire du spectateur, et quelques efforts qu'il fasse pour se défaire de la pensée de leurs cruautés, l'horreur qu'il s'en forme détruit en quelque manière la pièce. »

Chose singulière : Saint-Évremond, qui admirait le sublime *féroce* de l'*Attila* de Corneille (c'est son mot), reproche à Racine l'horreur de son sujet. N'était-il donc permis qu'à Corneille d'employer la terreur dans la tragédie? Les autres poëtes et Racine tout le premier ne devaient-ils traiter que des sujets qui comportent une représentation agréable? Saint-Évremond alors devait approuver l'amour de Britannicus et de Junie, et la rivalité amoureuse de Néron avec Britannicus. Il devait être du parti de ceux qui reprochaient à Racine d'avoir mis dans sa pièce trop d'histoire et pas assez d'amour. De la part de Saint-Évremond, et de l'ingénieux et profond auteur du *Génie du peuple romain dans les différents temps de son histoire*, je m'attendais à une autre critique.

Des différentes critiques que je viens de résumer et des deux préfaces de Racine, il résulte, ce me semble, que nous retrouvons dans les jugements qui furent portés sur *Britannicus*, quand la pièce parut, le double caractère qu'il y a dans la pièce elle-même. *Britannicus* se ressent des deux écoles qui se partageaient alors le théâtre, l'école romanesque, dont Quinault dans la tragédie était le dernier et le plus habile représentant, et l'école nouvelle, celle de Molière et de Racine au théâtre, de La Fontaine et de Boileau dans la littérature. Les amours de Junie, de Britannicus et de Néron sont encore de l'école romanesque que Racine combattait et suivait à la fois, comme font ordinairement les fondateurs d'école, qui, en commençant, n'appartiennent jamais entièrement à l'avenir qu'ils fondent. Les jugements du temps sur *Britannicus* se ressentent aussi de cette diversité des goûts. Aux uns la pièce paraît trop sévère et trop historique ; ils la voudraient plus amoureuse et plus romanesque. Les autres, au contraire, reprochent à Racine d'avoir fait trop de place à l'amour dans le terrible sujet qu'il avait choisi. Racine et le public ont adopté la seconde critique et c'est la tragédie historique qu'ils ont préférée. Nous voyons même dans les changements que Racine a faits à sa pièce un témoignage curieux et expressif de cette préférence progressive donnée par l'auteur et par le public au caractère historique de la tragédie de *Britannicus* sur le caractère amoureux et romanesque. Dans les premières représentations et dans les premières éditions, au cinquième acte, à la sixième scène, quand Néron revient sur le théâtre, après la mort de Britannicus, il y trouvait encore Junie et lui disait :

NÉRON, à Junie.
De vos pleurs j'approuve la justice.
Mais, madame, évitez ce spectacle odieux.
Moi-même, en frémissant, j'en détourne les yeux.
Il est mort ; tôt ou tard il faut qu'on vous l'avoue.
Ainsi de nos desseins la fortune se joue.
Quand nous nous rapprochons, le ciel nous désunit.
JUNIE.
J'aimois Britannicus, seigneur, je vous l'ai dit.
Si de quelque pitié ma misère est suivie,
Qu'on me laisse chercher dans le sein d'Octavie
Un entretien conforme à l'état où je suis.
NÉRON.
Belle Junie, allez, moi-même je vous suis.
Je vais, par tous les soins que la tendresse inspire,
Vous...
AGRIPPINE.
Arrêtez, Néron : j'ai deux mots à vous dire.

Plus tard, ces vers ont disparu, Néron ne retrouve plus Junie sur la scène. Aussitôt qu'elle apprend la mort de Britannicus, elle s'éloigne désespérée :

Je vais le secourir, si je puis, ou le suivre.

Néron ne lui adresse donc plus ce galant compliment qui fait horreur dans la bouche du meurtrier et qui, dans ce moment terrible, nous ramène à l'idée désagréable d'une rivalité amoureuse, quand nous appartenons tout entiers à l'effroi du crime et à l'attente des imprécations vengeresses d'Agrippine. En supprimant ces vers, Racine désavouait la part qu'il avait encore donnée dans sa pièce à la tragédie romanesque ; et le public approuvait ce désaveu en acceptant ce changement, ou plutôt il ne s'en apercevait même pas. C'était la meilleure manière de montrer que la suppression de cette galanterie odieuse de Néron contribuait à restituer à la pièce son caractère historique, son caractère principal, préféré par l'auteur et par le public.

FIN DE L'EXAMEN CRITIQUE DE BRITANNICUS.

BÉRÉNICE

TRAGÉDIE

1670

NOTICE PRÉLIMINAIRE.

PRÉCÉDENTS ANECDOTIQUES DE LA PIÈCE.
LOUIS XIV. — MARIE DE MANCINI. — MADAME HENRIETTE D'ANGLETERRE.
COUP D'ŒIL SUR LA GALANTERIE POÉTIQUE ET LITTÉRAIRE DE 1650 A 1670.

I.

La moins tragique des tragédies de Racine et celle qui roule seulement sur un amour réprimé et sacrifié, *Bérénice,* est celle qui se trouve avoir les deux précédents anecdotiques les mieux établis dans l'histoire du xviie siècle. Il est vrai que ces deux précédents ne rendent pas *Bérénice* plus grave et plus tragique, puisque ce sont deux attachements amoureux de Louis XIV, et deux attachements rompus après une hésitation plus ou moins passionnée, mais rompus enfin, et dont la rupture, passant pour héroïque, a semblé dans une cour galante et aimable pouvoir devenir un sujet de tragédie.

Le premier de ces attachements est celui que Louis XIV eut pour Marie de Mancini, nièce du cardinal Mazarin, et qu'il rompit, en 1659, avant d'épouser l'infante d'Espagne. Le second est le goût très-vif que Louis XIV eut pour Madame Henriette d'Angleterre sa belle-sœur, qui, de son côté, avait pour lui le même goût. Ils réprimèrent et arrêtèrent à temps ce penchant mutuel. Nous avons sur ces deux attachements des témoignages incontestables pris dans la poésie et dans l'histoire du temps : pour Marie de Mancini, les vers de Benserade et les lettres du cardinal Mazarin, au moment du mariage du roi; pour M.me la duchesse d'Orléans, Henriette d'Angleterre, les *Mémoires* de M.me de La Fayette, la préface de Voltaire sur la *Bérénice* de Corneille, son *Siècle de Louis XIV*.

Quant à l'histoire de Bérénice elle-même, nous l'examinerons avec la pièce; mais je veux dans cette notice préliminaire expliquer comment, d'une part, les deux attachements de Louis XIV, devenus, grâce au prestige du roi, des événements qui occupaient l'attention publique, ont paru pouvoir faire un sujet de tragédie digne de Corneille et de Racine; et comment, d'autre part, de 1650 à 1670, la littérature du monde, à la cour comme à la ville, obéissait à cette influence de la galanterie, dont la *Bérénice* de Corneille et de Racine est le témoignage le plus éclatant.

Je ne veux pas revenir sur les rapprochements que j'ai faits entre l'élégie de Benserade et la *Bérénice* de Racine.[1] Ce sont les mêmes sentiments et presque les mêmes vers des deux côtés. Ces vers de Benserade m'ont toujours laissé l'idée qu'il y a eu dans l'attachement de Louis XIV pour Marie de Mancini beaucoup de galanterie dans le sens qu'avait alors ce mot, c'est-à-dire un peu de passion, rien d'une relation, mais beaucoup de conversation. La passion n'a été assez grande ni en bien ni en mal pour aller jusqu'au mariage ou jusqu'à la relation. Elle a su se tenir en deçà, sans qu'il ait fallu pourtant au jeune prince un bien grand effort de courage dans les deux cas. L'effort a été célébré en prose et en vers beaucoup plus qu'il n'a fait souffrir les cœurs des deux amants, et dans l'oraison funèbre de la reine en 1685, par Bossuet,[2] on est tout étonné d'entendre parler, à Saint-Denis,

---

1. Voir t. I.er de cette édition; introduction, p. 117.
2. « Cessez, princes et potentats, de troubler par vos prétentions le projet de ce mariage. Que l'amour, qui semble aussi vouloir le troubler, cède lui-même. L'amour peut bien remuer le cœur des héros du monde ; il peut bien y soulever des tempêtes, et y exciter des mouvements qui fassent trembler les politiques et qui donnent des espérances aux insensés ; mais il y a des âmes d'un ordre supérieur à ses lois, à qui il ne peut inspirer des sentiments indignes de leur rang. Il y a des mesures prises dans le ciel qu'il ne peut rompre ; et l'infante, non-seulement par son auguste naissance, mais encore par sa vertu et par sa réputation, est seule digne de Louis. »

de l'amour de Louis XIV et de Marie de Mancini : cette passion s'est donc trouvée, je crois, plus grande par le rang et par la renommée des personnages que par leurs douleurs et leurs souffrances.

Au premier coup d'œil, les lettres de Mazarin, écrites en 1659 [1] pendant les négociations de la paix des Pyrénées, semblent le témoignage le plus expressif de la passion ardente de Louis XIV pour Marie de Mancini ; car elles sont toutes employées à détourner le roi de cette passion qui paraît contrarier et retarder le mariage de Louis XIV avec l'infante d'Espagne. A mesure, cependant, qu'on lit ces lettres avec plus d'attention, on y découvre des singularités de sentiment dont il est impossible de ne pas tenir compte. Et d'abord, chose curieuse, le roi ne faisait rien pour empêcher ni retarder ce mariage. Il y consent, il le presse même, et, chose plus curieuse encore, avant le mariage d'Espagne, il avait été question d'un mariage de Savoie. Louis XIV aimait déjà Marie de Mancini, et pourtant il consentait à épouser la princesse Marguerite de Savoie, et Mazarin lui rappelle dans une lettre du 28 août 1659 « qu'il était fâché de ce que la reine mère et d'autres lui disaient pour le dégoûter de ce mariage.[2] » Louis croyait-il donc pouvoir épouser l'infante d'Espagne, tout en aimant la nièce de Mazarin, comme il aurait, sans renoncer à ce sentiment, épousé de même la princesse de Savoie? Aussi, quand il répond à cette lettre de Mazarin du

---

[1]. Je me sers de l'édition qui a paru en 1745, à Amsterdam, en 2 vol. in-12, édition dont je crois le texte original et authentique, quoique altéré sous prétexte d'être corrigé, et incomplet parce que le manuscrit, comme la plupart de ceux qu'achetaient les libraires de Hollande, venaient ordinairement de copistes infidèles et fautifs.

[2]. Tome Ier, p. 321. — L'auteur de l'*Histoire de la paix de 1659*, le comte Galeazzo Gualdo Priorato, dit, à propos de ce projet de mariage en Savoie, que « bien que le roi eût témoigné que la princesse Marguerite lui plaisoit, ce qui sembloit devoir faire conclure le mariage avec elle, il fut néanmoins aisé de suspendre les premières émotions du cœur de ce monarque jusqu'après quelques conférences avec Pimentel (envoyé secret de l'Espagne), où furent réglées et arrêtées en gros et comme en ébauche, et les conditions sous lesquelles on traiteroit, et la matière du traité ; et alors, par ce nouveau projet pour le mariage de l'infante d'Espagne, on détourna aisément le roi de penser davantage à celui de Savoie. » (Traduction française, Cologne, 1664, p. 26 et 27.) — On nous permettra de croire que les émotions du cœur de Louis XIV pour la princesse Marguerite, déjà distraites par son attachement pour Marie de Mancini, furent aisément suspendues par le projet de mariage de l'infante, lequel avait le mérite d'être un retard. Le jeune roi ne se pressait pas de se marier en Savoie, pourvu qu'il pût continuer à aimer en France.

28 août 1659, employée tout entière à combattre l'amour du roi pour Marie de Mancini, et qu'il y répond en maître fâché, il lui ordonne « de presser pour abréger le temps du mariage et d'en signer les articles et ceux de la paix.[1] » Mazarin, effrayé de la colère du roi, répond humblement qu'il exécutera ses ordres et le « supplie de lui pardonner, s'il l'a trop importuné, l'assurant qu'il ne le fera plus à l'avenir.[2] »

Que croire donc de cette passion de Louis XIV pour Marie de Mancini, qui n'empêche pas le jeune roi de vouloir épouser l'infante et même de presser le mariage? L'amour, il est vrai, est de sa nature plein de contradictions; mais que penser de contradictions qui sont évidemment volontaires, de telle sorte qu'à côté d'un roman dont nous ne pouvons pas nier les témoignages, nous trouvons, pour ainsi dire, dans Louis XIV un plan de conduite habilement partagé entre le plaisir et la politique? Pour la politique, le jeune prince épouse l'infante d'Espagne; pour le plaisir, il veut continuer son commerce de galanterie, et d'une galanterie peut-être vénielle et mondaine seulement, avec Marie Mancini. A lire les lettres de Mazarin, on voit Louis XIV passer sans cesse du roman à la politique, sans qu'un observateur attentif puisse prévoir qu'est-ce qui du roman ou de la politique l'emportera dans le cœur du prince; des deux penchants, en effet, l'un ne prévaut jamais complétement sur l'autre. Ils s'arrangent et s'entendent ensemble. Cet accord imprévu semble tromper et déconcerter Mazarin lui-même. Tantôt il paraît craindre que l'amant chez Louis XIV ne l'emporte sur le roi; tantôt il se refuse à croire, tout vieux politique qu'il est, que le jeune prince soit déjà assez politique pour prendre son parti d'épouser celle qu'il n'aime pas pour continuer à aimer celle qu'il n'épouse pas. Il écrit au roi le 28 août 1659, de Saint-Jean-de-Luz: « La personne (Marie Mancini) se tient plus assurée que jamais de disposer entièrement de votre affection, après les nouvelles promesses que vous lui en avez faites à Saint-Jean-d'Angely, et je sais que, si vous êtes

---

1. Tome Ier, p. 377.
2. *Ibid.*, p. 377. « Je finirai cette lettre en vous protestant qu'en exécution de vos ordres, je presserai pour abréger le temps du mariage..., et j'irai ensuite finir mes jours où il vous plaira m'ordonner. »

obligé de vous marier, elle prétend rendre la princesse qui vous épousera malheureuse pour toute sa vie : ce qui ne pourra arriver sans que vous le soyez aussi... » Et plus loin : « Vous travaillez vous-même à vous rendre le plus malheureux des hommes; car il n'y a rien d'égal pour cela que de se marier à contre-cœur.[1] » En parlant ainsi, Mazarin parlait presque en docteur chrétien. Mais il n'avait pas d'ascendant de ce côté-là. Le mariage de Louis XIV et sa vie tout entière sont un démenti perpétuel donné aux paroles que nous venons de lire de Mazarin. Il ne se maria pas à contre-cœur, mais par un parti pris d'indifférence bienséante; s'il ne rendit pas sa femme heureuse, ce ne fut pas du moins par Marie Mancini qu'il la rendit malheureuse; ce fut par d'autres : les objets du chagrin de la reine changèrent souvent, jusqu'à ce que le roi finît, avec Mme de Maintenon, par goûter ce charme de la vie privée, dont le mariage avec Marie Mancini eût été un essai plein de troubles et d'inconvénients. Il eut assez de bon sens pour s'en apercevoir avant la faute et point assez de passion pour rester sourd à son bon sens. Sa rupture avec Marie de Mancini fut donc moins l'acte d'une vertu courageuse que d'un égoïsme bien avisé, et toute sa vie prouva qu'il avait en cela voulu éviter une faute plutôt que renoncer au péché.[2]

Citons quelques passages des lettres de Mazarin pour montrer comment, en croyant au roman du roi avec sa nièce, le grand politique était plus naïf que le jeune roi, ou voulait le paraître. Ce qui trouble surtout Mazarin, c'est que la reine mère, soit faiblesse maternelle pour les erreurs de son fils, soit goût espagnol pour la belle galanterie et pour la part que cette galanterie peut et même doit avoir dans l'éducation d'un parfait cavalier, la reine mère excuse son fils. « Je ne vous saurois assez dire, écrit Mazarin à la reine mère Anne d'Autriche, mon déplaisir en voyant l'empressement du *confident* (c'est le mot qui dans ces lettres

---

1. Tome Ier, p. 307 et 308.
2. Corneille, dans sa *Sophonisbe*, qui est de 1663, semble avoir voulu résumer en ces deux vers le système que le jeune roi suivait dans ses amours :

> Et lorsqu'à cette ardeur un monarque défère,
> Il s'en fait un plaisir et non pas une affaire.

désigne le roi, — la *confidente* est la reine mère), et qu'au lieu de pratiquer les remèdes qui pourroient modérer sa passion, il n'oublie rien de ce qui peut l'augmenter. Et si vous lui donnez raison en ce qu'il fait, comme à la personne qui m'appartient (Marie Mancini), il sera toujours bien aise d'en user comme il fait par votre approbation, et en ce cas, on sera exposé à de très-grands inconvénients et peut-être de plus grande conséquence que vous ne croyez. Pour moi, je ferai mon devoir jusqu'au bout.[1] » L'éclat de la correspondance qu'avait le roi avec Marie Mancini nuisait, dit Mazarin, aux négociations de la paix et du mariage : « On dit que vous êtes toujours enfermé à écrire à la personne que vous aimez, et que vous perdez plus de temps à cela que vous ne faisiez à lui parler, quand elle étoit à la cour. On ajoute que j'en suis d'accord et que je m'entends en secret avec vous... Je vois d'ailleurs que la complaisance que j'ai eue pour vous, lorsque vous m'avez fait instance de pouvoir mander quelquefois de vos nouvelles à cette personne et de recevoir des siennes, aboutit à un commerce continuel de longues lettres, à lui écrire chaque jour et à en recevoir réponse...[2] »

A travers ces intrigues de galanterie qui semblaient devoir

---

1. Tome Ier, p. 57.

« Je vous avois supplié, écrit Mazarin au roi, de Saint-Jean-de-Luz, le 29 juillet 1659, de n'écrire plus à la Rochelle (où était Marie Mancini), et vous m'avez répondu que cela vous seroit trop dur, et que la *confidente* (la reine mère) avoit approuvé vos raisons... Vous concluez que vous ne sauriez faillir en suivant les sentiments de la *confidente*... (p. 98-99)..... La *confidente* vous aime avec la dernière tendresse, et il ne peut pas lui être possible de n'avoir point de la complaisance pour vous, bien qu'elle connoisse que vos désirs ne s'accordent pas souvent avec la raison... (p. 101)..... Enfin toute l'Europe s'entretient sur la passion que vous avez, chacun en parle avec une liberté qui vous est préjudiciable (p. 102). »

Il écrit en même temps à la reine mère : « Je vois bien par vos lettres et par celles du *confident*, que la tendresse que vous avez pour lui ne vous a pas permis de tenir bon, et que vous vous êtes laissé gagner (p. 104). » — La reine mère, après tout, ne craignait pas le dénoûment de ce commerce de galanterie. Elle savait bien que son fils n'épouserait jamais une Mancini. Il y avait un secret instinct entre le majestueux égoïsme du fils et la fierté de la mère. Mazarin craignait qu'on ne le soupçonnât de ne pas croire le mariage tout à fait impossible. Il en repoussait donc la tentation avec beaucoup d'énergie. Il savait, de plus, qu'avec les mauvais sentiments que sa nièce avait pour lui, s'il était l'oncle de la reine, il serait l'homme de France qui aurait le moins de crédit. Ce sentiment perce dans toute sa correspondance. (Voir p. 197.)

2. Tome Ier, p. 72-73.

NOTICE PRÉLIMINAIRE. 229

contrarier les négociations du mariage et de la paix, le mariage et la paix s'acheminaient cependant contre tout espoir vers leur dénoûment; car le jeune roi demandait avec une égale fermeté de volonté qu'on pressât son mariage et qu'on lui laissât rendre visite à Marie de Mancini, à Saint-Jean-d'Angely, pendant qu'il se rendait comme fiancé à Saint-Jean-de-Luz. Ces deux voyages si contraires l'un à l'autre et réclamés avec la même action surprenaient Mazarin. Il aurait surtout voulu empêcher cette visite de Saint-Jean-d'Angely. Il en craignait le bruit en Espagne et en Europe; il en redoutait l'effet sur le cœur du roi. Malgré Mazarin, la visite fut faite, et suivant ce qu'il écrit à la reine mère le 22 août 1659 de Saint-Jean-de-Luz, « la passion s'est entièrement échauffée de côté et d'autre par l'entrevue qui s'est faite à Saint-Jean-d'Angely; les dépêches sont plus fréquentes et plus longues, et l'esprit de la personne qui est à la Rochelle est plus chagrin et plus emporté qu'auparavant. »

La fin de cette lettre du 22 août 1659 est très-curieuse et jette peut-être quelque jour sur cette affaire d'un mariage traversé, mais non arrêté, par une intrigue galante, dont Mazarin s'inquiète plus que la reine mère elle-même. « Néanmoins, dit-il à la reine mère, après lui avoir exprimé ses inquiétudes, je défère avec plaisir à ce que vous m'en mandez; car je ne souhaite rien tant au monde comme de voir le *confident* (le roi) délivré de cette passion et heureux dans le mariage qu'il va faire... Vous savez si j'ai bien travaillé pour cela, sans que toutes les diligences que le *confident* a faites avec tant d'adresse pour m'engager à favoriser son dessein m'aient pu seulement ébranler un moment; et, à la vérité, j'eusse été un mauvais serviteur et un méchant homme si j'eusse été capable d'écouter seulement les propositions que le *confident* me faisoit, puisqu'elles alloient à relever ma réputation aux dépens de la sienne et à tirer des avantages de son préjudice.[1] » Ainsi, à prendre à la lettre les paroles de Mazarin, le jeune roi, dans la première ardeur de la passion, a tâché de décider Mazarin à lui laisser épouser sa nièce. Celui-ci, honnête à force de bon sens, a refusé cette proposition, qui, s'il l'eût acceptée, n'aurait été qu'une aventure, et une aventure qui

1. Pages 224-225.

eût diminué le roi, la France, et ne l'aurait pas rendu lui-même plus puissant. Rebuté par Mazarin, le jeune roi s'est retourné vers sa mère qui, pourvu que son fils épousât l'infante d'Espagne, n'avait pas le même intérêt que Mazarin à interdire au roi ce commerce de galanterie. La reine mère s'est donc montrée presque favorable à la passion de son fils. Son égoïsme maternel et royal croyait connaître la portée de cette passion et elle ne la redoutait pas. En même temps le roi, pour mieux gagner sa mère, commence à s'appliquer aux affaires et peut-être même il commence à les goûter. Anne d'Autriche triomphe de cette diversion que la politique fait à l'amour, sinon à la galanterie, et elle vante ce changement à Mazarin, qui veut bien que le jeune roi soit moins amoureux, mais qui se soucie peut-être moins qu'il devienne sitôt un politique. « Je suis ravi, écrit-il à la reine mère le 26 août 1659 de Saint-Jean-de-Luz, de ce que vous me mandez de l'application du *confident* aux affaires ; car je ne souhaite rien avec plus de passion que de le voir capable de gouverner ce grand royaume ; mais je souhaiterois bien avec une égale passion de le voir heureux en son mariage.[1] »

Je crois que Mazarin, en refusant au roi de lui laisser épouser sa nièce, a été à la fois honnête homme, bon politique et fidèle serviteur de la famille royale et de la France. Mais il y avait un inconvénient dans ce rôle honnête et habile ; on ne croyait pas à sa sincérité. Il n'en avait pas le renom, même quand il en avait le mérite. Ceux qui autour de lui croyaient qu'il avait été très-sincère en refusant la grande aventure que lui avait proposée le jeune roi n'allaient pas jusqu'à penser qu'il fût aussi sincère quand, écrivant à la reine mère, il souhaitait que le roi « devînt capable de gouverner son royaume. » Son ambition n'était pas aventureuse, mais il aimait l'exercice et les profits du pouvoir ; il en avait l'habitude. On prétend qu'à la mort de Mazarin, le roi avait dit qu'il s'était plusieurs fois demandé s'il aurait pu longtemps supporter près de soi un ministre si puissant. Ce que le roi s'était demandé pour le ministre, le ministre avait dû souvent aussi se le demander pour un roi qui devenait si actif, si politique, et cela même pendant sa correspondance

---

1. Page 284.

amoureuse avec Marie de Mancini. Chez le roi, ce goût des affaires avait pu d'abord n'être qu'une distraction qu'il montrait à sa mère pour la rassurer contre sa passion. L'apparence était bientôt devenue un goût réel. Le roi, dans la conduite des affaires, se faisait peu à peu le concurrent de son ministre, et c'est par là que Mazarin se sentait affaibli.

Ce que de ce côté il perdait d'ascendant sur le roi, il ne le regagnait pas en voulant se faire le directeur du jeune roi dans sa conduite avec sa femme. N'oublions pas, en effet, que Louis XIV ne résistait pas au mariage avec l'infante ; il le pressait même. Qu'est-ce que Mazarin voulait donc de lui quand il lui écrivait de Saint-Jean-de-Luz, le 28 août 1659 : « Comment pourrois-je vous taire que vous préjudiciez au bien de vos affaires, que vous vous attirez les reproches de tout le monde et que vous vous exposez à recevoir des marques de la colère de Dieu, si vous allez vous marier, trahissant la personne que vous épouserez et ayant l'intention de mal vivre avec elle, ainsi que l'autre personne (Marie Mancini) vous a promis de faire avec celui qui l'épousera ? Croyez-vous que Dieu puisse bénir un tel concert ? [1] »

Le jeune roi pouvait trouver singulier que, puisqu'il avait accepté et hâté le mariage, on lui demandât quelque chose de plus, et que le négociateur du mariage voulût se faire le confesseur du ménage, surtout quand c'était Mazarin qui parlait ainsi et non point saint Vincent de Paul ou le cardinal de Bérulle. Je sais bien que, si les dernières paroles de l'entrevue de Saint-Jean-d'Angely ont été ce que dit Mazarin, c'est-à-dire une mutuelle promesse d'infidélité, du roi contre la femme qu'il allait épouser, et de Marie de Mancini contre le mari quelconque qu'elle prendrait, ce contrat d'assurance de mutuel adultère mérite d'être énergiquement condamné par la loi religieuse et par la loi morale. Nous ne nous étonnons donc point de l'arrêt, jamais il n'en fut de plus juste ; nous nous étonnons seulement du juge qui le prononçait. Le roman a mieux traité que ne l'a fait Mazarin l'entrevue de Saint-Jean-d'Angely, en y donnant pour dénoûment ces paroles touchantes et passionnées de Marie Mancini : « Vous pleurez, lui dit-elle, vous êtes le maître et je pars ! » Ce dénoû-

1. Pages 314-315.

ment romanesque laisse aux deux personnages le mérite d'une rupture courageuse et innocente. L'avenir criminel que Mazarin leur reprochait d'avoir mutuellement stipulé s'est cependant accompli, mais non pas entre eux. Ils ne se sont pas tenu la parole de péché qu'ils s'étaient donnée; ils l'ont tenue à d'autres.

Comme nous recherchons les origines de la *Bérénice* de Racine et de Corneille et que l'entrevue de Saint-Jean-d'Angely a visiblement inspiré ces deux tragédies, nous devons demeurer sur ce dénoûment romanesque. Mais nous pouvons, si le roman nous touche, essayer de le rapprocher de l'histoire par quelques traits. Le dernier historien de Marie Mancini, M. Amédée Renée, dans son livre *les Nièces de Mazarin*, [1] a donné à Marie un meilleur caractère que celui que lui attribuait son oncle Mazarin et peut-être plus vrai. Elle aime le jeune roi, non par coquetterie ou par ambition, mais pour tirer de lui le mérite qu'il affectait de cacher et que Mazarin, dit-on, avait deviné, mais dont il ne se hâtait pas de révéler le secret. Quand le jeune roi avait été malade à Calais et près de mourir, Marie l'avait beaucoup pleuré et très-sincèrement. Cette douleur sans calcul toucha le jeune roi. Marie ne prétendait pas à être la maîtresse du roi; elle fut sa préceptrice; elle lui montra qu'il avait de l'esprit et lui donna ce goût de la conversation spirituelle et délicate, qui plus tard fit auprès de lui la fortune de Mme de Maintenon. Marie Mancini était une précieuse, et des meilleures :

Le roi notre monarque illustre,

disait la gazette en vers de la cour, racontant un des ballets du temps,

Menait l'infante Mancini,
Des plus sages et gracieuses
Et la perle des précieuses. [2]

« Elle n'ignore rien, dit d'elle, dans son portrait, sous le nom de Maximiliane, le *Grand dictionnaire historique des précieuses*,

---

1. 1 vol. in-8°, 1858.
2. *Les Nièces de Mazarin*, p. 254.

par Saumaise. Elle a lu tous les bons livres. Elle écrit avec une facilité qui ne se peut imaginer, et quoiqu'elle ne soit pas de Grèce (France), elle en sait si bien la langue que les plus spirituels d'Athènes (Paris), et ceux même qui sont de l'assemblée des quarante barons (l'Académie française), confessent qu'elle en connoît tout à fait bien la délicatesse ; de quoi Madate (La Ménardière), qui avoit l'honneur de la voir souvent, peut rendre témoignage.

« J'oserois ajouter à ceci que le ciel ne lui a pas seulement donné un esprit propre aux lettres, mais encore capable de régner sur les cœurs des plus puissants princes de l'Europe. Ce que je veux dire est assez connu sans qu'il soit besoin de m'expliquer davantage.[1] »

S'il faut en croire ces renseignements du temps, l'attachement de Marie Mancini pour le jeune roi, et du jeune roi pour sa préceptrice, n'a donc pas été une passion ou une intrigue amoureuse ; ç'a été plutôt une domination, un ascendant, où il entrait de la tendresse, comme dans toutes les amitiés entre hommes et femmes. « Il étoit difficile, dit Mme de La Fayette dans ses mémoires, de démêler quels étoient les sentiments de Marie Mancini pour le roi, et quels sentiments le roi avoit pour elle... Ce prince étoit plus sensible en quelque manière à l'attachement qu'on avoit pour lui, qu'à l'agrément et au mérite des personnes... Mlle Mancini n'avoit aucune beauté ; il n'y avoit nul charme dans sa personne et très-peu dans son esprit, quoiqu'elle en eût infiniment ; elle l'avoit hardi, résolu, emporté, libertin et éloigné de toute sorte de civilité et de politesse.[2] » Moins aimant qu'aimé, mais en même temps dominé par ce caractère hardi, Louis XIV commença d'abord par devenir aux yeux de la cour l'homme d'esprit qu'il était naturellement,[3] c'est-à-dire, pour parler la langue du temps,

---

1. Le *Grand dictionnaire des Précieuses,* tome II, p. 33. Paris, 1661.
2. *Histoire de Madame Henriette d'Angleterre,* 1re partie.
3. « Le roi étoit de bien meilleure humeur depuis qu'il étoit amoureux de Mlle de Mancini. Il étoit gai et causoit avec tout le monde. Je pense qu'elle lui avoit conseillé de lire des romans et des vers. Il en avoit quantité, avec des recueils de vers et de comédies. Il paroissoit y prendre plaisir, et même quand il donnoit son jugement sur ces ouvrages, il le donnoit aussi bien qu'un autre qui auroit beaucoup étudié et qui auroit une parfaite connoissance des lettres. Je n'ai jamais vu un

un honnête homme, un homme bien élevé.[1] Bientôt l'honnête homme devint un roi, Marie Mancini lui montrant qu'il en avait aussi le goût et le talent; elle l'y encourageait, et peut-être même, avec son caractère, elle ne s'étonna guère plus tard d'être la première à faire l'épreuve des ingratitudes royales.

En quittant le roi à Saint-Jean-d'Angely, Marie Mancini n'eut aucune illusion; elle se sentit abandonnée, et Mazarin avait tort de craindre que ces adieux eussent enflammé de plus belle la passion du jeune roi. Marie Mancini comprit mieux le sens irréparable de cette séparation. Elle écrivit au cardinal une lettre ferme et décisive, où, sans plus songer au roman qui venait de finir, elle annonçait qu'elle était prête à se marier. Nous n'avons pas cette lettre de Marie; mais nous avons la réponse de Mazarin à M#me# de Venelle, la gouvernante de ses nièces.[2]

A MADAME DE VENELLE.

« Saint-Jean-de-Luz, 8 septembre 1659.

« Je vous avoue que je n'ai pas eu depuis bien longtemps un aussi grand plaisir comme celui que j'ai reçu en voyant la lettre que ma nièce m'a écrite, et la nouvelle que vous me donnez de l'assiette où est présentement son esprit, après qu'elle a su que le mariage du roi étoit tout à fait arrêté. Je n'avois jamais douté de son esprit, mais je m'étois méfié de son jugement. Je vous

---

homme avoir un aussi bon sens naturel que lui et parler plus justement. » *Mémoires de M#lle# de Montpensier*, III#e# partie, 1659, p. 322, édit. Petitot, 1838.

1. Nous trouvons dans les *Mémoires* de Laporte, un des valets de chambre de la jeunesse de Louis XIV, une anecdote piquante qui explique le sens qu'avait alors le mot d'honnête homme :

« Monsieur le prince avoit de très-bons sentiments sur l'éducation du roi, comme il le fit paroître à M. l'abbé de Beaumont et à moi un jour que nous fûmes le voir ensemble au retour d'une campagne de Flandre, où il avoit remporté une très-grande victoire; car aussitôt qu'il nous vit il nous mena auprès d'une fenêtre et nous demanda en secret s'il y avoit apparence que le roi fût honnête homme; à quoi lui ayant répondu qu'il en donnoit toutes les espérances qu'on pouvoit souhaiter :
« Vous me ravissez, nous dit-il, car il n'y a pas de plaisir d'obéir à un sot. »

2. L'auteur du livre *les Nièces de Mazarin* nous donne cette lettre d'après des lettres inédites de la bibliothèque du Louvre, brûlées dans l'insurrection de Paris du 18 mars 1871.

réplique de nouveau que j'ai la plus grande joie du monde d'avoir une telle nièce, voyant que d'elle-même elle a pris une si généreuse résolution et si conforme à son honneur et à ma satisfaction de mander au roy ce qu'elle et vous m'écrivez qu'elle a fait. Je m'assure que Sa Majesté l'en estimera davantage et que, si la France savoit la conduite qu'elle a tenue en ce rencontre, elle lui souhaiteroit toute sorte de bonheur et lui donneroit mille bénédictions. Mais je suis assez en état de lui faire sentir les effets de mon amitié et de l'inclination que j'ai toujours eue pour elle.

« Je vous prie de lui témoigner de ma part que je l'aime de tout mon cœur, que je m'en vais songer sérieusement à la marier et à la rendre heureuse. Puisqu'elle se plaît à la morale, il faut que vous lui disiez de ma part qu'elle doit lire les livres qui en ont bien parlé, particulièrement Sénèque dans lequel elle trouvera de quoi se consoler et se confirmer avec joie dans la résolution qu'elle a prise...[1] »

Quoique Mazarin semblât revendiquer exclusivement le soin de la marier, Marie de Mancini pensa cependant qu'elle ferait bien de s'en occuper elle-même. Elle avait manqué d'être reine ; il lui fallait un dédommagement qui approchât de la perte. Elle choisit parmi les hommages qu'elle reçut en grand nombre, ayant été mise en haut prix par l'amour du roi, et elle accueillit de préférence ceux du neveu et du successeur du duc de Lorraine, Charles IV, d'aventureuse mémoire.

Ce prince de Lorraine était fort beau et Louis XIV sut, dit-on, mauvais gré à Marie Mancini d'un remplaçant si vite et si bien choisi. Autre grief : la Lorraine était plus qu'à moitié conquise par la France. Marie Mancini aurait donc épousé un prince dépouillé par le roi qu'elle n'avait pas pu épouser. C'était un prétendant qu'elle aurait poussé par un double motif à la revendication de son trône ducal. Mazarin semblait appuyer le mariage lorrain de sa nièce. Au fond, soit qu'il se souvînt des embarras qu'elle avait causés à sa politique, soit qu'il jugeât cette

---

1. Cette lettre de Mazarin à Mme de Venelle n'est pas aussi inédite que paraissait le croire M. Amédée Renée. Elle se trouve dans les deux volumes de lettres de Mazarin qui ont paru, en 1745, à Amsterdam.

alliance impossible, il lui voulait un mariage qui lui donnât un grand titre, une grande fortune, sans aucune puissance politique, et ni droit ou chance d'en avoir. Il n'y avait pour remplir ces conditions qu'un prince italien et un prince romain, c'est-à-dire qui ne régnât pas, et qui pût pourtant tenir une cour. Le connétable de Colonne, un des descendants magnifiques et oisifs du vainqueur de Lépante, fut le prince que choisit Mazarin.

Marie Mancini avait déclaré au cardinal qu'elle voulait épouser le prince de Lorraine ou entrer dans un couvent; le cardinal lui répondoit « qu'il se conformerait volontiers à son désir de ne se marier point à Rome, quoique vous voyiez bien, lui dit-il, que le connétable Colonne, chef d'une maison si illustre et prince si accompli et si bien fait, avec deux cent mille écus de rente, tout en terre, est assurément un des plus grands partis qu'on peut avoir. » Outre ce grand parti romain qu'il lui offrait, tout en lui promettant de *se conformer à ses désirs* pour se marier en Lorraine plutôt qu'à Rome, Mazarin lui promettait aussi « une cordiale amitié de la personne pour laquelle vous aviez la dernière estime.[1] Elle m'a donné charge expresse

---

1. *Lettres de Mazarin*, — 9 décembre 1659,— t. II, p. 306-307.
Marie de Mancini a dû faire un amer retour sur les assurances que le roi lui faisait donner par Mazarin de sa *cordiale amitié*, lorsque douze ans après, en 1672, ayant quitté son mari et l'Italie, elle était venue se réfugier en France et que, reléguée à l'abbaye du Lys, près de Melun, elle implorait en vain, par l'entremise de Colbert, une audience du roi.
Citons dans cette note les lettres échangées alors entre Marie Mancini et Colbert, chargé par le roi de traiter avec cette ancienne amie. Colbert excellait dans ces affaires qui excluaient toute sensibilité.

LA CONNÉTABLE COLONNA A COLBERT.

« De Lys, ce 23 septembre 1672.

« Je croyois, monseigneur, que vous auriez eu plus de charité pour votre prochain et que vous ne montreriez pas au roi ma lettre, laquelle j'écrivis en colère, sans savoir ce que je fesois. J'en ai eu assez de regret lorsque j'ai été de sang-froid. Mais comme aux fautes commises il n'y a plus de remède, je vous prie au moins de radoucir le plus qu'il vous sera possible l'esprit du roi en lui fesant connoître que, quand je serai ici retenue par ses ordres, j'y demeurerai encore avec plus de satisfaction dans l'espérance de faire quelque chose qui lui seroit agréable, et que de plus je ne souhaite nullement de sortir d'ici pour aller à soixante lieues de Paris, à moins qu'il ne me le commande expressément; ce que je ferai après pour lui obéir, mais non pour suivre mon plaisir, le trouvant tout entier dans cette maison où je demeurerai, si Sa Majesté le trouve bon, jusques à ce que Dieu m'inspire ce que j'aurai à faire touchant

de vous en assurer de sa part, et de vous dire que rien n'est capable de la faire changer, quelque chose qu'on vous puisse dire ou écrire au contraire, sur des apparences qui n'ont aucun fondement. »

mon accommodement. Cependant, soyez assuré que je ne me consolerai jamais d'avoir eu une promptitude si mal à propos et d'avoir déplu à celui à qui je dois tout ce que j'ai au monde. Je vous prie de m'excuser auprès de lui et de me croire tout vôtre, etc. »

RÉPONSE DE COLBERT A LA CONNÉTABLE COLONNA.

« Versailles, le 24 septembre 1672.

« J'ai lu au roi le billet que vous m'avez fait l'honneur de m'écrire par le retour de mon courrier. Sa Majesté a bien reçu les excuses que vous faites des termes de votre billet du jour précédent, et elle m'ordonne de vous assurer qu'elle vous donnera toujours la protection qu'elle vous a promise. Et en même temps elle m'ordonne de vous dire qu'elle persiste dans ce que j'ai eu l'honneur de vous écrire de sa part, et pour cet effet que vous choisissiez un couvent à soixante lieues de Paris pour vous y retirer jusqu'à ce que votre accommodement avec M. le connétable puisse se terminer. Sa Majesté attend par le retour du porteur qu'elle m'ordonne de vous envoyer exprès, le nom du couvent que vous aurez choisi, afin que vous puissiez vous y rendre et y demeurer en toute sûreté. »

LA CONNÉTABLE COLONNA A COLBERT.

« Du Lys, le 25 septembre 1672.

« Le commencement de votre lettre m'a fort réjouie, monseigneur, voyant que le roi avoit bien reçu mes excuses et qu'il vouloit bien m'accorder toujours sa protection. Mais la suite ne me fait que trop connoître qu'il me voudroit bien loin de son royaume, et que ce n'est que par une simple honnêteté tout ce qu'il en fait. Du reste, je ne sais pas assez bien la carte pour choisir un couvent dans une ville à soixante lieues de Paris, il n'a qu'à dire où il veut que j'aille; je m'y rendrai, quoi qu'il me soit bien fâcheux de quitter un endroit où j'étois déjà tout accoutumée, et où je recevois tous les bons traitements que je pouvois souhaiter, à moins que ce soit dans une abbaye et un beau couvent, car je ne saurai pas y demeurer autrement. Je n'aurois jamais cru ce que je vois. Je n'en dirai pas davantage parce que je ne me possède pas si bien que vous. Il vaut mieux en finir. Dites seulement au roi que je lui demande de lui parler une fois avant de m'en aller, qui sera la dernière fois de ma vie, puisque je ne reviendrai plus à Paris. Octroyez-moi cette grâce, je vous conjure, monseigneur, et après je lui promets que je m'en irai encore plus loin s'il le souhaite, étant toujours fort disposée à lui obéir et à vous de vous témoigner que je serai toute ma vie vôtre, etc. »

« Ce 1er octobre 1672.

« Vous ne me répondez pas un mot, monseigneur, sur la prière que je vous avois faite de faire au roi de ma part; je ne sais plus qu'en juger. Je connois la bonté et l'honnêteté du roi de tout temps, et ne sais ce que je puis avoir démérité depuis mon arrivée en France, qu'il ne me juge pas digne d'une audience, ni d'un mot de réponse; ou il faut que j'aie bien des ennemis, ou que mon malheur soit sans exemple, puisqu'il n'est possible que le roi, qui est le plus obligeant roi du monde,

Quittée par le roi et plus que quittée, puisqu'elle en était oubliée, quoique présente, Marie Mancini eut un rôle difficile à remplir à la cour pendant 1660, et jusqu'à son mariage avec le connétable de Colonne.[1] Elle le remplit avec son esprit, avec le crédit que lui donnaient le souvenir de l'attachement du roi et les empressements de ceux qui voulaient l'épouser. Ce mariage avec le connétable n'ôta rien aux difficultés de son rôle; seulement on peut croire que, depuis ce moment, elle prit moins sur elle pour en cacher l'embarras ou le dépit.

Benserade, dans son ballet royal d'*Hercule amoureux,* en 1662, faisait adresser à Marie Mancini, qui figurait dans la dix-huitième entrée, ces vers spirituels et gracieux :

>Chacun dans son état a sa mélancolie.
>Ne cachez pas la vôtre; elle est visible à tous.
>Être étoile pourtant, c'est un sort assez doux,
>Et la condition me semble fort jolie.
>Vous la deviez garder : ce goût trop délicat
>A votre feu si vif et si rempli d'éclat
>Mêle quelque fumée et sert comme d'obstacle.
>Les étoiles, vos sœurs, vous diront qu'autrefois
>Une étoile a suffi pour produire un miracle,
>Et pour faire bien voir du pays à des rois.[2]

A quoi tenait cette mélancolie de Marie Mancini? était-ce, en 1662,

---

commence par moi à être inexorable. Excusez, monseigneur, la plainte que je vous fais, et croyez-moi toujours votre, etc. »

LETTRE DU ROI A LA CONNÉTABLE.

« Versailles, 26 septembre 1672.

« Ma cousine, désirant vous donner une abbaye commode pour vous retirer et y demeurer en toute sûreté, pendant le temps que vous voulez demeurer dans mon royaume, je n'en ai point trouvé qui convînt mieux à tout ce que vous pouvez désirer que celle de Saint-Pierre de ma ville de Reims, dont la dame d'Orval est abbesse; et pour cet effet, aussitôt que j'aurai une dernière réponse à cette lettre, j'enverrai le sieur Goberts pour vous y aller conduire. Sur ce, je prie Dieu qu'il vous ait, ma cousine, en sa sainte et digne garde. »

(Bibliothèque nationale, Mss. — Vol. verts. C. Correspond. admin. publ. par G. C. Depping, t. VII, p. 723 à 730.)

1. 9 avril 1661.
2. Œuvres de Benserade : *Ballet royal d'Hercule amoureux,* 18e *entrée des étoiles,* p. 279.

qu'étant déjà mariée au connétable de Colonne, ce qu'elle avait accepté lui faisait mieux comprendre ce qu'elle avait perdu? Quoi qu'il en soit, ces vers de Benserade, de 1662, sont, à vrai dire, la dernière trace que Marie Mancini ait laissée dans la vie de Louis XIV; car, lorsque plus tard, quittant l'Italie et son mari, elle voulut revenir à la cour de France, nous savons comment elle fut tenue éloignée de la cour d'abord, de la France ensuite, et avec quelle indifférence oublieuse. Nous sommes même persuadés que, lorsqu'en 1670 la *Bérénice* de Racine et de Corneille rappela le souvenir des adieux de Saint-Jean-d'Angely, ce ne fut pour le roi qu'un à-propos et une anecdote dans ses entretiens avec Mme Henriette d'Angleterre.

II.

La préface mise par Voltaire à la pièce de Corneille : *Tite et Bérénice,* contient sur l'attachement réciproque de Louis XIV et de sa belle-sœur, Madame Henriette d'Angleterre, sur le sacrifice qu'ils firent de leur amour et sur l'origine de la *Bérénice* les détails les plus curieux et les plus sûrs.

« Madame Henriette d'Angleterre, belle-sœur de Louis XIV, dit-il, voulut que Racine et Corneille fissent chacun une tragédie des adieux de Titus et de Bérénice, disant qu'une victoire obtenue sur l'amour le plus vrai et le plus tendre ennoblissait le sujet, et en cela elle ne se trompait pas. Mais elle avait encore un intérêt secret à voir cette victoire représentée sur le théâtre; elle se ressouvenait des sentiments qu'elle avait eus longtemps pour Louis XIV, et du goût vif de ce prince pour elle. Le danger de cette passion, la crainte de mettre le trouble dans la famille royale, les noms de beau-frère et de belle-sœur, mirent un frein à leurs désirs; mais il resta toujours dans leurs cœurs une inclination secrète, toujours chère à l'un et à l'autre.

« Ce sont ces sentiments qu'elle voulut voir développés sur la scène, autant pour sa consolation que pour son amusement. Elle chargea le marquis de Dangeau, confident de ses amours avec le roi, d'engager secrètement Corneille et Racine à travailler l'un et l'autre sur ce sujet, qui paraissait si peu fait pour la scène. Ces deux pièces furent composées dans l'année 1670.

« Elles furent jouées en même temps sur la fin de la même année, celle de Racine à l'hôtel de Bourgogne et celle de Corneille au Palais-Royal.

« Il est étonnant que Corneille tombât dans le piége; il devait bien penser que le sujet était l'opposé de son talent. Entelle ne terrassa point Darète dans ce combat,[1] il s'en faut bien. La pièce de Corneille tomba; celle de Racine eut trente représentations de suite, et toutes les fois qu'il s'est trouvé un acteur et une actrice capables d'intéresser dans les rôles de Titus et de Bérénice, cet ouvrage dramatique, qui n'est peut-être pas une tragédie, a toujours excité les applaudissements les plus vrais, ce sont les larmes.[2] »

Ailleurs, dans le *Siècle de Louis XIV,* Voltaire[3] avait déjà dit, en parlant du goût que le roi et Mme la duchesse d'Orléans, sa belle-sœur, avaient l'un pour l'autre : « Il y eut d'abord entre Madame et le roi beaucoup de ces coquetteries d'esprit et de cette intelligence secrète qui se remarquèrent dans de petites fêtes souvent répétées. Le roi lui envoyait des vers; elle y répondait.

« Il arriva que le même homme fut à la fois le confident du roi et de Madame dans ce commerce ingénieux; c'était le marquis de Dangeau. Le roi le chargeait d'écrire pour lui et la princesse l'engageait à répondre. Il les servit ainsi tous deux, sans laisser soupçonner à l'un qu'il fût l'employé de l'autre, et ce fut une des causes de sa fortune. Cette intelligence jeta des alarmes dans la famille royale. Le roi réduisit l'éclat de ce commerce à un fonds d'estime et d'amitié qui ne s'altéra jamais. Lorsque Madame fit depuis travailler Corneille et Racine à la tragédie de *Bérénice,* elle avait en vue non-seulement la rupture du roi avec la connétable de Colonne (Marie de Mancini), mais le frein qu'elle avait mis elle-même à son propre penchant, de peur qu'il

---

1. Virgile, *Énéide,* liv. V.
2. Corneille, édition de Voltaire, t. VIII, préface de *Titus* et *Bérénice,* p. 343.
3 *Siècle de Louis XIV,* ch. xxv, édition de Garnier, 1853, p. 319.

ne devint dangereux. Louis XIV est assez désigné dans ces deux vers de la *Bérénice* de Racine :

> En quelque obscurité que le sort l'eût fait naître,
> Le monde en le voyant eût reconnu son maître. »

Il n'y a pas sur l'histoire de Louis XIV, sur les choses et les hommes de cette seconde partie du xviie siècle, de meilleur témoignage et plus sûr que celui de Voltaire. Il savait toutes les traditions du temps ; il les tenait de la bouche des hommes les plus éclairés et les plus spirituels de la cour et de la ville. Je crois donc sur la foi de Voltaire au sens allégorique de la *Bérénice* de Racine et de Corneille. Je crois que la *Bérénice,* celle de Racine surtout, devait plaire à Madame, en souvenir de ce qu'elle avait senti à la fois pour Louis XIV, Louis XIV pour elle, et qu'elle y trouvait, comme le dit très-bien Voltaire, « une consolation et un amusement. » J'ai vu des personnes de mon temps qui trouvaient léger le mot d'amusement. Elles ne comprenaient pas une passion qui voulait qu'on fît de ses souvenirs un sujet de pièce de théâtre et qui s'en faisait *un amusement.* Elles reprochaient à la princesse de n'avoir point eu de vraie passion ou à Voltaire d'en avoir parlé bien légèrement. Voltaire et les salons du xviie siècle n'ont jamais prétendu qu'il y ait eu entre la duchesse d'Orléans et Louis XIV une de ces passions ardentes et fortes, chères aux romanciers et qui font, en dépit de tous les obstacles et de tous les devoirs, le destin de ceux qui les ressentent. Voltaire n'a parlé que *de coquetteries d'esprit et d'intelligence secrète* de sentiments. La reine mère, Anne d'Autriche, qui avait eu aussi le goût des coquetteries d'esprit et de cœur, a pu s'en alarmer. Elle a pu craindre que les médisances de cour ne crussent à une liaison. Tout cela était un danger, ce n'était pas une passion. Le roi et Madame firent bien d'éviter le péril et de cesser de s'y plaire ; mais ils avaient tous deux, pour s'en préserver, outre leur sagesse, le roi, son majestueux égoïsme, qui, l'empêchant de jamais se donner tout entier, faisait qu'il se dégageait plus aisément ; Madame, son goût de plaire et de s'amuser des succès de son amabilité, commençant volontiers des romans que son bon sens et son bon goût étaient toujours sûrs de dénouer à sa volonté et à son bonheur.

Quoi qu'il en soit, il est certain, d'après le témoignage très-autorisé de Voltaire, que Louis XIV et Madame eurent du goût l'un pour l'autre, et que Madame, se trouvant héroïque à n'être pas coupable, pensa que son sacrifice et celui du roi valaient bien d'être mis en tragédie sous les noms de Titus et de Bérénice. Comme le roi avait renoncé autrefois à l'amour de Mlle de Mancini, le premier sacrifice servait à couvrir le second et empêchait que la tragédie, qui était une perpétuelle allusion, ne devînt une indiscrétion. On s'est étonné que Racine, dans la préface de sa *Bérénice*, n'ait point parlé de la prière que Madame lui avait fait faire par Dangeau de traiter le sujet de Bérénice, et qu'écartant avec soin tout souvenir de la duchesse d'Orléans, il ait dédié à Colbert cette tragédie tout amoureuse. Ce silence, que Racine eût peut-être gardé si Madame eût encore été vivante, devait être gardé plus scrupuleusement encore après la mort de Madame.[1] Le nom de Madame et ses sentiments, dont la *Bérénice* de Racine semblait s'être inspirée, ne réveillaient plus que de douloureuses idées. De là le silence de Racine et de Corneille, qui ne disent ni l'un ni l'autre pourquoi ils ont choisi tous deux le même sujet. Moins discrets que les auteurs, les commentateurs, surtout Voltaire, ont tout expliqué, et nous savons pourquoi Corneille et Racine ont fait tous les deux une tragédie qui n'a d'autre sujet qu'un amant et sa maîtresse renonçant sagement l'un à l'autre.

Un pareil sujet ne pouvait être imaginé et proposé que par une jeune princesse qui fît de l'amour son amusement et son entretien, sinon sa passion et sa faute; et un pareil sujet ne pouvait non plus réussir en tragédie que dans une société vouée

---

1. Madame, morte le 30 juin 1670. — Dans l'épître dédicatoire d'*Andromaque*, adressée à Madame Henriette d'Angleterre, Racine se glorifiait de la part que cette princesse avait prise, dit-il, à la conduite de sa tragédie : « On savoit que vous m'aviez prêté quelques-unes de vos lumières pour y ajouter de nouveaux ornements; on savoit enfin que vous l'aviez honorée de quelques larmes, dès la première lecture que je vous en fis. » On peut croire qu'ayant pris cette part à la tragédie d'un jeune poëte encore peu connu, Henriette d'Angleterre avait pris plus d'intérêt encore à une pièce dont elle avait donné le sujet à son poëte favori, et à qui elle avait ménagé un triomphe prévu et prémédité sur le grand Corneille. Racine aurait eu peine de son côté à ne pas faire quelque flatteuse et reconnaissante allusion à la part que la princesse avait, par sa propre histoire, à la conduite de *Bérénice*. La mort jeta dans l'ombre cette partie de l'œuvre de Racine.

NOTICE PRÉLIMINAIRE.

à la galanterie, c'est-à-dire à l'amour sans violence, à l'amour employé aux plaisirs de la conversation et du monde. Il faut donc, pour bien comprendre les causes du choix et du succès de la *Bérénice,* d'une part dire un mot de l'histoire de la duchesse d'Orléans, ou plutôt de son caractère et de son rôle à la cour ; et d'autre part montrer, d'après la littérature galante du temps, un coin du tableau de cette société brillante et légère qui, à force de mettre de l'esprit dans l'amour, avait presque exclu la passion même de l'amour.[1]

Je ne connais pas d'histoire plus curieuse et racontée d'une manière plus fine à la fois et plus touchante que l'histoire de la vie et de la mort de Mme la duchesse d'Orléans, par Mme de La Fayette. Cette vie employée sans scrupules aux plaisirs d'une coquetterie permise, et tout à coup interrompue au moment de son plus grand éclat par la mort la plus soudaine et la plus lamentable, fait du même coup un roman plus intéressant que la *Princesse de Clèves*[2] et une tragédie plus touchante que la *Bérénice* de Racine.

Mme de La Fayette remarque avec beaucoup de sens et de

---

1. Le bel esprit arrivant à exclure l'amour à force d'en parler est une des questions posées dans les *Maximes d'amour, ou questions en prose, décidées en vers.* Je crois que les *Maximes d'amour* sont de Bussy-Rabutin. Voici le cas posé et la décision du casuiste :

« Savoir laquelle on aimeroit le mieux, ou une personne d'un petit mérite qui aimeroit fort, ou une personne d'un médiocre amour qui auroit beaucoup de mérite :

  Vous souhaitez que je vous die
  Qui je choisirois pour amant,
  D'un homme d'un petit génie
  Qui m'aimeroit infiniment,
  Ou d'un homme à mérite rare
  Qui m'aimeroit par manière d'acquit.
 Puisqu'il faut que je me déclare,
 Je baiserois les mains au bel esprit.
  En voici la raison, Calixte,
  Beaucoup plus claire que le jour :
 Il est bon en amour d'avoir bien du mérite,
 Mais nécessairement il y faut de l'amour. »

(*Recueil de pièces galantes* en prose et en vers, par Mme la comtesse de la Suze et M. Pellisson, t. IV, p. 178.) — Mme de Sévigné dit dans ses lettres que « l'amour a quelquefois bien tort de s'amuser à de si sottes gens ; je voudrois qu'il ne fût que pour les gens choisis. » (T. II, p. 97, lettre 156.)

2. *La Princesse de Clèves,* roman de Mme de La Fayette.

sagacité que Madame Henriette, fille de Charles I*er* et de Madame Henriette de France, fut, à cause des malheurs de sa mère, élevée « en personne privée plutôt qu'en souveraine, » et que, dans cette éducation, « elle prit toutes les lumières, toute la civilité et toute l'humanité des conditions ordinaires.[1] » Les princes exilés et déchus sont en général mieux élevés que les autres, et l'adversité développe en eux par un art tout particulier les qualités qu'ils tiennent de la nature. La princesse Henriette d'Angleterre, ainsi élevée, eut, « dès qu'elle commença à sortir de l'enfance, un agrément extraordinaire.[2] » Étant belle et gracieuse à ce point, on pensa qu'elle épouserait le roi, car la reine mère le désirait; mais le roi, qui plus tard la trouva si aimable, ne l'aimait pas à ce moment. Elle avait beaucoup d'esprit qui paraissait, et Louis XIV, dans ses commencements surtout, et avant Marie Mancini, n'aimait pas l'esprit; il craignait même de montrer le sien. M*me* de La Fayette dit que le roi aurait été l'homme « le plus parfait de son royaume, s'il n'avoit pas été si avare de l'esprit que le ciel lui avoit donné et qu'il eût voulu le laisser paroître tout entier, sans le renfermer si fort dans la majesté de son rang.[3] » Je suis persuadé que cette réserve tenait encore plus de la timidité que de la fierté; cela arrive souvent aux princes. Cependant l'exercice du pouvoir, le respectueux empressement de la cour, la flatterie enfin luttant contre la défiance que le prince avait de lui-même, enhardirent peu à peu Louis XIV.

La princesse Henriette d'Angleterre épousa le frère de Louis XIV,[4] et celui-ci la trouva dans les fêtes de la cour qu'elle

---

1. *OEuvres complètes de M*me* de La Fayette, de Tencin et de Fontaines*, t. II, Histoire de Madame, p. 407.
2. *Ibid.*, II.
3. *Ibid.*, p. 395.
4. Je trouve dans les poésies de Perrin (Paris, 1661) un cantique chanté à la messe de mariage du frère du roi et de Madame, et tiré des paroles de l'Écriture sainte. La beauté de la princesse décrite à l'aide de versets de psaumes ne répond guère au portrait gracieux qu'en fait M*me* de La Fayette, et qui est le vrai.

    Votre taille est pareille à la palme croissante;
      Et vos yeux doux, sereins et beaux,
      Sont d'une colombe innocente
      Qui paît sur la rive des eaux.

Oculi tui sicut oculi columbæ super rivulas aquarum.
                        (*Les OEuvres de poésie de M. Perrin*, Paris, 1661.)

NOTICE PRÉLIMINAIRE. 245

animait de sa grâce. Rien ne dispose mieux les cœurs à aimer comme de sentir qu'ils ont haï mal à propos; le roi « s'attacha donc fort à elle et lui témoigna une complaisance extrême. L'attachement que le roi avoit pour Madame commença bientôt à faire du bruit et à être interprété diversement... Madame étoit lasse de l'ennui et de la contrainte qu'elle avoit essuyés auprès de la reine sa mère. Elle crut que la reine sa belle-mère vouloit prendre sur elle une pareille autorité; elle fut occupée de la joie d'avoir ramené le roi à elle, et de savoir par lui-même que la reine mère tâchoit de l'en éloigner... Elle ne pensa plus qu'à plaire au roi comme belle-sœur. Je crois qu'elle lui plut d'une autre manière; je crois aussi qu'elle pensa qu'il ne lui plaisoit que comme un beau-frère, quoiqu'il lui plût peut-être davantage; mais enfin, comme ils étoient tous deux infiniment aimables, et tous deux nés avec des dispositions galantes, qu'ils se voyoient tous les jours au milieu des plaisirs et des divertissements, il parut aux yeux de tout le monde qu'ils avoient l'un pour l'autre cet agrément qui précède d'ordinaire les grandes passions. — Cela fit bientôt beaucoup de bruit à la cour... Cependant le roi et Madame, sans s'expliquer entre eux de ce qu'ils sentoient l'un pour l'autre, continuèrent de vivre d'une manière qui ne laissoit douter à personne qu'il n'y eût entre eux plus que de l'amitié. — Le bruit s'en augmenta fort; et la reine mère et Monsieur en parlèrent si fortement au roi et à Madame, qu'ils commencèrent à ouvrir les yeux et à faire peut-être des réflexions qu'ils n'avoient point encore faites. Enfin, ils résolurent de faire cesser le grand bruit, et, par quelque motif que ce pût être, ils convinrent entre eux que le roi seroit l'amoureux de quelque personne de la cour. [1] »

Il y a plusieurs réflexions à faire sur ce récit.

Il est évident d'abord, d'après Mme de La Fayette elle-même, que Voltaire n'en a pas trop dit sur le goût que Louis XIV et Mme la duchesse d'Orléans avaient l'un pour l'autre et sur le frein qu'ils eurent la sagesse de mettre à leurs penchants. Ils crurent sans doute, en contenant leurs sentiments, faire un généreux sacrifice, digne d'être glorifié par la tragédie; mais

---

1. *Histoire de Madame Henriette*, pages 413, 414, 415, 416.

remarquons en passant que dans la tragédie le sacrifice de Titus et de Bérénice est plus grand et plus décisif que celui du roi et de Madame. Titus et Bérénice ne se séparent pas seulement en personnes du monde; ils s'éloignent l'un de l'autre; Bérénice retourne en Asie, Titus reste à Rome. Comme la passion de Titus et de Bérénice était plus forte que celle du roi et de Madame, il y fallait un obstacle plus grand et plus sûr. Racine, se conformant aux récits de l'histoire, a donc ajouté en même temps à la passion et au sacrifice pour les rendre tous deux plus touchants et plus dignes de la tragédie. Il n'y avait peut-être, au contraire, entre le roi et Madame qu'une coquetterie mutuelle de cœur et d'esprit et « cet agrément qui précède d'ordinaire les grandes passions, » mais qui n'y était pas encore arrivé ; une bonne résolution suffisait des deux parts, sans employer l'absence. Entre eux, ce n'était encore qu'un roman de société. Ils eurent le bon esprit de s'arrêter aux premiers chapitres.

A ces règles de bon sens et de bon goût qu'ils surent se prescrire, le roi et Madame ajoutèrent un remède qui leur semblait meilleur parce qu'il était moins simple et plus romanesque. Il fut convenu que le roi choisirait dans la cour une personne qu'il paraîtrait aimer. Ce fut encore une fort agréable scène de roman entre le roi et Madame que le choix fait entre eux de cette maîtresse apparente. Mlle de la Vallière fut choisie. « Elle étoit, dit Mme de La Fayette, fort jolie, fort douce et fort naïve. » Mlle de la Vallière, qui ne savait pas qu'elle n'était qu'un prétexte, aima sincèrement le roi et s'en fit aimer, comme Bajazet aime aussi Atalide, qui ne devait servir qu'à cacher son amour pour Roxane. C'est l'éternelle histoire des maîtresses prises pour apparence et gardées par réalité. « Madame sut, avec quelque chagrin, dit Mme de La Fayette, que le roi s'attachoit véritablement à la Vallière : ce n'est peut-être pas qu'elle en eût ce qu'on pourroit appeler de la jalousie, mais elle eût été bien aise qu'il n'eût pas eu de véritable passion, et qu'il eût conservé pour elle une sorte d'attachement qui, sans avoir la violence de l'amour, en eût la complaisance et l'agrément.[1] » Ainsi expliquée, Mme la duchesse

---

[1]. *Histoire de Madame Henriette*, p. 417.

d'Orléans était la plus honnête des femmes coquettes ou la plus coquette des honnêtes femmes.

Puisque le roi voulait qu'il fût bien entendu dans la cour qu'il se séparait de Madame par sagesse, il y avait un moyen plus sage encore de le prouver, c'était de revenir simplement à la reine, que ce retour eût comblée de joie. Mais quoi? ce retour d'un mari à sa femme était bien peu conforme à la belle galanterie du temps, et de plus, pour persuader à la cour qu'il se défendait d'aimer sa belle-sœur, il fallait que le roi prît une maîtresse nouvelle; reprendre sa femme n'eût pas suffi.

La cour n'exigeait pas absolument de Madame que, pour quitter le roi, elle prît un amant comme signe décisif de sa rupture avec son beau-frère. La cour cependant était disposée à croire que Madame témoignerait volontiers par un nouvel attachement qu'elle s'était dégagée de l'ancien.

« Longtemps avant que Madame fût mariée, dit Mme de La Fayette[1], on avoit prédit que le comte de Guiche seroit amoureux d'elle. » C'est lui, en effet, qui le devint et qui, par vanité et par audace, affecta de ne pas s'en cacher. Je ne veux point raconter ce roman de l'amour du comte de Guiche pour Madame; car il ne touche plus à l'amour de Titus et de Bérénice. Mais ce fut surtout un roman plutôt qu'une passion. Madame ne cherchait, dans son intrigue avec M. de Guiche, qu'à paraître romanesque pour s'amuser, sans aller au delà. Elle voulait faire de sa vie un roman sans péché mortel. Y a-t-elle réussi? Je le crois, et ce qui me le fait croire, c'est l'histoire que Mme de La Fayette a racontée de cette princesse. Madame avait prié Mme de La Fayette de l'écrire et cette prière faite à l'auteur de la *Princesse de Clèves* est pour moi un témoignage de l'honnêteté finale du roman de Madame avec le comte de Guiche. Madame n'avait à faire à son historien que des confidences, et non des confessions. Quand un roman est forcé d'aboutir à la confession du péché mortel, il n'est plus de la compétence et du goût de Mme de La Fayette.

« L'année 1664, dit Mme de La Fayette dans sa préface, le comte de Guiche fut exilé. Un jour que Madame me faisoit le

---

1. *Histoire de Madame Henriette*, p. 417.

récit de quelques circonstances assez extraordinaires de sa passion pour elle : Ne trouvez-vous pas, me dit-elle, que si tout ce qui m'est arrivé et les choses qui y ont relation étoient écrites, cela composeroit une jolie histoire? Vous écrivez bien, ajouta-t-elle; écrivez, je vous fournirai de bons mémoires.[1] »
Ainsi, elle prie M*me* de La Fayette de composer une *jolie histoire* de l'amour du comte de Guiche pour elle, comme elle prie Racine plus tard de composer une jolie tragédie avec le penchant contenu et réprimé que Louis XIV avait pour elle et qu'elle avait pour lui. Ce goût de faire de ses sentiments des sujets de roman ou de tragédie me répond de l'honnêteté de ses actions, sinon de son imagination.

« Pendant quelque temps, continue M*me* de La Fayette, lorsque je la trouvois seule, elle me contoit des choses particulières que j'ignorois; mais cette fantaisie lui passa bientôt, et ce que j'avois commencé demeura quatre ou cinq années sans qu'elle s'en souvînt. En 1669, le roi alla à Chambord; elle étoit à Saint-Cloud où elle faisoit les couches de la duchesse de Savoie, aujourd'hui régnante; j'étois auprès d'elle; il y avoit peu de monde; elle se souvint du projet de cette histoire et me dit qu'il falloit la reprendre. Elle me conta la suite des choses qu'elle avoit commencé à me dire; je me remis à les écrire; je lui montrois le matin ce que j'avois fait sur ce qu'elle m'avoit dit le soir; elle en étoit très-contente. »

Raconter son histoire, premier plaisir pour Madame Henriette; se l'entendre lire par M*me* de La Fayette, deuxième plaisir; troisième plaisir, enfin, et fort analogue au genre de charme que Madame trouvait dans le roman d'imagination plutôt que d'action qu'elle avait avec le comte de Guiche, elle aimait à voir comment son historienne se tirait des pas difficiles; car M*me* de La Fayette nous dit elle-même que c'était « ouvrage assez difficile que de tourner la vérité, en de certains endroits, d'une manière qui la fit connoître et qui ne fût pas néanmoins offensante ni désagréable à la princesse. Elle badinoit avec moi sur les endroits qui me donneroient le plus de peine.[2] »

---

1. *Histoire de Madame Henriette,* préface, p. 387.
2. *Ibid.,* p. 388.

Je le répète : raconter son histoire, se l'entendre lire, badiner sur les endroits où l'historien a eu de la peine à tourner la vérité d'une certaine manière, trois plaisirs qui procèdent du bonheur que le cœur humain trouve à s'occuper de soi et à en occuper les autres, et qui témoignent de sa vanité plutôt que de sa licence. On peut se demander cependant quels étaient ces endroits de l'histoire de Madame qui donnaient de la peine à Mme de La Fayette. C'étaient, selon moi, ceux où Madame était imprudente par goût d'amusement. Il fallait dire, sans l'offenser, comment elle avait été imprudente, et il fallait aussi, pour la bien faire connaître, dire jusqu'où seulement elle l'avait été; car la bien faire connaître c'était la justifier. Ces endroits où Mme de La Fayette excelle à dire les dangers que la princesse a voulu courir et dont elle s'est tirée sans blessure, ces endroits ne sont pas rares dans le récit; j'en prends quelques-uns pour exemples. Le comte de Guiche voulait avoir une entrevue particulière avec la princesse. « Madame, dit Mme de La Fayette, qui avoit de la timidité pour parler sérieusement, n'en avoit pas pour ces sortes de choses. Elle n'en voyoit point les conséquences; elle y trouvoit de la plaisanterie de roman; [1] » et plus loin : « Madame et le comte de Guiche, sans avoir de véritable passion l'un pour l'autre, s'exposèrent au plus grand danger où l'on se soit jamais exposé. Madame étoit malade et environnée de toutes ces femmes qui ont accoutumé d'être auprès d'une personne de son rang, sans se fier à pas une. Elle faisoit entrer le comte de Guiche quelquefois en plein jour, déguisé en femme qui dit la bonne aventure, et il la disoit même aux femmes de Madame, qui le voyoient tous les jours et qui ne le reconnoissoient pas; d'autres fois par d'autres inventions, mais toujours avec beaucoup de hasards; et ces entrevues si périlleuses se passoient à se moquer de Monsieur et à d'autres plaisanteries semblables, enfin à des choses fort éloignées de la violente passion qui sembloit les faire entreprendre. » Je veux bien qu'en s'entendant lire ces endroits difficiles, Madame eût le droit d'en badiner, puisqu'ils n'avaient été eux-mêmes qu'un badinage. Je

---

1. Page 428.

suis même convaincu, à lire ces singuliers détails, que Madame avait le droit, en mourant, de dire à son mari qu'elle ne lui avait jamais manqué. Mais quelle étrange manie de jouer le mal sans le faire, et qu'il faut s'ennuyer dans le monde pour chercher de pareils amusements! Je recommande l'étude de ce caractère de Madame Henriette aux jeunes dames de nos jours qui se sont piquées, dit-on, de prendre l'apparence des mœurs qu'elles ne voulaient pas avoir.

Dans l'histoire de Madame et du comte de Guiche, les événements prenaient quelquefois à leur insu une réalité plus romanesque que toutes leurs périlleuses comédies. Ainsi, pendant une rupture avec Madame, le comte de Guiche, désespéré, partit pour la Pologne qui était en guerre avec les Moscovites. « Il fit des actions extraordinaires; il s'exposa à de grands périls, et dans un combat reçut même un coup dans l'estomac, qui l'eût tué sans doute, sans un portrait de Madame qu'il portoit dans une fort grosse boîte qui reçut le coup et qui en fut toute brisée.[1] »

Ces portraits adorés, qui, dans les batailles, reçoivent les coups destinés aux amants et amortissent les blessures, sont d'usage fréquent dans les romans, et, comme Madame et le comte de Guiche me paraissent des amants qui ne se seraient jamais aimés s'ils n'avaient pas lu de romans, je serais tenté de douter de la blessure reçue par le portrait de Madame sur la poitrine du comte de Guiche. Puisque Madame a raconté l'aventure à Mme de La Fayette, elle y a cru; mais cela ne l'a point à ce moment réconciliée avec le comte de Guiche. Elle a eu de l'émotion; elle n'a pas eu d'affection, moins encore de passion, et cela me rappelle l'histoire d'une princesse de l'*Astrée*, qui tient surtout à voir le cœur de son amant qui s'est tué pour elle, et qui a ordonné que son cœur lui fût envoyé. C'est la seule marque de douleur qu'elle donne à sa mort.

Je ne puis pas, après avoir étudié trop longtemps peut-être la frivolité romanesque de Madame, ne pas prendre dans Mme de La Fayette quelques traits du récit de la mort admirable de cette jeune et charmante princesse. Le récit de Mme de La Fayette égale,

---

1. *Histoire de Madame Henriette*, p. 449.

par d'autres qualités, l'oraison funèbre de Bossuet. On sait combien cette mort fut soudaine et terrible. « Monsieur étoit devant son lit : elle l'embrassa et lui dit avec une douceur et un air capable d'attendrir les cœurs les plus barbares : Hélas, Monsieur, vous ne m'aimez plus, il y a longtemps, mais cela est injuste ; je ne vous ai jamais manqué. Monsieur parut fort touché, et tout ce qui étoit dans sa chambre l'étoit tellement qu'on n'entendoit plus que le bruit que font des personnes qui pleurent...[1] Il sembloit qu'elle avoit une certitude entière de sa mort et qu'elle s'y résolût comme à une chose indifférente. Selon toutes les apparences, la pensée du poison étoit établie dans son esprit, et voyant que les remèdes avoient été inutiles, elle ne songeoit plus à la vie et ne pensoit qu'à souffrir ses douleurs avec patience...[2] Elle ne tourna jamais son esprit du côté de la vie ; jamais un mot sur la cruauté de sa destinée, qui l'enlevoit dans le plus beau de son âge ; point de questions aux médecins pour s'informer s'il étoit possible de la sauver ; point d'ardeur pour les remèdes qu'autant que la violence de ses douleurs lui en faisoit désirer ; une contenance paisible au milieu de la certitude de la mort, de l'opinion du poison et de ses souffrances qui étoient cruelles ; enfin un courage dont on ne peut donner d'exemple et qu'on ne sauroit bien représenter...[3] Le roi s'en alla et les médecins déclarèrent qu'il n'y avoit aucune espérance. M. Feuillet vint : il parla à Madame avec une austérité entière ; mais il la trouva dans des dispositions qui alloient aussi loin que son austérité...[4]

« M. de Condom (Bossuet) arriva, comme elle recevoit l'extrême-onction ; il lui parla de Dieu, conformément à l'état où elle étoit et avec cette éloquence et cet esprit de religion qui paroissent dans tous ses discours. Il lui fit faire les actes qu'il jugea nécessaires ; elle entra dans tout ce qu'il lui dit avec un zèle et une présence d'esprit admirable...[5] Comme il continuoit à lui parler de Dieu, il lui prit une espèce d'envie de dormir qui n'étoit, en

---

1. *Histoire de Madame Henriette*, p. 470.
2. *Ibid.*, p. 471.
3. *Ibid.*, p. 478.
4. *Ibid.*, p. 478.
5. *Ibid.*, p. 480.

effet, qu'une défaillance de la nature. Elle lui demanda si elle ne pouvoit pas prendre quelques moments de repos; il lui dit qu'elle le pouvoit et qu'il alloit prier Dieu pour elle. M. Feuillet demeura au chevet de son lit, et quasi dans le même moment, Madame lui dit de rappeler M. de Condom et qu'elle sentoit bien qu'elle alloit expirer. M. de Condom se rapprocha et lui donna le crucifix; elle le prit et l'embrassa avec ardeur; M. de Condom lui parloit toujours et elle lui répondoit avec le même jugement que si elle n'eût pas été malade, tenant toujours le crucifix attaché sur sa bouche; la mort seule le lui fit abandonner. Les forces lui manquèrent; elle le laissa tomber et perdit la parole et la vie quasi en même temps...[1] »

Quelle mort et quel contraste avec la vie de frivolité qu'avait menée Madame! Ç'a été le signe de la fermeté de son âme d'avoir pu passer soudainement, sans hésitation et sans désespoir, des heures de plaisir et de badinage aux heures de souffrances et d'agonie, et d'avoir supporté les heures douloureuses avec une douceur héroïque, comme elle animait les heures faciles et heureuses du charme de son enjouement et de son élégance. De même que j'ai montré combien elle était légère et même imprudente dans ses amusements du monde, de même, pour la bien faire connaître, j'ai dû montrer aussi la grandeur simple et touchante de ses derniers moments. Ce sont ces derniers moments qui ont révélé et découvert dans Madame Henriette l'âme ferme et élevée qui se cachait sous les grâces de son esprit, et elle ne s'est révélée tout entière qu'en mourant.

Ces dernières réflexions m'amènent naturellement à peindre un côté du temps et de la société où elle a vécu, société vouée à la galanterie, c'est-à-dire à l'amour employé aux plaisirs de la conversation et du monde plus qu'à la passion, société qui a eu sa littérature, très-goûtée et très-admirée au XVIIe siècle, trop dédaignée de nos jours, qu'il faut connaître cependant pour bien comprendre la tragédie de *Bérénice* et s'expliquer son succès; car la tragédie de Racine représente, en l'idéalisant et en l'échauffant, toute cette galanterie poétique et mondaine qui charmait Madame Henriette.

1. *Histoire de Madame Henriette*, p. 481.

III.

Essayons donc, à l'aide de traits empruntés aux poésies légères du temps, de 1660 à 1670, de donner une idée de cette littérature galante, qui a eu son influence même sur Corneille et sur Racine.

« On a découvert de nos jours, dit un des auteurs de cette école,[1] une île charmante qu'on appelle l'île de la Ruelle; il y règne une princesse, dont le mérite est connu de toute la terre et qui se fait admirer par ses agréments et par ses charmes : c'est la princesse Galanterie. » La galanterie n'a pas seulement sa principauté et sa princesse; elle a aussi son histoire. L'auteur nous dit « que l'île fut autrefois infectée par une secte ridicule qu'on appeloit la secte des précieuses, qui avoient introduit des mots nouveaux et des manières bizarres, qui commençoient à gâter les esprits par des imaginations forcées et à démonter les corps par des grimaces insupportables; mais enfin on en purgea tout le pays.[2] »

Ainsi, ne nous y trompons point; nous ne sommes plus dans le vieux royaume des précieuses qu'a vaincu et détruit Molière; nous sommes dans une principauté plus nouvelle et plus élégante; car, quoiqu'il n'y ait rien dans le monde qui, sous ses diverses formes, soit plus la même chose que l'amour, il n'y a rien cependant qui change plus dans la manière de le dire et de l'exprimer. Les galants et les galantes de la jeune cour de Louis XIV se raillaient de la galanterie des précieuses de Louis XIII ou de la Régence. La différence qu'ils établissaient entre l'ancienne et la nouvelle galanterie était-elle à l'avantage de la nouvelle? Grave question, souvent traitée par les poëtes du temps. C'est la première des cinq questions d'amour proposées par Mme de Brégy, une des beautés et surtout une des femmes bel esprit de

---

1. *Le Démêlé de l'esprit et du cœur*, recueil de pièces galantes en prose et en vers de Mme la comtesse de la Suze et de M. Pellisson, t. IV, p. 1.
2. *Ibid.*, p. 2.

la nouvelle cour :[1] « Savoir si la présence de ce qu'on aime donne plus de joie que les marques de son indifférence ne causent de peine. »

Voici la réponse, qui est peut-être de Bussy-Rabutin :[2]

> On est en peine de savoir,
> Quand on est près de sa Climène,
> Si la voir toujours inhumaine
> Ote le plaisir de la voir.
>
> Le galant du vieux temps la regarde et l'admire;
> Plus elle a de mépris, plus il est enflammé;
> Trop heureux seulement si près d'elle il soupire,
> Et de ces faux plaisirs son cœur est tout charmé.
>
> Pour moi, plus ma maîtresse est belle,
> Et plus j'ai de douleur qu'elle me soit cruelle;
> Je ne la puis souffrir si je ne suis aimé.

On voit que la galanterie de la seconde génération se piquait d'être moins désintéressée que celle de la première, et sans doute elle avait à ce titre la prétention d'être plus passionnée et plus amoureuse. Cependant les traits de cette galanterie sont très-divers, selon les auteurs. Si nous prenons les élégies de la com-

---

1. Mme de Brégy. — Charlotte de Charan, femme de chambre de la reine mère, fille aussi d'une femme de chambre de la reine mère, épousa Flesselle, seigneur de Brégy ou Brégis, fils d'un président de la chambre des comptes de Paris. On fit un couplet sur ce mariage :

> Bregis s'est fait de la cour,
> Épousant Charan la belle.

Mme de Brégy était vantée pour son esprit, et l'on a publié à Leyde, en 1666, ses lettres et ses poésies. Anne d'Autriche lui laissa trente mille livres par son testament (*Histoire amoureuse des Gaules*, t. 1er, p. 117, édit. de 1857). Segrais, dans ses *Nouvelles françoises* (Ire nouvelle, Mathilde ou la reconnaissance), peint avec beaucoup d'agrément Mme de Brégy sous le nom de Frontenie. « Sa négligence ne sert qu'à découvrir la grâce de sa beauté qu'on peut dire être toute à elle. En effet, elle ne paroît jamais davantage que quand elle est dénuée de tout ce que les autres empruntent de l'ajustement; la fraîcheur du son teint, l'ordre et l'éclat de ses dents et le vif incarnat de ses lèvres suffiroient seuls pour faire trois belles personnes; avec cela, ses yeux sont clairs et remplis de lumière, sa voix est pleine de charme et aussi douce qu'on en puisse entendre. Les vers et les chansons qu'elle fait avec facilité sont justes comme son esprit. »

2. *Pièces galantes* en prose et en ver de la comtesse de la Suze et de M. Pellisson, t. IV, p. 144.

tesse de la Suze, qui a eu de son temps une grande réputation, laquelle me semble fort peu méritée, l'amour n'a rien d'élevé ni de raffiné. Il n'est ni scrupuleux, ni ingénieux; il est banal sans être simple. Si nous prenons Pellisson, qui est alors le prince de la poésie légère, le bel esprit domine dans l'amour. Si enfin nous prenons l'auteur des *Maximes d'amour,* le casuiste de la galanterie de la nouvelle école, cette école évite soigneusement la sentimentalité et l'affectation; elle vise à n'être pas du roman et elle veut être du monde. Elle en a la morale facile, mais elle en a, avant tout, le bon ton et les bonnes façons, mêlés pourtant d'une dose de licence que le monde prend et donne volontiers pour de la passion.

La nouvelle galanterie, celle qui a détrôné les vieilles précieuses, a donc la prétention de savoir mieux que ses devancières le bel usage du monde; elle a son savoir-vivre qu'elle prêche dans ses *Maximes d'amour, Édit de l'amour,* l'*Amour raisonnable,* le *Voyage de l'isle d'amour,* la *Montre*[1] *d'amour.* Il serait facile de faire, à l'aide de toutes ces pièces galantes, un petit livre de la civilité puérile et honnête à l'usage des amoureux et surtout des mondains; car le trait caractéristique de tous ces traités d'amour est d'enseigner comment il faut vivre dans le monde beaucoup plus que d'enseigner comment il y faut savoir aimer. Point de dévouement trop exclusif; point même de désintéressement trop absolu. L'amour, qui de plus en plus n'est que la galanterie, en donnant au mot un sens très-humain, l'amour, dans ces divers traités, n'est plus un sentiment qui enlève l'homme à tous les soins du monde et de la fortune, il se prête au contraire à toutes les conditions; il s'accommode de tous les soucis du courtisan et de l'homme d'affaires. Dans ses *Maximes d'amour,* Bussy, se piquant d'amour empressé, avait dit :

> C'est vouloir, pour parler en langue un peu commune,
> Prendre la lune avec les dents
> Que de vouloir en même temps
> Faire l'amour et sa fortune.[2]

1. La montre, c'est-à-dire la revue d'amour.
2. *Pièces galantes,* t. Ier, p. 78.

Au contraire, l'auteur de la *Montre d'amour* n'est pas du sentiment de ceux qui disent

> Qu'il est bien malaisé de suivre en même jour
> La fortune et l'amour ;
> D'aimer une maîtresse et de servir un maître ;
> Que l'on ne doit jamais se partager ainsi
> Et que c'est le moyen, quelqu'adroit qu'on puisse être,
> De perdre sa fortune et sa maîtresse aussi.

« Ce sont des erreurs que je condamne, dit-il, je crois que l'amour et l'ambition ne sont point incompatibles et que l'on peut être attaché auprès de son souverain et n'en aimer pas moins sa maîtresse :

> Pour servir votre maître avec votre maîtresse,
> Joignez l'ambition à beaucoup de tendresse :
> Ce conseil doit être suivi ;
> De ce partage égal l'âme n'est point blâmée ;
> Car le maître en tout temps peut être bien servi
> Et la maîtresse bien aimée. [1] »

Nous voilà loin assurément, avec ce partage égal de sentiments entre l'amour et la fortune, nous voilà loin de ce dévouement amoureux qui faisait le fond de l'ancienne galanterie. Si l'amour autrefois avait beaucoup empiété sur le monde, le monde depuis ce temps-là avait beaucoup, à son tour, empiété sur l'amour. Non-seulement la nouvelle galanterie enseigne en amour une espèce de dévotion aisée et apprend à être à la fois ambitieux et amoureux ; mais je l'ai comparée à la civilité puérile et honnête, parce qu'elle donne aussi des préceptes pour avoir bon air dans le monde, pour être bien mis sans recherche et sans luxe. « Il est à souhaiter, dit l'*Amour raisonnable*, qu'un amant soit toujours propre et qu'il ne paraisse jamais en désordre aux yeux de sa maîtresse, ou du moins que sa négligence ne puisse pas lui déplaire :

> Ne vous piquez point de beauté,
> C'est une trop grande foiblesse ;

---

1. *Pièces galantes* de la comtesse de la Suze et de Pellisson, t. II, 2ᵉ partie, p. 198, *la Montre d'amour*.

Soyez pourtant bien mis sans paroître affecté.
Qui néglige la propreté
Semble négliger sa maîtresse.[1] »

Qu'on ne croie pas cependant qu'à travers tout cet amas de sonnets et de madrigaux fadement amoureux, à travers tous ces préceptes de savoir-vivre et de savoir-faire, il n'y ait pas çà et là des sentiments de galanterie délicate, ingénieuse, et même de tendresse gracieuse, ne fût-ce que pour racheter des traits de grossièreté qui se déguisent mal sous le raffinement de l'expression et qui témoignent de la durée des vieilles brutalités. Citons quelques-unes de ces pièces ingénieuses et tendres qui dédommagent à la fois de l'affectation et de la licence : et d'abord ce joli sonnet de Saint-Pavin :

> Quand, d'un esprit doux et discret,
> Toujours l'un à l'autre on défère,
> Quand on se cherche sans affaire,
> Et qu'ensemble on n'est point distrait;
>
> Quand on n'eut jamais de secret
> Dont on se soit fait un mystère,
> Quand on ne cherche qu'à se plaire,
> Quand on se quitte avec regret;
>
> Quand, prenant plaisir à s'écrire,
> On dit plus qu'on ne pense dire,
> Et souvent moins qu'on ne voudroit;
>
> Qu'appelez-vous cela, la belle?
> Entre nous deux cela s'appelle
> S'aimer bien plus que l'on ne croit.[2]

On a vu que je n'ai pas grand goût pour les *Maximes d'amour*, qu'on attribue à Bussy-Rabutin. Je les trouve pour la plupart recherchées en même temps que banales ou bien sèches et déni-

---

1. *Pièces galantes* de la Suze et de Pellisson *Maximes d'amour*, t. Iᵉʳ, p. 195. — N'oublions pas que, dans la langue du xvııᵉ siècle, à ce moment, propre veut dire élégant. Dans le *Cyrus*, Sapho, qui est Mˡˡᵉ de Scudéry, parlant de l'éducation des femmes, dit « qu'il ne faut pas qu'on s'imagine qu'elle veuille qu'une femme ne soit point propre; » cela signifie qu'elle veut que la femme soit bien mise; propreté veut dire élégance. — *Le Grand Cyrus*, t. X, p. 675.
2. *Recueil des poëtes*, édit. de Barbin, 1692, t. IV, p. 371.

grantes. Voici cependant quelques vers gracieux, quoique avec raffinement :

> Vous me dites que votre feu
> Est assez grand, belle Climène;
> Vous ignorez, belle inhumaine,
> Qu'en amour assez est trop peu.
> Cependant la chose est certaine;
> Et si sur ce sujet on croit les plus sensés,
> Quand on n'aime pas trop, on n'aime pas assez.[1]

A lire tous ces petits vers galants, on pourrait croire que cette société livrée aux plaisirs de la galanterie et de la littérature vivait fort étrangère aux affaires de la politique et n'en ressentait point l'influence. Ce serait une erreur. La société galante et littéraire, dont nous essayons de peindre un coin, n'était pas aussi étrangère à la politique qu'en avait l'air sa littérature. Elle prenait part aux troubles du temps; elle était, les uns de la Fronde, les autres de la cour. Mais, soit parmi les frondeurs, soit parmi les royalistes, la galanterie et la littérature l'emportaient sur la politique. On était homme de parti, on faisait la guerre civile; mais cela ne s'appelait pas faire de la politique, et n'empêchait pas de faire l'amour. Selon même les vicissitudes de la guerre civile et selon les victoires de la Fronde ou de la cour, la galanterie et la littérature avaient un air plus marqué de ville ou de cour. Sous la Régence et pendant la Fronde, la ville domine la cour, qui est souvent errante et fugitive. Après la défaite de la Fronde, les salons de la ville, et même les salons de royalistes, perdent de leur ascendant sans qu'ils comprennent bien leur échec et surtout sans qu'ils y résistent. La cour, avant 1660, avait déjà commencé à reprendre l'influence que la bourgeoisie du reste ne songeait pas à lui disputer. Dans le *Cyrus*, une fille de beaucoup d'esprit et de beauté qui, selon la *Clef* de M. Cousin,[2] est la belle-fille de Mme Cornuel, si célèbre elle-même par ses bons mots et par son ascendant dans le monde, « Cléodore a une fantaisie, qui est de faire une notable différence des honnêtes gens de la cour aux autres. C'est peut-

---

1. *Recueil des poëtes*, t. IV, p. 198.
2. *La Société française au* xvııe *siècle*, t. II, p. 255.

être, reprit Belesis, qu'elle est persuadée qu'il est impossible d'être fort honnête homme sans avoir un certain air qui ne s'acquiert que rarement hors de la cour. Outre cela, ajoutai-je, c'est que Cléodore ne sait que dire à ceux qui ne savent pas les nouvelles du monde qu'elle sait admirablement.[1] »

Jusqu'à la mort de Mazarin et jusqu'à la chute de Fouquet, qui furent deux grandes secousses pour la société qui avait fleuri sous Anne d'Autriche, ce certain air qui ne s'acquiert qu'à la cour s'échangeait encore entre la ville et la cour par la conversation des hommes de cour qui fréquentaient les salons de la ville : « On s'y entretenait de toutes choses, dit M. Cousin dans son charmant et curieux livre, *la Société française au XVIIe siècle,*[2] depuis les affaires d'état jusqu'aux modes du jour. La politique, la guerre, les arts, la littérature, les nouvelles, tout se pouvait mettre sur le tapis et devenir sujet de conversation, à une condition pourtant, c'est que tout y fût dit de cet air et de ce ton galant dont l'hôtel de Rambouillet et les cercles aristocratiques formés à son image offraient le parfait modèle et que la société bourgeoise s'efforçait plus ou moins d'imiter. » « Dès que l'hôtel de Rambouillet avait montré les agréments de réunions occupées de divertissements ingénieux, il s'en était formé de semblables dans la plus haute aristocratie : par exemple, l'hôtel de Condé dont faisaient les honneurs Mme la princesse et Mlle de Bourbon (plus tard Mme de Longueville); puis le salon de Mme de Sablé à la place Royale; d'autres encore, et un peu plus tard celui de Mademoiselle au Luxembourg. Les samedis de Mlle de Scudéry eurent la même fortune dans la bourgeoisie; ils produisirent de très-bonne heure des réunions littéraires d'un ordre un peu inférieur qui, sans doute, avaient l'avantage de répandre de plus en plus le goût de la politesse, des manières élégantes, des belles connaissances, mais ne pouvaient guère échapper au danger de l'affectation. Si chez Mlle de Scudéry on s'efforçait d'imiter l'hôtel de Rambouillet, sans y parvenir entièrement, dans bien des salons littéraires de la bourgeoisie, on s'efforça vainement d'imiter le ton et les occupations des célèbres samedis et

---

1. *Le Grand Cyrus*, t. V, troisième partie, p. 882.
2. Tome II, p. 272.

on tomba bien vite dans une préciosité subalterne et maniérée.[1] »

M. Cousin ne connaît pas seulement la naissance, le progrès et le déclin des samedis de Mlle de Scudéry ; il en sait l'histoire et la chronologie. La prospérité des samedis se renferme tout entière dans la durée de la publication du *Cyrus*, qui était devenu un livre de prédilection pour M. Cousin. Le *Cyrus* finit en 1653 ; c'est alors en 1654 que commencent la *Clélie* et le déclin des samedis. J'avoue qu'ayant lu avec une égale attention les deux romans, le *Cyrus* et la *Clélie*, je ne puis pas comprendre pourquoi l'ère de la *Clélie* fut moins belle pour les samedis de Mlle de Scudéry que celle de *Cyrus*. La différence ne tient certes pas à la supériorité d'un roman sur l'autre ; ils sont tous deux de la même littérature, ils ont les mêmes qualités et les mêmes défauts. Boileau ne les distinguait pas et il avait raison. Jusqu'à M. Cousin personne n'avait pensé à préférer l'un à l'autre et à trouver dans la *Clélie* des signes de mauvais goût qui manquassent dans le *Cyrus*. L'illustre écrivain reproche durement à la *Clélie* la carte de Tendre : « Pour trouver ces malheureuses inventions, dit-il,[2] il faut attendre la *Clélie*, dont le premier volume est du 31 août 1654. C'est pendant la composition de ce volume de la *Clélie* que, dans la société de Mlle de Scudéry, on a fait tant de vers et tant de prose sur cette métaphysique du Tendre, dont grâce à Dieu le *Cyrus* est entièrement exempt, comme l'hôtel de Rambouillet et comme les premiers temps des samedis. » Comment M. Cousin, s'il avait gardé pour la *Clélie* un peu de l'attention enthousiaste qu'il avait eue pour le *Cyrus*, aurait-il pu ne point remarquer que Mlle de Scudéry, au lieu de donner cette carte du Tendre pour une invention sérieuse, n'en a fait dans son roman qu'un pur badinage de société ? « Car enfin, dit Clélie à Herminius, comme si elle répondait par avance à M. Cousin, pensez-vous que je trouve bon qu'une bagatelle que j'ai pensé qui avoit quelque chose de plaisant pour notre cabale en particulier devienne publique et que ce que j'ai fait pour n'être vu que de cinq ou six personnes qui ont infiniment d'esprit, qui l'ont délicat et connoissant, soit vu de deux mille qui n'en ont guère ou qui

---

1. *La Société française au* xviie *siècle*, t. II, chap. xii, p. 150.
2. *Ibid.*, t. II, chap. xiii, p. 222.

l'ont mal tourné?... Je sais bien, poursuivait-elle, que ceux qui savent que cela a commencé par une conversation qui m'a donné lieu d'imaginer cette carte en un instant ne trouveront pas cette galanterie chimérique ni extravagante; mais comme il y a de fort étranges gens par le monde, j'appréhende extrêmement qu'il n'y en ait qui s'imaginent que j'ai pensé à cela fort sérieusement, que j'ai rêvé plusieurs jours pour le chercher et que je crois avoir fait une chose admirable.[1] »

Le déclin des samedis de Mlle de Scudéry, ou plutôt le déclin de la galanterie littéraire et poétique du monde de la Régence ne tient pas à l'influence de la *Clélie;* il tient à des causes plus générales. A côté d'une société qui vieillissait peu à peu, croissait une jeune société, celle du roi, qui voulait aussi avoir son genre de galanterie, et une galanterie qui s'inspirait volontiers de la jeunesse et de la liberté des jeunes années, nous l'avons déjà dit; mais surtout cette jeune société était de la cour, d'une cour qui avait été victorieuse de la Fronde avec Mazarin, qui était triomphante avec son jeune roi; ce jeune roi était beau, ambitieux, fort épris de son pouvoir, et Benserade disait de lui, devant lui, dans le ballet de *Flore :*

> Le moyen de s'imaginer
> Qu'une femme vous fuie ou qu'un homme vous mène !

Ainsi des changements curieux à noter dans l'histoire de la galanterie se sont faits successivement avec la défaite de la Fronde, avec la mort de Mazarin, avec la chute de Fouquet. La galanterie est devenue moins précieuse et moins raffinée que sous la Régence. Mais ce qu'elle a perdu en raffinement, au profit du bon goût, elle ne l'a pas gagné en pureté. Elle a pris l'âge et l'éclat du jeune roi. Louis XIV a, si je puis parler ainsi, centralisé la galanterie comme tout le reste : il n'y avait plus rien de gracieux, d'aimable, de galant enfin qu'à la cour, par la cour et pour la cour. C'est surtout après la chute de Fouquet, pendant la captivité de Pellisson à la Bastille, que se fit ce changement de ton et d'allure dans la galanterie littéraire et poétique du siècle.

---

1. *Clélie*, t. Ier, p. 407 et 408.

Pellisson, en sortant de prison, s'y conforma en homme qui avait à refaire sa bienvenue et sa fortune dans le monde et à la cour, et il s'y conforma avec le goût et le tact qu'il avait toujours, c'est-à-dire laissant presque entièrement de côté les petits vers galants qui ne convenaient plus à son âge (il avait quarante-deux ans) et se bornant à beaucoup louer le roi, les princes et les princesses.

Je trouve un témoignage de cette nouvelle disposition des esprits, en ce qui concerne la littérature galante, dans deux pièces qui font partie du recueil de la comtesse de Suze et de Pellisson, intitulées *Lettre aux filles d'honneur de Madame, à Villers-Cotterets*, et *Relation du voyage de la reine en Flandre* en 1667.[1] Je ne puis guère déterminer la date très-exacte de la *Lettre aux filles de Madame*, et je ne crois pas qu'aucune de ces deux pièces soit de Pellisson; mais elles sont de son école et du temps qu'il suivait la cour comme candidat historiographe, écrivant à ses amies du monde des lettres spirituelles et agréables sur les conquêtes et les fêtes du roi.

La *Lettre aux filles de Madame* témoigne de l'empire que Madame exerçait sur toute la cour. Henriette d'Angleterre était à Villers-Cotterets avec ses filles d'honneur, et le poëte de cour, qui était resté à Saint-Germain, se plaint d'abord en vers que

> Les plaisirs, les jeux, les amours
> Et les ris, qui marchent toujours
> Sur les pas de votre princesse,

aient quitté Saint-Germain et n'y veuillent pas revenir

> Que cette incomparable Altesse
> En ces lieux ne soit de retour.

Puis, quittant la poésie allégorique pour revenir à la prose, il raconte « qu'on s'ennuie extrêmement à Saint-Germain de ce que Madame n'y est point; et si son absence étoit longue, je ne sais pas comme l'on feroit pour la supporter. On n'a quasi de diver-

---

[1] *Recueil de pièces galantes : Lettre aux filles de Madame, à Villers-Cotterets*, t. Ier, p. 115; — *Relation du voyage que la reine a fait en Flandre*, t. 1er, p. 1.8, etc.

tissements que celui de lui écrire; et à quelque heure que l'on prenne les dames, on les trouve toujours la plume à la main; mais elles sont de bonne foi et ne font travailler personne pour elles. Tout ce qu'on recevra de leur part sera sans doute de leur façon. Je pense qu'elles seroient bien aises qu'on en usât de même avec elles, et qu'elles dispenseroient volontiers les poëtes de la maison de Monsieur du soin qu'ils prennent de retourner leurs chansons.[1] »

Peinture exacte de cette vie de palais vouée au pénible travail de toujours s'amuser, et où les poëtes de cour font sur commande des vers de galanterie que les jeunes seigneurs et les filles d'honneur des princesses échangent entre eux comme une monnaie de jeu, par mode et par habitude, moins amoureux qu'ils ne le disent dans leurs madrigaux, amoureux aussi pourtant par occasion, par désœuvrement; causeries ou intrigues galantes qui rappellent sans cesse, par leurs frivolités et aussi par leurs dangers, cette ritournelle d'une vieille chanson :

> C'en est trop si c'est badinage,
> Et trop peu si c'est tout de bon.

La *Relation du voyage de la reine en Flandre* est plus importante que la *Lettre aux filles de Madame*, qui ne montre qu'un coin de la société de la duchesse d'Orléans, tandis que la *Relation du voyage* touche à l'histoire. Elle n'est pas de Pellisson, parce qu'elle n'est pas assez historique; mais il y a çà et là des traits qui appartiennent tout à fait à l'histoire. On sait à quelle occasion Louis XIV fit faire ce voyage à la reine; c'était pendant la guerre de Dévolution, dans laquelle il réclamait, au nom de la reine, la Flandre et le Brabant. Il voulait montrer la reine aux Flamands comme leur souveraine légitime. L'auteur de la *Relation* mêle ensemble, dans son récit, la galanterie et la politique, avec force antithèses empruntées tour à tour à la langue de la guerre et à la langue de l'amour. « La reine a vu suivre son char par autant d'esclaves volontaires que le roi avoit rencontré d'ennemis armés; elle a trouvé de quoi vaincre après lui; elle a forcé le

---

1. *Recueil de pièces galantes*, t. 1er, p. 116 et 117.

naturel des Flamands; elle en a autant converti qu'elle en a regardé... Ils ont été bien aises de se soumettre à une souveraine dont le titre est encore mieux écrit dans les yeux que dans le manifeste. Jamais voyage n'a été plus agréable ni plus politique que celui-ci. Ce n'est pas seulement le témoignage d'une tendresse conjugale; [1] c'est le trait d'une prudence militaire, et je ne sais qui l'eût plutôt décidé du mari ou du capitaine. [2] »

La lettre de Pellisson à Mlle de Scudéry sur les *fêtes de Chambord* indique le ton nouveau qu'a pris la littérature poétique et galante du temps d'une manière plus sûre encore que la *Lettre aux filles de Madame* et la *Relation du voyage de la reine,* puisqu'elle est certainement de Pellisson et de 1668, c'est-à-dire deux ans avant la mort de Madame Henriette d'Angleterre. Une affectation de style qui est le caractère inévitable des beaux esprits de salon, la louange excessive du roi qui devient de plus en plus la règle et l'étiquette de la littérature, enfin une liberté de plaisanterie contraire à la préciosité du vieux temps, voilà les trois signes caractéristiques qui nous montrent les pas que la galanterie poétique fait vers le langage et les allures du monde nouveau formé pendant la captivité de Pellisson. Ces pas, la galanterie les appelle des progrès; je les prendrais volontiers pour des signes de déclin. Voyons d'abord les traits de bel esprit, ceux qui témoignent de la parenté certaine, quoique désavouée, entre l'ancienne et la nouvelle préciosité : « Je suis persuadé, mademoiselle, qu'on vous a écrit qu'il n'y a point de maison royale qui soit d'un dessin plus noble et plus magnifique que Chambord. Le parc et la forêt qui l'environnent sont remplis de vieux chênes, droits et touffus, qui ont été consultés autrefois. Si les anciens arbres n'avoient été condamnés par un jugement équitable à un éternel silence, si l'obscurité de leurs oracles et l'indiscrétion avec laquelle ils trahissoient les secrets des amants n'avoient obligé les dieux à les réduire à servir seulement pour l'ombrage et la fraîcheur, il y a sans doute beaucoup d'appa-

---

1. La flatterie touche ici à la contre-vérité. Louis XIV avait emmené avec lui Mme de la Vallière; Mme de Montespan, qui n'était pas encore la maîtresse du roi, mais qui l'allait bientôt devenir, suivait la reine comme dame d'honneur.
2. *Recueil de pièces galantes*, t. 1er, p. 119.

rence que ceux de Chambord parleroient plus clairement que de coutume, et qu'ils décideroient en faveur de ce qu'ils voient aujourd'hui, quoiqu'ils aient eu l'honneur d'aider aux plaisirs de François Ier. »

Passons à la louange du roi. De même que le bel esprit explique d'une façon raffinée pourquoi les chênes de Chambord, aussi beaux que ceux de Dodone, ne parlent plus comme eux, le louangeur du roi va expliquer pourquoi le temps est encore beau à Chambord, quoiqu'on soit déjà au mois d'octobre :

> On sait assez que les grands rois
> A l'univers peuvent donner des lois,
> Qu'on les aime et qu'ils se font craindre.
> Mais a-t-on vu quelquefois
> En faveur des héros les saisons se contraindre
> Et renoncer à leurs droits?

Voici maintenant la plaisanterie leste et cavalière qu'aime la nouvelle cour ; je n'en cite que les traits les moins vifs : « Les dames se promenèrent à cheval dans le parc, vous ne sauriez vous imaginer leur bonne grâce, leur air, leur ajustement, ni la surprise avec laquelle je les aperçus dans un endroit du bois... Je ne fus plus en état d'avoir aucune attention. Aussitôt que je les vis, tous mes sens furent interdits :

> Elles étoient aussi fières que belles.
> Ce n'est pas sans raison ; quelques-unes d'entre elles
> Ont fait des coups bien hardis.
> J'admire leur audace extrême ;
> Mais je crains bien un jour pour elles-même ;
> Et tels vainqueurs, après leurs grands exploits,
> Peuvent être vaincus eux-mêmes quelquefois. »

Ces derniers vers sont évidemment une allusion aux nouvelles amours du roi et à l'avénement prochain, sinon encore accompli, de Mme de Montespan.

La galanterie, en prenant ce ton nouveau, touchait, selon nous, à son déclin, et elle y touchait de plusieurs côtés. Elle y touchait parce qu'en se groupant de plus en plus autour du roi, elle devenait un langage de cour au lieu d'être une conversation d'élite ;

parce qu'elle trouvait dans cette cour même deux occupations qui prenaient le pas sur elle : la politique et le plaisir, l'une plus conforme à l'ambition du roi, l'autre plus propre à le distraire. Enfin la mort de la duchesse d'Orléans porta un coup funeste à la galanterie littéraire et poétique des salons, parce que, sans prendre le raffinement des précieuses, elle en aimait cependant et en perpétuait le badinage. L'ironie, qui vient, comme toujours, hâter la décadence des sentiments ou des goûts délaissés par la mode, acheva la défaite de la galanterie littéraire et poétique.

Parmi ceux qui l'attaquèrent les premiers par la raillerie, il faut compter Segrais. Segrais était le poëte régnant de la cour de la grande Mademoiselle, et cette cour était elle-même un cercle de précieuses ; c'est là que fleurissait surtout le genre des portraits ; chacun faisait lui-même son portrait avec une franchise qui consistait surtout à dire ses défauts aimables pour mieux cacher les autres.[1] Il y avait naturellement une sorte de rivalité entre les samedis de Mlle de Scudéry et les assemblées de Mademoiselle qui se réunissaient au Luxembourg. Étant de la cour, les précieuses de Mademoiselle se seraient fort scandalisées d'être comparées aux précieuses de Mlle de Scudéry. Leur poëte attitré, Segrais, était sûr de leur plaire en raillant la carte de Tendre de la *Clélie,* et en la raillant comme il faisait, c'est-à-dire en reprochant aux précieuses d'être plus raffinées de langage que de sentiments, et de préférer volontiers les amants qui font des cadeaux aux beaux esprits qui ne font que des madrigaux. Le reproche était fait pour réussir particulièrement de femmes contre femmes.

Voici la *Sarabande* ou chanson de Segrais :

> Estimez-vous cette carte nouvelle
> Qui vient de *Tendre* enseigner le chemin ?
> Pour adoucir une beauté cruelle
> Je m'en servois encore ce matin.
> Mais croyez-moi, ce n'est que bagatelle.
> Le grand chemin et le plus sûr de tous,
>   C'est par *bijoux.*

---

1. Nous avons, à la suite des Mémoires de la grande Mademoiselle, dans l'édition de la Haye, un recueil curieux de ces portraits.

> Si quelquefois sur *estime* on s'avance,
> C'est quand on peut faire estimer ses dons,
> Car *petits soins* ne vont qu'à *révérence*
> Et *jolis vers,* pris souvent pour *chansons,*
> Malaisément vont à *reconnoissance.*
> Le grand chemin et le plus sûr de tous,
>   C'est par *bijoux.*
>
> Oubliez donc cette trop longue route
> Et retenez le chemin de *bijoux :*
> Avec lui seul vous parviendrez sans doute;
> Et si d'abord *Tendre* ne s'offre à vous,
> Séjournez-y, quoique le séjour coûte;
> Le grand chemin et le plus sûr de tous,
>   C'est par *bijoux.*[1]

Dans les vers adressés à Mlle de Scudéry, il est souvent question des cadeaux qui lui sont faits; mais ce sont des bagatelles aimables, des surprises ingénieuses, une corbeille de fleurs, un sac à ouvrage, un soufflet, que sais-je? et souvent même, c'est elle qui fait le cadeau. Le prix n'y est pour rien; l'intention et l'attention sont tout. Toutes les précieuses, si nous en croyons Segrais, n'avaient pas de ce côté la bonne grâce et le désintéressement de Mlle de Scudéry. Ainsi premier trait de médisance et de raillerie : les précieuses n'excluent point les cadeaux des hommages qu'elles consentent à recevoir. Quant aux hommes, ils feignaient d'aimer plus qu'ils n'aimaient et ne mouraient pas d'amour aussi souvent qu'ils le disaient, témoin ces vieux couplets qui datent aussi du temps où la raillerie faisait une guerre déclarée à la galanterie littéraire et poétique :

> Le berger Tircis,
> Rongé de soucis
> De voir sa Climène
> Rire de sa peine,
> Alla se percher
> Sur un haut rocher,
> Voulant finir son supplice
> Dans un précipice :

---

[1]. *Airs et vaudevilles de cour, dédiés à Mademoiselle.* Paris, chez Sercy, 1665, p. 91. — Les mots soulignés sont les noms des villages inscrits sur la carte de Tendre.

Mais songeant que le saut
Étoit bien haut
Et qu'on mouroit
Quand on vouloit,
Mais qu'on vivoit
Quand on pouvoit,
Quelque volage et légère
Que fût sa bergère,
Il fit nargue à ses appas
Et revint au petit pas.

Les rimeurs sylvains
Des antres prochains
Sur cette amourette
Firent chansonnette
Pensant que sa mort
Eût fini son sort.
omme l'injuste Climène
En étoit plus vaine;
endant que ce berger,
Loin du danger,
Bien sûr étoit
Qu'il ne mourroit,
Mais qu'il vivroit
Tant qu'il pourroit:
Et revenant vers la belle,
Il se moqua d'elle
Et les sylvains étonnés
En eurent un pied de nez.[1]

Le goût de la moquerie contre la galanterie s'était tellement répandu, que Mlle de Scudéry elle-même ou Pellisson qui lui servait de secrétaire se moquaient, dans une pièce de vers intitulée *Réponse des filous à la requête des amants,* de l'amour qu'affectaient les galants et des périls qu'ils prétendaient courir. Les galants, en effet, s'étaient plaints au roi qu'allant la nuit à leurs rendez-vous, ils étaient surpris par les voleurs :

On trompe d'un jaloux les regards curieux;
Mais d'un filou caché l'on ne fuit point les yeux.
Comme on n'ose marcher sans avoir une escorte,
On ne peut se glisser par une fausse porte,

---

1. *Airs et vaudevilles de cour*, p. 248.

Et seul au rendez-vous si l'on veut se trouver,
On est déshabillé devant que d'arriver.
. . . .
O vous,

disent-ils au roi,

qui dans la paix faites couler nos jours,[1]
Conservez dans la nuit le repos des amours.
Que du guet surveillant la nombreuse cohorte
Nous serve à l'avenir d'une fidèle escorte;
Qu'ils sauvent des voleurs tous les amants heureux,
Et souffrent seulement les larcins amoureux.[2]

La réponse des filous aux amants est beaucoup plus piquante que la requête des amants et se ressent des habitudes moqueuses de la nouvelle galanterie. Il y a seulement un regret sur la manière dont on aimait autrefois et dont on n'aime plus, qui pourrait bien déceler la pensée et le style de Mlle de Scudéry. Ce sont, disent les filous, de faux amants qui nous dénoncent au roi :

Hélas! depuis dix ans que nous courons sans cesse,
Nous n'avons pu trouver ni galant ni maîtresse,
Et pour notre malheur nous n'avons jamais pris
Ni portraits précieux ni bracelets de prix.
. . . .
Nous ne trouvons jamais, où s'adressent nos pas,
Que plaideurs, que joueurs, que chercheurs de repas,
Que courtisans chagrins, que chercheurs de fortune,
Dont la foule, grand roi, souvent vous importune :
Mais de tendres amants, vrais esclaves d'amour,
On en trouve la nuit aussi peu que le jour.
C'étoit au temps jadis que les amants fidèles,
Pour tromper les Argus, montoient par les échelles,
Qu'on les voloit sans peine au premier point du jour,
Et qu'ils cachoient leur vol autant que leur amour.

Mais aujourd'hui,

Nous trouvons tout au plus quelques pauvres coquets,

---

1. Ce vers prouve que la requête des amants date d'avant la guerre de 1667 ou après la paix de 1668.
2. *Pièces galantes* de la Suze et de Pellisson, t. Ier, p. 229.

Qui n'ont jamais sur eux que des madrigalets ;
Ils courent nuit et jour se tourmentant sans cesse,
Sans jamais enrichir ni voleur ni maîtresse.[1]

Ainsi sous diverses formes, chansons, épîtres ou satires, la raillerie poursuivait la galanterie, et Mlle de Scudéry elle-même, cédant à la mode, discréditait les galants du jour en les comparant aux galants d'autrefois, sans songer que par ses regrets elle affaiblissait elle-même son parti. Non que la raillerie ait réussi à abolir entièrement la galanterie dans le monde. Les badinages de la poésie galante se retrouvent encore partout dans la littérature de la fin du xviie siècle et du commencement du xviiie. Mais, sans détruire la galanterie, la raillerie la dépréciait dans le monde, en l'habituant à ne plus être prise au sérieux, et elle la chassait peu à peu vers l'opéra qui lui donnait un empire plus magnifique que jamais, à condition de changer de sujets et de puissance, en passant des salons sur la scène et du monde sur le théâtre. La galanterie telle que nous la voyons et l'entendons à l'opéra se sépare tout à fait de la vérité pour ne plus appartenir qu'à l'illusion convenue du théâtre ou aux intrigues de coulisses. Un Turc d'autrefois venant en Occident, et assistant à un bal à Paris, demandait à son introducteur « si l'on payait bien cher tous ces gens qui dansaient. — Ils dansent pour leur plaisir, répondit l'introducteur. — Chez nous, repartit le vieux Turc, nous ne nous donnons pas cette peine ; nous avons des danseurs et des danseuses que nous payons pour danser devant nous. » La galanterie de l'opéra a rendu le même genre de service à la galanterie du monde ; elle a dansé devant elle au lieu de la laisser danser elle-même et pour son plaisir.

En faisant le tableau de la galanterie littéraire et poétique de la seconde moitié du xviie siècle, j'ai voulu montrer quel était l'ascendant de la littérature galante et poétique de 1660 à 1670, c'est-à-dire jusqu'à la *Bérénice* de Racine et de Corneille et jusqu'à la mort d'Henriette d'Angleterre ; comment cette littérature circonvenait, pour ainsi dire, ceux même qui la combattaient ; comment Racine, par exemple, qui sub-

---

1. *Pièces galantes* de la Suze et de Pellisson, t. Ier, p. 232-234.

stituait l'amour à la galanterie et opposait à la banalité factice et frivole la vérité touchante et passionnée, comment Racine, cédant à l'influence du temps et de Madame Henriette, prêtait, malgré lui, à ses héros quelques accents des galants du jour. Un de mes confrères de l'Institut, M. Beulé, qui a défait et refait d'une manière si savante et si vive l'histoire de Titus et de sa dynastie, reproche à Racine de s'être plutôt inspiré, pour peindre son Titus, de la galanterie de son temps et des goûts d'une belle princesse que de l'étude de l'histoire romaine.[1] Il a raison, mais cela même témoigne de l'ascendant de la galanterie littéraire et poétique dont j'ai fait rapidement l'histoire, puisqu'elle maîtrisait Racine et qu'elle détournait de son chemin l'auteur de *Britannicus*.

1. *Titus et sa dynastie*, p. 226.

A

MONSEIGNEUR COLBERT,

SECRÉTAIRE D'ÉTAT, CONTRÔLEUR GÉNÉRAL DES FINANCES,
SURINTENDANT DES BATIMENTS, GRAND TRÉSORIER DES ORDRES DU ROI,
MARQUIS DE SEIGNELAY, ETC.

Monseigneur,

Quelque juste défiance que j'aie de moi-même et de mes ouvrages, j'ose espérer que vous ne condamnerez pas la liberté que je prends de vous dédier cette tragédie. Vous ne l'avez pas jugée tout à fait indigne de votre approbation. Mais ce qui fait son plus grand mérite auprès de vous, c'est, Monseigneur, que vous avez été témoin du bonheur qu'elle a eu de ne pas déplaire à Sa Majesté.

L'on sait que les moindres choses vous deviennent considérables, pour peu qu'elles puissent servir ou à sa gloire ou à son plaisir; et c'est ce qui fait qu'au milieu de tant d'importantes occupations, où le zèle de votre prince et le bien public vous tiennent continuellement attaché, vous ne dédaignez pas quelquefois de descendre jusqu'à nous, pour nous demander compte de notre loisir.

J'aurois ici une belle occasion de m'étendre sur vos louanges, si vous me permettiez de vous louer. Et que ne dirois-je point de tant de rares qualités qui vous ont attiré l'admiration de toute la France; de cette pénétration à laquelle rien n'échappe; de cet esprit vaste qui embrasse, qui exécute tout à la fois tant de grandes choses; de cette âme que rien n'étonne, que rien ne fatigue!

Mais, MONSEIGNEUR, il faut être plus retenu à vous parler de vous-même; et je craindrois de m'exposer, par un éloge importun, à vous faire repentir de l'attention favorable dont vous m'avez honoré; il vaut mieux que je songe à la mériter par quelques nouveaux ouvrages : aussi bien c'est le plus agréable remercîment qu'on vous puisse faire. Je suis avec un profond respect,

MONSEIGNEUR,

Votre très-humble et très-obéissant serviteur,

RACINE.

PRÉFACE.

Titus reginam Berenicen... cui etiam nuptias pollicitus ferebatur... statim ab urbe dimisit invitus invitam.[1]

C'est-à-dire que « Titus, qui aimoit passionnément Bérénice, et qui même, à ce qu'on croyoit, lui avoit promis de l'épouser, la renvoya de Rome, malgré lui et malgré elle, dès les premiers jours de son empire. » Cette action est très-fameuse dans l'histoire; et je l'ai trouvée très-propre pour le théâtre, par la violence des passions qu'elle y pouvoit exciter. En effet, nous n'avons rien de plus touchant dans tous les poëtes, que la séparation d'Énée et de Didon, dans Virgile. Et qui doute que ce qui a pu fournir assez de matière pour tout un chant d'un poëme héroïque,[2] où l'action dure plusieurs jours,* ne puisse suffire pour le sujet d'une tragédie, dont la durée ne doit être que de quelques heures? Il est vrai que je n'ai point poussé Bérénice jusqu'à se tuer, comme Didon, parce que Bérénice n'ayant pas ici avec Titus les derniers engagements que Didon avoit avec Énée, elle n'est

---

1. SUET., *in Tito*, cap. VII.
2. *Et qui doute que ce qui a pu fournir*, etc. Racine appuie ici une doctrine très-saine d'un argument très-vicieux. Il est fort douteux que ce qui peut fournir la matière d'un chant de poëme épique puisse suffire pour le sujet d'une tragédie. L'épopée est toute en descriptions et en récits merveilleux ; la tragédie doit être toute en action et en passion; il n'en est pas moins vrai que la simplicité d'action est un des préceptes de l'art dramatique. (G.)

* VAR. « Et où la narration occupe beaucoup de place. » Ces mots, que l'on trouve un peu après : *et dont la durée ne doit être que de quelques heures,* ne se trouvent pas dans la première édition.

pas obligée comme elle de renoncer à la vie. A cela près, le dernier adieu qu'elle dit à Titus, et l'effort qu'elle se fait pour s'en séparer, n'est pas le moins tragique de la pièce; et j'ose dire qu'il renouvelle assez bien dans le cœur des spectateurs l'émotion que le reste y avoit pu exciter. Ce n'est point une nécessité qu'il y ait du sang et des morts dans une tragédie : il suffit que l'action en soit grande, que les acteurs en soient héroïques, que les passions y soient excitées, et que tout s'y ressente de cette tristesse majestueuse qui fait tout le plaisir de la tragédie.

Je crus que je pourrois rencontrer toutes ces parties dans mon sujet; mais ce qui m'en plut davantage, c'est que je le trouvai extrêmement simple. Il y avoit longtemps que je voulois essayer si je pourrois faire une tragédie avec cette simplicité d'action qui a été si fort du goût des anciens; car c'est un des premiers préceptes qu'ils nous ont laissés : « Que ce que vous ferez, dit Horace, soit toujours simple et ne soit qu'un.[1] » Ils ont admiré l'*Ajax* de Sophocle, qui n'est autre chose qu'Ajax qui se tue de regret, à cause de la fureur où il étoit tombé après le refus qu'on lui avoit fait des armes d'Achille.[*] Ils ont admiré le *Philoctète*, dont tout le sujet est Ulysse qui vient pour surprendre les flèches d'Hercule. L'*Œdipe* même, quoique tout plein de reconnoissances, est moins chargé de matière que la plus simple tragédie de nos jours. Nous voyons enfin que les partisans de Térence, qui l'élèvent avec raison au-dessus de tous les poëtes comiques, pour l'élégance de sa diction et pour la vraisemblance de ses mœurs, ne laissent pas de confesser que Plaute a un grand avantage sur lui par la simplicité qui est dans la plupart des sujets de Plaute. Et c'est sans doute cette simplicité merveilleuse qui a attiré à ce dernier toutes les louanges que les anciens lui ont données. Combien Ménandre étoit-il encore plus simple, puisque Térence est obligé de prendre deux comédies de ce poëte pour en faire une des siennes!

Et il ne faut point croire que cette règle ne soit fondée que sur la fantaisie de ceux qui l'ont faite : il n'y a que le vraisem-

---

1. Denique sit quodvis simplex duntaxat et unum.
(HORAT., *De Arte poet.*)

[*] VAR. « Pour n'avoir pas obtenu les armes d'Achille. »

blable qui touche dans la tragédie. Et quelle vraisemblance y a-t-il qu'il arrive en un jour une multitude de choses qui pourroient à peine arriver en plusieurs semaines ? Il y en a qui pensent que cette simplicité est une marque de peu d'invention. Ils ne songent pas qu'au contraire toute l'invention consiste à faire quelque chose de rien, et que tout ce grand nombre d'incidents a toujours été le refuge des poëtes qui ne sentoient dans leur génie ni assez d'abondance ni assez de force pour attacher durant cinq actes leurs spectateurs par une action simple, soutenue de la violence des passions, de la beauté des sentiments, et de l'élégance de l'expression. Je suis bien éloigné de croire que toutes ces choses se rencontrent dans mon ouvrage ; mais aussi je ne puis croire que le public me sache mauvais gré de lui avoir donné une tragédie qui a été honorée de tant de larmes, et dont la trentième représentation a été aussi suivie que la première.

Ce n'est pas que quelques personnes ne m'aient reproché cette même simplicité que j'avois recherchée avec tant de soin. Ils ont cru qu'une tragédie qui étoit si peu chargée d'intrigues ne pouvoit être selon les règles du théâtre. Je m'informai s'ils se plaignoient qu'elle les eût ennuyés. On me dit qu'ils avouoient tous qu'elle n'ennuyoit point, qu'elle les touchoit même en plusieurs endroits, et qu'ils la verroient encore avec plaisir. Que veulent-ils davantage ? Je les conjure d'avoir assez bonne opinion d'eux-mêmes pour ne pas croire qu'une pièce qui les touche, et qui leur donne du plaisir, puisse être absolument contre les règles. La principale règle est de plaire et de toucher : toutes les autres ne sont faites que pour parvenir à cette première ; mais toutes ces règles sont d'un long détail, dont je ne leur conseille pas de s'embarrasser : ils ont des occupations plus importantes. Qu'ils se reposent sur nous de la fatigue d'éclaircir les difficultés de la *Poétique* d'Aristote ; qu'ils se réservent le plaisir de pleurer et d'être attendris ; et qu'ils me permettent de leur dire ce qu'un musicien disoit à Philippe, roi de Macédoine, qui prétendoit qu'une chanson n'étoit pas selon les règles : « A Dieu ne plaise, seigneur, que vous soyez jamais si malheureux que de savoir ces choses-là mieux que moi ! [1] »

---

1. « Un musicien jadis, fort gentiment et de bonne grâce, ferma la bouche au ro

Voilà tout ce que j'ai à dire à ces personnes à qui je ferai toujours gloire de plaire; car pour le libelle que l'on a fait contre moi, je crois que les lecteurs me dispenseront volontiers d'y répondre. Et que répondrois-je à un homme[1] qui ne pense rien et qui ne sait pas même construire ce qu'il pense? Il parle de protase[2] comme s'il entendoit ce mot, et veut que cette première des quatre parties de la tragédie soit toujours la plus proche* de la dernière, qui est la catastrophe. Il se plaint que la trop grande connoissance des règles l'empêche de se divertir à la comédie. Certainement, si l'on en juge par sa dissertation, il n'y eut jamais de plainte plus mal fondée. Il paroît bien qu'il n'a jamais lu Sophocle, qu'il loue très-injustement d'*une grande multiplicité d'incidents;* et qu'il n'a même jamais rien lu de la *Poétique,* que dans quelques préfaces de tragédies. Mais je lui pardonne de ne pas savoir les règles du théâtre, puisque, heureusement pour le public, il ne s'applique pas à ce genre d'écrire. Ce que je ne lui pardonne pas, c'est de savoir si peu les règles de la bonne plaisanterie, lui qui ne veut pas dire un mot sans plaisanter. Croit-il réjouir beaucoup les honnêtes gens par ces *hélas de poche,* ces *mesdemoiselles mes règles,* et quantité d'autres basses affectations qu'il trouvera condamnées dans tous les bons auteurs, s'il se mêle jamais de les lire?

Toutes ces critiques sont le partage de quatre ou cinq petits auteurs infortunés, qui n'ont jamais pu par eux-mêmes exciter la curiosité du public. Ils attendent toujours l'occasion de quelque ouvrage qui réussisse, pour l'attaquer, non point par jalousie, car sur quel fondement seroient-ils jaloux? mais dans l'espérance qu'on se donnera la peine de leur répondre, et qu'on les tirera de l'obscurité où leurs propres ouvrages les auroient laissés toute leur vie.

Philippe qui disputoit et contestoit à l'encontre de lui de la manière de toucher des cordes d'un instrument de musique en lui disant : « Dieu te garde, sire, d'un si grand « mal que d'entendre cela mieux que moi! » PLUTARQUE, *Comment on pourra discerner le flatteur d'avec l'ami,* trad. d'Amyot.

1. L'abbé de Villars, auteur du *Comte de Gabalis,* et d'une pesante critique de *Bérénice.*

2. *Protase,* l'exposition du sujet. (G.)

* VAR. « Très-proche. »

BÉRÉNICE

PERSONNAGES.

TITUS, empereur de Rome.
BÉRÉNICE, reine de Palestine.
ANTIOCHUS, roi de Comagène.
PAULIN, confident de Titus.
ARSACE, confident d'Antiochus.
PHÉNICE, confidente de Bérénice.
RUTILE, Romain.
Suite de Titus.

La scène est à Rome, dans un cabinet qui est entre l'appartement de Titus et celui de Bérénice.

NOMS DES ACTEURS QUI ONT JOUÉ D'ORIGINAL
DANS BÉRÉNICE.

TITUS.	Floridor.
BÉRÉNICE.	Mlle Champmeslé.
ANTIOCHUS.	Champmeslé.

BÉRÉNICE

ACTE PREMIER.

SCÈNE PREMIÈRE.

ANTIOCHUS, ARSACE.

ANTIOCHUS.

Arrêtons un moment. La pompe de ces lieux,
Je le vois bien, Arsace, est nouvelle à tes yeux.
Souvent ce cabinet superbe et solitaire
Des secrets de Titus est le dépositaire.
C'est ici quelquefois qu'il se cache à sa cour,
Lorsqu'il vient à la reine expliquer son amour.
De son appartement cette porte est prochaine,
Et cette autre conduit dans celui de la reine.[1]
Va chez elle : dis-lui qu'importun à regret,
J'ose lui demander un entretien secret.

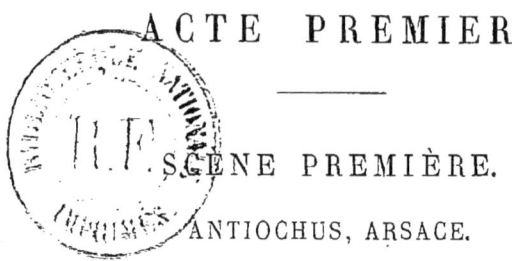

---

1. Ce détail n'est point inutile : il fait voir clairement combien l'unité de lieu est observée ; il met le spectateur au fait tout d'un coup. On pourrait dire que *la pompe de ces lieux,* et *ce cabinet superbe,* paraissent des expressions peu convenables à un prince que cette pompe ne doit point du tout éblouir, et qui est occupé de tout autre chose que des ornements d'un cabinet. J'ai toujours remarqué que la douceur des vers empêchait qu'on ne remarquât ce défaut. (VOLT.)

ARSACE.

Vous, seigneur, importun? vous, cet ami fidèle,
Qu'un soin si généreux intéresse pour elle!
Vous, cet Antiochus, son amant autrefois?
Vous, que l'Orient compte entre ses plus grands rois?
Quoi! déjà de Titus épouse en espérance,[1]
Ce rang entre elle et vous met-il tant de distance?

ANTIOCHUS.

Va, dis-je; et, sans vouloir te charger d'autres soins,[2]
Vois si je puis bientôt lui parler sans témoins.

SCÈNE II.

ANTIOCHUS.

Hé bien! Antiochus, es-tu toujours le même?
Pourrois-je, sans trembler, lui dire : Je vous aime?
Mais quoi! déjà je tremble; et mon cœur agité
Craint autant ce moment que je l'ai souhaité.
Bérénice autrefois m'ôta toute espérance,
Elle m'imposa même un éternel silence.
Je me suis tu cinq ans; et, jusques à ce jour,
D'un voile d'amitié j'ai couvert mon amour.
Dois-je croire qu'au rang où Titus la destine,
Elle m'écoute mieux que dans la Palestine?
Il l'épouse. Ai-je donc attendu ce moment
Pour me venir encor déclarer son amant?

---

1. *Épouse en espérance :* expression heureuse et neuve, dont Racine enrichit la langue, et que par conséquent on critiqua d'abord. Remarquez encore qu'*épouse* suppose *étant épouse*. C'est une ellipse heureuse en poésie. Ces finesses sont le charme de la diction. (Volt.)

2. *Sans vouloir te charger d'autres soins :* ce vers, qui ne semble fait que pour la rime, annonce avec art qu'Antiochus aime Bérénice. (Volt.)

ACTE I, SCÈNE II.

Quel fruit me reviendra d'un aveu téméraire?*
Ah! puisqu'il faut partir, partons sans lui déplaire.
Retirons-nous, sortons; et, sans nous découvrir,
Allons loin de ses yeux l'oublier, ou mourir.
Hé quoi! souffrir toujours un tourment qu'elle ignore!
Toujours verser des pleurs qu'il faut que je dévore!
Quoi! même en la perdant redouter son courroux!
Belle reine, et pourquoi vous offenseriez-vous?
Viens-je vous demander que vous quittiez l'empire?
Que vous m'aimiez? Hélas! je ne viens que vous dire
Qu'après m'être longtemps flatté que mon rival
Trouveroit à ses vœux quelque obstacle fatal,
Aujourd'hui qu'il peut tout, que votre hymen s'avance,
Exemple infortuné d'une longue constance,
Après cinq ans d'amour et d'espoir superflus,
Je pars, fidèle encor quand je n'espère plus.¹
Au lieu de s'offenser, elle pourra me plaindre.**
Quoi qu'il en soit, parlons; c'est assez nous contraindre.
Et que peut craindre, hélas! un amant sans espoir
Qui peut bien se résoudre à ne la jamais voir?²

* Var. *Ah! puisqu'il faut partir, partons sans lui déplaire;*
Je me suis tu longtemps, je puis encor me taire.

1. Ces amants fidèles sans succès et sans espoir n'intéressent jamais. Cependant la douce harmonie de ces vers naturels fait qu'on supporte Antiochus : c'est surtout dans ces faibles rôles que la belle versification est nécessaire. Quelques vers plus haut, *belle reine* a passé pour une expression fade. (Volt.)

** Var. *Non : loin de s'offenser, elle pourra me plaindre.*

2. Beaucoup de lecteurs réprouvent ce long monologue. Il n'est pas naturel qu'on fasse ainsi tout seul l'histoire de ses amours, qu'on dise : « Je me suis tu cinq ans; on m'a imposé silence; j'ai couvert mon amour d'un voile d'amitié. » On pardonne un monologue qui est un combat du cœur, mais non une récapitulation historique. (Volt.)

SCÈNE III.

ANTIOCHUS, ARSACE.

ANTIOCHUS.

Arsace, entrerons-nous?

ARSACE.

Seigneur, j'ai vu la reine;
Mais, pour me faire voir, je n'ai percé qu'à peine
Les flots toujours nouveaux d'un peuple adorateur
Qu'attire sur ses pas sa prochaine grandeur.[1]
Titus, après huit jours d'une retraite austère,
Cesse enfin de pleurer Vespasien son père :
Cet amant se redonne aux soins de son amour;[2]
Et, si j'en crois, seigneur, l'entretien de la cour,
Peut-être avant la nuit, l'heureuse Bérénice
Change le nom de reine au nom d'impératrice.[3]

---

1. La prose n'eût pu exprimer cette idée avec la même précision, ni se parer de la beauté de ces figures : c'est là le grand mérite de la poésie. Cette scène est parfaitement écrite, et conduite de même; car il doit y avoir une conduite dans chaque scène, comme dans le total de la pièce; elle est même intéressante, parce que Antiochus ne dit point son secret, et se fait entendre. (VOLT.)

2. Quelques commentateurs ont blâmé cette expression, *se redonner*, sans faire attention que du temps de Racine elle était employée dans le même sens, ainsi qu'on en trouve des exemples dans le dictionnaire de Trévoux et dans Vaugelas : *se redonner aux soins de son amour*, pour *se livrer, s'abandonner de nouveau aux soins de son amour*, est une expression poétique assez heureuse pour mériter d'être conservée dans notre langue.

3. On ne dit point en prose *changer au;* mais la poésie peut se permettre cette licence. La Fontaine en offre un autre exemple dans *Philémon et Baucis* :

Cependant l'humble toit devient temple, et ses murs
Changent leur frêle enduit aux marbres les plus durs.

ANTIOCHUS.

Hélas!

ARSACE.

Quoi! ce discours pourroit-il vous troubler?

ANTIOCHUS.

Ainsi donc, sans témoins je ne lui puis parler?

ARSACE.

Vous la verrez, seigneur; Bérénice est instruite
Que vous voulez ici la voir seule et sans suite.
La reine d'un regard a daigné m'avertir
Qu'à votre empressement elle alloit consentir;
Et sans doute elle attend le moment favorable
Pour disparoître aux yeux d'une cour qui l'accable.*

ANTIOCHUS.

Il suffit. Cependant n'as-tu rien négligé
Des ordres importants dont je t'avois chargé?

ARSACE.

Seigneur, vous connoissez ma prompte obéissance.
Des vaisseaux dans Ostie armés en diligence,
Prêts à quitter le port de moments en moments,
N'attendent pour partir que vos commandements.
Mais qui renvoyez-vous dans votre Comagène?[1]

ANTIOCHUS.

Arsace, il faut partir quand j'aurai vu la reine.

ARSACE.

Qui doit partir?

ANTIOCHUS.

Moi.

---

* Var. *De disparoître aux yeux d'une cour qui l'accable.*

1. La Comagène ou Commagène était une contrée du nord-est de la Syrie, près de l'Euphrate, qui devint province romaine sous Domitien.

ARSACE.
Vous?
ANTIOCHUS.
En sortant du palais,
Je sors de Rome, Arsace, et j'en sors pour jamais.
ARSACE.
Je suis surpris sans doute, et c'est avec justice.
Quoi! depuis si longtemps la reine Bérénice
Vous arrache, seigneur, du sein de vos États ;
Depuis trois ans dans Rome elle arrête vos pas ;
Et lorsque cette reine, assurant sa conquête,
Vous attend pour témoin de cette illustre fête ;
Quand l'amoureux Titus, devenant son époux,
Lui prépare un éclat qui rejaillit sur vous...
ANTIOCHUS.
Arsace, laisse-la jouir de sa fortune,
Et quitte un entretien dont le cours m'importune.
ARSACE.
Je vous entends, seigneur : ces mêmes dignités
Ont rendu Bérénice ingrate à vos bontés.[1]
L'inimitié succède à l'amitié trahie.
ANTIOCHUS.
Non, Arsace, jamais je ne l'ai moins haïe.
ARSACE.
Quoi donc! de sa grandeur déjà trop prévenu,
Le nouvel empereur vous a-t-il méconnu?
Quelque pressentiment de son indifférence
Vous fait-il loin de Rome éviter sa présence?

---

1. *Ingrate à vos bontés :* cette locution, critiquée par d'Olivet, a cependant été adoptée dans la poésie. Voltaire en a fait un usage très-heureux (scène III, acte III de *Mahomet*, et scène IV, acte I de *la Mort de César*).

ANTIOCHUS.

Titus n'a point pour moi paru se démentir :
J'aurois tort de me plaindre.

ARSACE.

      Et pourquoi donc partir?
Quel caprice vous rend ennemi de vous-même?
Le ciel met sur le trône un prince qui vous aime,
Un prince qui, jadis témoin de vos combats,
Vous vit chercher la gloire et la mort sur ses pas,
Et de qui la valeur, par vos soins secondée,
Mit enfin sous le joug la rebelle Judée.
Il se souvient du jour illustre et douloureux
Qui décida du sort d'un long siége douteux.
Sur leurs triples remparts les ennemis tranquilles
Contemploient sans péril nos assauts inutiles;
Le bélier impuissant les menaçoit en vain :
Vous seul, seigneur, vous seul, une échelle à la main,
Vous portâtes la mort jusque sur leurs murailles.
Ce jour presque éclaira vos propres funérailles :
Titus vous embrassa mourant entre mes bras,
Et tout le camp vainqueur pleura votre trépas.
Voici le temps, seigneur, où vous devez attendre
Le fruit de tant de sang qu'ils vous ont vu répandre.
Si, pressé du désir de revoir vos États,
Vous vous lassez de vivre où vous ne régnez pas,
Faut-il que sans honneur l'Euphrate vous revoie?
Attendez pour partir que César vous renvoie
Triomphant et chargé des titres souverains
Qu'ajoute encore aux rois l'amitié des Romains.
Rien ne peut-il, seigneur, changer votre entreprise?
Vous ne répondez point!

ANTIOCHUS.

Que veux-tu que je dise?
J'attends de Bérénice un moment d'entretien.

ARSACE.

Hé bien, seigneur?

ANTIOCHUS.

Son sort décidera du mien.

ARSACE.

Comment?

ANTIOCHUS.

Sur son hymen j'attends qu'elle s'explique.
Si sa bouche s'accorde avec la voix publique,
S'il est vrai qu'on l'élève au trône des Césars,
Si Titus a parlé, s'il l'épouse, je pars.

ARSACE.

Mais qui rend à vos yeux cet hymen si funeste?

ANTIOCHUS.

Quand nous serons partis, je te dirai le reste.

ARSACE.

Dans quel trouble, seigneur, jetez-vous mon esprit!

ANTIOCHUS.

La reine vient. Adieu. Fais tout ce que j'ai dit.

SCÈNE IV.

BÉRÉNICE, ANTIOCHUS, PHÉNICE.

BÉRÉNICE.

Enfin je me dérobe à la joie importune
De tant d'amis nouveaux que me fait la fortune :
Je fuis de leurs respects l'inutile longueur,

ACTE I, SCÈNE IV.

Pour chercher un ami qui me parle du cœur.[1]
Il ne faut pas mentir, ma juste impatience [2]
Vous accusoit déjà de quelque négligence.
Quoi! cet Antiochus, disois-je, dont les soins
Ont eu tout l'Orient et Rome pour témoins;
Lui que j'ai vu toujours constant dans mes traverses,
Suivre d'un pas égal mes fortunes diverses;
Aujourd'hui que le ciel semble me présager
Un honneur qu'avec vous je prétends partager,*
Ce même Antiochus, se cachant à ma vue,
Me laisse à la merci d'une foule inconnue![3]

ANTIOCHUS.

Il est donc vrai, madame? et, selon ce discours,
L'hymen va succéder à vos longues amours?

BÉRÉNICE.

Seigneur, je vous veux bien confier mes alarmes :
Ces jours ont vu mes yeux baignés de quelques larmes;
Ce long deuil que Titus imposoit à sa cour
Avoit, même en secret, suspendu son amour;

---

1. Racine a déjà dit dans *Andromaque* (acte IV, scène V) :

   Tu lui parles du cœur, tu la cherches des yeux.

2. Les commentateurs ont observé que Racine se permet souvent ces façons de parler trop communes : *il ne faut point mentir, à ne vous point mentir, quoi qu'il en soit, quoi qu'il en puisse être,* etc.; mais ils devoient observer aussi que ces expressions sont environnées de traits heureux qui les relèvent, et qui souvent empêchent de les remarquer. (A. M.)

* Var. *Aujourd'hui que les dieux semblent me présager*
   Un honneur qu'avec lui je prétends partager.

On peut voir dans la note 2 de la page suivante le motif qui a déterminé Racine à refaire ces deux vers; mais en substituant *vous* à *lui*, pour éviter l'amphibologie, il est tombé dans un autre inconvénient; car *vous* ne se rapporte grammaticalement ni à ce qui précède, ni à ce qui suit.

3. *A la merci,* expression que Racine emploie ici d'une manière neuve et très-poétique. (G.)

Il n'avoit plus pour moi cette ardeur assidue
Lorsqu'il passoit les jours attachés sur ma vue ;
Muet, chargé de soins, et les larmes aux yeux,
Il ne me laissoit plus que de tristes adieux.
Jugez de ma douleur, moi dont l'ardeur extrême,
Je vous l'ai dit cent fois, n'aime en lui que lui-même ;
Moi qui, loin des grandeurs dont il est revêtu,
Aurois choisi son cœur, et cherché sa vertu.[1]

ANTIOCHUS.

Il a repris pour vous sa tendresse première ?*

BÉRÉNICE.

Vous fûtes spectateur de cette nuit dernière,
Lorsque, pour seconder ses soins religieux,
Le sénat a placé son père entre les dieux.[2]
De ce juste devoir sa piété contente
A fait place, seigneur, aux soins de son amante ;
Et même en ce moment, sans qu'il m'en ait parlé,
Il est dans le sénat, par son ordre assemblé.
Là, de la Palestine il étend la frontière ;
Il y joint l'Arabie et la Syrie entière ;
Et, si de ses amis j'en dois croire la voix,
Si j'en crois ses serments redoublés mille fois,

---

1. Personne, avant Racine, n'avait ainsi exprimé ces sentiments qu'on retrouve à la vérité dans tous les livres d'amour, et dont le seul mérite consiste dans le choix des mots. Sans cette élégance si fine et si naturelle, tout serait languissant. (VOLT.)

* VAR. *Hé bien, il a repris sa tendresse première ?*

2. L'expression *entre les dieux* a été l'objet de quelques critiques. On a dit que Bérénice, étant Juive, ne pouvait parler ainsi des dieux des Romains. La remarque serait juste si Bérénice disait *entre nos dieux;* mais il est clair que *les dieux* ne veut dire ici que *les dieux des Romains.* Au reste, il est remarquable que, dans tous les autres vers où cette expression pouvait être prise dans le sens critiqué, Racine a substitué le mot *ciel* au mot *dieux.* (A. M.)

ACTE I, SCÈNE IV.

Il va sur tant d'États couronner Bérénice,[1]
Pour joindre à plus de noms le nom d'impératrice.[2]
Il m'en viendra lui-même assurer en ce lieu.

ANTIOCHUS.

Et je viens donc vous dire un éternel adieu.

BÉRÉNICE.

Que dites-vous? Ah ciel! quel adieu! quel langage!
Prince, vous vous troublez et changez de visage!

ANTIOCHUS.

Madame, il faut partir.

BÉRÉNICE.

Quoi! ne puis-je savoir
Quel sujet...

ANTIOCHUS, à part.

Il falloit partir sans la revoir.

BÉRÉNICE.

Que craignez-vous? Parlez : c'est trop longtemps se taire.*
Seigneur, de ce départ quel est donc le mystère?

---

1. Voilà de ces constructions qui ne sont permises qu'à la poésie, parce qu'elle seule a le droit de les créer. On ne dirait point en prose, couronner quelqu'un *sur* tel ou tel État; on dirait, couronner roi de tel ou tel pays, faire régner sur, etc. Mais la poésie s'empare de l'analogie; et, comme en effet couronner c'est faire régner, elle dit couronner *sur*, parce que le rapport des idées justifie la construction. Au reste, l'abbé Dubos prétend que Bérénice n'avait ni principauté ni royaume. Qu'importe? elle avait à coup sûr le titre de reine; tous les historiens sont d'accord là-dessus : *reginam Berenicen;* qu'elle le fût de nom ou de fait, c'est là le cas où le poëte n'est point gêné par l'histoire, attendu qu'on n'est obligé de la suivre que dans les points importants et connus. Ce même abbé Dubos reproche à Racine d'avoir aussi violé l'histoire en plaçant dans sa pièce Antiochus, qui n'était pas à Rome lors du renvoi de Bérénice : critiques futiles, qui ne méritent aucune attention. (L.)

2. On lit dans quelques éditions faites depuis la mort de Racine :

Pour joindre à plus de noms celui d'impératrice.

* VAR. *Au nom des dieux, parlez : c'est trop longtemps se taire.*

ANTIOCHUS.

Au moins souvenez-vous que je cède à vos lois,
Et que vous m'écoutez pour la dernière fois.
Si, dans ce haut degré de gloire et de puissance,
Il vous souvient des lieux où vous prîtes naissance,
Madame, il vous souvient que mon cœur en ces lieux
Reçut le premier trait qui partit de vos yeux :
J'aimai. J'obtins l'aveu d'Agrippa votre frère :
Il vous parla pour moi. Peut-être sans colère
Alliez-vous de mon cœur recevoir le tribut ;
Titus, pour mon malheur, vint, vous vit, et vous plut.[1]
Il parut devant vous dans tout l'éclat d'un homme
Qui porte entre ses mains la vengeance de Rome.
La Judée en pâlit : le triste Antiochus
Se compta le premier au nombre des vaincus.
Bientôt, de mon malheur interprète sévère,
Votre bouche à la mienne ordonna de se taire.
Je disputai longtemps, je fis parler mes yeux ;
Mes pleurs et mes soupirs vous suivoient en tous lieux.
Enfin votre rigueur emporta la balance :
Vous sûtes m'imposer l'exil ou le silence.
Il fallut le promettre, et même le jurer.
Mais, puisque en ce moment j'ose me déclarer,*
Lorsque vous m'arrachiez cette injuste promesse,
Mon cœur faisoit serment de vous aimer sans cesse.

BÉRÉNICE.

Ah ! que me dites-vous ?

ANTIOCHUS.

Je me suis tu cinq ans,

---

1. Imitation de ces mots fameux : *veni, vidi, vici.* (Louis RACINE ; dans ses Remarques sur *Bérénice.*)

* VAR. *Mais, puisque après cinq ans j'ose me déclarer.*

Madame, et vais encor me taire plus longtemps.
De mon heureux rival j'accompagnai les armes :
J'espérai de verser mon sang après mes larmes,*
Ou qu'au moins, jusqu'à vous porté par mille exploits,
Mon nom pourroit parler, au défaut de ma voix.
Le ciel sembla promettre une fin à ma peine :
Vous pleurâtes ma mort, hélas ! trop peu certaine.
Inutiles périls ! Quelle étoit mon erreur !
La valeur de Titus surpassoit ma fureur ; [1]
Il faut qu'à sa vertu mon estime réponde.
Quoique attendu, madame, à l'empire du monde,
Chéri de l'univers, enfin aimé de vous,
Il sembloit à lui seul appeler tous les coups,
Tandis que, sans espoir, haï, lassé de vivre,
Son malheureux rival ne sembloit que le suivre.
Je vois que votre cœur m'applaudit en secret ;
Je vois que l'on m'écoute avec moins de regret,
Et que, trop attentive à ce récit funeste,
En faveur de Titus vous pardonnez le reste.
Enfin, après un siége aussi cruel que lent,

---

* VAR. *J'espérai d'y verser mon sang après mes larmes.*

On a blâmé ce rapprochement de *sang* et de *larmes;* il est effectivement peu digne du style tragique. D'ailleurs, verser *ses* larmes, pour verser *des larmes*, manque de correction. On dit *verser son sang*, parce qu'on peut répandre celui d'un autre ; et l'on dit *verser des larmes*, parce qu'on ne peut répandre que les siennes. (A. M.)

1. Voilà à peu près ce qu'un lecteur éclairé demande. Antiochus se relève ; et c'est un grand art de mettre les louanges de Titus dans sa bouche. Toute cette tirade, où il parle de Titus, est parfaite en son genre. Si Antiochus ne parlait là que de son amour, il ennuierait, il affadirait ; mais tous les accessoires sont nobles et intéressants : c'est la gloire de Titus, c'est un siége fameux dans l'histoire, c'est, sans le vouloir, l'éloge de l'amour de Bérénice pour Titus. Vous vous sentez alors attaché malgré vous et malgré la petitesse du rôle d'Antiochus. (VOLT.)

Il dompta les mutins, reste pâle et sanglant [1]
Des flammes, de la faim, des fureurs intestines,
Et laissa leurs remparts cachés sous leurs ruines.
Rome vous vit, madame, arriver avec lui.
Dans l'Orient désert quel devint mon ennui ! [2]
Je demeurai longtemps errant dans Césarée,
Lieux charmants où mon cœur vous avoit adorée.
Je vous redemandois à vos tristes États ;
Je cherchois en pleurant les traces de vos pas.
Mais enfin, succombant à ma mélancolie,
Mon désespoir tourna mes pas vers l'Italie.
Le sort m'y réservoit le dernier de ses coups.
Titus en m'embrassant m'amena devant vous :
Un voile d'amitié vous trompa l'un et l'autre,
Et mon amour devint le confident du vôtre.
Mais toujours quelque espoir flattoit mes déplaisirs :
Rome, Vespasien, traversoient vos soupirs ;
Après tant de combats Titus cédoit peut-être.
Vespasien est mort, et Titus est le maître.
Que ne fuyois-je alors! J'ai voulu quelques jours
De son nouvel empire examiner le cours.
Mon sort est accompli : votre gloire s'apprête.
Assez d'autres, sans moi, témoins de cette fête,

---

1. Les épithètes *pâle* et *sanglant*, données à *reste*, sont plus énergiques, et présentent un tableau plus frappant que si elles étaient données aux mutins eux-mêmes. Ce n'est plus une armée que le poëte met sous mes yeux : c'est un reste pâle et sanglant des flammes, de la faim et des fureurs intestines. Toutes ces expressions appartiennent à la poésie, et à la poésie de Racine. (A. M.)

2. L'*Orient désert* est ici une expression de génie. Voyez ce que peut la poésie. En prose, il faudrait dire : « L'Orient n'était plus pour moi qu'un désert; vous n'y étiez plus. » En vers, un seul mot dit tout cela, et par conséquent le dit mieux, en suggérant tout ce que l'imagination peut y ajouter. (L.)

A vos heureux transports viendront joindre les leurs :
Pour moi, qui ne pourrois y mêler que des pleurs,
D'un inutile amour trop constante victime,
Heureux dans mes malheurs d'en avoir pu sans crime
Conter toute l'histoire aux yeux qui les ont faits,[1]
Je pars plus amoureux que je ne fus jamais.
BÉRÉNICE.
Seigneur, je n'ai pas cru que, dans une journée
Qui doit avec César unir ma destinée,
Il fût quelque mortel qui pût impunément
Se venir à mes yeux déclarer mon amant.
Mais de mon amitié mon silence est un gage;
J'oublie en sa faveur un discours qui m'outrage.[2]
Je n'en ai point troublé le cours injurieux;
Je fais plus, à regret je reçois vos adieux.
Le ciel sait qu'au milieu des honneurs qu'il m'envoie,
Je n'attendois que vous pour témoin de ma joie;
Avec tout l'univers j'honorois vos vertus;
Titus vous chérissoit, vous admiriez Titus.
Cent fois je me suis fait une douceur extrême
D'entretenir Titus dans un autre lui-même.

---

1. *Conter l'histoire de ses malheurs aux yeux qui les ont faits :* ces expressions recherchées sont encore un tribut que Racine payait au goût de son siècle. (A. M.)

2. Voilà le modèle d'une réponse noble et décente : ce n'est point ce langage des anciennes héroïnes de roman, qu'une déclaration respectueuse transporte d'une colère impertinente. Bérénice ménage tout ce qu'elle doit à l'amitié d'Antiochus; elle intéresse par la vérité de sa tendresse pour l'empereur. Il semble qu'on entende Henriette d'Angleterre elle-même parlant au marquis de Vardes. La politesse de la cour de Louis XIV, l'agrément de la langue française, la douceur de la versification la plus naturelle, le sentiment le plus tendre, tout se trouve dans ce peu de vers. Point de ces maximes générales que le sentiment réprouve. Rien de trop, rien de trop peu. On ne pouvait rendre plus agréable quelque chose de plus mince. (VOLT.)

ANTIOCHUS.

Et c'est ce que je fuis. J'évite, mais trop tard,
Ces cruels entretiens où je n'ai point de part.
Je fuis Titus; je fuis ce nom qui m'inquiète,
Ce nom qu'à tous moments votre bouche répète :
Que vous dirai-je enfin? Je fuis des yeux distraits,
Qui, me voyant toujours, ne me voyoient jamais.
Adieu. Je vais, le cœur trop plein de votre image,
Attendre, en vous aimant, la mort pour mon partage.
Surtout ne craignez point qu'une aveugle douleur
Remplisse l'univers du bruit de mon malheur :
Madame, le seul bruit d'une mort que j'implore
Vous fera souvenir que je vivois encore.
Adieu.

SCÈNE V.

BÉRÉNICE, PHÉNICE.

PHÉNICE.

Que je le plains! Tant de fidélité,
Madame, méritoit plus de prospérité.
Ne le plaignez-vous pas?

BÉRÉNICE.

Cette prompte retraite
Me laisse, je l'avoue, une douleur secrète.

PHÉNICE.

Je l'aurois retenu.

BÉRÉNICE.

Qui? Moi, le retenir!
J'en dois perdre plutôt jusques au souvenir.
Tu veux donc que je flatte une ardeur insensée?

ACTE I, SCÈNE V.

PHÉNICE.

Titus n'a point encore expliqué sa pensée.
Rome vous voit, madame, avec des yeux jaloux ;
La rigueur de ses lois m'épouvante pour vous :
L'hymen chez les Romains n'admet qu'une Romaine ;
Rome hait tous les rois, et Bérénice est reine.

BÉRÉNICE.

Le temps n'est plus, Phénice, où je pouvois trembler.
Titus m'aime ; il peut tout ; il n'a plus qu'à parler.
Il verra le sénat m'apporter ses hommages,
Et le peuple de fleurs couronner ses images.*
De cette nuit, Phénice, as-tu vu la splendeur ?[1]
Tes yeux ne sont-ils pas tout pleins de sa grandeur ?
Ces flambeaux, ce bûcher, cette nuit enflammée,
Ces aigles, ces faisceaux, ce peuple, cette armée,
Cette foule de rois, ces consuls, ce sénat,
Qui tous de mon amant empruntoient leur éclat ;
Cette pourpre, cet or, que rehaussoit sa gloire,
Et ces lauriers encor témoins de sa victoire ;
Tous ces yeux qu'on voyoit venir de toutes parts
Confondre sur lui seul leurs avides regards ;
Ce port majestueux, cette douce présence...
Ciel ! avec quel respect et quelle complaisance **
Tous les cœurs en secret l'assuroient de leur foi !
Parle : peut-on le voir sans penser comme moi,
Qu'en quelque obscurité que le sort l'eût fait naître,

---

* VAR. *Tu verras le sénat m'apporter ses hommages,*
Et le peuple de fleurs couronner nos images.

1. Il s'agit ici de l'apothéose de Vespasien, cérémonie à laquelle son fils Titus présidait. (G.)

** VAR. *Dieux ! avec quel respect et quelle complaisance !*

Le monde en le voyant eût reconnu son maître?[1]
Mais, Phénice, où m'emporte un souvenir charmant?
Cependant Rome entière, en ce même moment,
Fait des vœux pour Titus, et, par des sacrifices,
De son règne naissant célèbre les prémices.
Que tardons-nous? Allons, pour son empire heureux,
Au ciel, qui le protége, offrir aussi nos vœux.*
Aussitôt, sans l'attendre, et sans être attendue,
Je reviens le chercher, et dans cette entrevue
Dire tout ce qu'aux cœurs l'un de l'autre contents
Inspirent des transports retenus si longtemps.[2]

1. Un homme sans goût a traité cet éloge de flatterie : il n'a pas songé que c'est une amante qui parle. Ce vers fit d'autant plus de plaisir qu'on l'appliquait à Louis XIV, alors couvert de gloire, et dont la figure, très-supérieure à celle de Titus, semblait faite pour commander aux autres hommes : car Titus était petit et ramassé, et Louis XIV avait reçu tous les avantages que peut donner la nature. Rien ne fait plus de plaisir que ces allusions secrètes; mais il faut que les vers qui les font naître soient beaux par eux-mêmes. (VOLT.)

* VAR. *De son règne naissant célèbre les prémices.*
Je prétends quelque part à des souhaits si doux,
Phénice : allons nous joindre aux vœux qu'on fait pour nous.

2. Ces vers ne sont que des vers d'églogue. La sortie de Bérénice, qui ne s'en va que pour revenir dire tout ce que disent *les cœurs contents*, est sans intérêt, sans art, sans dignité. Rien ne ressemble moins à une tragédie. Il est vrai que l'idée qu'elle a de son bonheur fait déjà un contraste avec l'infortune qu'on sait bien qu'elle va essuyer; mais la fin de cet acte n'en est pas moins faible. (VOLT.) — Il peut être permis d'être moins sévère qu'un aussi grand maître que Voltaire; mais quatre vers qui, je l'avoue, ne me paraissent point mauvais, le fussent-ils autant qu'ils peuvent le paraître dans l'espèce de parodie qu'en fait le critique, le sont-ils assez pour détruire le mérite et l'effet du morceau entier, que Voltaire reconnaît plein de beautés et de passion? L'idée de ce *contraste*, qui ne lui a pas échappé, n'est-elle pas assez dramatique pour empêcher que la fin de cet acte ne soit si faible? C'est aux lecteurs éclairés à se décider d'après leurs propres impressions. (L.)

ACTE DEUXIÈME.

SCÈNE PREMIÈRE.

TITUS, PAULIN, Suite.

TITUS.
A-t-on vu de ma part le roi de Comagène ?
Sait-il que je l'attends ?

PAULIN.
                J'ai couru chez la reine ;
Dans son appartement ce prince avoit paru ;
Il en étoit sorti, lorsque j'y suis couru.[1]
De vos ordres, seigneur, j'ai dit qu'on l'avertisse.

TITUS.
Il suffit. Et que fait la reine Bérénice ?

PAULIN.
La reine, en ce moment, sensible à vos bontés,
Charge le ciel de vœux pour vos prospérités.
Elle sortoit, seigneur.

TITUS.
                Trop aimable princesse !
Hélas !

---

1. Mme de Sévigné a dit aussi : « Je suis courue dans cette forêt cacher mon ennui. » (Lettre d'octobre 1679.)

PAULIN.

En sa faveur d'où naît cette tristesse?
L'Orient presque entier va fléchir sous sa loi :
Vous la plaignez!

TITUS.

Paulin, qu'on vous laisse avec moi.

SCÈNE II.

TITUS, PAULIN.

TITUS.

Hé bien, de mes desseins Rome encore incertaine
Attend que deviendra le destin de la reine,[1]
Paulin; et les secrets de son cœur et du mien
Sont de tout l'univers devenus l'entretien.
Voici le temps enfin qu'il faut que je m'explique.
De la reine et de moi que dit la voix publique?
Parlez : qu'entendez-vous?

PAULIN.

J'entends de tous côtés
Publier vos vertus, seigneur, et ses beautés.[2]

TITUS.

Que dit-on des soupirs que je pousse pour elle?[3]
Quel succès attend-on d'un amour si fidèle?

---

1. La correction et l'exactitude auraient exigé *ce que deviendra*. D'ailleurs cette façon de parler, *ce que deviendra le destin de la reine,* manque d'élégance et de justesse. (G.)

2. On ne publie point *des beautés,* dit Voltaire; cela n'est pas exact. Oui, mais on publie *des vertus;* et par le privilége de l'opposition, expliqué ailleurs dans ce commentaire, privilége qui appartient à la poésie, et que Voltaire ne pouvait pas ignorer, *vertus* fait passer *beautés.* (L.)

3. Ce vers, que Voltaire n'a pas censuré, me paraît plus choquant, je

ACTE II, SCÈNE II.

PAULIN.

Vous pouvez tout : aimez, cessez d'être amoureux,
La cour sera toujours du parti de vos vœux.

TITUS.

Et je l'ai vue aussi cette cour peu sincère,[1]
A ses maîtres toujours trop soigneuse de plaire,
Des crimes de Néron approuver les horreurs;
Je l'ai vue à genoux consacrer ses fureurs.
Je ne prends point pour juge une cour idolâtre,
Paulin : je me propose un plus noble théâtre;*

l'avoue, que toutes les petites faiblesses ou naïvetés de diction que cet illustre commentateur a reprises avec plus ou moins de justice. Non-seulement *les soupirs que je pousse* est d'un berger de l'*Astrée* plutôt que d'un empereur de Rome, mais le défaut d'harmonie se joint ici à la fadeur du style. (L.)

1. Rarement Racine tombe-t-il longtemps; et, quand il se relève, c'est toujours avec une élégance aussi noble que simple, toujours avec le mot propre ou avec des figures justes et naturelles, sans lesquelles le mot propre ne serait que de l'exactitude. La réponse de Paulin est un chef-d'œuvre de raison et d'habileté : elle est fortifiée par des faits, par des exemples; tout y est vrai, rien n'est exagéré; point de cette enflure qui aime à représenter les plus grands rois avilis en présence d'un bourgeois de Rome. Le discours de Paulin n'en a que plus de force. Il annonce la disgrâce de Bérénice. Racine et Corneille ont évité tous deux de faire trop sentir combien les Romains méprisaient une Juive. Ils pouvaient s'étendre sur l'aversion que cette misérable nation inspirait à tous les peuples; mais l'un et l'autre ont bien vu que cette vérité trop développée jetterait sur Bérénice un avilissement qui détruirait tout intérêt. (VOLT.) — Il me semble voir dans cette note plus de cette aversion particulière que Voltaire avait contre les Juifs, que de véritable critique. On ne voit pas, dans les historiens, que la qualité de *Juive* soit entrée pour rien dans les motifs qui combattaient l'amour de Titus. Quand même Racine se serait cru obligé d'en parler, il avait assez d'art pour éloigner tout *avilissement,* et surtout il était impossible que cet *avilissement* allât jusqu'à *détruire tout l'intérêt* de la passion et de la situation de Bérénice : c'est une exagération intolérable. Les chrétiens n'étaient pas moins *avilis* chez les Romains que les Juifs : voyez comme on en parle dans *Polyeucte,* et si cet avilissement a *détruit tout l'intérêt :* ici l'animosité toujours aveugle a égaré le jugement de Voltaire, et ce n'est pas la seule fois. (L.)

* VAR. *Paulin : je me propose un plus ample théâtre.*

Et, sans prêter l'oreille à la voix des flatteurs,
Je veux par votre bouche entendre tous les cœurs :
Vous me l'avez promis. Le respect et la crainte
Ferment autour de moi le passage à la plainte :
Pour mieux voir, cher Paulin, et pour entendre mieux,
Je vous ai demandé des oreilles, des yeux ;
J'ai mis même à ce prix mon amitié secrète :
J'ai voulu que des cœurs vous fussiez l'interprète ;
Qu'au travers des flatteurs votre sincérité
Fît toujours jusqu'à moi passer la vérité.
Parlez donc. Que faut-il que Bérénice espère ?
Rome lui sera-t-elle indulgente ou sévère ?
Dois-je croire qu'assise au trône des Césars,
Une si belle reine offensât ses regards ?

PAULIN.

N'en doutez point, seigneur : soit raison, soit caprice,*
Rome ne l'attend point pour son impératrice.
On sait qu'elle est charmante ; et de si belles mains[1]
Semblent vous demander l'empire des humains.
Elle a même, dit-on, le cœur d'une Romaine :
Elle a mille vertus ; mais, seigneur, elle est reine :
Rome, par une loi qui ne se peut changer,
N'admet avec son sang aucun sang étranger,
Et ne reconnoît point les fruits illégitimes
Qui naissent d'un hymen contraire à ses maximes.
D'ailleurs, vous le savez, en bannissant ses rois,
Rome à ce nom, si noble et si saint autrefois,
Attacha pour jamais une haine puissante ;

---

* VAR. *N'en doutez point, seigneur : soit raison, ou caprice.*

1. On fut persuadé dans le temps que quelque raison particulière avoit engagé l'auteur à se servir de cette expression. (LOUIS RACINE, dans ses Remarques sur *Bérénice*.)

ACTE II, SCÈNE II.

Et quoiqu'à ses Césars fidèle, obéissante,
Cette haine, seigneur, reste de sa fierté,
Survit dans tous les cœurs après la liberté.
Jules, qui le premier la soumit à ses armes,
Qui fit taire les lois dans le bruit des alarmes,
Brûla pour Cléopâtre ; et, sans se déclarer,
Seule dans l'Orient la laissa soupirer.
Antoine, qui l'aima jusqu'à l'idolâtrie,
Oublia dans son sein sa gloire et sa patrie,
Sans oser toutefois se nommer son époux : [1]
Rome l'alla chercher jusques à ses genoux,
Et ne désarma point sa fureur vengeresse,
Qu'elle n'eût accablé l'amant et la maîtresse.
Depuis ce temps, seigneur, Caligula, Néron,
Monstres dont à regret je cite ici le nom,
Et qui, ne conservant que la figure d'homme,
Foulèrent à leurs pieds toutes les lois de Rome,
Ont craint cette loi seule, et n'ont point à nos yeux
Allumé le flambeau d'un hymen odieux.
Vous m'avez commandé surtout d'être sincère.
De l'affranchi Pallas nous avons vu le frère,
Des fers de Claudius Félix encor flétri,
De deux reines, seigneur, devenir le mari ; [2]
Et, s'il faut jusqu'au bout que je vous obéisse,

---

[1]. Virgile, Ovide, Horace, Plutarque même, ne paraissent pas douter qu'Antoine n'ait réellement épousé Cléopâtre ; et c'est ce qui rendit ce triumvir odieux aux Romains. Cependant ce mariage ne fut jamais déclaré, ni avoué. (G.)

[2]. Suétone donne à ce Félix trois reines pour femmes : « Nec minus Felicem, quem cohortibus et alis, provinciæque Judeæ præposuit, trium reginarum maritum. — L'empereur Claude confia le commandement des cohortes, de la cavalerie, et de toute la province de Judée, à l'affranchi Félix, mari de trois reines. » (*In Claud.*, XXIII.)

Ces deux reines étoient du sang de Bérénice.
Et vous croiriez pouvoir, sans blesser nos regards,*
Faire entrer une reine au lit de nos Césars;
Tandis que l'Orient dans le lit de ses reines
Voit passer un esclave au sortir de nos chaînes!
C'est ce que les Romains pensent de votre amour :
Et je ne réponds pas, avant la fin du jour,
Que le sénat, chargé des vœux de tout l'empire,
Ne vous redise ici ce que je viens de dire;
Et que Rome, avec lui tombant à vos genoux,
Ne vous demande un choix digne d'elle et de vous.
Vous pouvez préparer, seigneur, votre réponse.

. TITUS.

Hélas! à quel amour on veut que je renonce!

PAULIN.

Cet amour est ardent, il le faut confesser.[1]

TITUS.

Plus ardent mille fois que tu ne peux penser,
Paulin. Je me suis fait un plaisir nécessaire
De la voir chaque jour, de l'aimer, de lui plaire.
J'ai fait plus, je n'ai rien de secret à tes yeux,
J'ai pour elle cent fois rendu grâces aux dieux
D'avoir choisi mon père au fond de l'Idumée,
D'avoir rangé sous lui l'Orient et l'armée,

---

* Var. *Et vous pourriez, seigneur, sans blesser nos regards.*

1. Il y a dans presque toutes les pièces de Racine de ces naïvetés puériles, et ce sont presque toujours les confidents qui les disent. Les critiques en prirent occasion de donner du ridicule au seul nom de Paulin, qui fut longtemps un terme de mépris. Racine eût mieux fait, d'ailleurs, de choisir un autre confident, et de ne point le nommer d'un nom français, tandis qu'il laisse à Titus son nom latin. Ce qui est bien plus digne de remarque, c'est que les railleurs sont toujours injustes. S'ils relevèrent les mauvais vers qui échappent à Paulin, ils oublièrent qu'il en débite beaucoup d'excellents. (Volt.)

Et, soulevant encor le reste des humains,
Remis Rome sanglante en ses paisibles mains.[1]
J'ai même souhaité la place de mon père ;
Moi, Paulin, qui, cent fois, si le sort moins sévère
Eût voulu de sa vie étendre les liens,
Aurois donné mes jours pour prolonger les siens ;
Tout cela (qu'un amant sait mal ce qu'il désire !)
Dans l'espoir d'élever Bérénice à l'empire,
De reconnoître un jour son amour et sa foi,
Et de voir à ses pieds tout le monde avec moi.
Malgré tout mon amour, Paulin, et tous ses charmes,[*]
Après mille serments appuyés de mes larmes,
Maintenant que je puis couronner tant d'attraits,
Maintenant que je l'aime encor plus que jamais,
Lorsqu'un heureux hymen, joignant nos destinées,
Peut payer en un jour les vœux de cinq années,
Je vais, Paulin... O ciel ! puis-je le déclarer !

PAULIN.

Quoi, seigneur ?

TITUS.

Pour jamais je vais m'en séparer.
Mon cœur en ce moment ne vient pas de se rendre :
Si je t'ai fait parler, si j'ai voulu t'entendre,
Je voulois que ton zèle achevât en secret
De confondre un amour qui se tait à regret.
Bérénice a longtemps balancé la victoire ;

---

1. Ce beau vers et ceux qui le précèdent sont un tableau fidèle de l'empire romain au moment où Vespasien en devint le maître. Bossuet a dit : « L'empire affligé se reposa sous Vespasien. » C'est à tort que Racine le fils prétend que son père a imité cette phrase de Bossuet : la publication du *Discours sur l'Histoire universelle* est postérieure de plusieurs années à la première représentation de *Bérénice*. (G.)

[*] VAR. *Avec tout mon amour, Paulin, et tous ses charmes.*

Et si je penche enfin du côté de ma gloire,
Crois qu'il m'en a coûté ; pour vaincre tant d'amour,
Des combats dont mon cœur saignera plus d'un jour.
J'aimois, je soupirois dans une paix profonde :
Un autre étoit chargé de l'empire du monde.
Maître de mon destin, libre dans mes soupirs,
Je ne rendois qu'à moi compte de mes désirs.
Mais à peine le ciel eut rappelé mon père,
Dès que ma triste main eut fermé sa paupière,
De mon aimable erreur je fus désabusé :
Je sentis le fardeau qui m'étoit imposé ;
Je connus que bientôt, loin d'être à ce que j'aime,
Il falloit, cher Paulin, renoncer à moi-même ;
Et que le choix des dieux, contraire à mes amours,
Livroit à l'univers le reste de mes jours.[1]
Rome observe aujourd'hui ma conduite nouvelle :
Quelle honte pour moi, quel présage pour elle,
Si, dès le premier pas, renversant tous ses droits,
Je fondois mon bonheur sur le débris des lois !
Résolu d'accomplir ce cruel sacrifice,
J'y voulus préparer la triste Bérénice ;
Mais par où commencer? Vingt fois, depuis huit jours,
J'ai voulu devant elle en ouvrir le discours ;
Et, dès le premier mot, ma langue embarrassée
Dans ma bouche vingt fois a demeuré glacée.[2]
J'espérois que du moins mon trouble et ma douleur

---

1. *Livroit* est ici une expression admirable, et qui peint avec la plus grande énergie les obligations imposées aux souverains. (G.)

2. *J'ai demeuré* et *je suis demeuré* présentent des sens différents. *J'ai demeuré à Rome*, c'est-à-dire j'y ai fait quelque séjour ; *je suis demeuré muet*, c'est-à-dire je suis resté bouche close. Or, dans le vers que j'examine, *demeurer* ne sauroit être pris que dans le sens de *rester*. Ainsi, *ma langue est demeurée glacée dans ma bouche* étoit la seule bonne manière de

ACTE II, SCÈNE II.

Lui feraient pressentir notre commun malheur ;
Mais, sans me soupçonner, sensible à mes alarmes,
Elle m'offre sa main pour essuyer mes larmes,
Et ne prévoit rien moins, dans cette obscurité,
Que la fin d'un amour qu'elle a trop mérité.*
Enfin, j'ai ce matin rappelé ma constance :
Il faut la voir, Paulin, et rompre le silence.
J'attends Antiochus pour lui recommander
Ce dépôt précieux que je ne puis garder :
Jusque dans l'Orient je veux qu'il la remène.**
Demain Rome avec lui verra partir la reine.
Elle en sera bientôt instruite par ma voix ;
Et je vais lui parler pour la dernière fois.

PAULIN.

Je n'attendois pas moins de cet amour de gloire
Qui partout après vous attacha la victoire.
La Judée asservie, et ses remparts fumants,
De cette noble ardeur éternels monuments,
Me répondoient assez que votre grand courage
Ne voudroit pas, seigneur, détruire son ouvrage,
Et qu'un héros vainqueur de tant de nations
Sauroit bien tôt ou tard vaincre ses passions.

TITUS.

Ah ! que sous de beaux noms cette gloire est cruelle !

parler. (D'O.) — Il est probable que les règles de ces temps composés, telles qu'on les suit aujourd'hui, n'étaient point établies à l'époque où écrivait Racine. Le plus correct des écrivains, Boileau, a dit :

. . . . Si leur sang tout pur, ainsi que leur noblesse,
Est passé jusqu'à nous de Lucrèce en Lucrèce.

Il a employé ce même verbe plus heureusement dans son épître sur le passage du Rhin et dans sa dernière satire. Voltaire, dans la *Henriade*, en a fait usage indistinctement avec *être* et *avoir*. (A. M.)

* VAR. *Que la perte d'un cœur qu'elle a trop mérité.*
** VAR. . . . . . . *ramène.*

Combien mes tristes yeux la trouveroient plus belle,
S'il ne falloit encor qu'affronter le trépas !
Que dis-je? Cette ardeur que j'ai pour ses appas,[1]
Bérénice en mon sein l'a jadis allumée.
Tu ne l'ignores pas : toujours la renommée
Avec le même éclat n'a pas semé mon nom ;
Ma jeunesse, nourrie à la cour de Néron,
S'égaroit, cher Paulin, par l'exemple abusée,
Et suivoit du plaisir la pente trop aisée.
Bérénice me plut. Que ne fait point un cœur
Pour plaire à ce qu'il aime, et gagner son vainqueur !
Je prodiguai mon sang ; tout fit place à mes armes :
Je revins triomphant. Mais le sang et les larmes
Ne me suffisoient pas pour mériter ses vœux :
J'entrepris le bonheur de mille malheureux.
On vit de toutes parts mes bontés se répandre :[*]
Heureux, et plus heureux que tu ne peux comprendre,
Quand je pouvois paroître à ses yeux satisfaits
Chargé de mille cœurs conquis par mes bienfaits !
Je lui dois tout, Paulin. Récompense cruelle !
Tout ce que je lui dois va retomber sur elle.
Pour prix de tant de gloire et de tant de vertus,
Je lui dirai : Partez, et ne me voyez plus.

PAULIN.

Hé quoi, seigneur ! hé quoi ! cette magnificence
Qui va jusqu'à l'Euphrate étendre sa puissance,
Tant d'honneurs, dont l'excès a surpris le sénat,

---

1. On remarque ici quelque ambiguïté : on ne sait d'abord s'il s'agit des appas de la gloire ou des appas de Bérénice. Titus parle des appas de la gloire; et ce mot *appas* est un peu fade dans la bouche d'un empereur. (G.)

[*] Var. *Ma main avec plaisir apprit à se répandre.*

ACTE II, SCÈNE II.

Vous laissent-ils encor craindre le nom d'ingrat ?
Sur cent peuples nouveaux Bérénice commande.

TITUS.

Foibles amusements d'une douleur si grande !
Je connois Bérénice, et ne sais que trop bien
Que son cœur n'a jamais demandé que le mien.[1]
Je l'aimai ; je lui plus. Depuis cette journée,
(Dois-je dire funeste, hélas ! ou fortunée ?)
Sans avoir, en aimant, d'objet que son amour,
Étrangère dans Rome, inconnue à la cour,
Elle passe ses jours, Paulin, sans rien prétendre
Que quelque heure à me voir, et le reste à m'attendre.
Encor, si quelquefois un peu moins assidu
Je passe le moment où je suis attendu,
Je la revois bientôt de pleurs toute trempée :
Ma main à les sécher est longtemps occupée.
Enfin tout ce qu'amour a de nœuds plus puissants,
Doux reproches, transports sans cesse renaissants,
Soin de plaire sans art, crainte toujours nouvelle,
Beauté, gloire, vertu, je trouve tout en elle.
Depuis cinq ans entiers chaque jour je la vois,
Et crois toujours la voir pour la première fois.[2]

---

1. Ces trois *que*, si près l'un de l'autre, sont une petite négligence. Le reste du couplet jusqu'à la fin est d'un charme de style que l'on sent toujours, et qu'on ne peut jamais assez louer.

> Que quelque heure à me voir, et le reste à m'attendre...
> Ma main à les sécher est longtemps occupée, etc...

Tous ces vers semblent faits par l'Amour même. (L.)

2. Ces vers sont connus de presque tout le monde ; on en fait mille applications : ils sont naturels et pleins de sentiments ; mais ce qui les rend encore meilleurs, c'est qu'ils terminent un morceau charmant. Ce n'est pas une beauté sans doute de l'*Électre* et de l'*OEdipe* de Sophocle ; mais qu'on se mette à la place de l'auteur, qu'on essaye de faire parler Titus comme Racine y était obligé, et qu'on voie s'il est possible de le faire mieux par-

N'y songeons plus. Allons, cher Paulin : plus j'y pense,
Plus je sens chanceler ma cruelle constance.
Quelle nouvelle, ô ciel! je lui vais annoncer!
Encore un coup, allons, il n'y faut plus penser.
Je connois mon devoir, c'est à moi de le suivre :
Je n'examine point si j'y pourrai survivre.[1]

SCÈNE III.

TITUS, PAULIN, RUTILE.

RUTILE.
Bérénice, seigneur, demande à vous parler.

TITUS.
Ah, Paulin!

PAULIN.
  Quoi! déjà vous semblez reculer!
De vos nobles projets, seigneur, qu'il vous souvienne :*
Voici le temps.

TITUS.
  Hé bien, voyons-la. Qu'elle vienne.

---

ler. Le grand mérite consiste à représenter les hommes et les choses comme elles sont dans la nature, et dans la belle nature. (Volt.)

1. Cette résolution de l'empereur ne fait attendre qu'une seule scène : il peut renvoyer Bérénice avec Antiochus, et la pièce sera bientôt finie. On conçoit très-difficilement comment le sujet pourra fournir encore quatre actes : il n'y a point de nœud, point d'obstacle, point d'intrigue. L'empereur est le maître, il a pris son parti, il veut, et il doit vouloir que Bérénice parte. Ce n'est que dans les sentiments inépuisables du cœur, dans le passage d'un mouvement à l'autre, dans le développement des plus secrets ressorts de l'âme, que l'auteur a pu trouver de quoi remplir la carrière. C'est un mérite prodigieux, et dont je crois que lui seul était capable. (Volt.)

* Var. *De vos nobles desseins, seigneur, qu'il vous souvienne.*

SCÈNE IV.

TITUS, BÉRÉNICE, PAULIN, PHÉNICE.

BÉRÉNICE.

Ne vous offensez pas si mon zèle indiscret
De votre solitude interrompt le secret.
Tandis qu'autour de moi votre cour assemblée
Retentit des bienfaits dont vous m'avez comblée,
Est-il juste, seigneur, que seule en ce moment
Je demeure sans voix et sans ressentiment ? [1]
Mais, seigneur (car je sais que cet ami sincère
Du secret de nos cœurs connoît tout le mystère),
Votre deuil est fini, rien n'arrête vos pas,
Vous êtes seul enfin, et ne me cherchez pas !
J'entends que vous m'offrez un nouveau diadème,
Et ne puis cependant vous entendre vous-même.
Hélas ! plus de repos, seigneur, et moins d'éclat :
Votre amour ne peut-il paroître qu'au sénat ?
Ah, Titus ! (car enfin l'amour fuit la contrainte
De tous ces noms que suit le respect et la crainte)
De quel soin votre amour va-t-il s'importuner ?
N'a-t-il que des États qu'il me puisse donner ?
Depuis quand croyez-vous que ma grandeur me touche ?
Un soupir, un regard, un mot de votre bouche,
Voilà l'ambition d'un cœur comme le mien :

---

[1]. Ce mot est le seul employé par Racine qui ait été hors d'usage depuis lui. *Ressentiment* n'est plus employé que pour exprimer le souvenir des outrages, et non celui des bienfaits. (VOLT.) — La première assertion n'est sans doute applicable qu'à la tragédie de *Bérénice*. Le commentaire indique les autres expressions qui ont vieilli ; elles sont en très-petit nombre.

Voyez-moi plus souvent, et ne me donnez rien.
Tous vos moments sont-ils dévoués à l'empire ?
Ce cœur, après huit jours, n'a-t-il rien à me dire ?*.
Qu'un mot va rassurer mes timides esprits !
Mais parliez-vous de moi quand je vous ai surpris ?
Dans vos secrets discours étois-je intéressée,
Seigneur, étois-je au moins présente à la pensée ?

TITUS.

N'en doutez point, madame ; et j'atteste les dieux[1]
Que toujours Bérénice est présente à mes vœux.
L'absence ni le temps, je vous le jure encore,
Ne vous peuvent ravir ce cœur qui vous adore.

BÉRÉNICE.

Hé quoi, vous me jurez une éternelle ardeur,
Et vous me la jurez avec cette froideur !
Pourquoi même du ciel attester la puissance ? **
Faut-il par des serments vaincre ma défiance ?
Mon cœur ne prétend point, seigneur, vous démentir,
Et je vous en croirai sur un simple soupir.

TITUS.

Madame...

BÉRÉNICE.

Hé bien, seigneur ? Mais quoi ! sans me répondre,

---

* Var. *Ce cœur, depuis huit jours n'a-t-il rien à me dire ?*

1. Ces mots de *madame* et de *seigneur* ne sont que des compliments français. On n'employa jamais chez les Grecs, ni chez les Romains, la valeur de ces termes. C'est une remarque qu'on peut faire sur toutes nos tragédies. Nous ne nous servons point des mots *monsieur*, *madame*, dans les comédies tirées du grec. L'usage a permis que nous appelions les Romains et les Grecs, *seigneur;* les Romaines et les Grecques, *madame :* usage vicieux en soi, mais qui cesse de l'être, puisque le temps l'a autorisé. (Volt.)

** Var. *Pourquoi des immortels attester la puissance ?*

ACTE II, SCÈNE IV.

Vous détournez les yeux et semblez vous confondre !¹
Ne m'offrirez-vous plus qu'un visage interdit ?
Toujours la mort d'un père occupe votre esprit :
Rien ne peut-il charmer l'ennui qui vous dévore ?

TITUS.

Plût aux dieux que mon père, hélas ! vécût encore !
Que je vivois heureux !

BÉRÉNICE.

           Seigneur, tous ces regrets
De votre piété sont de justes effets.
Mais vos pleurs ont assez honoré sa mémoire :
Vous devez d'autres soins à Rome, à votre gloire :
De mon propre intérêt je n'ose vous parler.
Bérénice autrefois pouvoit vous consoler :
Avec plus de plaisir vous m'avez écoutée.
De combien de malheurs pour vous persécutée,
Vous ai-je, pour un mot, sacrifié mes pleurs !
Vous regrettez un père : hélas ! foibles douleurs !
Et moi (ce souvenir me fait frémir encore),
On vouloit m'arracher de tout ce que j'adore ;
Moi dont vous connoissez le trouble et le tourment
Quand vous ne me quittez que pour quelque moment,

---

1. Quelques grammairiens ont blâmé l'emploi du verbe réfléchi *se confondre*, pris dans le sens de *se troubler*. Quoique cette acception ne soit pas généralement reçue, elle nous semble donner plus de force à la pensée de Racine. Le poëte représente Titus comme se confondant lui-même, s'abîmant dans son trouble et sa confusion : nul autre mot n'aurait pu exprimer si bien une situation si déchirante. On objectera peut-être que ce mot ne devrait pas être dans la bouche de Bérénice, qui ne connaît pas encore la cause de l'agitation de son amant. Mais ne voit-elle pas que sa joie est reçue avec froideur, que ses transports ne sont point partagés ? et dès lors ne peut-elle pas prévoir tous les malheurs qui la menacent ? (A. M.)

Moi qui mourrois le jour qu'on voudroit m'interdire*
De vous...

TITUS.

Madame, hélas! que me venez-vous dire?
Quel temps choisissez-vous? Ah! de grâce, arrêtez :
C'est trop pour un ingrat prodiguer vos bontés.

BÉRÉNICE.

Pour un ingrat, seigneur! Et le pouvez-vous être?
Ainsi donc mes bontés vous fatiguent peut-être?

TITUS.

Non, madame : jamais, puisqu'il faut vous parler,
Mon cœur de plus de feux ne se sentit brûler...
Mais...

BÉRÉNICE.

Achevez.

TITUS.

Hélas!

BÉRÉNICE.

Parlez.

TITUS.

Rome... l'empire...

BÉRÉNICE.

Hé bien?

TITUS.

Sortons, Paulin : je ne lui puis rien dire.

---

* Var. *Moi qui mourrois le jour qu'on viendroit m'interdire...*

SCÈNE V.

BÉRÉNICE, PHÉNICE.

BÉRÉNICE.

Quoi! me quitter sitôt! et ne me dire rien!
Chère Phénice, hélas! quel funeste entretien!
Qu'ai-je fait? Que veut-il? Et que dit ce silence?

PHÉNICE.

Comme vous, je me perds d'autant plus que j'y pense.*
Mais ne s'offre-t-il rien à votre souvenir
Qui contre vous, madame, ait pu le prévenir?
Voyez, examinez.

BÉRÉNICE.

Hélas! tu peux m'en croire :
Plus je veux du passé rappeler la mémoire,
Du jour que je le vis jusqu'à ce triste jour,
Plus je vois qu'on me peut reprocher trop d'amour.
Mais tu nous entendois. Il ne faut rien me taire :
Parle. N'ai-je rien dit qui lui puisse déplaire?
Que sais-je? J'ai peut-être avec trop de chaleur
Rabaissé ses présents, ou blâmé sa douleur...
N'est-ce point que de Rome il redoute la haine?
Il craint peut-être, il craint d'épouser une reine.
Hélas! s'il étoit vrai... Mais non, il a cent fois : [1]

---

* VAR. *Madame, je me perds d'autant plus que j'y pense.*

L'abbé d'Olivet a raison de trouver cette phrase vicieuse : elle ne rend pas la pensée de l'auteur. Si Phénice *s'y perd,* ce n'est pas parce qu'elle y pense; mais *plus* elle y pense, *plus* elle s'y perd : c'est la différence de sens entre *d'autant plus que* et les deux *plus* en opposition. (L.)

1. Sans ce *mais non,* sans les assurances, que Titus lui a données tant

Rassuré mon amour contre leurs dures lois ;
Cent fois... Ah ! qu'il m'explique un silence si rude :
Je ne respire pas dans cette incertitude.
Moi, je vivrois, Phénice, et je pourrois penser
Qu'il me néglige, ou bien que j'ai pu l'offenser !
Retournons sur ses pas. Mais, quand je m'examine,
Je crois de ce désordre entrevoir l'origine,
Phénice : il aura su tout ce qui s'est passé ;
L'amour d'Antiochus l'a peut-être offensé.
Il attend, m'a-t-on dit, le roi de Comagène.
Ne cherchons point ailleurs le sujet de ma peine.
Sans doute ce chagrin qui vient de m'alarmer
N'est qu'un léger soupçon facile à désarmer.
Je ne te vante point cette foible victoire,
Titus : ah ! plût au ciel que, sans blesser ta gloire,
Un rival plus puissant voulût tenter ma foi,
Et pût mettre à mes pieds plus d'empires que toi ;

---

de fois, de n'être jamais arrêté par ce scrupule, elle devrait s'attacher à cette idée ; elle devrait dire : Pourquoi Titus embarrassé vient-il de prononcer en soupirant les mots de *Rome* et d'*empire?* Elle se rassure sur les promesses qu'on lui a faites ; elle cherche de vaines raisons. Il est pardonnable, ce me semble, qu'elle craigne que Titus ne soit instruit de l'amour d'Antiochus. Les amants et les conjurés peuvent, je crois, sur le théâtre, se livrer à des craintes un peu chimériques, et se méprendre. Ils sont toujours troublés ; et le trouble ne raisonne pas. Bérénice, en raisonnant juste, aurait plutôt craint Rome que la jalousie de Titus. Elle aurait dit : Si Titus m'aime, il forcera les Romains à souffrir qu'il m'épouse ; et non pas : *Si Titus est jaloux, Titus est amoureux.* (Volt.) — Louis Racine avait répondu avant Voltaire à cette objection de La Mothe : suivant ce dernier, Bérénice est ridicule de s'arrêter à cette folle idée de la jalousie de Titus, comme si le propre de l'amour n'était pas d'inspirer de folles idées, comme si la passion ne nous faisait pas écarter la raison véritable que nous avons à craindre, pour nous arrêter à des raisons chimériques ! « Bérénice, dit très-bien Louis Racine, n'est pas persuadée que Titus soit jaloux ; mais elle cherche à se le persuader, parce que, si elle n'a d'autre malheur à craindre, elle est contente. » (G.)

Que de sceptres sans nombre il pût payer ma flamme ;
Que ton amour n'eût rien à donner que ton âme !
C'est alors, cher Titus, qu'aimé, victorieux,
Tu verrois de quel prix ton cœur est à mes yeux.[1]
Allons, Phénice, un mot pourra le satisfaire.
Rassurons-nous, mon cœur, je puis encor lui plaire ;
Je me comptois trop tôt au rang des malheureux :
Si Titus est jaloux, Titus est amoureux.[2]

1. La *Zaïre* de Voltaire exprime un sentiment semblable (acte I, sc. 1) :

> . . . Si le ciel, sur lui déployant sa rigueur,
> Aux fers que j'ai portés eût condamné sa vie,
> Si le ciel sous nos lois eût rangé la Syrie,
> Ou mon amour me trompe, ou Zaïre aujourd'hui
> Pour l'élever à soi descendrait jusqu'à lui.

2. Ce sentiment, tout délicat qu'il est, tient peut-être un peu trop du madrigal. Mais tel est le mérite de Racine, qu'on est souvent forcé de l'admirer jusque dans ses défauts. En effet, ce vers, plus élégiaque que tragique, et peu digne en apparence de trouver place dans un drame, devient essentiel à cet acte, puisqu'il renferme un sentiment de sécurité chez Bérénice, et qu'il sert à renouveler l'action de la pièce, en relevant les espérances de la reine, et les vœux du spectateur, qui s'intéresse pour elle. (L. B.)

ACTE TROISIÈME.

SCÈNE PREMIÈRE.

TITUS, ANTIOCHUS, ARSACE.

TITUS.

Quoi ! prince, vous partiez ! Quelle raison subite
Presse votre départ, ou plutôt votre fuite ?
Vouliez-vous me cacher jusques à vos adieux ?
Est-ce comme ennemi que vous quittez ces lieux ?
Que diront, avec moi, la cour, Rome, l'empire ?
Mais, comme votre ami, que ne puis-je point dire ?
De quoi m'accusez-vous ? Vous avois-je sans choix
Confondu jusqu'ici dans la foule des rois ?
Mon cœur vous fut ouvert tant qu'a vécu mon père :
C'étoit le seul présent que je pouvois vous faire ;
Et lorsque avec mon cœur ma main peut s'épancher,[1]
Vous fuyez mes bienfaits tout prêts à vous chercher !
Pensez-vous qu'oubliant ma fortune passée,
Sur ma seule grandeur j'arrête ma pensée,
Et que tous mes amis s'y présentent de loin
Comme autant d'inconnus dont je n'ai plus besoin ?

---

1. La main ne *s'épanche* pas, elle *épanche*. Cependant *s'épancher* est dit ici de la main et du cœur, et cette expression hardie présente l'image d'un prince qui ouvre son cœur et sa main pour son ami. (L. R.)

ACTE III, SCÈNE I.

Vous-même à mes regards qui vouliez vous soustraire,
Prince, plus que jamais vous m'êtes nécessaire.

ANTIOCHUS.

Moi, seigneur?

TITUS.

Vous.

ANTIOCHUS.

Hélas! d'un prince malheureux
Que pouvez-vous, seigneur, attendre que des vœux?

TITUS.

Je n'ai pas oublié, prince, que ma victoire
Devoit à vos exploits la moitié de sa gloire;
Que Rome vit passer au nombre des vaincus
Plus d'un captif chargé des fers d'Antiochus;
Que dans le Capitole elle voit attachées
Les dépouilles des Juifs par vos mains arrachées.
Je n'attends pas de vous de ces sanglants exploits,
Et je veux seulement emprunter votre voix.
Je sais que Bérénice, à vos soins redevable,
Croit posséder en vous un ami véritable :
Elle ne voit dans Rome et n'écoute que vous;
Vous ne faites qu'un cœur et qu'une âme avec nous.
Au nom d'une amitié si constante et si belle,
Employez le pouvoir que vous avez sur elle;
Voyez-la de ma part.

ANTIOCHUS.

Moi, paroître à ses yeux!
La reine, pour jamais, a reçu mes adieux.

TITUS.

Prince, il faut que pour moi vous lui parliez encore.

ANTIOCHUS.

Ah! parlez-lui, seigneur. La reine vous adore :

Pourquoi vous dérober vous-même en ce moment
Le plaisir de lui faire un aveu si charmant?
Elle l'attend, seigneur, avec impatience.
Je réponds, en partant, de son obéissance;
Et même elle m'a dit que, prêt à l'épouser,
Vous ne la verrez plus que pour l'y disposer.

TITUS.

Ah! qu'un aveu si doux auroit lieu de me plaire!
Que je serois heureux si j'avois à le faire!
Mes transports aujourd'hui s'attendoient d'éclater;[1]
Cependant aujourd'hui, prince, il faut la quitter.

ANTIOCHUS.

La quitter! Vous, seigneur?[2]

TITUS.

Telle est ma destinée:
Pour elle et pour Titus il n'est plus d'hyménée.
D'un espoir si charmant je me flattois en vain:
Prince, il faut avec vous qu'elle parte demain.

ANTIOCHUS.

Qu'entends-je? O ciel!

TITUS.

Plaignez ma grandeur importune:
Maître de l'univers, je règle sa fortune;
Je puis faire les rois, je puis les déposer;

---

1. Cette figure, par laquelle le poëte personnifie les transports, nuit à l'élégance et à la simplicité du discours. Racine l'a rarement employée : l'expérience lui avait appris sans doute combien elle est peu favorable au mouvement de la passion. (A. M.)

2. Voici encore un de ces coups de théâtre, si fréquents chez Racine, qu'un seul mot produit, et qui excitent ces changements dans le sort des personnages, qu'on appelle *péripéties*. Antiochus passe tout à coup du plus profond désespoir à la plus douce espérance. (G.)

Cependant de mon cœur je ne puis disposer.
Rome, contre les rois de tout temps soulevée,
Dédaigne une beauté dans la pourpre élevée :
L'éclat du diadème, et cent rois pour aïeux,[1]
Déshonorent ma flamme, et blessent tous les yeux.
Mon cœur, libre d'ailleurs, sans craindre les murmures,
Peut brûler à son choix dans des flammes obscures,[2]
Et Rome avec plaisir recevroit de ma main
La moins digne beauté qu'elle cache en son sein.
Jules céda lui-même au torrent qui m'entraîne.
Si le peuple demain ne voit partir la reine,
Demain elle entendra ce peuple furieux
Me venir demander son départ à ses yeux.
Sauvons de cet affront mon nom et sa mémoire;
Et, puisqu'il faut céder, cédons à notre gloire.
Ma bouche et mes regards, muets depuis huit jours,
L'auront pu préparer à ce triste discours;
Et même, en ce moment, inquiète, empressée,
Elle veut qu'à ses yeux j'explique ma pensée.
D'un amant interdit soulagez le tourment;
Épargnez à mon cœur cet éclaircissement.
Allez, expliquez-lui mon trouble et mon silence;
Surtout qu'elle me laisse éviter sa présence :
Soyez le seul témoin de ses pleurs et des miens;
Portez-lui mes adieux, et recevez les siens.
Fuyons tous deux, fuyons un spectacle funeste

---

[1]. Bérénice descendoit de la fameuse Cléopâtre, reine d'Égypte, qui descendoit elle-même des premiers successeurs d'Alexandre le Grand. (L. B.)

[2]. Je crois cette épithète de mauvais goût. On dirait bien un hymen *obscur*, une alliance *obscure*, des amours *obscurs;* mais après avoir établi la métaphore, *brûler dans des flammes*, l'obscurité n'a plus ici de sens : il y a incohérence entre les idées et les mots. (L.)

Qui de notre constance accableroit le reste.
Si l'espoir de régner et de vivre en mon cœur
Peut de son infortune adoucir la rigueur,
Ah, prince! jurez-lui que, toujours trop fidèle,
Gémissant dans ma cour, et plus exilé qu'elle,
Portant jusqu'au tombeau le nom de son amant,
Mon règne ne sera qu'un long bannissement,
Si le ciel, non content de me l'avoir ravie,
Veut encor m'affliger par une longue vie.
Vous, que l'amitié seule attache sur ses pas,
Prince, dans son malheur ne l'abandonnez pas :
Que l'Orient vous voie arriver à sa suite;
Que ce soit un triomphe, et non pas une fuite;
Qu'une amitié si belle ait d'éternels liens;
Que mon nom soit toujours dans tous vos entretiens.
Pour rendre vos États plus voisins l'un de l'autre,
L'Euphrate bornera son empire et le vôtre.
Je sais que le sénat, tout plein de votre nom,
D'une commune voix confirmera ce don.
Je joins la Cilicie à votre Comagène.
Adieu. Ne quittez point ma princesse, ma reine,
Tout ce qui de mon cœur fut l'unique désir,
Tout ce que j'aimerai jusqu'au dernier soupir.[1]

---

1. On n'a d'autre remarque à faire sur cette scène, sinon qu'elle est écrite avec la même élégance que le reste, et avec le même art. Antiochus, chargé par son rival même de déclarer à Bérénice que ce rival aimé renonce à elle, devient alors un personnage un peu plus nécessaire qu'il n'était. (VOLT.)

SCÈNE II.

ANTIOCHUS, ARSACE.

ARSACE.
Ainsi le ciel s'apprête à vous rendre justice :
Vous partirez, seigneur, mais avec Bérénice.
Loin de vous la ravir, on va vous la livrer.

ANTIOCHUS.
Arsace, laisse-moi le temps de respirer.
Ce changement est grand, ma surprise est extrême :
Titus entre mes mains remet tout ce qu'il aime !
Dois-je croire, grands dieux ! ce que je viens d'ouïr ?
Et, quand je le croirois, dois-je m'en réjouir ?

ARSACE.
Mais, moi-même, seigneur, que faut-il que je croie ?
Quel obstacle nouveau s'oppose à votre joie ?
Me trompiez-vous tantôt au sortir de ces lieux,
Lorsque encor tout ému de vos derniers adieux,
Tremblant d'avoir osé s'expliquer devant elle,
Votre cœur me contoit son audace nouvelle ?
Vous fuyiez un hymen qui vous faisoit trembler.
Cet hymen est rompu : quel soin peut vous troubler ?
Suivez les doux transports où l'amour vous invite.

ANTIOCHUS.
Arsace, je me vois chargé de sa conduite ;
Je jouirai longtemps de ses chers entretiens ;
Ses yeux même pourront s'accoutumer aux miens ;
Et peut-être son cœur fera la différence
Des froideurs de Titus à ma persévérance.
Titus m'accable ici du poids de sa grandeur :

Tout disparoît dans Rome auprès de sa splendeur.
Mais, quoique l'Orient soit plein de sa mémoire,
Bérénice y verra des traces de ma gloire.[1]

ARSACE.

N'en doutez point, seigneur, tout succède à vos vœux.

ANTIOCHUS.

Ah! que nous nous plaisons à nous tromper tous deux!

ARSACE.

Et pourquoi nous tromper?

ANTIOCHUS.

Quoi! je lui pourrois plaire?
Bérénice à mes vœux ne seroit plus contraire?
Bérénice d'un mot flatteroit mes douleurs?
Penses-tu seulement que, parmi ses malheurs,
Quand l'univers entier négligeroit ses charmes,
L'ingrate me permît de lui donner des larmes,
Ou qu'elle s'abaissât jusques à recevoir
Des soins qu'à mon amour elle croiroit devoir?

ARSACE.

Et qui peut mieux que vous consoler sa disgrâce?
Sa fortune, seigneur, va prendre une autre face:
Titus la quitte.

ANTIOCHUS.

Hélas! de ce grand changement
Il ne me reviendra que le nouveau tourment
D'apprendre par ses pleurs à quel point elle l'aime:
Je la verrai gémir, je la plaindrai moi-même.

---

1. Sentiment noble qui relève Antiochus. Voici l'occasion d'observer que les trois personnages de la pièce, s'ils n'ont pas toujours un langage tragique, ont du moins une façon de penser élevée, généreuse : ce sont des âmes royales. Ils sont héros par le cœur et les sentiments, et semblent disputer entre eux de grandeur d'âme. (G.)

Pour fruit de tant d'amour, j'aurai le triste emploi
De recueillir des pleurs qui ne sont pas pour moi.

ARSACE.

Quoi! ne vous plairez-vous qu'à vous gêner sans cesse?[1]
Jamais dans un grand cœur vit-on plus de foiblesse?
Ouvrez les yeux, seigneur, et songeons entre nous
Par combien de raisons Bérénice est à vous.
Puisque aujourd'hui Titus ne prétend plus lui plaire,
Songez que votre hymen lui devient nécessaire.

ANTIOCHUS.

Nécessaire?

ARSACE.

  A ses pleurs accordez quelques jours ;
De ses premiers sanglots laissez passer le cours :
Tout parlera pour vous, le dépit, la vengeance,
L'absence de Titus, le temps, votre présence,
Trois sceptres que son bras ne peut seul soutenir,
Vos deux États voisins qui cherchent à s'unir ;
L'intérêt, la raison, l'amitié, tout vous lie.

ANTIOCHUS.

Oui! je respire, Arsace; et tu me rends la vie :*
J'accepte avec plaisir un présage si doux.
Que tardons-nous? Faisons ce qu'on attend de nous :
Entrons chez Bérénice; et, puisqu'on nous l'ordonne,
Allons lui déclarer que Titus l'abandonne...
Mais plutôt demeurons. Que faisois-je? Est-ce à moi,
Arsace, à me charger de ce cruel emploi?
Soit vertu, soit amour, mon cœur s'en effarouche.

---

1. On a déjà fait observer que, du temps de Racine, *gêner* était un terme qui signifiait *tourmenter, torturer.*

* VAR. *Ah! je respire, Arsace, et tu me rends la vie.*

L'aimable Bérénice entendroit de ma bouche
Qu'on l'abandonne ! Ah, reine ! et qui l'auroit pensé
Que ce mot dût jamais vous être prononcé ![1]

ARSACE.

La haine sur Titus tombera tout entière.
Seigneur, si vous parlez, ce n'est qu'à sa prière.

ANTIOCHUS.

Non, ne la voyons point ; respectons sa douleur :
Assez d'autres viendront lui conter son malheur.
Et ne la crois-tu pas assez infortunée
D'apprendre à quel mépris Titus l'a condamnée,
Sans lui donner encor le déplaisir fatal
D'apprendre ce mépris par son propre rival ?
Encore un coup, fuyons ; et, par cette nouvelle,
N'allons point nous charger d'une haine immortelle.

ARSACE.

Ah ! la voici, seigneur, prenez votre parti.[2]

ANTIOCHUS.

O ciel !

1. Au milieu d'une joie et d'une espérance imprévue, ne pas concevoir que Titus puisse quitter Bérénice, et s'arrêter à cette idée, est aussi tendre que délicat. C'est là vraiment la science de l'amour, et c'était celle de Racine. Observez aussi que ces alternatives d'espérance et de crainte, et la résolution généreuse de ne pas annoncer à Bérénice une nouvelle aussi terrible pour elle que consolante pour lui, donnent à cette scène un mouvement qui est l'espèce d'action qu'elle pouvait avoir, mais qu'un grand maître pouvait seul lui donner. (L.)

2. C'est ici qu'on voit plus qu'ailleurs la nécessité absolue de faire de beaux vers, c'est-à-dire d'être éloquent de cette éloquence propre au caractère du personnage et à sa situation ; de n'avoir que des idées justes et naturelles ; de ne pas se permettre un mot vicieux, une construction obscure, une syllabe rude ; de charmer l'oreille et l'esprit par une élégance continue. Les rôles qui ne sont ni principaux, ni relevés, ni tragiques, ont surtout besoin de cette élégance, et du charme d'une diction pure. Bérénice, Atalide, Ériphile, Aricie, étaient perdues sans ce prodige de l'art ; prodige d'autant plus grand qu'il n'étonne point, qu'il plaît par la simplicité, et que

SCÈNE III.

BÉRÉNICE, ANTIOCHUS, ARSACE,
PHÉNICE.

BÉRÉNICE.

Hé quoi, seigneur ! vous n'êtes point parti ?*
ANTIOCHUS.
Madame, je vois bien que vous êtes déçue,
Et que c'étoit César que cherchoit votre vue.
Mais n'accusez que lui si, malgré mes adieux,
De ma présence encor j'importune vos yeux.
Peut-être en ce moment je serois dans Ostie,
S'il ne m'eût de sa cour défendu la sortie.
BÉRÉNICE.
Il vous cherche vous seul. Il nous évite tous.
ANTIOCHUS.
Il ne m'a retenu que pour parler de vous.
BÉRÉNICE.
De moi, prince ?
ANTIOCHUS.
Oui, madame.
BÉRÉNICE.
Et qu'a-t-il pu vous dire ?

---

chacun croit que, s'il avait eu à faire parler ces personnages, il n'aurait pu les faire parler autrement.

Speret idem, sudet multum, frustraque laboret.

« Qu'il espère, qu'il s'épuise en efforts, toute sa peine est perdue. » (HORAT., *Ars poet.*) (VOLT.)

* VAR. *Enfin, seigneur, vous n'êtes point parti.*

ANTIOCHUS.

Mille autres mieux que moi pourront vous en instruire.

BÉRÉNICE.

Quoi? seigneur...

ANTIOCHUS.

Suspendez votre ressentiment.
D'autres, loin de se taire en ce même moment,
Triompheroient peut-être, et, pleins de confiance,
Céderoient avec joie à votre impatience ;
Mais moi, toujours tremblant, moi, vous le savez bien,
A qui votre repos est plus cher que le mien,
Pour ne le point troubler, j'aime mieux vous déplaire,
Et crains votre douleur plus que votre colère.
Avant la fin du jour vous me justifierez.
Adieu, madame.

BÉRÉNICE.

O ciel! quel discours! Demeurez.
Prince, c'est trop cacher mon trouble à votre vue :
Vous voyez devant vous une reine éperdue,
Qui, la mort dans le sein, vous demande deux mots.[1]
Vous craignez, dites-vous de troubler mon repos ;
Et vos refus cruels, loin d'épargner ma peine,
Excitent ma douleur, ma colère, ma haine.
Seigneur, si mon repos vous est si précieux,
Si moi-même jamais je fus chère à vos yeux,
Éclaircissez le trouble où vous voyez mon âme :
Que vous a dit Titus?

ANTIOCHUS.

Au nom des dieux, madame...

---

1. *Deux mots* ailleurs serait une expression triviale; elle est ici très-touchante : tout intéresse, la situation, la passion, le discours de Bérénice, l'embarras même d'Antiochus. (VOLT.)

ACTE III, SCÈNE III.

BÉRÉNICE.

Quoi! vous craignez si peu de me désobéir!

ANTIOCHUS.

Je n'ai qu'à vous parler pour me faire haïr.

BÉRÉNICE.

Je veux que vous parliez.

ANTIOCHUS.

Dieux! quelle violence!
Madame, encore un coup vous louerez mon silence.

BÉRÉNICE.

Prince, dès ce moment, contentez mes souhaits,
Ou soyez de ma haine assuré pour jamais.

ANTIOCHUS.

Madame, après cela, je ne puis plus me taire.
Hé bien, vous le voulez, il faut vous satisfaire.
Mais ne vous flattez point : je vais vous annoncer
Peut-être des malheurs où vous n'osez penser.
Je connois votre cœur : vous devez vous attendre
Que je le vais frapper par l'endroit le plus tendre.
Titus m'a commandé...

BÉRÉNICE.

Quoi?

ANTIOCHUS.

De vous déclarer
Qu'à jamais l'un de l'autre il faut vous séparer.

BÉRÉNICE.

Nous séparer! Qui? Moi? Titus de Bérénice?

ANTIOCHUS.

Il faut que devant vous je lui rende justice :
Tout ce que, dans un cœur sensible et généreux,
L'amour au désespoir peut rassembler d'affreux,
Je l'ai vu dans le sien. Il pleure, il vous adore.

Mais enfin que lui sert de vous aimer encore?
Une reine est suspecte à l'empire romain.
Il faut vous séparer, et vous partez demain.
                    BÉRÉNICE.
Nous séparer! Hélas, Phénice!
                    PHÉNICE.
                              Hé bien, madame,
Il faut ici montrer la grandeur de votre âme.
Ce coup sans doute est rude; il doit vous étonner.
                    BÉRÉNICE.
Après tant de serments, Titus m'abandonner!
Titus, qui me juroit... Non, je ne le puis croire :
Il ne me quitte point, il y va de sa gloire.
Contre son innocence on veut me prévenir.
Ce piége n'est tendu que pour nous désunir.
Titus m'aime, Titus ne veut point que je meure.
Allons le voir : je veux lui parler tout à l'heure.
Allons.
                    ANTIOCHUS.
        Quoi! vous pourriez ici me regarder...
                    BÉRÉNICE.
Vous le souhaitez trop pour me persuader.
Non, je ne vous crois point. Mais, quoi qu'il en puisse être,
Pour jamais à mes yeux gardez-vous de paroître.[1]
        (A Phénice.)
Ne m'abandonne point dans l'état où je suis.
Hélas! pour me tromper je fais ce que je puis.

---

1. Voilà le caractère de la passion. Bérénice vient de flatter tout à l'heure Antiochus pour savoir son secret; elle lui a dit : « Si jamais je vous fus chère, parlez. » Elle l'a menacé de sa haine s'il garde le silence; et, dès qu'il a parlé, elle lui ordonne de ne jamais paraître devant elle. Ces flatteries, ces emportements, font un effet très-intéressant dans la bouche d'une femme : ils ne toucheraient pas ainsi dans un homme. Tous ces

SCÈNE IV.

ANTIOCHUS, ARSACE.

ANTIOCHUS.

Ne me trompé-je point? L'ai-je bien entendue?
Que je me garde, moi, de paroître à sa vue!
Je m'en garderai bien. Et ne partois-je pas,
Si Titus malgré moi n'eût arrêté mes pas?
Sans doute il faut partir. Continuons, Arsace.*
Elle croit m'affliger; sa haine me fait grâce.
Tu me voyois tantôt inquiet, égaré :
Je partois amoureux, jaloux, désespéré;
Et maintenant, Arsace, après cette défense,
Je partirai peut-être avec indifférence.

ARSACE.

Moins que jamais, seigneur, il faut vous éloigner.

ANTIOCHUS.

Moi! je demeurerai pour me voir dédaigner?
Des froideurs de Titus je serai responsable?
Je me verrai puni parce qu'il est coupable?
Avec quelle injustice et quelle indignité
Elle doute, à mes yeux, de ma sincérité!
Titus l'aime, dit-elle, et moi, je l'ai trahie.
L'ingrate! m'accuser de cette perfidie!
Et dans quel temps encor? dans le moment fatal

---

symptômes de l'amour sont le partage des amantes. Presque toutes les héroïnes de Racine étalent des sentiments de tendresse, de jalousie, de colère, de fureur; tantôt soumises, tantôt désespérées. C'est avec raison qu'on a nommé Racine le poëte des femmes. (VOLT.)

* VAR. *Allons, il faut partir. Continuons, Arsace.*

Que j'étale à ses yeux les pleurs de mon rival;
Que, pour la consoler, je le faisois paroître
Amoureux et constant, plus qu'il ne l'est peut-être.
ARSACE.
Et de quel soin, seigneur, vous allez-vous troubler?
Laissez à ce torrent le temps de s'écouler :
Dans huit jours, dans un mois, n'importe, il faut qu'il passe.
Demeurez seulement.
ANTIOCHUS.
Non, je la quitte, Arsace.
Je sens qu'à sa douleur je pourrois compatir :
Ma gloire, mon repos, tout m'excite à partir.
Allons; et de si loin évitons la cruelle,
Que de longtemps, Arsace, on ne nous parle d'elle.
Toutefois il nous reste encore assez de jour :
Je vais dans mon palais attendre ton retour.
Va voir si la douleur ne l'a point trop saisie.
Cours ; et partons du moins assurés de sa vie.[1]

[1]. Tous les actes de cette pièce finissent par des vers faibles, et un peu langoureux. Le public aime assez que chaque acte se termine par quelque morceau brillant qui enlève les applaudissements. Mais *Bérénice* réussit sans ce secours. Les tendresses de l'amour ne comportent guère ces grands traits qu'on exige à la fin des actes dans des situations vraiment tragiques. (VOLT.)

ACTE QUATRIÈME.

SCÈNE PREMIÈRE.

BÉRÉNICE.

Phénice ne vient point! Moments trop rigoureux,
Que vous paroissez lents à mes rapides vœux![1]
Je m'agite, je cours, languissante, abattue;
La force m'abandonne, et le repos me tue.
Phénice ne vient point! Ah! que cette longueur
D'un présage funeste épouvante mon cœur!
Phénice n'aura point de réponse à me rendre :
Titus, l'ingrat Titus n'a point voulu l'entendre;
Il fuit, il se dérobe à ma juste fureur.

SCÈNE II.

BÉRÉNICE, PHÉNICE.

BÉRÉNICE.

Chère Phénice, hé bien! as-tu vu l'empereur?
Qu'a-t-il dit? Viendra-t-il?

---

1. Je me souviens d'avoir vu autrefois une tragédie de *Saint-Jean-Baptiste,* supposée antérieure à *Bérénice,* dans laquelle on avait inséré toute cette tirade pour faire croire que Racine l'avait volée. Cette supposi-

PHÉNICE.

Oui, je l'ai vu, madame,
Et j'ai peint à ses yeux le trouble de votre âme.
J'ai vu couler des pleurs qu'il vouloit retenir.[1]

BÉRÉNICE.

Vient-il?

PHÉNICE.

N'en doutez point, madame, il va venir.
Mais voulez-vous paroître en ce désordre extrême?
Remettez-vous, madame, et rentrez en vous-même.
Laissez-moi relever ces voiles détachés,
Et ces cheveux épars dont vos yeux sont cachés.
Souffrez que de vos pleurs je répare l'outrage.[2]

---

tion maladroite était assez confondue par le style barbare du reste de la pièce; mais ce trait suffit pour faire voir à quels excès se porte la jalousie, surtout quand il s'agit des succès du théâtre, qui, étant les plus éclatants dans la littérature, sont aussi ceux qui aveuglent le plus les yeux de l'envie. Corneille et Racine en ressentirent les effets tant qu'ils travaillèrent. (VOLT.)

1. Ce vers sert encore à rendre le spectateur incertain sur le sort de Bérénice. S'il en coûte tant à Titus pour parler à Bérénice, comment pourra-t-il faire le sacrifice de ne la plus revoir? (L. B.)

2. On peut appliquer à ces vers ce précepte de Boileau:

Qui dit sans s'avilir les plus petites choses.

En effet, rien n'est plus petit que de faire paraître sur le théâtre tragique une suivante qui propose à sa maîtresse de rajuster son voile et ses cheveux. Otez à ces idées les grâces de la diction, on rira. (VOLT.) — Oui; mais quelle diction! quel choix de figures dans ces mots, *réparer l'outrage de vos pleurs!* et que le vers qui suit et qui est amené par celui-là est beau de sentiment!

Laisse, laisse, Phénice : il verra son ouvrage. (L.)

Ce vers, dont l'expression est touchante, empêche souvent de remarquer l'incorrection du vers suivant. *Que m'importe de* semble pécher contre les règles sévères de la grammaire, le *que* ne pouvant ici servir de sujet au verbe *importer*, puisqu'il n'est pas là pour *quelle chose*, mais pour *de quoi*. Il fallait donc *que m'importent ces vains ornements*, c'est-à-dire *de quoi m'importent*. Cependant, il faut l'avouer, l'expression de Racine est d'un ton plus vif et plus original que ne le serait l'expression de la grammaire. (A.-M.)

BÉRÉNICE.

Laisse, laisse, Phénice : il verra son ouvrage.
Et que m'importe, hélas! de ces vains ornements?
Si ma foi, si mes pleurs, si mes gémissements,
Mais que dis-je? mes pleurs! si ma perte certaine,
Si ma mort toute prête enfin ne le ramène,
Dis-moi, que produiront tes secours superflus,
Et tout ce foible éclat qui ne le touche plus?

PHÉNICE.

Pourquoi lui faites-vous cet injuste reproche ?
J'entends du bruit, madame, et l'empereur s'approche.
Venez, fuyez la foule, et rentrons promptement :
Vous l'entretiendrez seul dans votre appartement.

SCÈNE III.

TITUS, PAULIN, Suite.

TITUS.

De la reine, Paulin, flattez l'inquiétude :[1]
Je vais la voir. Je veux un peu de solitude;
Que l'on me laisse.

PAULIN, à part.

O ciel! que je crains ce combat!
Grands dieux, sauvez sa gloire et l'honneur de l'État!
Voyons la reine.

---

1. Ou le théâtre reste vide, ou Titus voit Bérénice : s'il la voit, il doit donc dire qu'il l'évite, ou lui parler. (VOLT.) Il est clair que le théâtre reste vide. L'abbé de Villars, dans sa *critique,* reproche à Racine d'avoir plusieurs fois laissé la scène vide.

SCÈNE IV.

TITUS.

Hé bien ! Titus, que viens-tu faire ?
Bérénice t'attend. Où viens-tu, téméraire ?
Tes adieux sont-ils prêts ? T'es-tu bien consulté ?
Ton cœur te promet-il assez de cruauté ?
Car enfin au combat qui pour toi se prépare
C'est peu d'être constant, il faut être barbare.
Soutiendrai-je ces yeux dont la douce langueur
Sait si bien découvrir les chemins de mon cœur ?
Quand je verrai ces yeux armés de tous leurs charmes,
Attachés sur les miens, m'accabler de leurs larmes,
Me souviendrai-je alors de mon triste devoir ?
Pourrai-je dire enfin : je ne veux plus vous voir ?
Je viens percer un cœur que j'adore, qui m'aime.
Et pourquoi le percer ? Qui l'ordonne ? Moi-même :
Car enfin Rome a-t-elle expliqué ses souhaits ?
L'entendons-nous crier autour de ce palais ?
Vois-je l'État penchant au bord du précipice ?
Ne le puis-je sauver que par ce sacrifice ?
Tout se tait ; et moi seul, trop prompt à me troubler,
J'avance des malheurs que je puis reculer.
Et qui sait si, sensible aux vertus de la reine,
Rome ne voudra point l'avouer pour Romaine ?
Rome peut par son choix justifier le mien.
Non, non, encore un coup, ne précipitons rien.
Que Rome, avec ses lois, mette dans la balance
Tant de pleurs, tant d'amour, tant de persévérance ;
Rome sera pour nous... Titus, ouvre les yeux !
Quel air respires-tu ! N'es-tu pas dans ces lieux

Où la haine des rois, avec le lait sucée,
Par crainte ou par amour ne peut être effacée?
Rome jugea ta reine en condamnant ses rois.
N'as-tu pas en naissant entendu cette voix?
Et n'as-tu pas encore ouï la renommée
T'annoncer ton devoir jusque dans ton armée?
Et lorsque Bérénice arriva sur tes pas,
Ce que Rome en jugeoit ne l'entendis-tu pas?
Faut-il donc tant de fois te le faire redire?
Ah, lâche! fais l'amour, et renonce à l'empire.[1]
Au bout de l'univers va, cours te confiner,
Et fais place à des cœurs plus dignes de régner.
Sont-ce là ces projets de grandeur et de gloire
Qui devoient dans les cœurs consacrer ma mémoire?
Depuis huit jours je règne; et, jusques à ce jour,
Qu'ai-je fait pour l'honneur? J'ai tout fait pour l'amour.
D'un temps si précieux quel compte puis-je rendre?
Où sont ces heureux jours que je faisois attendre?
Quels pleurs ai-je séchés? Dans quels yeux satisfaits
Ai-je déjà goûté le fruit de mes bienfaits?
L'univers a-t-il vu changer ses destinées?
Sais-je combien le ciel m'a compté de journées?
Et de ce peu de jours si longtemps attendus,
Ah, malheureux! combien j'en ai déjà perdus![2]
Ne tardons plus: faisons ce que l'honneur exige;
Rompons le seul lien...[3]

---

1. C'est peut-être la première fois que la phrase triviale *faire l'amour* a pu entrer dans le style noble. Il fallait, pour faire passer cette expression, toute l'amertume de l'ironie, et tout le contre-poids de ce mot *empire*, qui relève la familiarité du premier hémistiche. (L.)

2. C'est le mot de Titus que Suétone (ch. viii) nous a conservé : *Amici, diem perdidi.*

3. Ce monologue est long, et il contient pour le fond les mêmes choses

SCÈNE V.

TITUS, BÉRÉNICE.

BÉRÉNICE, en sortant de son appartement.

Non, laissez-moi, vous dis-je.
En vain tous vos conseils me retiennent ici.
Il faut que je le voie. Ah! seigneur! vous voici!
Hé bien, il est donc vrai que Titus m'abandonne!
Il faut nous séparer! et c'est lui qui l'ordonne!

TITUS.

N'accablez point, madame, un prince malheureux.
Il ne faut point ici nous attendrir tous deux.
Un trouble assez cruel m'agite et me dévore,
Sans que des pleurs si chers me déchirent encore.
Rappelez bien plutôt ce cœur qui, tant de fois,
M'a fait de mon devoir reconnoître la voix :
Il en est temps. Forcez votre amour à se taire ;
Et d'un œil que la gloire et la raison éclaire
Contemplez mon devoir dans toute sa rigueur.
Vous-même, contre vous, fortifiez mon cœur ;
Aidez-moi, s'il se peut, à vaincre sa foiblesse,
A retenir des pleurs qui m'échappent sans cesse ;
Ou, si nous ne pouvons commander à nos pleurs,

à peu près que Titus a dites à Paulin; mais remarquez qu'il y a des nuances différentes. Les nuances font beaucoup dans la peinture des passions; et c'est là le grand art, si caché et si difficile, dont Racine s'est servi pour aller jusqu'au cinquième acte sans rebuter le spectateur. Il n'y a pas dans ce monologue un seul mot hors de sa place.

    Ah, lâche, fais l'amour, et renonce à l'empire.

Ce vers, et tout ce qui suit, me paraissent admirables. (VOLT.)

Que la gloire du moins soutienne nos douleurs ;
Et que tout l'univers reconnoisse sans peine
Les pleurs d'un empereur et les pleurs d'une reine ;
Car enfin, ma princesse, il faut nous séparer.
BÉRÉNICE.
Ah, cruel ! est-il temps de me le déclarer ?
Qu'avez-vous fait ? Hélas ! je me suis crue aimée ;
Au plaisir de vous voir mon âme accoutumée
Ne vit plus que pour vous. Ignoriez-vous vos lois,
Quand je vous l'avouai pour la première fois ?
A quel excès d'amour m'avez-vous amenée !
Que ne me disiez-vous : « Princesse infortunée,
Où vas-tu t'engager, et quel est ton espoir ?
Ne donne point un cœur qu'on ne peut recevoir. »
Ne l'avez-vous reçu, cruel, que pour le rendre
Quand de vos seules mains ce cœur voudroit dépendre ?
Tout l'empire a vingt fois conspiré contre nous.
Il étoit temps encor : que ne me quittiez-vous ?
Mille raisons alors consoloient ma misère :
Je pouvois de ma mort accuser votre père,
Le peuple, le sénat, tout l'empire romain,
Tout l'univers plutôt qu'une si chère main.
Leur haine, dès longtemps contre moi déclarée,
M'avoit à mon malheur dès longtemps préparée.
Je n'aurois pas, seigneur, reçu ce coup cruel
Dans le temps que j'espère un bonheur immortel,
Quand votre heureux amour peut tout ce qu'il désire,
Lorsque Rome se tait, quand votre père expire,
Lorsque tout l'univers fléchit à vos genoux,
Enfin quand je n'ai plus à redouter que vous.
TITUS.
Et c'est moi seul aussi qui pouvois me détruire.

Je pouvois vivre alors et me laisser séduire :
Mon cœur se gardoit bien d'aller dans l'avenir
Chercher ce qui pouvoit un jour nous désunir.
Je voulois qu'à mes vœux rien ne fût invincible,
Je n'examinois rien, j'espérois l'impossible.
Que sais-je? j'espérois de mourir à vos yeux,
Avant que d'en venir à ces cruels adieux.
Les obstacles sembloient renouveler ma flamme.
Tout l'empire parloit : mais la gloire, madame,
Ne s'étoit point encor fait entendre à mon cœur
Du ton dont elle parle au cœur d'un empereur.
Je sais tous les tourments où ce dessein me livre :
Je sens bien que sans vous je ne saurois plus vivre,
Que mon cœur de moi-même est prêt à s'éloigner;
Mais il ne s'agit plus de vivre, il faut régner.

BÉRÉNICE.

Hé bien! régnez, cruel, contentez votre gloire :
Je ne dispute plus. J'attendois, pour vous croire,
Que cette même bouche, après mille serments
D'un amour qui devoit unir tous nos moments,
Cette bouche, à mes yeux s'avouant infidèle,
M'ordonnât elle-même une absence éternelle.
Moi-même j'ai voulu vous entendre en ce lieu.
Je n'écoute plus rien : et, pour jamais, adieu...
Pour jamais! Ah, seigneur! songez-vous en vous-même
Combien ce mot cruel est affreux quand on aime?
Dans un mois, dans un an, comment souffrirons-nous,
Seigneur, que tant de mers me séparent de vous;
Que le jour recommence, et que le jour finisse,
Sans que jamais Titus puisse voir Bérénice,
Sans que, de tout le jour, je puisse voir Titus?
Mais quel est mon erreur et que de soins perdus!

L'ingrat, de mon départ consolé par avance,
Daignera-t-il compter les jours de mon absence?
Ces jours, si longs pour moi, lui sembleront trop courts.

TITUS.

Je n'aurai pas, madame, à compter tant de jours :
J'espère que bientôt la triste renommée
Vous fera confesser que vous étiez aimée.
Vous verrez que Titus n'a pu, sans expirer...

BÉRÉNICE.

Ah, seigneur! s'il est vrai, pourquoi nous séparer?
Je ne vous parle point d'un heureux hyménée.
Rome à ne vous plus voir m'a-t-elle condamnée?
Pourquoi m'enviez-vous l'air que vous respirez?

TITUS.

Hélas! vous pouvez tout, madame : demeurez;
Je n'y résiste point. Mais je sens ma foiblesse :
Il faudra vous combattre et vous craindre sans cesse,
Et sans cesse veiller à retenir mes pas,
Que vers vous à toute heure entraînent vos appas.
Que dis-je? En ce moment, mon cœur, hors de lui-même,
S'oublie, et se souvient seulement qu'il vous aime.

BÉRÉNICE.

Hé bien, seigneur, hé bien, qu'en peut-il arriver?
Voyez-vous les Romains prêts à se soulever?

TITUS.

Et qui sait de quel œil ils prendront cette injure?
S'ils parlent, si les cris succèdent au murmure,
Faudra-t-il par le sang justifier mon choix?
S'ils se taisent, madame, et me vendent leurs lois,
A quoi m'exposez-vous? Par quelle complaisance
Faudra-t-il quelque jour payer leur patience?

Que n'oseront-ils point alors me demander?
Maintiendrai-je des lois que je ne puis garder?
BÉRÉNICE.
Vous ne comptez pour rien les pleurs de Bérénice!
TITUS.
Je les compte pour rien! Ah ciel! quelle injustice!
BÉRÉNICE.
Quoi! pour d'injustes lois que vous pouvez changer,
En d'éternels chagrins vous-même vous plonger!
Rome a ses droits, seigneur : n'avez-vous pas les vôtres?
Ses intérêts sont-ils plus sacrés que les nôtres?
Dites, parlez.
TITUS.
Hélas! que vous me déchirez!
BÉRÉNICE.
Vous êtes empereur, seigneur, et vous pleurez![1]

1. Ce vers si connu faisait allusion à cette réponse de Mlle Mancini à Louis XIV : « Vous m'aimez, vous êtes roi, vous pleurez, et je pars! » Cette réponse est bien plus énergique que le vers de Bérénice. Ce vers même n'est au fond qu'un reproche un peu ironique. « Vous dites qu'un empereur doit vaincre l'amour; vous êtes empereur, et vous pleurez! » (Volt.) — Il est vrai que les paroles de Mlle Mancini sont beaucoup plus fortes que celles de Bérénice; mais Bérénice devait-elle avoir cette espèce de force qui consiste à faire entendre que celui qui règne ne doit point trouver d'obstacle au choix de son cœur? Je ne le crois pas, et Bérénice ne dit jamais rien qui soit dans ce sens : son caractère donné, et le sacrifice qui termine son rôle et la pièce, ne permettaient pas à l'auteur de la faire parler tout à fait comme Mlle Mancini. (L.)

Il faut dire aussi que la phrase telle que la rapporte Voltaire n'a été formulée que plus tard. D'après Mme de Motteville, Marie de Mancini aurait dit simplement : « Vous pleurez et vous êtes le maître! » Dans une pièce de vers publiée en 1665 dans les *Sentiments d'amour tirés des meilleurs poëtes modernes, par le sieur Corbinelli*, on lit : « Mais enfin, je pars, sire, et vous êtes le roi! » Les *Mémoires* apocryphes de 1676 portent : « Sire, vous êtes le roi, et vous m'aimez, et pourtant vous souffrez que je parte! » Il ne manque plus qu'un mot pour arriver à la phrase de Voltaire; mais on voit que le trait s'est, pour ainsi dire, aiguisé peu à peu.

ACTE IV, SCÈNE V.

TITUS.

Oui, madame, il est vrai, je pleure, je soupire,
Je frémis. Mais enfin, quand j'acceptai l'empire,
Rome me fit jurer de maintenir ses droits :
Il les faut maintenir. Déjà, plus d'une fois,
Rome a de mes pareils exercé la constance.
Ah! si vous remontiez jusques à sa naissance,
Vous les verriez toujours à ses ordres soumis :
L'un, jaloux de sa foi, va chez les ennemis
Chercher, avec la mort, la peine toute prête; [1]
D'un fils victorieux l'autre proscrit la tête; [2]
L'autre, avec des yeux secs, et presque indifférents,
Voit mourir ses deux fils, par son ordre expirants. [3]
Malheureux! mais toujours la patrie et la gloire [4]
Ont parmi les Romains remporté la victoire.
Je sais qu'en vous quittant le malheureux Titus
Passe l'austérité de toutes leurs vertus; [5]

1. Régulus.
2. Manlius Torquatus.
3. Brutus.
4. Heureuse imitation de ce tour de Virgile,

> Infelix, utcumque ferent ea facta minores,
> Vincet amor patriæ, laudumque immensa cupido!

« Malheureux, quel que soit le jugement de la postérité sur cette rigueur d'un père, l'amour de la patrie et la passion de la gloire l'emporteront toujours! » Tout ce morceau paraît imité du sixième livre de l'*Énéide*, vers 820 et suiv.

Dans la première édition, à la place des six vers précédents, on lisait ceux-ci :

> Vous les verriez toujours, jaloux de leur devoir,
> De tous les autres nœuds oublier le pouvoir.

5. Exagération outrée. Il est ridicule qu'un empereur dise qu'il y a plus de vertu, plus d'austérité à quitter sa maîtresse qu'à immoler à sa patrie ses deux enfants coupables. Il fallait peut-être dire, en parlant des Brutus et des Manlius :

> Titus en vous quittant les égale peut-être;

ou plutôt il ne fallait point comparer une victoire remportée sur l'amour à

Qu'elle n'approche point de cet effort insigne.
Mais, madame, après tout, me croyez-vous indigne
De laisser un exemple à la postérité,
Qui, sans de grands efforts, ne puisse être imité?

BÉRÉNICE.

Non, je crois tout facile à votre barbarie :
Je vous crois digne, ingrat, de m'arracher la vie.
De tous vos sentiments mon cœur est éclairci.
Je ne vous parle plus de me laisser ici :
Qui? moi, j'aurois voulu, honteuse et méprisée,
D'un peuple qui me hait soutenir la risée?
J'ai voulu vous pousser jusques à ce refus.
C'en est fait, et bientôt vous ne me craindrez plus.
N'attendez pas ici que j'éclate en injures,
Que j'atteste le ciel, ennemi des parjures;
Non : si le ciel encore est touché de mes pleurs,
Je le prie, en mourant, d'oublier mes douleurs.
Si je forme des vœux contre votre injustice,
Si, devant que mourir,[1] la triste Bérénice
Vous veut de son trépas laisser quelque vengeur,
Je ne le cherche, ingrat, qu'au fond de votre cœur.
Je sais que tant d'amour n'en peut être effacée;
Que ma douleur présente, et ma bonté passée,
Mon sang, qu'en ce palais je veux même verser,
Sont autant d'ennemis que je vais vous laisser;
Et, sans me repentir de ma persévérance,

---

ces exemples étonnants et presque surnaturels de la rigidité des anciens Romains. Les vers sont bien faits, je l'avoue; mais, encore une fois, cette scène élégante n'est pas ce qu'elle devrait être. (VOLT.)

1. Du temps de Racine, on disait indifféremment *devant que* pour *avant de*. Aujourd'hui *devant* ne peut plus s'employer que comme préposition de lieu ou d'ordre, ou pour signifier *en présence de*, et il n'est plus permis de l'employer comme préposition de temps.

Je me remets sur eux de toute ma vengeance.
Adieu.[1]

SCÈNE VI.

TITUS, PAULIN.

PAULIN.

Dans quel dessein vient-elle de sortir,
Seigneur? Est-elle enfin disposée à partir

---

1. Peut-être cette scène pouvait-elle être plus vive, et porter dans les cœurs plus de trouble et d'attendrissement; peut-être est-elle plus élégante et mesurée que déchirante :

> Et que tout l'univers reconnoisse sans peine
> Les pleurs d'un empereur et les pleurs d'une reine.
> Car enfin, ma princesse, il faut nous séparer...
> Eh bien, seigneur, eh bien, qu'en peut-il arriver?...
> Vous ne comptez pour rien les pleurs de Bérénice!...
> Je les compte pour rien! Ah ciel! quelle injustice!

Tout cela me paraît petit, je le dis hardiment; et je suis, en cela seul, de l'opinion de Saint-Évremond, qui dit en plusieurs endroits que les sentiments dans nos tragédies ne sont pas assez profonds; que le désespoir n'y est qu'une simple douleur, la fureur un peu de colère. (VOLT.) — Voltaire, qui voyait le mieux, pouvait être difficile sur le bien; et j'avoue qu'il y a dans cette scène quelques endroits faibles, quoique je ne mette pas dans ce nombre ce vers qu'il trouve petit :

> Vous ne comptez pour rien les pleurs de Bérénice!

vers qui me paraît la réponse la plus heureuse et la plus touchante à l'énumération que Titus vient de faire des autorités qui s'opposent à son mariage. Mais est-il vrai qu'en général cette scène *ne soit pas ce qu'elle doit être?* Quelques fautes peuvent-elles atténuer à ce point tant de beautés attendrissantes qui, dans leur genre, sont au premier rang? N'y a-t-il pas une sensibilité profonde dans ces vers, dont l'élégance est le moindre mérite :

> Dans un mois, dans un an, comment souffrirons-nous,
> Seigneur, que tant de mers me séparent de vous?
> Que le jour recommence et que le jour finisse
> Sans que jamais Titus puisse voir Bérénice,
> Sans que, de tout le jour, je puisse voir Titus?

La tendresse éplorée a-t-elle un langage plus pénétrant et des accents

TITUS.

Paulin, je suis perdu, je n'y pourrai survivre :
La reine veut mourir. Allons, il faut la suivre.
Courons à son secours.

PAULIN.

Hé quoi ! n'avez-vous pas
Ordonné dès tantôt qu'on observe ses pas?
Ses femmes, à toute heure autour d'elle empressées,
Sauront la détourner de ces tristes pensées.
Non, non, ne craignez rien. Voilà les plus grands coups,
Seigneur; continuez, la victoire est à vous.
Je sais que sans pitié vous n'avez pu l'entendre;
Moi-même, en la voyant, je n'ai pu m'en défendre.
Mais regardez plus loin : songez, en ce malheur,
Quelle gloire va suivre un moment de douleur,
Quels applaudissements l'univers vous prépare,
Quel rang dans l'avenir...

TITUS.

Non, je suis un barbare;
Moi-même je me hais. Néron, tant détesté,
N'a point à cet excès poussé sa cruauté.
Je ne souffrirai point que Bérénice expire.
Allons, Rome en dira ce qu'elle en voudra dire.

---

plus enchanteurs? Chaque mot n'est-il pas un sentiment? Chaque hémistiche n'est-il pas de la mélodie? Les adieux de Bérénice, où il n'y a que de la tendresse et de la douleur, ne sont-ils pas comparables à ceux de Didon, si violents et si terribles? La perfection n'est-elle pas la même, quoique l'amour, blessé dans toutes deux, ait dans toutes les deux un caractère différent? J'ai toujours vu cette scène faire verser beaucoup de larmes, et la sortie de Bérénice est toujours suivie de beaucoup d'applaudissements. Quand les fautes d'une scène n'ôtent rien à l'effet des beautés, on peut présumer qu'elles ne sont pas d'une grande conséquence; il était facile de les faire disparaître; mais je pense qu'il eût été très-difficile à Voltaire même de faire de la scène quelque chose de meilleur. (L.

PAULIN.

Quoi, seigneur!

TITUS.

Je ne sais, Paulin, ce que je dis :
L'excès de la douleur accable mes esprits.

PAULIN.

Ne troublez point le cours de votre renommée :
Déjà de vos adieux la nouvelle est semée ;*
Rome, qui gémissoit, triomphe avec raison ;
Tous les temples ouverts fument en votre nom ;
Et le peuple, élevant vos vertus jusqu'aux nues,
Va partout de lauriers couronner vos statues.

TITUS.

Ah, Rome! Ah, Bérénice! Ah, prince malheureux!
Pourquoi suis-je empereur? Pourquoi suis-je amoureux?

SCÈNE VII.

TITUS, ANTIOCHUS, PAULIN, ARSACE.

ANTIOCHUS.

Qu'avez-vous fait, seigneur? l'aimable Bérénice
Va peut-être expirer dans les bras de Phénice.
Elle n'entend ni pleurs, ni conseil, ni raison ;
Elle implore à grands cris le fer et le poison.

---

* VAR. *Ne troublez pas le cours de votre renommée,*
 Seigneur : de vos adieux la nouvelle est semée.

1. Ce mot *pleurs*, joint avec *conseil* et *raison*, sauve l'irrégularité du terme *entendre*. On n'entend point des pleurs ; mais ici *n'entend* signifie *ne donne point attention*. (VOLT.)

Vous seul vous lui pouvez arracher cette envie :
On vous nomme, et ce nom la rappelle à la vie.
Ses yeux, toujours tournés vers votre appartement,
Semblent vous demander de moment en moment..
Je n'y puis résister, ce spectacle me tue.
Que tardez-vous? allez vous montrer à sa vue.*
Sauvez tant de vertus, de grâces, de beauté,
Ou renoncez, seigneur, à toute humanité.
Dites un mot.

TITUS.

Hélas! quel mot puis-je lui dire?
Moi-même, en ce moment, sais-je si je respire?¹

SCÈNE VIII

TITUS, ANTIOCHUS, PAULIN, ARSACE,
RUTILE.

RUTILE.

Seigneur, tous les tribuns, les consuls, le sénat,
Viennent vous demander au nom de tout l'État.

---

* Var. *Allez, seigneur, allez vous montrer à sa vue.*

1. Cette scène et la suivante, qui semblent être peu de chose, me paraissent parfaites. Antiochus joue le rôle d'un homme qui est supérieur à sa passion. Titus est attendri et ébranlé comme il doit l'être; et dans le moment le sénat vient le féliciter d'une victoire qu'il craint de remporter sur lui-même. Ce sont des ressorts presque imperceptibles qui agissent puissamment sur l'âme. Il y a mille fois plus d'art dans cette belle simplicité que dans cette foule d'incidents dont on a chargé tant de tragédies. Corneille a aussi le mérite de n'avoir jamais recours à cette malheureuse et stérile fécondité qui entasse événements sur événements; mais il n'a pas l'art de Racine, de trouver dans l'incident le plus simple le développement du cœur humain. (Volt.)

Un grand peuple les suit, qui, plein d'impatience,
Dans votre appartement attend votre présence.

TITUS.

Je vous entends, grands dieux, vous voulez rassurer
Ce cœur que vous voyez tout prêt à s'égarer !

PAULIN.

Venez, seigneur, passons dans la chambre prochaine :
Allons voir le sénat.*

ANTIOCHUS.

Ah ! courez chez la reine.

PAULIN.

Quoi ! vous pourriez, seigneur, par cette indignité,
De l'empire à vos pieds fouler la majesté ?
Rome...

TITUS.

Il suffit, Paulin ; nous allons les entendre.
(A Antiochus.)
Prince, de ce devoir je ne puis me défendre.
Voyez la reine. Allez. J'espère, à mon retour,
Qu'elle ne pourra plus douter de mon amour.[1]

* VAR. *Allons, seigneur, passons dans la chambre prochaine :*
  Venez voir le sénat.

1. Après ces vers, il y avait dans l'édition de 1671 une scène d'Antiochus avec Arsace, qui était la neuvième et dernière du quatrième acte. Racine la supprima depuis, et nous la rétablissons ici.

SCÈNE IX.

ANTIOCHUS, ARSACE.

Arsace, que dis-tu de toute ma conduite ?
Rien ne pouvoit tantôt s'opposer à ma fuite.
Bérénice et Titus offensoient mes regards.
Je partois pour jamais. Voilà comme je pars

> Je rentre, et dans les pleurs je retrouve la reine.
> J'oublie en même temps ma vengeance et sa haine;
> Je m'attendris aux pleurs qu'un rival fait couler;
> Moi-même à son secours je le viens appeler;
> Et, si sa diligence eût secondé mon zèle,
> J'allois, victorieux, le conduire auprès d'elle.
> Malheureux que je suis! avec quelle chaleur
> J'ai travaillé sans cesse à mon propre malheur!
> C'en est trop. De Titus porte-lui les promesses,
> Arsace. Je rougis de toutes mes foiblesses.
> Désespéré, confus, à moi-même odieux,
> Laisse-moi : je me veux cacher même à tes yeux.

Ce quatrième acte a conduit et soutenu l'action par des ressorts imperceptibles jusqu'au point où il semble qu'elle doive se terminer : on n'attend plus qu'une scène; et Racine va nous donner encore un acte. (G.)

ACTE CINQUIÈME.

SCÈNE PREMIÈRE.

ARSACE.

Où pourrai-je trouver ce prince trop fidèle?
Ciel, conduisez mes pas, et secondez mon zèle :
Faites qu'en ce moment je lui puisse annoncer
Un bonheur où peut-être il n'ose plus penser![1]

SCÈNE II.

ANTIOCHUS, ARSACE.

ARSACE.

Ah! quel heureux destin en ces lieux vous renvoie,[2]
Seigneur?

---

1. Selon Louis Racine, *un bonheur où j'aspire* est exact, *un bonheur où je pense* ne l'est pas. La grammaire donne la raison suivante de cette espèce de bizarrerie : le mot *où* s'emploie dans le sens d'*auquel*, avec un verbe qui marque une sorte de mouvement, tel qu'*aspirer, prétendre;* mais avec un verbe de repos, tel que *penser*, il signifie toujours *dans lequel*. D'après cette règle, qui souffre peut-être quelques exceptions en poésie, le vers de Racine est répréhensible, parce qu'on ne peut pas dire *un bonheur dans lequel je pense*. (A. M.)

2. Louis Racine demande ce qu'est devenu Antiochus, à qui Titus avait dit : *Voyez la reine;* et pourquoi Arsace est mieux instruit que lui de ce qui vient de se passer chez Bérénice. On peut répondre ce qu'il est fort naturel

ANTIOCHUS.

Si mon retour t'apporte quelque joie,
Arsace, rends-en grâce à mon seul désespoir.

ARSACE.

La reine part, seigneur.

ANTIOCHUS.

Elle part?

ARSACE.

Dès ce soir :
Ses ordres sont donnés. Elle s'est offensée
Que Titus à ses pleurs l'ait si longtemps laissée.
Un généreux dépit succède à sa fureur :
Bérénice renonce à Rome, à l'empereur ;
Et même veut partir avant que Rome instruite
Puisse voir son désordre et jouir de sa fuite.
Elle écrit à César.

ANTIOCHUS.

O ciel! qui l'auroit cru?

Et Titus?

ARSACE.

A ses yeux Titus n'a point paru.
Le peuple avec transport l'arrête et l'environne ;
Applaudissant aux noms que le sénat lui donne ;

de supposer, qu'Antiochus, persuadé par les dernières paroles de Titus qu'il ne reverra Bérénice que pour se réconcilier avec elle, n'a pas voulu d'abord être témoin de leur raccommodement, et qu'ensuite l'inquiétude naturelle aux amants malheureux l'a ramené vers l'appartement de la reine. C'est ce que semblent dire ces vers sur son retour :

... Rends-en grâce à mon seul désespoir.

Le spectateur, entièrement occupé ici de Titus et de Bérénice, l'est si peu d'Antiochus, que je ne pense pas que l'auteur fût obligé de rendre un compte plus détaillé des motifs de son absence. (L.)

Et ces noms, ces respects, ces applaudissements,
Deviennent pour Titus autant d'engagements,
Qui, le liant, seigneur, d'une honorable chaîne,
Malgré tous ses soupirs, et les pleurs de la reine,
Fixent dans son devoir ses vœux irrésolus.
C'en est fait : et peut-être il ne la verra plus.

ANTIOCHUS.

Que de sujets d'espoir, Arsace! je l'avoue :
Mais d'un soin si cruel la fortune me joue ;
J'ai vu tous mes projets tant de fois démentis,
Que j'écoute en tremblant tout ce que tu me dis ;
Et mon cœur, prévenu d'une crainte importune,
Croit, même en espérant, irriter la fortune.
Mais que vois-je? Titus porte vers nous ses pas.
Que veut-il?

SCÈNE III.

TITUS, ANTIOCHUS, ARSACE.

TITUS, à sa suite.

Demeurez : qu'on ne me suive pas.

(A Antiochus.)

Enfin, prince, je viens dégager ma promesse.
Bérénice m'occupe et m'afflige sans cesse.
Je viens, le cœur percé de vos pleurs et des siens,[1]
Calmer des déplaisirs moins cruels que les miens.

---

1. On dit figurément : *Vous me percez le cœur,* pour exprimer le violent chagrin qu'on nous cause; mais cette image perd ici de sa force en perdant de sa vérité. Des pleurs émeuvent, touchent, attendrissent, mais ils ne *percent* pas.

Venez, prince, venez : je veux bien que vous-même
Pour la dernière fois vous voyiez si je l'aime.

SCÈNE IV.

ANTIOCHUS, ARSACE.

ANTIOCHUS.

Hé bien, voilà l'espoir que tu m'avois rendu !
Et tu vois le triomphe où j'étois attendu !
Bérénice partoit justement irritée ;
Pour ne la plus revoir Titus l'avoit quittée.
Qu'ai-je donc fait, grands dieux ? Quel cours infortuné
A ma funeste vie aviez-vous destiné ?
Tous mes moments ne sont qu'un éternel passage
De la crainte à l'espoir, de l'espoir à la rage.
Et je respire encor ! Bérénice ! Titus !
Dieux cruels ! de mes pleurs vous ne vous rirez plus.

SCÈNE V.

TITUS, BÉRÉNICE, PHÉNICE.

BÉRÉNICE.

Non, je n'écoute rien. Me voilà résolue :
Je veux partir. Pourquoi vous montrer à ma vue ?
Pourquoi venir encore aigrir mon désespoir ?
N'êtes-vous pas content ? Je ne veux plus vous voir.

TITUS.

Mais, de grâce, écoutez.

ACTE V, SCÈNE V.

BÉRÉNICE.

Il n'est plus temps.

TITUS.

Madame,
Un mot.

BÉRÉNICE.

Non.

TITUS.

Dans quel trouble elle jette mon âme !
Ma princesse, d'où vient ce changement soudain ?

BÉRÉNICE.

C'en est fait. Vous voulez que je parte demain ;
Et moi, j'ai résolu de partir tout à l'heure :
Et je pars.

TITUS.

Demeurez.

BÉRÉNICE.

Ingrat, que je demeure !
Et pourquoi ? Pour entendre un peuple injurieux [1]
Qui fait de mon malheur retentir tous ces lieux ?
Ne l'entendez-vous pas cette cruelle joie,
Tandis que dans les pleurs moi seule je me noie ?

---

1. *Injurieux*, dans l'exactitude de la prose, ne peut s'appliquer qu'aux choses. Mais on sait que la poésie peut transporter les épithètes des choses aux personnes, et des personnes aux choses ; c'est un de ses priviléges et une de ses beautés, quand le goût préside au choix qu'elle en fait. On ne dirait pas non plus en prose *entendre une joie :* mais, comme *la joie* est bruyante,

> Ne l'entendez-vous pas cette cruelle joie ?

est un beau vers ; et toutes ces hardiesses bien amenées font la langue du poëte. Nous ne les remarquons pas toutes, à beaucoup près ; c'est à ceux qui veulent se former le goût et étudier les secrets de la versification à lire Racine dans cet esprit. (L.)

Quel crime, quelle offense a pu les animer?
Hélas! et qu'ai-je fait que de vous trop aimer?
TITUS.
Écoutez-vous, madame, une foule insensée?
BÉRÉNICE.
Je ne vois rien ici dont je ne sois blessée.
Tout cet appartement préparé par vos soins,
Ces lieux, de mon amour si longtemps les témoins,
Qui sembloient pour jamais me répondre du vôtre,
Ces festons, où nos noms enlacés l'un dans l'autre*
A mes tristes regards viennent partout s'offrir,
Sont autant d'imposteurs que je ne puis souffrir.
Allons, Phénice.
TITUS.
       O ciel! Que vous êtes injuste!
BÉRÉNICE.
Retournez, retournez vers ce sénat auguste
Qui vient vous applaudir de votre cruauté.
Hé bien! avec plaisir l'avez-vous écouté?
Êtes-vous pleinement content de votre gloire?
Avez-vous bien promis d'oublier ma mémoire?
Mais ce n'est pas assez expier vos amours :
Avez-vous bien promis de me haïr toujours?
TITUS.
Non, je n'ai rien promis. Moi, que je vous haïsse!
Que je puisse jamais oublier Bérénice!
Ah dieux! dans quel moment son injuste rigueur
De ce cruel soupçon vient affliger mon cœur!
Connoissez-moi, madame; et depuis cinq années
Comptez tous les moments et toutes les journées

VAR. *Ces chiffres, où nos noms enlacés l'un dans l'autre.*

Où, par plus de transports et par plus de soupirs,
Je vous ai de mon cœur exprimé les désirs :
Ce jour surpasse tout. Jamais, je le confesse,
Vous ne fûtes aimée avec tant de tendresse ;
Et jamais...

BÉRÉNICE.

Vous m'aimez, vous me le soutenez ;
Et cependant je pars, et vous me l'ordonnez ! [1]
Quoi ! dans mon désespoir trouvez-vous tant de charmes?
Craignez-vous que mes yeux versent trop peu de larmes?
Que me sert de ce cœur l'inutile retour?
Ah, cruel ! par pitié, montrez-moi moins d'amour :
Ne me rappelez point une trop chère idée,
Et laissez-moi du moins partir persuadée
Que déjà de votre âme exilée en secret,
J'abandonne un ingrat qui me perd sans regret.

(Titus lit une lettre.)

Vous m'avez arraché ce que je viens d'écrire.
Voilà de votre amour tout ce que je désire :
Lisez, ingrat, lisez, et me laissez sortir. [2]

TITUS.

Vous ne sortirez point, je n'y puis consentir.
Quoi ! ce départ n'est donc qu'un cruel stratagème !
Vous cherchez à mourir ! et de tout ce que j'aime

---

1. Racine revient ici à la célèbre réponse de Marie de Mancini. Bérénice a dit tout à l'heure : « Vous êtes empereur, et vous pleurez! » Elle dit maintenant : « Vous m'aimez, et je pars. » En rejoignant les deux vers, Voltaire a trouvé sa phrase complète.

2. Titus lisait tout haut cette lettre à la première représentation. Un mauvais plaisant dit que c'était le testament de Bérénice. Racine en fit supprimer la lecture. Bérénice y nnonçait qu'elle allait mourir et exprimait le vœu que ses cendres reposassent un jour près de celles de son amant.

Il ne restera plus qu'un triste souvenir !
Qu'on cherche Antiochus ; qu'on le fasse venir.

(Bérénice se laisse tomber sur un siége.)

SCÈNE VI.

TITUS, BÉRÉNICE.

TITUS.

Madame, il faut vous faire un aveu véritable :
Lorsque j'envisageai le moment redoutable
Où, pressé par les lois d'un austère devoir,
Il falloit pour jamais renoncer à vous voir ;
Quand de ce triste adieu je prévis les approches,
Mes craintes, mes combats, vos larmes, vos reproches,
Je préparai mon âme à toutes les douleurs *
Que peut faire sentir le plus grand des malheurs ;
Mais, quoi que je craignisse, il faut que je le die,[1]
Je n'en avois prévu que la moindre partie ;
Je croyois ma vertu moins prête à succomber,
Et j'ai honte du trouble où je la vois tomber.
J'ai vu devant mes yeux Rome entière assemblée ;
Le sénat m'a parlé ; mais mon âme accablée
Écoutoit sans entendre, et ne leur a laissé,
Pour prix de leurs transports, qu'un silence glacé.
Rome de votre sort est encore incertaine :
Moi-même à tous moments je me souviens à peine

---

* Var.   *Je m'attendis, madame, à toutes les douleurs.*

1. Nous avons déjà remarqué que l'usage permettait alors *je le die*, au lieu de *je le dise*. Racine a encore employé cette expression dans *Bajazet* et dans *Iphigénie*.

BÉRÉNICE

Si je suis empereur, ou si je suis Romain.
Je suis venu vers vous sans savoir mon dessein :
Mon amour m'entraînoit ; et je venois peut-être
Pour me chercher moi-même et pour me reconnaître.
Qu'ai-je trouvé ? Je vois la mort peinte en vos yeux ;
Je vois pour la chercher que vous quittez ces lieux :
C'en est trop. Ma douleur, à cette triste vue,
A son dernier excès est enfin parvenue :
Je ressens tous les maux que je puis ressentir ;
Mais je vois le chemin par où j'en puis sortir.
Ne vous attendez point que, las de tant d'alarmes,
Par un heureux hymen je tarisse vos larmes ;
En quelque extrémité que vous m'ayez réduit,
Ma gloire inexorable à toute heure me suit ;[1]
Sans cesse elle présente à mon âme étonnée
L'empire incompatible avec votre hyménée,
Me dit qu'après l'éclat et les pas que j'ai faits,*
Je dois vous épouser encor moins que jamais.
Oui, madame ; et je dois moins encore vous dire
Que je suis prêt pour vous d'abandonner l'empire,
De vous suivre et d'aller, trop content de mes fers,
Soupirer avec vous au bout de l'univers.
Vous-même rougiriez de ma lâche conduite ;
Vous verriez à regret marcher à votre suite
Un indigne empereur sans empire, sans cour,
Vil spectacle aux humains des foiblesses d'amour.[2]

---

1. Une gloire *inexorable*, pour une gloire qui ne lui permet pas de transiger avec elle, est une de ces expressions créées dont Racine offre tant d'exemples.

* VAR.   *Et je vois bien qu'après tous les pas que j'ai faits.*

2. Tout ce que dit Titus est d'une éloquence admirable : le sentiment,

Pour sortir des tourments dont mon âme est la proie,
Il est, vous le savez, une plus noble voie ;
Je me suis vu, madame, enseigner ce chemin,
Et par plus d'un héros, et par plus d'un Romain :
Lorsque trop de malheurs ont lassé leur constance,
Ils ont tous expliqué cette persévérance
Dont le sort s'attachoit à les persécuter,
Comme un ordre secret de n'y plus résister.
Si vos pleurs plus longtemps viennent frapper ma vue,
Si toujours à mourir je vous vois résolue,
S'il faut qu'à tout moment je tremble pour vos jours,
Si vous ne me jurez d'en respecter le cours,
Madame, à d'autres pleurs vous devez vous attendre ;
En l'état où je suis, je puis tout entreprendre :
Et je ne réponds pas que ma main à vos yeux
N'ensanglante à la fin nos funestes adieux.

BÉRÉNICE.

Hélas !

TITUS.

Non, il n'est rien dont je ne sois capable.
Vous voilà de mes jours maintenant responsable.
Songez-y bien, madame : et si je vous suis cher...

SCÈNE VII.

TITUS, BÉRÉNICE, ANTIOCHUS.

TITUS.

Venez, prince, venez, je vous ai fait chercher.

---

la noblesse, la bienséance, l'extrême élégance du style, tout se réunit pour faire de ce discours un des morceaux qui honorent le plus notre langue poétique. (G.)

ACTE V, SCÈNE VII.

Soyez ici témoin de toute ma foiblesse ;
Voyez si c'est aimer avec peu de tendresse.
Jugez-nous.

ANTIOCHUS.

Je crois tout : je vous connois tous deux.
Mais connoissez vous-même un prince malheureux.*
Vous m'avez honoré, seigneur, de votre estime ;
Et moi, je puis ici vous le jurer sans crime,
A vos plus chers amis j'ai disputé ce rang ;
Je l'ai disputé même aux dépens de mon sang.
Vous m'avez malgré moi confié, l'un et l'autre,
La reine, son amour, et vous, seigneur, le vôtre.
La reine, qui m'entend, peut me désavouer ;
Elle m'a vu, toujours ardent à vous louer,
Répondre par mes soins à votre confidence.
Vous croyez m'en devoir quelque reconnoissance ;
Mais le pourriez-vous croire, en ce moment fatal,**
Qu'un ami si fidèle étoit votre rival ?[1]

TITUS.

Mon rival !

ANTIOCHUS.

Il est temps que je vous éclaircisse.
Oui, seigneur, j'ai toujours adoré Bérénice.
Pour ne la plus aimer j'ai cent fois combattu :
Je n'ai pu l'oublier ; au moins je me suis tu.

---

* Var,   . . . *Je crois tout : je connois votre amour.*
Mais vous, connoissez-moi, seigneur, à votre tour.

** Var.   *Mais croiriez-vous, seigneur, en ce moment fatal.*

1. Cet aveu généreux d'Antiochus ajoute encore à l'intérêt de la situation. Cette réunion de trois malheureux, qui semblent disputer entre eux de générosité, forme un dénoûment d'une espèce unique dans la tragédie. (G.)

De votre changement la flatteuse apparence
M'avoit rendu tantôt quelque foible espérance :
Les larmes de la reine ont éteint cet espoir.
Ses yeux, baignés de pleurs, demandoient à vous voir :
Je suis venu, seigneur, vous appeler moi-même ;
Vous êtes revenu. Vous aimez, on vous aime ;
Vous vous êtes rendu : je n'en ai point douté.
Pour la dernière fois je me suis consulté ;
J'ai fait de mon courage une épreuve dernière ;
Je viens de rappeler ma raison tout entière :
Jamais je ne me suis senti plus amoureux.
Il faut d'autres efforts pour rompre tant de nœuds :
Ce n'est qu'en expirant que je puis les détruire ;
J'y cours. Voilà de quoi j'ai voulu vous instruire.
Oui, madame, vers vous j'ai rappelé ses pas :
Mes soins ont réussi, je ne m'en repens pas.
Puisse le ciel verser sur toutes vos années
Mille prospérités l'une à l'autre enchaînées !
Ou, s'il vous garde encore un reste de courroux,
Je conjure les dieux d'épuiser tous les coups
Qui pourroient menacer une si belle vie,
Sur ces jours malheureux que je vous sacrifie.

BÉRÉNICE, se levant.

Arrêtez, arrêtez ! Princes trop généreux,[1]
En quelle extrémité me jetez-vous tous deux !
Soit que je vous regarde, ou que je l'envisage,
Partout du désespoir je rencontre l'image,
Je ne vois que des pleurs, et je n'entends parler

---

1. Il ne faut pas être étonné que cette tragédie eût tant de charmes pour le grand Condé ; tout y respire la grandeur d'âme et l'héroïsme : le cœur n'y est point serré et affligé par des atrocités horribles ; on n'y répand que de douces larmes. (G.)

ACTE V, SCÈNE VII.

Que de trouble, d'horreurs, de sang prêt à couler.
(A Titus.)
Mon cœur vous est connu, seigneur, et je puis dire
Qu'on ne l'a jamais vu soupirer pour l'empire :
La grandeur des Romains, la pourpre des Césars
N'a point, vous le savez, attiré mes regards.
J'aimois, seigneur, j'aimois, je voulois être aimée.
Ce jour, je l'avouerai, je me suis alarmée :
J'ai cru que votre amour alloit finir son cours.
Je connois mon erreur, et vous m'aimez toujours.
Votre cœur s'est troublé, j'ai vu couler vos larmes :
Bérénice, seigneur, ne vaut point tant d'alarmes,
Ni que par votre amour l'univers malheureux,
Dans le temps que Titus attire tous ses vœux,
Et que de vos vertus il goûte les prémices,
Se voie en un moment enlever ses délices.
Je crois, depuis cinq ans jusqu'à ce dernier jour,
Vous avoir assuré d'un véritable amour.
Ce n'est pas tout : je veux, en ce moment funeste,
Par un dernier effort couronner tout le reste :
Je vivrai, je suivrai vos ordres absolus.
Adieu, seigneur, régnez : je ne vous verrai plus.
(A Antiochus.)
Prince, après cet adieu, vous jugez bien vous-même
Que je ne consens pas de quitter ce que j'aime
Pour aller loin de Rome écouter d'autres vœux.
Vivez, et faites-vous un effort généreux.
Sur Titus et sur moi réglez votre conduite :
Je l'aime, je le fuis; Titus m'aime, il me quitte.
Portez loin de mes yeux vos soupirs et vos fers.
Adieu. Servons tous trois d'exemple à l'univers
De l'amour la plus tendre et la plus malheureuse

Dont il puisse garder l'histoire douloureuse.
Tout est prêt. On m'attend. Ne suivez point mes pas.
(A Titus.)
Pour la dernière fois, adieu, seigneur.

ANTIOCHUS.

Hélas ! [1]

[1] Je n'ai rien à dire de ce cinquième acte, sinon que c'est en son genre un chef-d'œuvre, et qu'en le relisant avec des yeux sévères, je suis encore étonné qu'on ait pu tirer des choses si touchantes d'une situation qui est toujours la même; qu'on ait trouvé encore de quoi attendrir, quand on paraît avoir tout dit; que même tout paraisse neuf dans ce dernier acte, qui n'est que le résumé des quatre précédents. Le mérite est égal à la difficulté, et cette difficulté était extrême. On peut être un peu choqué qu'une pièce finisse par un *hélas!* Il fallait être sûr de s'être rendu maître du cœur des spectateurs pour oser finir ainsi. Voilà, sans contredit, la plus faible des tragédies de Racine qui sont restées au théâtre. Ce n'est pas même une tragédie. Mais que de beautés de détail, et quel charme inexprimable règne presque toujours dans la diction! Pardonnons à Corneille de n'avoir jamais connu ni cette pureté ni cette élégance. Mais comment se peut-il faire que personne, depuis Racine, n'ait approché de ce style enchanteur? Est-ce un don de la nature? est-ce le fruit d'un travail assidu? C'est l'effet de l'un et de l'autre. Il n'est pas étonnant que personne ne soit arrivé à ce point de perfection; mais il l'est que le public ait depuis applaudi avec transport à des pièces qui à peine étaient écrites en français, dans lesquelles il n'y avait ni connaissance du cœur humain, ni bon sens, ni poésie : c'est que les situations séduisent; c'est que le goût est très-rare. Il en a été de même dans d'autres arts. En vain on a devant les yeux des Raphaël, des Titien, des Paul Véronèse : des peintres médiocres usurpent après eux de la réputation, et il n'y a que les connaisseurs qui fixent à la longue le mérite des ouvrages. (VOLT.) — Cette note est un hommage éclatant rendu au génie de Racine, et au mérite particulier de cette pièce. Seulement il est fâcheux que Voltaire, après s'être épuisé en éloges, s'obstine à dire que ce n'est pas une tragédie. (G.)

FIN DE BÉRÉNICE

EXAMEN CRITIQUE
DE BÉRÉNICE.

L'éminent écrivain qui avait commencé à donner ses soins à la présente édition de Racine a laissé sa tâche inachevée. C'est à cet endroit qu'il s'est arrêté et que nous reprenons l'œuvre interrompue. M. Saint-Marc Girardin a lui-même indiqué (page 52, note 1) le sujet qu'il se proposait de traiter ici et qui s'impose de lui-même au commentateur : c'est l'histoire de la rivalité de Corneille et de Racine.

Lorsque Racine aborda le théâtre avec la *Thébaïde ou les Frères ennemis* en 1664, Corneille touchait au déclin de sa carrière. Les chefs-d'œuvre, *Cinna, Polyeucte,* datent de 1640. Cependant les succès avaient jusque-là balancé les chutes : *Sertorius,* qui fut justement applaudi, est de 1662 ; *Sophonisbe* (1663) et *Othon* (1664) reçurent encore un accueil favorable. Le poëte régnait souverainement sur le théâtre. C'était à qui lui rendrait hommage, et il n'est point exact de dire que Quinault, malgré le succès d'*Astrate*, ait jamais été mis en comparaison avec lui. Cette souveraineté était assez ombrageuse. La lettre de M. de Valincourt, que l'abbé d'Olivet inséra dans son *Histoire de l'Académie françoise,* contient ce passage important, qui marque le point de départ de la lutte entre les deux grands tragiques : « Un fait qui mérite plus d'attention et que je tiens de lui (Racine), c'est qu'étant allé lire au grand Corneille la seconde de ses tragédies, qui est *Alexandre,* Corneille lui donna beaucoup de louanges, mais en même temps lui conseilla de s'appliquer à tout autre genre de poésie qu'au dramatique, l'assurant qu'il n'y étoit pas propre. » La démarche de Racine séait bien à un débutant. Corneille jugea sans doute en bonne foi l'œuvre qu'on lui soumettait, mais ce jugement était capable de blesser un jeune homme susceptible et ayant le sentiment de sa valeur. Quelque discutable que la pièce pût paraître au vieux poëte, il y avait assurément de sa part de la sévérité et même de la rudesse à trouver qu'une telle tragédie, œuvre d'un jeune homme de vingt-cinq ans, n'annonçait aucune disposition pour le théâtre.

Alexandre, malgré cet arrêt, parut sur la scène ; il obtint un grand succès ; il souleva aussi d'âpres critiques. Tout ce qui était jeune, à commencer par le roi, se montrait sympathique au nouveau venu ; mais la génération vieillissante, qui avait été témoin des créations sublimes de Corneille, était mal disposée à partager son admiration ; elle cédait sans doute au sentiment général qui fait trouver un charme particulier aux plaisirs que l'on a éprouvés dans la jeunesse ; puis elle restait fidèle à un idéal plus grandiose.

La préface de Racine trahit la satisfaction du succès ; il s'y félicite que les Alexandres de son siècle (le roi, le prince de Condé) se sont hautement déclarés pour lui et il répond avec vivacité à ses censeurs. Un homme dont les jugements avaient un grand crédit, quoiqu'il vécût hors de France, Saint-Évremond, se rangea parmi ces derniers, non sans rendre justice toutefois au génie du nouveau poëte.

Il explique, dans une lettre à M. de Lionne, comment il fut amené à exprimer ses sentiments sur la tragédie de Racine et à envoyer cette critique à Paris. Une dame Bourneau « qu'il a fort vue en Angleterre et qui a l'esprit très-bien fait » lui a envoyé la tragédie d'*Alexandre,* avec prière de lui en donner son avis. Pour satisfaire cette dame, Saint-Évremond, sans s'être donné le loisir de bien lire la tragédie (c'est toujours lui-même qui retrace ces circonstances), écrivit à la hâte ce qu'il en pensait. Il se plaint de l'indiscrétion de sa correspondante : « Mme Bourneau m'a fait un très-méchant tour d'avoir montré un sentiment confus que je lui avois envoyé sur l'*Alexandre*... Moins religieuse que vous à se gouverner selon les sentiments de ses amis, il se trouve qu'elle a montré ma lettre à tout le monde. » Il paraît que ce « sentiment confus » avait de quoi blesser Racine, car Saint-Évremond ajoute : « Mme Bourneau m'attire aujourd'hui l'embarras que vous me mandez... Je ne connois point Racine. C'est un fort bel esprit que je voudrois servir ; et ses plus grands ennemis ne pourroient faire autre chose que ce que j'ai fait sans y penser. »

Pour réparer le mal autant qu'il se peut, il envoie à son ami la *Dissertation sur l'Alexandre* telle que nous l'avons dans les *Œuvres*, c'est-à-dire corrigée, développée et sans doute adoucie. Tout cela avait pris du temps, et l'on était alors au commencement de l'année 1668, après *Andromaque* (novembre 1667). Il commence par des compliments : « Depuis que j'ai lu le *Grand Alexandre*, la vieillesse de Corneille me donne bien moins d'alarmes, et je n'appréhende plus tant de voir finir avec lui la tragédie ; mais je voudrois qu'avant sa mort il adoptât l'auteur de cette pièce, pour former, avec la tendresse d'un père, son vrai successeur. Je voudrois qu'il lui donnât le bon goût de cette antiquité qu'il possède si avantageusement ; qu'il le fît entrer dans le génie de ces nations mortes et connoître sainement le caractère des héros qui ne sont plus. C'est, à mon avis, la seule chose qui manque à un si bel esprit. Il a des pensées fortes et hardies, des expressions qui égalent la force de ses pensées ; mais vous me permettrez de vous dire après cela qu'il n'a pas connu Alexandre ni Porus. »

M. Saint-Marc Girardin, dans l'examen critique de la tragédie d'*Alexandre*, a cité quelques-unes des objections les plus fortes adressées par Saint-Évremond à Racine [1]. Nous suivons ici un autre objet, et nous voulons voir seulement, dans cette critique, qui eut un grand retentissement, ce qui était fait pour aigrir la rivalité des deux auteurs tragiques. Dans toute cette dissertation, Saint-Évremond oppose constamment Corneille à Racine; de chaque reproche qu'il adresse à celui-ci, il tire un éloge pour celui-là ; *Alexandre* sert à faire valoir à ses dépens *Sophonisbe,* la tragédie de Corneille qui l'avait précédé :

« Porus est purement françois ; au lieu de nous transporter aux Indes, on l'amène en France, et il s'accoutume si bien à notre humeur, qu'il semble être né parmi nous ou du moins y avoir vécu toute sa vie... Un des grands défauts de notre nation, c'est de ramener tout à elle, jusqu'à nommer *étrangers* dans leur propre pays ceux qui n'ont pas bien ou son air ou ses manières. De là vient qu'on nous reproche justement de ne savoir estimer les choses que par le rapport qu'elles ont avec nous ; dont Corneille a fait une injuste et fâcheuse expérience dans sa *Sophonisbe.* Mairet, qui avoit dépeint la sienne infidèle au vieux Syphax et amoureuse du jeune et victorieux Massinisse, plut quasi généralement à tout le monde pour avoir rencontré le goût des dames et le vrai esprit des gens de la cour. Mais Corneille, qui fait mieux parler les Grecs que les Grecs, les Romains que les Romains, les Carthaginois que les citoyens de Carthage ne parloient eux-mêmes ; Corneille, qui presque seul a le bon goût de l'antiquité, a eu le malheur de ne plaire pas à notre siècle, pour être entré dans le génie de ces nations et avoir conservé à la fille d'Asdrubal son véritable caractère. Ainsi, à la honte de nos jugements, celui qui a surpassé tous nos auteurs, et qui s'est peut-être ici surpassé lui-même à rendre à ces grands noms tout ce qui leur étoit dû, n'a pu nous obliger à lui rendre tout ce que nous lui devons, asservis par la coutume aux choses que nous voyons en usage et peu disposés par la raison

---

1. Voy t I, p. 494-500.

à estimer des qualités et des sentiments qui ne s'accommodent pas aux nôtres. Concluons, après une considération assez étendue, qu'Alexandre et Porus devoient conserver leur caractère tout entier ; que c'étoit à nous à les regarder sur les bords de l'Hydaspe, tels qu'ils étoient, non pas à eux de venir sur les bords de la Seine étudier notre naturel et prendre nos sentiments. »

Nous n'insistons pas sur la critique elle-même et nous n'examinons point dans quelle mesure elle est juste et vraie. Nous ne remarquons que ce panégyrique continuel du vieux tragique au détriment du nouveau. Corneille fut très-sensible à cet hommage, d'autant plus sensible qu'il venait de subir un échec avec *Agésilas* (en 1666). Il écrivit à Saint-Évremond une lettre de remercîments, plaintive et amère, où il fait allusion aux avantages récents que son rival avait remportés. « Vous m'honorez de votre estime en un temps où il semble qu'il y ait un parti fait pour ne m'en laisser aucune. Vous me soutenez, quand on se persuade qu'on m'a abattu ; et vous me consolez glorieusement de la délicatesse de notre siècle, quand vous daignez m'attribuer le bon goût de l'antiquité. C'est un merveilleux avantage pour un homme qui ne peut douter que la postérité ne veuille bien s'en rapporter à vous. Aussi je vous avoue, après cela, que je pense avoir quelque droit de traiter de ridicules ces vains trophées qu'on établit sur le débris imaginaire des miens, et de regarder avec pitié ces opiniâtres entêtements qu'on avoit pour les anciens héros refondus à notre mode. »

Dans la société du xviie siècle, ces lettres étaient colportées dans les salons et les ruelles bien avant d'être imprimées, et la lettre de Saint-Évremond et celle de Corneille vinrent infailliblement à la connaissance de Racine. Le succès éclatant d'*Andromaque* rendit le jeune poëte moins sensible à la mauvaise humeur de son devancier. Il borna les représailles à introduire dans les *Plaideurs* un ou deux traits parodiant des vers du *Cid* :

> Ses rides sur son front gravoient tous ses exploits.
> (*Plaideurs*, acte Ier, scène v. — *Cid*, acte Ier, scène vi.)

> Viens, mon sang, viens, ma fille.
> (*Plaideurs*, acte II, scène ii. — *Cid*, acte Ier, scène i.)

Corneille en montra du dépit : « Ne tient-il donc qu'à un jeune homme, dit-il, de venir ainsi tourner en ridicule les vers des gens ! » Ce sont là des vétilles.

Mais quand *Britannicus* eut reçu un froid accueil, et que le nom de Corneille se trouva mêlé un peu trop ouvertement aux inimitiés qui avaient contribué à faire disparaître de la scène, après un petit nombre de représentations, une œuvre dont son auteur ne craignait pas de dire qu'il n'avait rien fait de plus solide, Racine, irritable et irrité, prit à parti son illustre devancier dans la préface de la première édition de la pièce.[1] On lui a reproché ces vivacités; elles sont faciles à expliquer, et lorsqu'on songe combien Racine était vigoureusement armé pour le sarcasme et la raillerie, on ne peut s'empêcher de reconnaître qu'il n'a pas poussé bien loin l'emportement ; il a comparé l'auteur du *Cid* au vieux poëte malintentionné dont se plaint Térence ; que pouvait-il dire de moins? Il eût mieux valu sans doute que les hostilités n'eussent pas été déclarées, mais il ne faut pas exagérer la gravité des représailles qu'il exerça.

L'incident le plus fâcheux de cette rivalité, c'est la compétition directe où ils furent mis par l'intervention de Mme Henriette. Cette aimable princesse, lorsqu'elle fit proposer à chacun des deux poëtes de faire une tragédie sur le sujet des adieux de Titus et de Bérénice, ne songeait pas sans doute à jouer un méchant tour au grand Corneille. Cependant elle lui préparait une défaite à peu près certaine. Ce sujet ne pouvait nullement lui convenir, tandis qu'il semblait, au contraire, choisi

---

[1]. Voy. ci-devant, p. 52.

exprès pour faire briller le talent de Racine. Appelé ainsi sur un terrain inégal, le vieil athlète eut la douleur de se voir vaincu, et certainement cette douleur d'un échec sur lequel il lui était difficile de se faire illusion dut lui être plus amère que tout ce qu'il avait éprouvé jusque-là.

Corneille continua à chicaner son adversaire à mesure que celui-ci produisit de nouvelles œuvres. « Étant une fois sur le théâtre à une représentation du *Bajazet*, rapporte Segrais, il me dit : « Je me garderois bien de le dire à d'autres que « vous, parce qu'on diroit que j'en parlerois par jalousie ; mais « prenez-y garde, il n'y a pas un seul personnage dans le « *Bajazet* qui ait les sentiments qu'il doit avoir, et que l'on a « à Constantinople : ils ont tous, sous un habit turc, le senti- « ment qu'on a au milieu de la France. » Il avoit raison, ajoute Segrais, et l'on ne voit pas cela dans Corneille : le Romain y parle comme un Romain, le Grec comme un Grec, l'Indien comme un Indien et l'Espagnol comme un Espagnol. » C'est la même objection que Saint-Évremond avait déjà formulée à propos d'*Alexandre* et que Corneille appliquait à la nouvelle pièce. Elle était le cheval de bataille, pour ainsi dire, des Cornéliens. La différence entre ce qu'on nomme à présent la couleur locale chez les deux grands tragiques ne nous paraît plus aussi sensible aujourd'hui qu'elle le paraissait aux contemporains.

Plus tard, le bon Corneille voulut être plus malicieux. Boursault avait fait représenter une tragédie de *Germanicus* qui figure dans ses œuvres. L'histoire en est même singulière. Boursault l'a rapportée lui-même dans une lettre à Mme la marquise de B..., sur l'indigence du théâtre. « Toutes les fois que vous allez à la première représentation d'une pièce sérieuse, vous croyez, dites-vous, aller à Athènes ou à Rome. Vous ne trouvez en votre chemin que des Grecs et des Romains. Encore sont-ils tous défigurés depuis que Corneille et Racine ne les font plus parler. Il vous semble que les auteurs qui ne peuvent faire tenir le même langage à leurs héros feroient mieux de les choisir dans un pays où l'on ne les ait pas tous mis en œuvre ; et vous dites qu'un grand homme de notre France dont la vie seroit pleine de belles actions, et qu'on feroit parler comme naturellement les honnêtes gens y parlent, feroit pour le moins autant de plaisir à voir que des héros dont les noms paroissent tout usés à force de les entendre répéter. Trouvez bon, madame, que je vous guérisse d'une erreur que j'ai eue avant vous, et dont je ne fis abjuration qu'après en avoir fait pénitence. Je ne vois rien dans notre langue de plus agréable que le petit roman de la *Princesse de Clèves* : les noms des personnages qui le composent sont doux à l'oreille et faciles à mettre en vers. L'intrigue intéresse le lecteur depuis le commencement jusqu'à la fin ; et le cœur prend part à tous les événements qui succèdent l'un à l'autre. J'en fis une pièce de théâtre, dont j'espérois un si grand succès que c'étoit le fonds le plus liquide que j'eusse pour le payement de mes créanciers, qui tombèrent de leur haut quand ils apprirent la chute de mon ouvrage. Faites-moi la grâce, madame, de ne point trembler pour eux : je les satisfis l'année suivante, et comme la *Princesse de Clèves* n'avoit paru que deux ou trois fois, on s'en souvint si peu un an après que, sous le nom de *Germanicus*, elle eut un succès considérable. »

On peut aisément s'imaginer ce que vaut cette Princesse de Clèves habillée à la romaine. Or le vieux Corneille, présentant la pièce de Boursault à l'Académie, s'avisa de dire qu'il ne manquait à cette tragédie, pour être achevée, que le nom de Racine. Boursault a lui-même raconté l'incident, en le tournant à son avantage, dans un avis imprimé en tête de sa tragédie : « Cette tragédie mit mal ensemble les deux premiers hommes de notre temps pour la poésie : je parle du célèbre M. de Corneille et de l'illustre M. Racine, qui disputoient tous deux de mérite et qui ne trouvent personne qui en dispute avec eux. M. de Corneille parla si avantageusement de cet ouvrage à l'Académie, qu'il lui échappa de dire qu'il ne lui manquoit que le nom de M. Racine pour être achevé ; dont M. Racine s'étant offensé, ils en vinrent à des paroles piquantes ; et depuis ce moment-là ils ont toujours vécu, non pas sans estime l'un pour l'autre (cela étoit impossible), mais sans amitié. Je cite cet endroit avec plaisir parce qu'il m'est extrêmement glorieux. Trouver *Germanicus* digne d'un aussi grand nom que celui de M. Racine, c'est en peu de mots en dire beaucoup de bien. Et que ce témoignage ait été rendu par un homme aussi fameux que M. de Corneille, c'est le plus grand honneur que je pusse recevoir. Le lecteur jugera, s'il lui plaît, qui des deux eut le plus de raison, l'un de dire ce qu'il dit, ou l'autre de s'en offenser. »

Ainsi la vanité d'un auteur l'abuse et lui fait tirer toutes choses à son avantage. Ce n'est pas, d'abord, de cette petite scène académique (Racine fut reçu à l'Académie le 12 juillet 1673) que date la brouille de Corneille et de Racine. Nous venons de voir que les hostilités avaient commencé de plus loin. Corneille, en disant qu'il ne manquait à la tragédie de Boursault que le nom de Racine pour être achevée, avait-il l'intention de faire un sérieux éloge de la pièce dont l'auteur nous a complaisamment exposé les métamorphoses? Ne voulait-il pas décocher plutôt une épigramme à Racine? C'est ce que supposa ce dernier. Eut-il tort? L'on sait que le grand Corneille avait fort peu de malice; il n'est pas impossible qu'il fût sincère; tout est possible de la part de ces grands hommes dépourvus de sens critique; mais Racine, on en conviendra, put fort bien s'y tromper.

Les succès de Racine, et les passions qu'ils excitèrent, eurent, du reste, cet effet de ranimer l'admiration pour Corneille. C'était avec l'éclatante renommée du vieux tragique qu'on essayait de faire échec à la fortune du nouveau venu. Tous les gens de la vieille cour, soutenus par la jalousie des écrivains dramatiques de second ordre, redoublaient d'enthousiasme. Saint-Évremond continuait à discuter la réputation croissante de Racine.

Il dit d'*Andromaque* : « Elle m'a semblé très-belle, mais je crois qu'on peut aller plus loin dans les passions et qu'il y a encore quelque chose de plus profond dans les sentiments que ce qui s'y trouve : ce qui doit exciter de la pitié ne donne que de la tendresse. Cependant, à tout prendre, Racine doit avoir plus de réputation qu'aucun autre... après Corneille. » Il dit de *Britannicus* : « Je l'ai lu avec assez d'attention pour y remarquer de belles choses. Il passe à mon sens l'*Alexandre* et l'*Andromaque*. Les vers en sont magnifiques ; et je ne serois pas étonné qu'on y trouvât du sublime. Cependant, je déplore le malheur de cet auteur d'avoir si dignement travaillé sur un sujet qui ne peut souffrir une représentation agréable. En effet, l'idée de Narcisse, d'Agrippine et de Néron, l'idée dis-je, si noire et si horrible qu'on se fait de leurs crimes, ne sauroit s'effacer de la mémoire du spectateur, et quelques efforts qu'il fasse pour se défaire de la pensée de leurs cruautés, l'horreur qu'il s'en forme détruit en quelque manière la pièce. » Et dans son opuscule sur les tragédies, après avoir placé Corneille hors de pair, il met Racine pêle-mêle avec les Tristan, Mairet, Duryer, Rotrou et Thomas Corneille : « Quelques louanges, dit-il, que je donne à cet excellent auteur (Corneille), je ne dirai pas que ses pièces soient les seules qui méritent l'applaudissement sur notre théâtre. Nous avons été touchés de *Mariane*, de *Sophonisbe*, d'*Alcionée*, de *Venceslas*, de *Stilicon*, d'*Andromaque*, de *Britannicus*, et de plusieurs autres à qui je ne prétends rien ôter de leur beauté pour ne les nommer pas. »

Mme de Sévigné était plus ardente et plus décidée. Elle écrit (15 janvier 1672) : « Croyez que jamais rien n'approchera, je ne dis pas surpassera, je dis que rien n'approchera des divins endroits de Corneille. » En envoyant *Bajazet* à sa fille (9 mars même année) : « Si je pouvois vous envoyer la Champmeslé, vous trouveriez cette comédie belle, mais sans elle, elle perd la moitié de ses attraits. Je suis folle de Corneille. Il faut que tout cède à son génie. » Et le 16 mars : « Je suis au désespoir que vous ayez eu *Bajazet* par d'autres que par moi. C'est ce chien de Barbin qui me hait parce que je ne fais pas des Princesses de Clèves[1] et de Montpensier. Vous en avez jugé très-juste et très-bien, et vous aurez vu que je suis de votre avis; je voulois vous envoyer la Champmeslé pour vous réchauffer la pièce. Le personnage de Bajazet est glacé; les mœurs des Turcs y sont mal observées; ils ne font point tant de façons pour se marier; le dénoûment n'est point bien préparé; on n'entre pas dans les raisons de cette grande tuerie. Il y a pourtant des choses agréables, mais rien de parfaitement beau, rien qui enlève, point de ces tirades de Corneille qui font frissonner. Ma fille, gardons-nous bien de lui comparer Racine; sentons-en la différence. Il y a des endroits froids et foibles et jamais il n'ira plus loin qu'*Alexandre* et qu'*Andromaque*. *Bajazet* est au-dessous, au sentiment de bien des gens et au mien, si j'ose me citer. Racine fait des comédies pour la Champmeslé, ce n'est pas pour les siècles à venir. Si jamais il n'est plus jeune, et qu'il cesse d'être amoureux, ce ne sera plus la même chose. Vive donc notre vieil ami Corneille. Pardonnons-lui de méchants vers en faveur des divines et sublimes beautés qui nous transportent; ce sont des traits de maître qui sont inimitables. Despréaux en dit encore plus que moi; et, en un mot, c'est le bon goût : tenez-vous-y. »

Ainsi la gloire du vieux tragique se raviva en quelque sorte au contact de la gloire naissante de Racine. Les dernières productions de sa veine épuisée trouvaient, grâce à cette rivalité, un meilleur accueil. *Pulchérie*, *Suréna* avaient des flatteurs, et Corneille pouvait s'entretenir dans une favorable illusion, et refuser de croire à l'affaiblissement de son génie. Lorsque Boileau disait :

> Que Corneille... rallumant son audace
> Soit encor le Corneille et du *Cid* et d'*Horace!*

---

1. La *Princesse de Clèves* n'était pas encore imprimée. On suppose que les premiers éditeurs ont substitué ce titre à celui d'une autre nouvelle, *Zayde*, par exemple, qui avait déjà paru.

« Ne le suis-je pas toujours! » s'écriait le grand homme avec un douloureux dépit ; et quand le roi, en 1676, fit représenter successivement à la cour *Cinna, Pompée, Horace, Sertorius, Œdipe, Rodogune,* le poëte adressa à Louis XIV un remercîment où il lui disait :

> Achève, les derniers n'ont rien qui dégénère,
> Rien qui les fasse croire enfants d'un autre père.
> Ce sont des malheureux étouffés au berceau...
> Le peuple, je l'avoue, et la cour les dégradent ;
> Je foiblis, ou du moins ils se le persuadent.
> Pour bien écrire encor j'ai trop longtemps écrit,
> Et les rides du front passent jusqu'à l'esprit.
> Mais contre cet abus que j'aurois de suffrages,
> Si tu donnois les tiens à mes derniers ouvrages !
> Que de tant de bontés l'impérieuse loi
> Ramèneroit bientôt et peuple et cour vers moi !
> « Tel Sophocle à cent ans charmoit encore Athènes,
> Tel bouillonnoit encor son vieux sang dans ses veines,
> Diroient-ils à l'envi, lorsque OEdipe aux abois
> De ses juges pour lui gagna toutes les voix. »

Et tournant sa pensée vers ses rivaux avec une insurmontable amertume :

> Je n'irai pas si loin ; et si mes quinze lustres
> Font encor quelque peine aux modernes illustres,
> S'il en est de fâcheux jusqu'à s'en chagriner,
> Je n'aurai pas longtemps à les importuner.

Corneille ne pouvait prendre son parti de ces succès qui semblaient faire tort aux siens : faiblesse humaine, à laquelle nous compatissons, et que bien des tristesses expliquent dans la vie du grand homme. Nous en voyons là, du reste, la dernière et plus vive expression. Il ne faut pas, comme l'a fait Louis Racine dans ses Mémoires sur la vie de son père, et comme l'a répété récemment (janvier 1875) M. Legouvé dans une conférence sur Samson et ses élèves, attribuer à la même époque les vers célèbres de l'*Excuse à Ariste,* qui date de 1637 et du lendemain du *Cid.*

Racine triomphant avec *Bajazet*, avec *Mithridate*, avec
Iphigénie, quoiqu'il fût toujours harcelé par les amis exclusifs
de Corneille, quoique toutes les cabales se couvrissent contre
lui du nom et de l'admiration de Corneille, ne dirigea plus
aucune attaque contre l'illustre vieillard. Dans les deuxièmes
éditions de ses pièces, il eut soin de supprimer des préfaces
antérieures tout passage tant soit peu agressif, et même toute
apologie; et quand, à la mort de Corneille, Racine reçut à
l'Académie le frère du défunt, il fit un magnifique éloge de
son devancier.

En résumé, il n'y a rien dans l'histoire de cette rivalité
qui abaisse ou diminue les deux grands poëtes et même ne
leur fasse honneur. Racine, à qui seul on a fait quelques
reproches, ne les mérite point. Il ne devait pas sans doute
renoncer à la gloire dans la crainte de porter ombrage à un
prédécesseur chagrin. Il avait droit de défendre ses succès, dans
une carrière qui fut pour lui pleine de querelles et de luttes.
Racine ne jouit point de cette admiration sereine et incontestée
qui avait entouré Corneille pendant de longues années. Il fut
toujours militant, toujours combattu jusqu'au dernier jour;
et *Athalie* même fut attaquée par l'envie.

Mais revenons à ce duel, comme disait Fontenelle, provoqué par Mme Henriette d'Orléans, et aux deux *Bérénices* qui
furent représentées à sept jours d'intervalle : la tragédie de
Racine, *Bérénice,* le 21 novembre 1670, sur le théâtre de l'Hôtel
de Bourgogne ; la tragédie de Corneille, *Tite et Bérénice,* le
28 novembre, sur le théâtre du Palais-Royal. Nous avons fait
observer déjà que le choix des armes, c'est-à-dire du sujet,
favorisait Racine. Il était assuré aussi d'une interprétation
plus parfaite.

La tragédie était mieux jouée à l'Hôtel de Bourgogne
qu'au Palais-Royal. La troupe de Molière, qui était en possession du théâtre du Palais-Royal, excellait dans la comédie, mais
était faible dans le tragique. Ce fut la femme de Molière,
Armande Béjart, qui joua la Bérénice de Corneille. La Tho-

rillière remplit le rôle de Titus. A l'Hôtel de Bourgogne, la Champmeslé joua Bérénice. Elle avait vingt-six ans; elle n'avait été engagée dans la troupe royale qu'à la rentrée de Pâques de cette année; elle jouait pour la première fois dans une pièce de Racine et prêtait à ses beaux vers cette voix si touchante qui allait droit au cœur, comme dit La Fontaine. Ce fut un enchantement. Racine reconnut aussitôt en elle l'artiste qui devait donner la vie à ses nobles et poétiques héroïnes. Le personnage de Titus était rempli par Floridor, un acteur jouissant d'une grande autorité sur le public. C'était un gentilhomme; de son vrai nom : Josias de Soulas, écuyer, sieur de Prinefosse. Telle était la sympathie extrême des Parisiens pour cet acteur, qu'au dire de Montchesnay, cette sympathie même avait nui au succès de *Britannicus* : « Tout le monde, dit l'auteur du *Bolæana*, souffroit de lui voir représenter Néron et d'être obligé de lui vouloir du mal. Cela fut cause qu'on donna le rôle à un acteur moins chéri; et la pièce s'en trouva mieux. » Cette fois, le rôle de Titus offrait au contraire un libre cours à cette tendresse singulière.

La tragédie de Racine obtint un grand succès. Nous n'avons plus les registres de l'Hôtel de Bourgogne qui auraient pu nous donner des renseignements précis sur ce point; mais le poëte constate dans sa préface que la trentième représentation avait été aussi suivie que la première. [1]

Grâce au registre de La Grange, nous avons des détails exacts sur les représentations de la tragédie de Corneille. En voici la suite :

Vendredi 28 novembre 1670, *Bérénice*,
   pièce nouvelle de M. de Corneille
   l'aîné, dont on lui a payé 2,000 liv.   1,913[1],10^s
   Dimanche 30 novembre. . . . .   1,669 »
   Mardi   2 décembre . . . .   935 »

---

1. Voyez p. 277.

Vendredi 12 décembre	1,080[1]	»
Dimanche 14 —	1,216	»
Mardi 16 —	655	»
Vendredi 26 —	626	»
Dimanche 28 —	719	»
Mardi 30 —	581,	10s
Vendredi 9 janvier 1671	626	»
Dimanche 11 — —	896	»
Mardi 13 — —	641,	10s
Vendredi 23 — —	622,	10s
Dimanche 25 — —	500,	10s
Vendredi 30 — —	784,	10s
Vendredi 13 février	337	»
Dimanche 15 —	634	»
Mardi 17 —	228,	10s
Dimanche 1er mars. *Bérénice* et le *Désespoir extravagant*[1]	346,	10s
Mardi 3 mars. *Bérénice* et le *Fin lourdaud*[2]	159,	5s
Dimanche 8 mars. Idem et le *Désespoir*.	206,	10s

Tite et Bérénice eut donc vingt et une représentations qui se suivirent à peu d'intervalle et fournirent une recette totale de 15,377[1] 15s. Ce n'était pas du tout une chute, pour le temps. Plusieurs des chefs-d'œuvre de Molière, le *Misanthrope*, l'*Avare*, les *Femmes savantes*, n'en eurent pas davantage dans leur nouveauté ; la curiosité publique avait été évidemment excitée par la lutte des deux célèbres poëtes.

Corneille avait cherché à donner plus d'étoffe, pour ainsi dire, à sa tragédie. A côté des deux personnages, Tite et Bérénice, il en a placé deux autres, Domitian et Domitie, qui sont aussi au premier plan. Domitian aime Domitie, la fille

---

1. Pièce de Subligny.
2. Ou plutôt le *Feint lourdaud*, d'un anonyme.

de Corbulon, que Tite va épouser dans quatre jours, plutôt par raison d'État et pour prévenir de futures discordes, que par tendresse, car le cœur de l'empereur est toujours attaché à la reine Bérénice qui est absente. Domitie ne recherche la main de Tite que par ambition, et pour s'élever au premier rang; sans cela, elle aurait plus d'inclination pour Domitian dont elle a jadis encouragé la tendresse.

Au moment où se préparent les noces de Tite et de Domitie, survient la reine Bérénice, dont la présence remet tout en question. Son pouvoir sur l'empereur est toujours aussi grand, jusque-là qu'il lui propose de renoncer aux pompes impériales; il lui dit :

> Eh bien, madame, il faut renoncer à ce titre
> Qui de toute la terre en vain me fait l'arbitre.
> Allons dans vos États m'en donner un plus doux ;
> Ma gloire la plus haute est celle d'être à vous.
> Allons où je n'aurai que vous pour souveraine,
> Où vos bras amoureux seront ma seule chaîne,
> Où l'hymen en triomphe à jamais l'étreindra ;
> Et soit de Rome esclave et maître qui voudra !

A quoi Bérénice, qui, dans la pièce de Corneille, a tout le beau rôle, répond sagement :

> Il n'est plus temps : ce nom, si sujet à l'envie,
> Ne se quitte jamais, seigneur, qu'avec la vie.

Domitie, menacée de se voir délaissée, est furieuse et promet de tirer vengeance d'une telle trahison. Domitian, au contraire, espérant ainsi rentrer en possession de celle qu'il aime, favorise la passion de son frère. C'est grâce à son influence que le sénat adopte la reine Bérénice et que Rome se montre empressée à voir l'union de l'empereur avec cette reine. Mais Bérénice refuse à son tour ; du moment où elle n'a plus qu'à le vouloir pour être impératrice, elle trouve sa gloire satisfaite, et, prévoyant les inconvénients qui pourraient naître pour l'empereur et pour l'empire d'un triomphe qui aurait peut-être un funeste lendemain, elle prend la résolution de s'éloigner.

> L'amour peut-il se faire une si dure loi ?

dit Tite qui insiste pour la retenir.

> La raison me la fait malgré vous, malgré moi,

répond la reine, traduisant l'*invitus invitam...* de Suétone. Titus, admirant cette hauteur de sentiments, déclare qu'il renonce à se marier. Bérénice reprend :

> Vous vous devez des fils, et des Césars à Rome,
> Qui fassent à jamais revivre un si grand homme.

Titus persiste dans sa résolution :

> Pour revivre en des fils nous n'en mourons pas moins,
> Et vous mettez ma gloire au-dessus de ces soins.

Il associera son frère à l'empire et l'unira à Domitie. Tel est le dénoûment de la tragédie de Corneille, qui fut très-approuvé de son temps.

Il est évident que Corneille a songé beaucoup moins que Racine aux allusions que l'histoire de Titus et de Bérénice pouvait offrir. Il ne paraît pas avoir été dans le secret des intentions de Mme Henriette. De là vient qu'il a cherché de divers côtés l'intérêt, l'émotion que Racine a si habilement concentrés sur le seul point important.

La lutte des deux rivaux fournit aux beaux esprits critiques l'occasion de briller à leur tour. Dès les premiers jours de l'année 1670, l'abbé Montfaucon de Villars fit paraître la *Critique de Bérénice*,[1] dirigée contre la tragédie de Racine et qui fut par conséquent accueillie favorablement par les partisans exclusifs de Corneille. L'abbé de Villars piqua la susceptibilité de Racine, qui lui répliqua avec une vivacité extrême

---

[1] A Paris, chez Louis Billaine, Michel Le Petit et Étienne Michaut. Le privilége du roi est du dernier jour de décembre 1670.

dans la préface de sa tragédie, de telle sorte que « l'auteur des Sylphides, des Gnomes et des Salamandres[1] » a fait un bon calcul, s'il a écrit, comme Racine le prétend, « dans l'espérance qu'on se donnera la peine de lui répondre et qu'on le tirera de l'obscurité. » Aujourd'hui encore, on ne saurait s'occuper de *Bérénice* sans nommer au moins l'abbé de Villars.

Impartial dans la censure, le même critique fit suivre sa lettre sur la *Bérénice* de Racine d'une lettre où il ménageait moins encore *Tite et Bérénice* de Corneille. Un anonyme prit la défense de Racine. Cette *Réponse* est communément attribuée à Subligny, auteur de la *Folle querelle,* mais le dernier éditeur de Racine, M. Paul Mesnard, croit qu'elle est plutôt de l'abbé de Saint-Ussans.

Saint-Évremond, dans sa Dissertation sur les caractères des tragédies, attaqua également la tragédie de Racine et celle de Corneille.[2]

L'épicurien Chapelle ne se fit pas prier, si l'on en croit Louis Racine, pour dire son sentiment. « Que pensez-vous de *Bérénice?* lui demanda le poëte. — Ce que j'en pense :

> Marion pleure, Marion crie,
> Marion veut qu'on la marie. »

Cette plaisanterie aurait chagriné Racine, qui avait tort, à ce qu'il semble, de s'attendre à trouver le joyeux convive fort sensible aux souffrances des deux amants.

Bussy-Rabutin dit pareillement son mot dans sa correspondance.[3] Il est surtout préoccupé de se faire un rôle dans l'affaire et de montrer comment il aurait agi à la place de Titus et de

---

1. C'est ainsi que l'appelle Mme de Sévigné, faisant allusion à un opuscule singulier qu'il avait mis au jour sous ce titre : *le Comte de Gabalis ou Entretiens sur les sciences secrètes.* A Cologne, chez Pierre Marteau, à la Sphère (sans date).
2. V. *Les véritables œuvres de M. de Saint-Évremond,* Londres, 1707, t. II, p. 148.
3. 13 août 1671.

Bérénice : « Si Titus eût parlé ferme à Paulin, il auroit trouvé tout le monde soumis à ses volontés. Voilà comme j'en aurois usé, madame, et ainsi j'aurois accordé la gloire avec l'amour. » Ainsi tous les caractères se montrent au vif, à propos d'une simple question de goût.

Racine eut d'autre part de quoi se consoler de ces critiques. Il eut l'approbation du roi ; il put, dans son épître à Colbert, prendre le ministre à témoin que sa pièce n'avait pas déplu à Sa Majesté. Le grand Condé fit à la tragédie même une application flatteuse de ces deux vers :

> Depuis cinq ans entiers chaque jour je la vois,
> Et crois toujours la voir pour la première fois.
>
> (Acte II, scène IV.)

Nous ne parlerons pas d'une comédie en trois actes et en prose, intitulée *Tite et Titus ou les Bérénices,* d'un auteur anonyme, imprimée à Utrecht en 1673. C'est une sorte de procès entre les deux tragédies citées à comparaître par devant le tribunal d'Apollon. Le jugement est plus favorable aux personnages de Racine qu'à ceux de Corneille. Toutefois « les uns et les autres auroient mieux fait de se tenir au pays d'histoire dont ils sont originaires que d'avoir voulu passer dans l'empire de la poésie, ce à quoi ils n'étoient nullement propres et où, pour dire la vérité, on les a amenés, à ce qu'il me semble, assez mal à propos. » Boileau aurait été de ce dernier avis, si l'on s'en rapporte à Louis Racine : « Si j'avais été là, se serait-il écrié en parlant de la démarche faite auprès de Racine de la part de la duchesse d'Orléans, je l'aurais bien empêché de donner sa parole ! » Félicitons-nous, en ce cas, que Boileau fût absent, car *Bérénice,* sans compter parmi les chefs-d'œuvre tragiques, fait à ravir dans l'ensemble de l'œuvre de Racine.

Bérénice rencontra, du reste, chez les contemporains, plus de complaisance que de sévérité. Elle était une des pièces de Racine les mieux accueillies du public. Les représentations en sont inscrites sur le registre de La Grange, pendant près de cinq années, du mois d'août 1680 au mois de septembre 1685. Nous voyons, dans cet espace de temps, *Bérénice* jouée quatorze fois à Paris et quatre fois à Saint-Germain et à Versailles.

C'est dans cet espace de temps, pendant que *Bérénice* était représentée à l'Hôtel de Guénégaud, que les Italiens, restés en possession de l'Hôtel de Bourgogne, en jouèrent une parodie. Cette parodie fait partie d'une pièce intitulée *Arlequin-Protée*, dont l'auteur est Nolant de Fatouville, conseiller en la cour des aides de Rouen; les scènes françaises ont été recueillies dans le *Théâtre Italien* de Gherardi. Elle fut jouée pour la première fois le 11 octobre 1683. Le fameux Arlequin Dominique remplissait le rôle de Titus, et Catherine Biancolelli, sa fille, qui avait débuté cette année même sous le nom de Colombine, était chargée du rôle de Bérénice. [1]

Cette bouffonnerie paraît aujourd'hui plus grossière que piquante.

COLOMBINE, seule.

... Moi Bérénice! ah dieux! par où m'y prendre?
Aurai-je un port de voix et languissant et tendre?
Et puis-je prononcer sur le ton langoureux :
Si Titus est jaloux, Titus est amoureux?
Tantôt devant Titus il faut que je soupire.
Mais quoi? mon sérieux fera mourir de rire.
Bérénice aura beau pousser deux mille hélas,
En voyant Colombine on ne la croira pas.
Mais Titus vient. Rentrons pour prendre un port de reine.

ARLEQUIN EN TITUS, SCARAMOUCHE EN PAULIN.

ARLEQUIN.

A-t-on vu de ma part le roi de Comagène?
Sait-il que je l'attends?

SCARAMOUCHE.

Si signor, si signor.

ARLEQUIN.

Parle françois. Je dis que tu n'es qu'un butor.
Réponds, âne : que fait la reine Bérénice?

---

1. Voyez, sur ces acteurs célèbres, *Molière et la Comédie italienne* par L. Moland, p. 305.

SCARAMOUCHE.

La rena Bérénice... elle est là haut qui p...
Signor.... et per se

ARLEQUIN.

Parle, achève, fi donc! quel Paulin! quelle bête!
Diable soit de Paulin et de sa confidence!
Cheval, âne bâté, va, sors de ma présence.
Cours apprendre ton rôle, évite ma fureur,
Indiscret confident d'un discret empereur...

COLOMBINE en BÉRÉNICE, ARLEQUIN en TITUS.

COLOMBINE.

. . . . Non, laissez-moi, vous dis-je.
En vain tous vos conseils me retiennent ici.
Il faut que je le voie. Ah! pargué! le voici.
Hé bien, il est donc vrai que Titus m'abandonne!
Il faut nous séparer, et c'est lui qui l'ordonne!
       Elle le pousse.

ARLEQUIN.

Ne poussez point, madame, un prince malheureux...

COLOMBINE.

Rome a ses droits; seigneur, n'avez-vous pas les vôtres?
Ses intérêts sont-ils plus sacrés que les nôtres?
Répondez donc.
   Elle le tire par la manche, et la lui déchire.

ARLEQUIN.

Hélas! que vous me déchirez!

Voilà un spécimen de ces plaisanteries qui empruntaient sans doute tout leur sel aux grimaces de Dominique. Louis Racine, dans ses Mémoires sur la vie de son père, dit que le poëte assista à cette parodie bouffonne : « Il y parut rire comme les autres; mais il avouoit à ses amis qu'il n'avoit ri qu'extérieurement. La rime indécente qu'Arlequin mettoit à la suite de la *reine Bérénice* le chagrinoit au point de lui faire oublier le concours du public à sa pièce, les larmes des spectateurs et les éloges de la cour. C'étoit dans de pareils moments qu'il se dégoûtoit du métier de poëte et qu'il faisoit résolution d'y renoncer : il reconnoissoit la foiblesse de l'homme et la vanité de notre amour-propre que si peu de chose humilie. » On a fait observer que, la parodie des Italiens n'ayant été représentée que treize ans après *Bérénice*, et six ans après *Phèdre*, Racine ne devait plus être aussi sensible à quelques railleries. Il n'en faut pas moins tenir compte du récit de Louis Racine, car il y a sans aucun doute à ce récit quelque fondement.

Les discussions continuèrent au xviiie siècle. L'abbé Dubos, dans ses *Réflexions sur la poésie et la peinture*, censura la tragédie de Racine. En 1724, l'abbé Pellegrin en fit une critique dans le *Mercure de France*. Jean-Jacques Rousseau la condamna au nom de la morale.

« Le rôle de Titus très-bien rendu, dit Rousseau en parlant de la représentation à laquelle il avait assisté, eût fait de l'effet s'il eût été plus digne de lui ; mais tous sentirent que l'intérêt principal étoit pour Bérénice et que c'étoit le sort de son amour qui déterminoit l'espèce de la catastrophe. Non que ses plaintes continuelles donnassent une grande émotion durant le cours de la pièce ; mais au cinquième acte, où cessant de se plaindre, l'air morne, l'œil sec et la voix éteinte, elle faisoit parler une douleur froide approchante du désespoir, l'art de l'actrice ajoutoit au pathétique du rôle ; et les spectateurs vivement touchés commençoient à pleurer quand Bérénice ne pleuroit plus. Que signifioit cela, sinon qu'on trembloit qu'elle ne fût renvoyée ; qu'on sentoit d'avance la douleur dont son cœur seroit pénétré, et que chacun auroit voulu que Titus se laissât vaincre, même au risque de l'en moins estimer ? Ne voilà-t-il pas une tragédie qui a bien rempli son objet et qui a bien appris aux spectateurs à surmonter les foiblesses de l'amour ! L'événement dément ces vœux secrets, mais qu'importe ? Le dénoûment n'efface point l'effet de la pièce. La reine part sans le congé du parterre. L'empereur la renvoie *invitus invitam*, on peut ajouter *invito spectatore*. Titus a beau rester Romain, il est seul de son parti : tous les spectateurs ont épousé Bérénice. »

La tragédie n'a pas pour objet d'enseigner à surmonter les

faiblesses de l'amour, ce n'est point un cours de morale. Son objet est d'émouvoir noblement, et c'est ce que *Bérénice* fait sans contredit.

On se préoccupait extrêmement, au XVIIIe siècle, de savoir si *Bérénice* était bien une tragédie ; si ce n'était pas plutôt une élégie, une églogue. Voltaire, La Harpe et même Louis Racine hésitent sur ce point. Ces scrupules ont complétement disparu. *Bérénice* est une tragédie à part, il est vrai, mais belle et touchante. « Titus, dit M. Sainte-Beuve, exprime en lui le caractère tragique en ce sens qu'il soutient une lutte généreuse, qu'il sort du penchant tout naturel et vulgaire, qu'il a le haut sentiment de la dignité souveraine et de ce qu'on doit à ce rang de maître des humains. » Racine lui-même avait, du reste, dans l'excellente préface de la pièce, très-pertinemment réfuté l'objection. « Ce n'est point, dit-il, une nécessité qu'il y ait du sang et des morts dans une tragédie ; il suffit que l'action en soit grande, que les acteurs en soient héroïques, que les passions y soient excitées, et que tout s'y ressente de cette tristesse majestueuse qui fait tout le plaisir de la tragédie. »

De grandes tragédiennes se sont distinguées dans le rôle de Bérénice. Le nom d'Adrienne Lecouvreur rend mémorable la reprise de 1724. La tradition a conservé un vif souvenir du triomphe de Mlle Gaussin en 1752 ; c'est l'actrice dont parlait tout à l'heure J.-J. Rousseau. On connaît l'anecdote du factionnaire placé sur le théâtre, qui, fondant en larmes, laissa tomber son fusil. Elle paraît authentique.

Mlle George joua *Bérénice* en 1807 ; Mlle Rachel, en 1844. Voici ce que dirent de cette dernière Sainte-Beuve et Théophile Gautier : « Un organe pur, encore vibrant et à la fois attendri, dit Sainte-Beuve, un naturel, une beauté continue de diction, une décence tout antique de pose, de gestes, de draperies, ce goût suprême et discret qui ne cesse d'accompagner certains fronts vraiment nés pour le diadème, ce sont là les traits charmants sous lesquels Bérénice nous est apparue ; et lorsqu'au dernier acte, pendant le grand discours de Titus, elle reste appuyée sur le bras du fauteuil, la tête comme abîmée de douleur, puis lorsqu'à la fin elle se relève lentement, au débat des deux princes, et prend, elle aussi, sa résolution magnanime, la majesté tragique se retrouve alors, se déclare autant qu'il sied et comme l'a entendu le poëte; l'idéal de la situation est devant nous. » Et Théophile Gautier : « Mlle Rachel, à peine remise d'une longue maladie, a joué, sinon avec tous ses moyens, du moins avec toute son intelligence. Le rôle de Bérénice n'est pas de ceux qui conviennent à son talent, non pas que nous voulions réduire la jeune tragédienne aux rôles de furies et de vipères. Nous ne sommes pas de ceux qui lui refusent la sensibilité... Seulement, dans *Bérénice* elle ne trouve pas l'occasion de faire voir ses autres qualités. Comme perfection de débit elle a été toujours irréprochable, et, dans la dernière scène, elle s'est montrée tendre, expansive, langoureuse, éplorée, complète en un mot. De ses lèvres, dont l'arc sévère décoche si cruellement l'ironie aux pointes acérées, elle laissait tomber des plaintes molles comme des murmures de colombe mourante, et elle a dit surtout ces vers à Antiochus avec un accent profondément vrai et pénétré :

> Prince, après cet adieu, vous jugez bien vous-même, etc. »

Concluons par ces mots de Voltaire : « Toutes les fois qu'il s'est trouvé un acteur et une actrice capables d'intéresser dans les rôles de Titus et de Bérénice, cet ouvrage dramatique a toujours excité les applaudissements les plus vrais, ce sont les larmes. »

FIN DE L'EXAMEN CRITIQUE DE BÉRÉNICE

BAJAZET

TRAGÉDIE

1672

NOTICE PRÉLIMINAIRE

Jusqu'ici, dans la *Thébaïde, Alexandre, Andromaque, Britannicus* et *Bérénice,* Racine est resté fidèle à la haute antiquité. Il va quitter ce domaine consacré de la tragédie, et nous transporter chez un peuple moderne, à Constantinople. Ce n'était pas une innovation qu'il tentait ainsi, et, dès les commencements de notre théâtre tragique, l'histoire des sultans avait eu le privilége de disputer le pas aux Grecs et aux Romains. L'effroi que la puissance ottomane répandit longtemps en Europe, le lointain grandiose dans lequel les usages et les mœurs de ces Asiatiques apparaissaient aux imaginations, les récits romanesques qui avaient cours sur le sérail et sur les événements mystérieux qui s'y accomplissaient, la terrible renommée des Mahomet, des Soliman, des Amurat, tout cela inspira de bonne heure aux auteurs de tragédies la pensée de chercher dans cet empire pittoresque le sujet de leurs sombres tableaux. Dès le XVIe siècle, Gabriel Bounin faisait imprimer une pièce intitulée *la Soltane,*[1] dont le sujet était la mort de Mustapha, fils de Soliman, étranglé par l'ordre de son père. Au XVIIe siècle, Mairet fit sur le même événement une tragédie intitulée *le Grand et Dernier Soliman ou la Mort de Mustapha* (1639). On cite encore le *Soliman,* de Dalibray, traduit de l'italien du comte Bonarelli (1637), la *Roxelane,* de Desmares (1643), *Ibrahim ou l'Illustre Bassa,* de Scudéry (1643), *le Grand Tamerlan et Bajazet,* de Magnon (1648), *Soli-*

1. Paris, Guillaume Morel, 1561, in-4º.

man ou *l'Esclave généreuse*, de Jacquelin (1652), l'*Osman*, de Tristan l'Hermite (1656), toutes pièces turques ayant servi de precédents à celle de Racine.

On a signalé quelque ressemblance entre la fille du Mufti, dans la pièce d'*Osman*, de Tristan l'Hermite, et la Roxane de Racine, mais cette ressemblance est assez éloignée. La fille du Mufti aime le sultan. Son amour rebuté se change en fureur; les janissaires conspirent contre Osman; elle fomente la sédition qu'elle tâche ensuite d'apaiser, lorsqu'elle s'imagine pouvoir toucher le cœur de son amant. Ses derniers refus la déterminent à l'abandonner à son triste sort; et, enfin, apprenant sa mort, elle succombe à son désespoir. Elle parle en ces termes à Osman détrôné et près d'être livré à la rage des soldats :

> Ne t'imagine pas
> Que ta grandeur passée eût pour moi des appas.
> . . . .
> J'aimais Osman lui-même et non pas l'empereur.
> . . . .
> Si les décrets du ciel, si l'ordre du destin,
> Avoient mis sous mes lois les climats du matin,
> Et si, par des progrès où ta valeur aspire,
> Le Danube et le Rhin couloient sous mon empire,
> Osman dans mes États seroit maître aujourd'hui :
> Il n'auroit qu'à m'aimer et tout seroit à lui,
> Ne fût-il qu'un soldat vêtu d'une cuirasse,
> N'eût-il rien que son cœur, son esprit et sa grâce ;
> Et mon âme seroit encore au désespoir
> De n'avoir rien de plus pour mettre en son pouvoir.
>
> (Acte V, scène II.)

Il y a une certaine analogie dans la situation, et le rapprochement n'est pas sans intérêt, mais ne permet pas de décider si Racine a eu quelque connaissance de la pièce de Tristan l'Hermite.

Ce n'étaient pas seulement les auteurs tragiques qui avaient exploité les récits que l'on faisait sur la cour de Constantinople. Les romanciers y trouvaient aussi une matière fertile. L'histoire de Mustapha, de Soliman et de Roxelane n'a pas seulement inspiré les pièces de Mairet, de Dalibray et de Desmares; elle a fourni à Mlle de Scudéry le sujet d'un roman : *Ibrahim ou l'Illustre Bassa,* dont son frère tira la tragédie que M. Saint-Marc

Girardin a fait précédemment connaître.[1] Les nouvelles turques sont innombrables au XVIIe siècle. Il en faut distinguer une qui fait partie des *Divertissements de la princesse Aurélie,* par Segrais, imprimés à la fin de 1656, quinze ans avant la représentation de *Bajazet.* Cette nouvelle, intitulée *Floridon ou l'Amour imprudent,* raconte les mêmes événements qui ont servi à composer la tragédie de Racine.[2] Elle semble les avoir empruntés à la source où Racine puisa lui-même. La nouvelle de Segrais offre une sorte de petite préface ou entrée en matière, où nous voyons Silerite (la marquise de Mauny) avertir les dames à qui elle va raconter, dans leur carrosse, l'histoire de Floridon, qu'elle ne fait que parler d'après une personne de qualité qui la racontait avec tant d'agrément et qui avait été longtemps ambassadeur à Constantinople. La princesse Aurélie (Mlle de Montpensier), qui avait ouï parler déjà de cette histoire turque, ne doute pas « que Silerite ne joigne les grâces qu'elle avoit à s'expliquer sur toutes choses à celles du parfait original dont elle l'avoit tirée. » L'auteur a recueilli les paroles de Silerite telles qu'il a pu les entendre en suivant le carrosse à cheval. « Je confesse, lecteur, ajoute-t-il, qu'ayant perdu quelques endroits de sa narration par l'obstacle des chemins ou par le bruit du carrosse, j'ai eu recours au récit que j'en ai aussi ouï faire à l'illustre ambassadeur dont elle l'a apprise. »

Cet illustre ambassadeur est sans contredit ce comte de Cézy dont Racine invoque à son tour l'autorité dans ses deux préfaces. Le comte de Cézy est un de ces diplomates français, qui par leur légèreté et par leur fatuité galante nous firent longtemps, en Orient, une réputation de folie. Il s'était donné pour mission, au dire de l'historien et ambassadeur anglais Ricaut, « de faire la cour aux maîtresses du Grand Seigneur, ce qu'il ne pouvait faire qu'en donnant des sommes immenses d'argent aux eunuques. » Il s'y ruina. Quand il fut de retour en France, il eut au moins la satisfaction de raconter de piquantes aventures de l'intérieur du sérail. Ces récits n'avaient au point de vue historique qu'une

---

[1]. Voyez tome I, page 29.
[2]. M. Charles Louandre a dernièrement attiré l'attention sur cette nouvelle en la publiant dans les *Chefs-d'œuvre des conteurs français contemporains de La Fontaine.* Paris, Charpentier et Cie, 1874.

valeur très-contestable, mais ils étaient romanesques et dramatiques; aussi trouva-t-il, pour les recueillir, d'abord un spirituel écrivain, auteur d'agréables nouvelles, puis un poëte tragique. *Floridon ou l'Amour imprudent* commence ainsi :

« Contre la cruelle coutume des Ottomans qui ne parviennent jamais à l'empire qu'ils ne fassent mourir tous leurs frères, l'empereur Amurat ne fit point mourir deux frères qu'il avoit. Il se contenta d'emprisonner fort étroitement Ibrahim, qui étoit fils d'une même mère que lui, s'assurant sur la stupidité qui paroissoit en ce prince, car on ne peut pas en imaginer une plus grande. Mais non-seulement il laissa vivre le prince Bajazet, quoiqu'ils fussent nés de différentes sultanes; il l'aima encore d'une amitié si extraordinaire qu'il ne pouvoit être un moment sans lui. Il est vrai que si la beauté, la vertu et la bonne grâce ont quelque droit sur l'âme d'un barbare, toutes ces qualités, qui étoient en ce jeune prince au suprême degré, méritoient un traitement particulier. On ne peut pas se figurer un homme de meilleure mine, et l'étude où il s'étoit adonné contre la coutume des princes de sa nation avoit ajouté à tant de belles qualités qu'il avoit reçues de la nature un esprit si agréable, si prudent, si complaisant, qu'il ne faut pas s'étonner si son frère, qui d'ailleurs n'étoit pas incapable d'estimer la vertu, en avoit presque fait son favori. »

La mère d'Amurat est plus sensible encore aux mérites de Bajazet. La princesse n'avait que trente-sept ou trente-huit ans et passait pour une des plus belles femmes de l'empire. Le sultan avait pour elle toute la déférence possible et lui laissait, en son absence, les soins du gouvernement. La sultane s'éprend de Bajazet, elle devient insensée pour lui et si transportée de la passion qu'il lui fait concevoir, qu'elle ne peut donner à son âme un moment de repos. Elle n'hésite pas à franchir un peu les bornes de la modestie et à faire au jeune prince des avances significatives. Un entretien dans une galerie du palais prépare l'aveu de sa passion. Le lendemain, au même lieu, elle lui remet un billet ainsi conçu : « Le prince Bajazet est le plus aimable de tous les hommes : c'est le secret que j'avois à lui dire, et c'est à lui à en connoître l'importance, puisque la sultane est obligée de le lui révéler. »

Bajazet n'avait le cœur prévenu d'aucun amour. Il ne balança point s'il ferait le cruel ou non. Mais il voulut lui faire une réponse telle que la sultane ne sentît plus le reproche d'avoir été obligée de le prier la première. Il consulte un vieil eunuque nommé Achamat, homme de prudence et d'expérience. Celui-ci l'exhorte à ne pas laisser échapper la bonne fortune qui se présente à lui. Il lui conseille, en effet, de répondre comme s'il n'avait pas compris toute la portée du billet de la sultane, et de prendre le rôle de suppliant. Le prince répond en ces termes : « Bajazet n'est autre chose, madame, que le plus malheureux de tous les hommes, si Votre Hautesse n'a pitié de lui. L'avoir exempté de la mort, que lui sembloit destiner le malheur de sa naissance, pour la lui ôter après plus cruellement, n'est pas une action digne de votre générosité. La passion qu'il a osé concevoir pour vous est un secret de bien plus grande importance que celui que vous lui avez appris; vous vous offenserez peut-être, madame, de la liberté que je prends de vous le dire, mais ayant mérité l'honneur de votre confidence, puis-je, sans vous offenser, vous refuser la mienne? Heureux si véritablement mes soupirs ont attiré les vôtres, ou si véritablement vous avez voulu un peu aider à ces malheureux qui, trop débiles pour leurs entreprises, ne fussent jamais parvenus au lieu où, depuis un si long temps, mon cœur et toutes mes affections les adressent. »

On ne peut s'empêcher de sourire, en songeant que c'est à l'auteur de ce récit que le grand Corneille faisait remarquer, à la représentation de *Bajazet,* que les personnages de Racine « ont tous sous un habit turc le sentiment qu'on a au milieu de la France;» observation que Segrais approuvait hautement.[1]

L'eunuque Achamat porte le billet à la sultane. Les relations ainsi commencées arrivent vite à leur conclusion. Les deux amants n'ont pour confidents que le vieil eunuque et une jeune esclave nommée Floridon, favorite de la sultane. Celle-ci a une telle confiance dans cette jeune fille que, la faisant d'ordinaire coucher dans sa chambre, elle ne voulait point qu'elle se retirât quand elle y recevait le prince Bajazet.

Floridon était charmante; elle n'avait que seize ou dix-sept

---

1. Voyez ci-dessus, page 371.

ans. Il advint ce qui était à peu près inévitable. Bajazet et la confidente s'aimèrent et trompèrent facilement la sultane. « Bajazet, qui trouvoit beaucoup plus de charmes dans l'amour de Floridon, commençoit à avoir celle de la sultane à charge, et ne pouvoit si bien se contraindre dans son entretien qu'elle n'y remarquât bientôt quelque ennui et beaucoup moins d'attachement. Elle s'en plaignoit ; mais les éclaircissements et les querelles sont de grands amusements dans l'amour et souvent des amorces pour un feu qui s'éteint. Les plaintes qu'elle lui faisoit, et que par son adresse Bajazet apaisoit toujours, ne servoient qu'à empêcher que la stérilité ne s'engendrât dans leur commerce ; car souvent pour ne savoir que se dire, cette espèce d'assoupissement et ce grand calme ralentit les plus violentes passions, quand on les traite sans adresse. Les petites jalousies entretiennent un amour dans la jouissance, comme les charmes et l'espérance le fortifient dans le désir. Mais leurs démêlés recommençoient un peu trop souvent ; les soupçons de la sultane augmentoient, et Bajazet s'épuisoit en excuses. Jamais pourtant elle n'eût soupçonné Floridon, s'assurant sur ses bienfaits et sur la fidélité qu'elle avoit toujours reconnue en elle ; mais ne pouvant s'ôter de l'esprit qu'elle avoit quelque rivale, elle mettoit tout en usage pour la découvrir. »

Une nuit que ses soupçons la tourmentaient, elle cherche dans les vêtements de Bajazet endormi quelque témoignage de son infidélité et elle y trouve deux billets à lui écrits par Floridon. Quand le prince s'est retiré, elle ouvre et lit ces billets, en présence de la jeune fille. Celle-ci s'évanouit. La sultane, après les premiers transports, finit par se rendre maîtresse d'elle-même. Elle fait comparaître son amant devant elle, lui montre les lettres, et l'accable de reproches. Son indignation et son courroux ne peuvent tenir cependant contre la tendresse qui lui parle en faveur du coupable. Bajazet s'efforce de disculper sa complice et de prendre tout le crime sur lui seul. Il s'était jeté à ses pieds ; tantôt il lui embrassait les genoux, et tantôt il prenait ses mains qu'il baisait avec de grandes démonstrations d'amour. Mais la sultane le repoussait, en lui disant qu'il réservât ses caresses pour l'esclave qui était cause qu'il la méprisait. « Ingrat ! s'écrie-t-elle, la crainte que je ne perde ma rivale te met en la bouche tous ces discours, et tu ne songes pas tant à me fléchir que tu ne songes à la sauver ! »

Elle s'apaise toutefois et propose une sorte de transaction : « Bajazet, lui dit-elle, je t'avoue que, voyant tant de sujets de te haïr, je ne sais pourquoi je ne puis m'empêcher de t'aimer... Floridon vivra encore; mais ne crois pas devoir ton salut à tes larmes non plus qu'elle à son repentir... Tu l'aimeras mieux que moi, je le sais, et cependant je la laisserai vivre; mais elle ne vivra que parce que je me souviens que je l'ai aimée, et parce que je t'aime encore plus que moi-même. Prévoyant que la mort de ma rivale attireroit peut-être la tienne ou du moins te causeroit un grand déplaisir, pour te donner la plus extraordinaire preuve d'amour que peut-être jamais femme ait donnée à un homme, elle n'en mourra point et je te permets encore de la voir. Elle s'est rendue indigne de ma faveur et de l'honneur de paroître devant moi; aussi ne la verrai-je jamais. Je vais la faire passer à Péra; là elle sera logée dans un sérail où je ne veux pas que rien lui manque. Choisis tel jour de la semaine que tu voudras pour le passer avec elle; il te le sera permis; mais si hors ce jour-là je découvre que tu la vois un seul moment, ni le souvenir de l'amitié que j'ai pour elle, ni la passion que j'ai pour toi ne pourront m'empêcher de vous faire mourir tous deux dans les plus cruels supplices, quand le déplaisir de t'avoir donné la mort me devroit coûter la vie un moment après. »

Les choses s'arrangèrent ainsi. Cependant l'armée d'Amurat refusait de lui obéir et de continuer la guerre. Le sultan entend parmi les révoltés la menace d'élire un autre chef qui ne pouvait être que son frère. Il envoie un capitaine porter l'ordre à Bajazet de donner sa tête. La sultane et Bajazet font tuer le messager. Mais le jeune prince travaillait à se détruire. De plus en plus épris de Floridon, il ne se contenait nullement dans les bornes du traité et allait à Péra le plus souvent qu'il lui était possible. La sultane en fut avertie. Elle l'épia elle-même. Elle le vit, se dirigeant, en temps illicite, vers le sérail où Floridon l'attendait. La perte du perfide fut résolue dans le cœur de la sultane. « Mais quand il lui falloit songer à la manière de l'exécuter, quand elle se représentoit qu'elle ne le verroit plus, et quand elle songeoit combien elle l'avoit aimé, ce n'étoit pas un léger combat dans son esprit. Ses menaces méprisées et son amour outragé tant de fois lui inspirèrent les plus cruelles résolutions dont une femme irritée puisse être capable ; mais les charmes de Bajazet et l'amour invincible qu'elle avoit pour lui le défendoient extrêmement, et à la fin, s'ils n'eussent vaincu, du moins ils eussent tenu longtemps la victoire en balance ; mais ce prince étoit encore plus malheureux sur les frontières de Perse par la mutinerie des soldats qu'il ne l'étoit à Constantinople par sa faute. »

La sédition de l'armée augmente, en effet, et le sultan, par une détestable prudence, envoie à Constantinople un nouveau courrier, un chiaoux, chargé d'exécuter son ordre s'il ne l'était pas. Cet homme prit mieux ses mesures que le premier, montra les ordres d'Amurat à la sultane. Dans l'état où elle était contre le prince, il est aisé de croire qu'elle n'y apporta pas grande résistance. Elle répondit que le sultan était absolu et que ses commandements devaient être exécutés. Bajazet fut étranglé le soir même. L'empereur revint à Constantinople où il ne tarda pas à mourir. Floridon fit sa paix avec la sultane. Elle mit au monde un fils né de l'amour de Bajazet, et la sultane aima même cet enfant. « C'est ce jeune prince, ajoute Segrais, qui ayant été envoyé par sa mère à la Mecque, avec une autre sultane de ses amies qui y alloit par dévotion, fut pris, il y a cinq ou six ans, par les chevaliers de Malte avec tous les présents qu'elle y envoyoit. »

Nous n'avons pas besoin de faire ressortir toutes les différences que ce récit présente avec la tragédie de Racine. Il suffit d'indiquer les plus importantes. Les deux principales figures de la tragédie sont Roxane et le vizir Acomat. L'Achamat de Segrais n'est qu'un vieil eunuque bon seulement à remplir les fonctions de messager d'amour. La sultane n'est plus la favorite, mais la mère d'Amurat. Au lieu de cette violente Roxane qui ne donne à son amant que le choix entre sa main ou la mort, nous avons une femme débonnaire, désolée de vieillir, qui se laisse aller aux transactions et aux accommodements, qui ne consent à la catastrophe finale que parce que l'infidélité de Bajazet l'a poussée à bout, et parce qu'il lui est du reste impossible de faire autrement. Bajazet, dans Racine, est fier, romanesque, généreux. Dans Segrais il se partage entre la sultane et Floridon, entre son intérêt et son plaisir. Tous les caractères sont autres dans la nouvelle, et moins turcs encore que dans la tragédie. Quant au style, la dissemblance est telle, que, lors même qu'ils expriment les mêmes idées, il est impossible de découvrir sous les vers du poëte aucun vestige de la prose du conteur.

Si inégales qu'elles soient, la nouvelle de *Floridon* et la tragédie de *Bajazet* ont une donnée commune. Racine l'a-t-il empruntée à son prédécesseur? On peut en douter. Personne, parmi ses nombreux adversaires, ne l'en a accusé, et Segrais lui-même ne paraît pas avoir élevé la moindre revendication. Le plus probable est qu'en effet l'ambassadeur de Cézy avait mis en circulation cette anecdote pseudo-historique, et que les deux écrivains en ont tiré parti tour à tour. Racine est, dans ses préfaces, très-explicite sur ce point : « C'est, dit-il, une aventure arrivée dans le sérail il y a plus de trente ans. M. le comte de Cézy étoit alors ambassadeur à Constantinople... Il y a quantité de personnes à la cour qui se souviennent de la lui avoir entendu conter. M. de Nantouillet est du nombre de ces personnes, et c'est à lui que je suis redevable de cette histoire. » Et dans la seconde préface : « M. le comte de Cézy... fut instruit des amours de Bajazet et des jalousies de la sultane... Il a écrit depuis les circonstances de sa mort. » Nous avons vu que le conteur s'en réfère au même original. Leur accord est assez concluant, et l'on doit s'en tenir à leurs communes assertions.

On s'est préoccupé de bonne heure de savoir ce qu'il y a de fondé dans l'anecdote. De Visé, dans le *Mercure galant* du 9 janvier, conteste toutes les données de la tragédie; il accuse Racine d'avoir imaginé le personnage de Bajazet, d'avoir dénaturé tous les faits : « Voici en peu de mots, dit-il, ce que j'ai appris de cette histoire dans l'historien du pays, par où vous jugerez du génie admirable du poëte qui, sans en prendre rien, a su faire une tragédie achevée (le rédacteur du *Mercure galant,* adversaire de Racine, écrit son article sur le ton de l'ironie). Amurat avoit trois frères, quand il partit pour le siége de Babylone. Il en fit étrangler deux, dont aucun ne s'appeloit Bajazet ; et l'on sauva le troisième de sa fureur, parce qu'il n'y avoit point d'enfants pour succéder à l'empereur. Ce Grand Seigneur mena dans son voyage sa sultane favorite. Le grand vizir, qui se nommoit Mehemet-Pacha, y étoit aussi, comme nous voyons dans une relation faite par un Turc du sérail et traduite en françois par M. du Loir[1] qui étoit alors à Constantinople ; et ce fut ce grand vizir qui commença l'attaque de cette fameuse ville vers le levant... A son retour, il entra triomphant dans Constantinople, comme avoit fait peu de jours auparavant le Grand Seigneur son maître. Cependant l'auteur de *Bajazet* le fait demeurer ingénieusement dans Constantinople sous le nom d'Acomat pour favoriser les desseins de Roxane, qui se trouve dans le sérail de Byzance, quoiqu'elle fût dans le camp de Sa Hautesse ; et tout cela pour élever à l'empire Bajazet, dont le nom est très-bien inventé. »

Le texte allégué par de Visé ne tranche pas la question. Mézeray, dans son *Histoire des Turcs* (Paris, 1650), était d'accord avec Racine, au moins sur l'existence d'un frère d'Amurat, nommé Bajazet : « Diverses maladies avoient ôté à Amurat tous ses enfants, et sa cruauté lui avoit fait massacrer ses deux frères Orcan et Bajazet, n'ayant pardonné qu'à Ibrahim, parce qu'il lui paroissoit imbécile d'esprit. » De même, De Verdier, dans son *Abrégé de l'Histoire des Turcs* (1665), et le chevalier de Jant, dans l'*Histoire du prince Osman* (1665), citent Orcan et Bajazet comme ayant été massacrés par leur frère.

Racine, dans sa seconde préface, dit qu'Amurat, dès les premiers jours de son règne, fit étrangler Orcan, et que Bajazet ne reçut la mort qu'après la prise de Babylone ou Bagdad, en 1638, tandis que les historiens dont nous venons de parler les font périr ensemble après la prise d'Erivan en 1635. D'où proviennent ces variantes, du poëte tragique, ou de l'ambassadeur qui lui sert de garant? C'est ce qu'il serait puéril de rechercher. Notons cependant que les modernes historiens de l'empire ottoman citent un Bajazet parmi les frères d'Amurat ; ce Bajazet (Bejesid) et Suleiman (un autre frère) auraient été mis à mort après la prise d'Erivan. En 1638, avant de partir pour Bagdad, Amurat IV aurait fait périr un autre frère nommé Sultan Kasim, qui par ses heureuses dispositions semblait lui préparer dans l'avenir un rival redoutable. On voit que les exécutions fratri-

---

1. *Les Voyages du sieur du Loir,* contenus en plusieurs lettres écrites du Levant. Paris, 1654, in-4º.

cides sont assez nombreuses sous le règne de ce sultan, pour que la catastrophe mise au théâtre par le poëte s'y trouve du moins placée avec vraisemblance. Un événement moins éloigné avait pu suggérer quelques traits à l'auteur tragique. En 1657, Monaldeschi fut tué à Fontainebleau par les ordres de la reine Christine de Suède. L'infidélité de l'un, la jalousie de l'autre font penser à Roxane et à Bajazet. Un autre détail : *Atalide prêtant son nom à l'amour de Bajazet et de Roxane* rappelle un trait des mémoires du temps : Mlle de Boutteville servant ainsi d'intermédiaire au grand Condé et à Mlle du Vigean, et finissant par exciter la jalousie de celle-ci. « Le duc d'Enghien, dit Mme de Motteville,[1] avoit une si forte passion pour Mlle du Vigean, que j'ai ouï dire à Mme du Vigean, sa mère, qu'il lui avoit souvent dit vouloir rompre son mariage, comme ayant épousé la duchesse d'Enghien, sa femme, par force, afin d'épouser sa fille, et qu'il avoit même travaillé à ce dessein. J'ai ouï dire à Mme de Montausier, qui a su toutes ces intrigues, que ce prince avoit fait semblant d'aimer Mlle de Bouteville, par l'ordre exprès de Mlle du Vigean, afin de cacher en public l'amitié qu'il avoit pour elle ; mais que la beauté de Mlle de Bouteville ayant donné de la frayeur à Mlle du Vigean, elle lui avoit défendu peu après de la voir et de lui parler, et qu'il lui avoit obéi si ponctuellement que, tout à coup, il rompit tout commerce avec elle, et que, pour montrer qu'il n'avoit nul attachement à sa personne, il l'avoit fait épouser à d'Andelot. »

---

1. *Mémoires*, t. I, p. 295.

PREMIÈRE PRÉFACE.[1]

Quoique le sujet de cette tragédie ne soit encore dans aucune histoire imprimée, il est pourtant très-véritable. C'est une aventure arrivée dans le sérail, il n'y a pas plus de trente ans.[2] M. le comte de Cézy[3] étoit alors ambassadeur à Constantinople. Il fut instruit de toutes les particularités de la mort de Bajazet; et il y a quantité de personnes à la cour qui se souviennent de les lui avoir entendu conter lorsqu'il fut de retour en France. M. le chevalier de Nantouillet[4] est du nombre de ces personnes, et c'est à lui que je suis redevable de cette histoire, et même du dessein que j'ai pris d'en faire une tragédie. J'ai été obligé pour cela de changer quelques circonstances; mais comme ce changement n'est pas fort considérable, je ne pense pas aussi qu'il soit nécessaire de le marquer au lecteur. La principale chose à quoi je me suis attaché, ç'a été de ne rien changer ni aux mœurs ni aux coutumes de la nation; et j'ai pris soin de ne rien avancer qui ne fût conforme à l'histoire des Turcs et à la nouvelle Relation de l'empire ottoman, que l'on a traduite de l'anglois.[5] Sur-

---

1. Cette préface est celle que Racine mit en tête de la première édition de la tragédie de *Bajazet*, imprimée séparément, et publiée le 20 février 1672, six semaines après la première représentation.
2. Il y a un peu plus. Racine place l'action de sa tragédie au temps du siége de Bagdad, en 1638.
3. Philippe de Harlay, comte de Cézy.
4. François du Prat, dit le chevalier de Nantouillet, substitué aux noms et armes de Barbançon, capitaine de cavalerie au régiment de la reine, et plus tard, premier maître d'hôtel de Monsieur.
5. *Histoire de l'état présent de l'Empire ottoman*, traduite de l'anglais de M. Ricaut, par M. Briot, 1670.

tout je dois beaucoup aux avis de M. de la Haye,[1] qui a eu la bonté de m'éclaircir sur toutes les difficultés que je lui ai proposées.

[1]. Jean de la Haye, seigneur de Vinteley, qui avait été le successeur du comte de Cézy à l'ambassade de Constantinople.

SECONDE PRÉFACE.[1]

Sultan Amurat, ou sultan Morat,[2] empereur des Turcs, celui qui prit Babylone[3] en 1638, a eu quatre frères. Le premier, c'est à savoir Osman, fut empereur avant lui, et régna environ trois ans, au bout desquels les janissaires lui ôtèrent l'empire et la vie. Le second se nommoit Orcan. Amurat, dès les premiers jours de son règne, le fit étrangler. Le troisième étoit Bajazet, prince de grande espérance : et c'est lui qui est le héros de ma tragédie. Amurat, ou par politique, ou par amitié, l'avoit épargné jusqu'au siége de Babylone. Après la prise de cette ville, le sultan victorieux envoya un ordre à Constantinople pour le faire mourir : ce qui fut conduit et exécuté à peu près de la manière que je le représente. Amurat avoit encore un frère, qui fut depuis le sultan Ibrahim, et que ce même Amurat négligea comme un prince stupide, qui ne lui donnoit point d'ombrage. Sultan Mahomet,[4] qui règne aujourd'hui, est fils de cet Ibrahim, et par conséquent neveu de Bajazet.

Les particularités de la mort de Bajazet ne sont encore dans aucune histoire imprimée. M. le comte de Cézy étoit ambassadeur à Constantinople lorsque cette aventure tragique arriva

---

1. A paru d'abord dans l'édition de 1676, puis dans celles de 1687 et de 1697. Dans cette dernière, un morceau assez long a été supprimé à la fin, comme on le verra ci-après.
2. Amurat IV, ou plutôt Murad, surnommé l'*Intrépide*, fils d'Achmet Ier, salué empereur au mois de septembre 1623, à l'âge de quinze ans. Il mourut le 9 février 1640.
3. Bagdad.
4. Mahomet IV.

dans le sérail.¹ Il fut instruit des amours de Bajazet, et des jalousies de la sultane ; il vit même plusieurs fois Bajazet, à qui on permettoit de se promener quelquefois à la pointe du sérail, sur le canal de la mer Noire. M. le comte de Cézy disoit que c'étoit un prince de bonne mine. Il a écrit depuis les circonstances de sa mort. Et il y a encore plusieurs personnes de qualité² qui se souviennent de lui en avoir entendu faire le récit lorsqu'il fut de retour en France.

Quelques lecteurs pourront s'étonner qu'on ait osé mettre sur la scène une histoire si récente ; mais je n'ai rien vu dans les règles du poëme dramatique qui dût me détourner de mon entreprise. A la vérité, je ne conseillerois pas à un auteur de prendre pour sujet d'une tragédie une action aussi moderne que celle-ci, si elle s'étoit passée dans le pays où il veut faire représenter sa tragédie ; ni de mettre des héros sur le théâtre qui auroient été connus de la plupart des spectateurs. Les personnages tragiques doivent être regardés d'un autre œil que nous ne regardons d'ordinaire les personnages que nous avons vus de si près. On peut dire que le respect que l'on a pour les héros augmente à mesure qu'ils s'éloignent de nous : *major e longinquo reverentia*.³ L'éloignement des pays répare en quelque sorte la trop grande proximité des temps : car le peuple ne met guère de différence entre ce qui est, si j'ose ainsi parler, à mille ans de lui, et ce qui en est à mille lieues. C'est ce qui fait, par exemple, que les personnages turcs, quelque modernes qu'ils soient, ont de la dignité sur notre théâtre : on les regarde de bonne heure comme anciens. Ce sont des mœurs et des coutumes toutes différentes. Nous avons si peu de commerce avec les princes, et les autres personnes qui vivent dans le sérail, que nous les considérons, pour ainsi dire, comme des gens qui vivent dans un autre siècle que le nôtre.

---

1. *Sérail* était pris couramment, à l'époque de Racine et longtemps encore après lui, comme équivalent de *harem*, ou appartements des femmes. Il n'a point ce sens dans la langue turque, où il signifie seulement : demeure, habitation.

2. Dans les éditions qui ont précédé celle de 1697, on lisait : « Il y a encore plusieurs personnes de qualité, *et entre autres M. le chevalier de Nantouillet*, qui, etc. ». Le chevalier de Nantouillet était mort en juin 1695.

3. « De loin le respect est plus grand. » TACITE, *Annales,* liv. I, ch. XLVII.

SECONDE PRÉFACE.

C'étoit à peu près de cette manière que les Persans étoient anciennement considérés des Athéniens. Aussi le poëte Eschyle ne fit point de difficulté d'introduire dans une tragédie[1] la mère de Xerxès, qui étoit peut-être encore vivante, et de faire représenter sur le théâtre d'Athènes la désolation de la cour de Perse, après la déroute de ce prince. Cependant ce même Eschyle s'étoit trouvé en personne à la bataille de Salamine, où Xerxès avoit été vaincu ; et il s'étoit trouvé encore à la défaite des lieutenants de Darius, père de Xerxès, dans la plaine de Marathon : car Eschyle étoit homme de guerre, et il étoit frère de ce fameux Cynégire, dont il est tant parlé dans l'antiquité, et qui mourut si glorieusement en attaquant un des vaisseaux du roi de Perse.[2]

---

1. Intitulée *les Perses*.
2. Dans les éditions antérieures à celle de 1697, le paragraphe suivant terminait cette préface :

« Je me suis attaché à bien exprimer dans ma tragédie ce que nous savons des mœurs et des maximes des Turcs. Quelques gens ont dit que mes héroïnes étoient trop savantes en amour et trop délicates pour des femmes nées parmi des peuples qui passent ici pour barbares. Mais, sans parler de tout ce qu'on lit dans les relations des voyageurs, il me semble qu'il suffit de dire que la scène est dans le sérail. En effet, y a-t-il une cour au monde où la jalousie et l'amour doivent être si bien connues,[*] que dans un lieu où tant de rivales sont enfermées ensemble, et où toutes ces femmes n'ont point d'autre étude, dans une éternelle oisiveté, que d'apprendre à plaire et à se faire aimer? Les hommes vraisemblablement n'y aiment pas avec la même délicatesse. Aussi ai-je pris soin de mettre une grande différence entre la passion de Bajazet et les tendresses de ses amantes. Il garde au milieu de son amour la férocité[**] de sa nation. Et si l'on trouve étrange qu'il consente plutôt de mourir que d'abandonner ce qu'il aime, et d'épouser ce qu'il n'aime pas, il ne faut que lire l'histoire des Turcs, on verra partout le mépris qu'ils font de la vie; on verra en plusieurs endroits à quel excès ils portent les passions ; et ce que la simple amitié est capable de leur faire faire : témoin un des fils de Soliman[***] qui se tua lui-même sur le corps de son frère aîné, qu'il aimoit tendrement, et que l'on avoit fait mourir pour lui assurer l'empire.[****] »

[*] *Connues*, ainsi dans les deux éditions.
[**] *Ferocitas*, fierté.
[***] Zeanger ou Giangir (le bossu).
[****] J'ignore pourquoi Racine a supprimé ces réflexions : c'est une excellente réponse aux objections faites contre les caractères de la tragédie de Bajazet. (G.)

BAJAZET

PERSONNAGES.

BAJAZET, frère du sultan Amurat.
ROXANE, sultane favorite du sultan Amurat.
ATALIDE, fille du sang ottoman.[1]
ACOMAT, grand vizir.
OSMIN, confident du grand vizir.
ZATIME, esclave de la sultane.
ZAIRE, esclave d'Atalide.
GARDES.

La scène est à Constantinople, autrement dite Byzance,[2] dans le sérail du Grand Seigneur.

ACTEURS QUI ONT JOUÉ D'ORIGINAL DANS BAJAZET.

ACOMAT.	LA FLEUR.
BAJAZET.	CHAMPMESLÉ.
OSMIN.	HAUTEROCHE.
ROXANE.	Mlle D'ENNEBAUT.
ATALIDE.	Mlle CHAMPMESLÉ.[3]
ZATIME.	Mlle BRÉCOURT.
ZAIRE.	Mlle POISSON.[4]

1. Comme on eût dit en France : du sang royal. *Ottoman,* au sens particulier, veut dire : descendant de l'émir Othman ou Osman, fondateur de la puissance et de la dynastie turque.
2. Racine a voulu se réserver cet ancien nom, qui entre plus facilement dans un vers.
3. La distribution de ces deux rôles, souvent discutée, est indiquée ainsi par les auteurs de l'*Histoire du théâtre françois,* t. XIV, p. 514. Elle est confirmée, à notre avis, par un passage de la lettre de Mme de Sévigné à Mme de Grignan du 24 août 1689. Voyez ci-après, page 512.
4. Robinet donne ces deux derniers noms, sans toutefois qu'on puisse bien inférer de sa lettre si c'est Mlle Brécourt qui joua Zatime et Mlle Poisson Zaïre, ou le contraire.

BAJAZET

ACTE PREMIER.

SCÈNE PREMIÈRE.

ACOMAT, OSMIN.

ACOMAT.

Viens, suis-moi. La sultane en ce lieu se doit rendre.[1]
Je pourrai cependant te parler et t'entendre.

OSMIN.

Et depuis quand, seigneur, entre-t-on dans ces lieux*

---

1. Cette première scène a toujours été regardée comme le plus parfait modèle de l'exposition d'un sujet. Comme le spectateur doit d'abord être très-étonné de voir des hommes dans le sérail, Osmin témoigne sa surprise en y entrant :

> Et depuis quand, seigneur, entre-t-on dans ces lieux?

Le vizir lui répond qu'il va bientôt lui en dire la raison, et qu'il doit auparavant l'entretenir de choses plus pressantes. Cette réponse suffit pour laisser en suspens la surprise d'Osmin et celle des spectateurs. Les derniers vers de la première scène répondent à sa question. (L. R.) — Voltaire a rendu justice à la beauté de cette exposition. « Quelle netteté! dit-il dans une note de *Rodogune;* comme tous les caractères sont annoncés! avec quelle heureuse facilité tout est développé! quel art admirable dans cette exposition de *Bajazet!* »

* VAR. *Et depuis quand, seigneur, entre-t-on en ces lieux?*

Dont l'accès étoit même interdit à nos yeux?
Jadis une mort prompte eût suivi cette audace.

ACOMAT.

Quand tu seras instruit de tout ce qui se passe,
Mon entrée en ces lieux ne te surprendra plus.
Mais laissons, cher Osmin, les discours superflus.
Que ton retour tardoit à mon impatience!
Et que d'un œil content je te vois dans Byzance!
Instruis-moi des secrets que peut t'avoir appris
Un voyage si long, pour moi seul entrepris.
De ce qu'ont vu tes yeux parle en témoin sincère;
Songe que du récit, Osmin, que tu vas faire,
Dépendent les destins de l'empire ottoman.
Qu'as-tu vu dans l'armée, et que fait le sultan?

OSMIN.

Babylone, seigneur, à son prince fidèle,
Voyoit sans s'étonner notre armée autour d'elle;
Les Persans rassemblés marchoient à son secours,
Et du camp d'Amurat s'approchoient tous les jours.
Lui-même, fatigué d'un long siége inutile,
Sembloit vouloir laisser Babylone tranquille :*

---

* Var. *Il parloit de laisser Babylone tranquille.*

C'est Schab-Abbas, roi de Perse, qui s'empara, au commencement du règne d'Amurat, de la province et de la ville de Bagdad. Racine appelle cette ville Babylone, quoiqu'elle n'en ait jamais porté le nom, et qu'elle ait toujours eu celui de Bagdad ou du jardin de Dad, moine dont la cellule échappa seule avec son jardin à la ruine totale de Séleucie. Racine a cru que la ville fondée par Séleucus Nicanor ayant été appelée dans la suite Babylone, parce qu'elle s'accrut des débris de cette grande ville, comme son fondateur se l'étoit proposé (Pline, liv. VI, chap. xxvi), la ville de Bagdad pouvoit également être désignée sous le nom de Babylone, puisqu'elle reçut dans son enceinte les habitants de Séleucie, et qu'elle fut, depuis la destruction de cette seconde Babylone, la ville la plus importante de toute la contrée. (L. B.)

ACTE I, SCÈNE I.

Et, sans renouveler ses assauts impuissants,
Résolu de combattre, attendoit les Persans.
Mais, comme vous savez, malgré ma diligence,
Un long chemin sépare et le camp et Byzance;
Mille obstacles divers m'ont même traversé,
Et je puis ignorer tout ce qui s'est passé.

ACOMAT.

Que faisoient cependant nos braves janissaires?
Rendent-ils au sultan des hommages sincères?
Dans le secret des cœurs, Osmin, n'as-tu rien lu?
Amurat jouit-il d'un pouvoir absolu?

OSMIN.

Amurat est content, si nous le voulons croire,
Et sembloit se promettre une heureuse victoire.[1]
Mais en vain par ce calme il croit nous éblouir :
Il affecte un repos dont il ne peut jouir.
C'est en vain que, forçant ses soupçons ordinaires,
Il se rend accessible à tous les janissaires :
Il se souvient toujours que son inimitié
Voulut de ce grand corps retrancher la moitié,
Lorsque, pour affermir sa puissance nouvelle,
Il vouloit, disoit-il, sortir de leur tutelle.
Moi-même j'ai souvent entendu leurs discours;
Comme il les craint sans cesse, ils le craignent toujours.
Ses caresses n'ont point effacé cette injure.

---

1. D'Olivet n'approuve pas cet imparfait *sembloit*, qui lui parait trop proche du présent *est content*. Louis Racine regarde *sembloit* comme une erreur typographique, et croit qu'il faut lire :

Et semble se promettre une heureuse victoire. (G.)

Quoi qu'il en soit, il est certain que le changement de temps demandait que le sujet fût rappelé par un pronom.

Votre absence est pour eux un sujet de murmure :
Ils regrettent le temps à leur grand cœur si doux,
Lorsque assurés de vaincre ils combattoient sous vous.

ACOMAT.

Quoi! tu crois, cher Osmin, que ma gloire passée
Flatte encor leur valeur, et vit dans leur pensée?
Crois-tu qu'ils me suivroient encore avec plaisir,
Et qu'ils reconnoîtroient la voix de leur vizir?[1]

OSMIN.

Le succès du combat réglera leur conduite :
Il faut voir du sultan la victoire ou la fuite.
Quoiqu'à regret, seigneur, ils marchent sous ses lois,
Ils ont à soutenir le bruit de leurs exploits :
Ils ne trahiront point l'honneur de tant d'années ;
Mais enfin le succès dépend des destinées.
Si l'heureux Amurat, secondant leur grand cœur,
Aux champs de Babylone est déclaré vainqueur,
Vous les verrez, soumis, rapporter dans Byzance
L'exemple d'une aveugle et basse obéissance ;
Mais si dans le combat le destin plus puissant*
Marque de quelque affront son empire naissant,
S'il fuit, ne doutez point que, fiers de sa disgrâce,
A la haine bientôt ils ne joignent l'audace,
Et n'expliquent, seigneur, la perte du combat

---

1. Vauvenargues a fait sur ce passage une remarque qui mérite d'être citée : « On voit, dit-il, dans les deux premiers vers un général disgracié, que le souvenir de sa gloire et l'attachement des soldats attendrissent sensiblement ; dans les deux derniers un rebelle qui médite quelque dessein. Voilà comme il échappe aux hommes de se caractériser sans aucune intention marquée! C'est là une de ces nuances admirables dont on ne trouve guère d'exemples que dans Racine. »

* Var. *Mais si dans ce combat le destin plus puissant.*

ACTE I, SCÈNE I.

Comme un arrêt du ciel qui réprouve Amurat.
Cependant, s'il en faut croire la renommée,
Il a depuis trois mois fait partir de l'armée
Un esclave chargé de quelque ordre secret.
Tout le camp interdit trembloit pour Bajazet :
On craignoit qu'Amurat, par un ordre sévère,
N'envoyât demander la tête de son frère.

ACOMAT.

Tel étoit son dessein : cet esclave est venu ;
Il a montré son ordre, et n'a rien obtenu.

OSMIN.

Quoi, seigneur ! le sultan reverra son visage
Sans que de vos respects il lui porte ce gage ?

ACOMAT.

Cet esclave n'est plus : un ordre, cher Osmin,
L'a fait précipiter dans le fond de l'Euxin.

OSMIN.

Mais le sultan, surpris d'une trop longue absence,
En cherchera bientôt la cause et la vengeance.
Que lui répondrez-vous ?

ACOMAT.

    Peut-être avant ce temps
Je saurai l'occuper de soins plus importants.
Je sais bien qu'Amurat a juré ma ruine ;
Je sais à son retour l'accueil qu'il me destine.
Tu vois, pour m'arracher du cœur de ses soldats,
Qu'il va chercher sans moi les siéges, les combats,
Il commande l'armée ; et moi, dans une ville
Il me laisse exercer un pouvoir inutile.
Quel emploi, quel séjour, Osmin, pour un vizir !
Mais j'ai plus dignement employé ce loisir :

J'ai su lui préparer des craintes et des veilles ;
Et le bruit en ira bientôt à ses oreilles.

OSMIN.

Quoi donc? qu'avez-vous fait?

ACOMAT.

J'espère qu'aujourd'hui
Bajazet se déclare, et Roxane avec lui.

OSMIN.

Quoi! Roxane, seigneur, qu'Amurat a choisie
Entre tant de beautés dont l'Europe et l'Asie
Dépeuplent leurs États et remplissent sa cour?
Car on dit qu'elle seule a fixé son amour ;
Et même il a voulu que l'heureuse Roxane,
Avant qu'elle eût un fils, prît le nom de sultane.

ACOMAT.

Il a fait plus pour elle, Osmin : il a voulu
Qu'elle eût dans son absence un pouvoir absolu.
Tu sais de nos sultans les rigueurs ordinaires :
Le frère rarement laisse jouir ses frères
De l'honneur dangereux d'être sortis d'un sang
Qui les a de trop près approchés de son rang.
L'imbécile Ibrahim, sans craindre sa naissance,[1]
Traîne, exempt de péril, une éternelle enfance :
Indigne également de vivre et de mourir,
On l'abandonne aux mains qui daignent le nourrir.
L'autre, trop redoutable, et trop digne d'envie,
Voit sans cesse Amurat armé contre sa vie.
Car enfin Bajazet dédaigna de tout temps

---

1. Lorsque Boileau disoit que son ami avoit encore plus que lui le génie satirique, il citoit pour preuve ces quatre vers si admirables. (L. R.)

ACTE I, SCÈNE I.

La molle oisiveté des enfants des sultans.
Il vint chercher la guerre au sortir de l'enfance,
Et même en fit sous moi la noble expérience.
Toi-même tu l'as vu courir dans les combats,
Emportant après lui tous les cœurs des soldats,[1]
Et goûter, tout sanglant, le plaisir et la gloire
Que donne aux jeunes cœurs la première victoire.
Mais, malgré ses soupçons, le cruel Amurat,
Avant qu'un fils naissant eût rassuré l'État,
N'osoit sacrifier ce frère à sa vengeance,
Ni du sang ottoman proscrire l'espérance.
Ainsi donc pour un temps Amurat désarmé
Laissa dans le sérail Bajazet enfermé.
Il partit, et voulut que, fidèle à sa haine,
Et des jours de son frère arbitre souveraine,
Roxane, au moindre bruit, et sans autres raisons,
Le fît sacrifier à ses moindres soupçons.
Pour moi, demeuré seul, une juste colère
Tourna bientôt mes vœux du côté de son frère.
J'entretins la sultane, et, cachant mon dessein,
Lui montrai d'Amurat le retour incertain,
Les murmures du camp, la fortune des armes;
Je plaignis Bajazet, je lui vantai ses charmes[2],
Qui, par un soin jaloux dans l'ombre retenus,
Si voisins de ses yeux, leur étoient inconnus.

---

1. On lit, dans quelques éditions faites après la mort de Racine :

Emporter après lui tous les cœurs des soldats.

2. Cette expression se rencontre, appliquée également à Bajazet, dans la nouvelle de Segrais : « Mais les charmes de Bajazet, et l'amour invincible qu'elle avoit pour lui, le défendoient extrêmement. » Racine avait du reste appliqué le même terme à Alexandre (Voyez tome I, p. 446).

Que te dirai-je enfin? la sultane, éperdue,
N'eut plus d'autre désir que celui de sa vue.

OSMIN.

Mais pouvoient-ils tromper tant de jaloux regards
Qui semblent mettre entre eux d'invincibles remparts?

ACOMAT.

Peut-être il te souvient qu'un récit peu fidèle
De la mort d'Amurat fit courir la nouvelle.
La sultane, à ce bruit feignant de s'effrayer,
Par des cris douloureux eut soin de l'appuyer.
Sur la foi de ses pleurs ses esclaves tremblèrent;
De l'heureux Bajazet les gardes se troublèrent;
Et les dons achevant d'ébranler leur devoir,*
Leurs captifs dans ce trouble osèrent s'entrevoir.
Roxane vit le prince; elle ne put lui taire
L'ordre dont elle seule étoit dépositaire.
Bajazet est aimable; il vit que son salut
Dépendoit de lui plaire, et bientôt il lui plut.
Tout conspiroit pour lui : ses soins, sa complaisance,
Ce secret découvert, et cette intelligence,
Soupirs d'autant plus doux qu'il les falloit celer,
L'embarras irritant de ne s'oser parler, [1]
Même témérité, périls, craintes communes,

---

* VAR. *Et l'espoir achevant d'ébranler leur devoir.*

1. Ce morceau est un de ceux que Voltaire répétait avec le plus de plaisir, et qu'il nous faisait admirer le plus dans cette scène, où tout lui paraissait admirable. Il n'y a point d'homme de goût qui n'y ait remarqué, comme lui, cet art de la narration, plus difficile ici qu'ailleurs, puisqu'il s'agissait de rendre vraisemblable, par le choix des circonstances, une liaison aussi singulière que celle de la sultane avec Bajazet, dans la situation où ils sont l'un et l'autre, et au milieu de tant d'obstacles et de périls. Cette fiction de la mort d'Amurat, qui est de l'invention du poëte, est un coup de maître. Le poëte s'est occupé de fonder son avant-scène, comme on fonde l'action même quand on veut prévenir toute objection. (L.)

Lièrent pour jamais leurs cœurs et leurs fortunes.
Ceux mêmes dont les yeux les devoient éclairer,[1]
Sortis de leur devoir, n'osèrent y rentrer.

OSMIN.

Quoi! Roxane, d'abord leur découvrant son âme,
Osa-t-elle à leurs yeux faire éclater sa flamme?

ACOMAT.

Ils l'ignorent encore; et, jusques à ce jour,
Atalide a prêté son nom à cet amour.
Du père d'Amurat Atalide est la nièce;
Et même avec ses fils partageant sa tendresse,
Elle a vu son enfance élevée avec eux.*
Du prince, en apparence, elle reçoit les vœux;
Mais elle les reçoit pour les rendre à Roxane,
Et veut bien, sous son nom, qu'il aime la sultane.
Cependant, cher Osmin, pour s'appuyer de moi,
L'un et l'autre ont promis Atalide à ma foi.[2]

OSMIN.

Quoi! vous l'aimez, seigneur?

ACOMAT.

                        Voudrois-tu qu'à mon âge
Je fisse de l'amour le vil apprentissage?[3]

---

1. Surveiller.

* VAR. *Du père d'Amurat Atalide la nièce,*
Qui même avec ses fils partagea sa tendresse,
Et fut dans ce palais élevée avec eux.

2. *L'un et l'autre,* c'est-à-dire Roxane et Bajazet. Luneau de Boisjermain demande comment Bajazet, qui aime et est aimé d'Atalide, a pu promettre cette princesse à Acomat : le vizir peut s'abuser; Roxane a pu lui faire cette promesse et Bajazet ne la point contredire. Ce sont de ces illusions faciles à comprendre.

3. Comme ces deux vers élèvent tout d'un coup le vizir à sa juste hauteur, et lui donnent une place à part dans une révolution politique où

Qu'un cœur qu'ont endurci la fatigue et les ans
Suivît d'un vain plaisir les conseils imprudents?
C'est par d'autres attraits qu'elle plaît à ma vue :
J'aime en elle le sang dont elle est descendue.
Par elle Bajazet, en m'approchant de lui,
Me va contre lui-même assurer un appui.
Un vizir aux sultans fait toujours quelque ombrage ;
A peine ils l'ont choisi, qu'ils craignent leur ouvrage.
Sa dépouille est un bien qu'ils veulent recueillir,
Et jamais leurs chagrins ne nous laissent vieillir.
Bajazet aujourd'hui m'honore et me caresse ;
Ses périls tous les jours réveillent sa tendresse :
Ce même Bajazet, sur le trône affermi,
Méconnoîtra peut-être un inutile ami.
Et moi, si mon devoir, si ma foi ne l'arrête,
S'il ose quelque jour me demander ma tête...
Je ne m'explique point, Osmin ; mais je prétend
Que du moins il faudra la demander longtemps.
Je sais rendre aux sultans de fidèles services,
Mais je laisse au vulgaire adorer leurs caprices,
Et ne me pique point du scrupule insensé
De bénir mon trépas quand ils l'ont prononcé.[1]

l'amour doit jouer un si grand rôle, ainsi que cela doit être dans le sérail, et dans le sérail où commande Roxane! (L.)

1. Les vers précédents peignent les Turcs, et ces deux-ci peignent Acomat. On sent que ce vieux guerrier est bien capable de s'élever au-dessus des préjugés religieux de sa nation, et il le fait entendre en deux mots. Cette scène excède la mesure ordinaire ; elle a plus de deux cents vers. Pourquoi ne paraît-elle pas trop longue? C'est qu'il n'y a rien d'inutile; c'est que partout on y admire la fidélité dans les mœurs, et l'élégance dans l'expression. (L.) — On a fait à Racine quelques chicanes grammaticales sur cette façon de parler, *prononcer le trépas ;* elle est très-juste, très-belle et très-heureuse. *Prononcé* vaut mieux qu'*ordonné*, et, dans cette occasion, a tout à fait le même sens. (G.)

L'imitation de ces vers est évidente dans le passage suivant du *Brutus*

Voilà donc de ces lieux ce qui m'ouvre l'entrée,
Et comme enfin Roxane à mes yeux s'est montrée.
Invisible d'abord, elle entendoit ma voix,
Et craignoit du sérail les rigoureuses lois;
Mais enfin, bannissant cette importune crainte
Qui dans nos entretiens jetoit trop de contrainte,
Elle-même a choisi cet endroit écarté,
Où nos cœurs à nos yeux parlent en liberté.
Par un chemin obscur une esclave me guide,
Et... Mais on vient : c'est elle et sa chère Atalide.
Demeure; et, s'il le faut, sois prêt à confirmer
Le récit important dont je vais l'informer.

SCÈNE II.

ROXANE, ATALIDE, ACOMAT, OSMIN, ZATIME, ZAÏRE.

ACOMAT.

La vérité s'accorde avec la renommée,
Madame. Osmin a vu le sultan et l'armée.
Le superbe Amurat est toujours inquiet;
Et toujours tous les cœurs penchent vers Bajazet :
D'une commune voix ils l'appellent au trône.

de Voltaire, où Messala, s'adressant à Arons, ambassadeur de Porsenna, parle ainsi des Romains prêts à seconder l'entreprise de Tarquin :

> Tout leur sang est à vous, mais ne prétendez pas
> Qu'en aveugles sujets ils servent des ingrats.
> Ils ne se piquent point du devoir fanatique
> De servir de victime au pouvoir despotique,
> Ni du zèle insensé de courir au trépas
> Pour venger un tyran qui ne les connaît pas.
>   (Acte I, scène IV.)

Cependant les Persans marchoient vers Babylone,
Et bientôt les deux camps au pied de son rempart
Devoient de la bataille éprouver le hasard.
Ce combat doit, dit-on, fixer nos destinées ;
Et même, si d'Osmin je compte les journées,
Le ciel en a déjà réglé l'événement,
Et le sultan triomphe ou fuit en ce moment.
Déclarons-nous, madame, et rompons le silence :
Fermons-lui dès ce jour les portes de Byzance ;
Et sans nous informer s'il triomphe ou s'il fuit,
Croyez-moi, hâtons-nous d'en prévenir le bruit.
S'il fuit, que craignez-vous? s'il triomphe au contraire,
Le conseil le plus prompt est le plus salutaire.*
Vous voudrez, mais trop tard, soustraire à son pouvoir
Un peuple dans ses murs prêt à le recevoir.
Pour moi, j'ai su déjà par mes brigues secrètes
Gagner de notre loi les sacrés interprètes :
Je sais combien, crédule en sa dévotion,
Le peuple suit le frein de la religion.
Souffrez que Bajazet voie enfin la lumière :
Des murs de ce palais ouvrez-lui la barrière ;[1]
Déployez en son nom cet étendard fatal,[2]
Des extrêmes périls l'ordinaire signal.
Les peuples, prévenus de ce nom favorable,
Savent que sa vertu le rend seule coupable.
D'ailleurs, un bruit confus, par mes soins confirmé,

---

* Var. *Le conseil le plus prompt est le plus nécessaire.*

1. Partout ailleurs cette expression, *la barrière des murs,* serait impropre ; mais ici elle est juste, parce qu'il s'agit des murs d'un sérail.

2. Cet étendard fatal est la bannière de Mahomet, gardée religieusement dans le trésor du prince. Lorsqu'elle est arborée, tous les sujets, depuis l'âge de sept ans, sont obligés de prendre les armes et de se ranger sous ce drapeau. (L. B.)

ACTE I, SCÈNE II.

Fait croire heureusement à ce peuple alarmé
Qu'Amurat le dédaigne, et veut loin de Byzance
Transporter désormais son trône et sa présence.
Déclarons le péril dont son frère est pressé;
Montrons l'ordre cruel qui vous fut adressé;
Surtout qu'il se déclare et se montre lui-même,
Et fasse voir ce front digne du diadème.

ROXANE.

Il suffit. Je tiendrai tout ce que j'ai promis.
Allez, brave Acomat, assembler vos amis :
De tous leurs sentiments venez me rendre compte;
Je vous rendrai moi-même une réponse prompte.
Je verrai Bajazet. Je ne puis dire rien,
Sans savoir si son cœur s'accorde avec le mien.
Allez, et revenez.

SCÈNE III.

ROXANE, ATALIDE, ZATIME, ZAÏRE.

ROXANE.

Enfin, belle Atalide,
Il faut de nos destins que Bajazet décide.
Pour la dernière fois je le vais consulter :
Je vais savoir s'il m'aime.

ATALIDE.

Est-il temps d'en douter,
Madame? Hâtez-vous d'achever votre ouvrage.
Vous avez du vizir entendu le langage;
Bajazet vous est cher : savez-vous si demain
Sa liberté, ses jours, seront en votre main?
Peut-être en ce moment Amurat en furie

S'approche pour trancher une si belle vie.
Et pourquoi de son cœur doutez-vous aujourd'hui?

ROXANE.

Mais m'en répondez-vous, vous qui parlez pour lui?

ATALIDE.

Quoi, madame! les soins qu'il a pris pour vous plaire,
Ce que vous avez fait, ce que vous pouvez faire,
Ses périls, ses respects, et surtout vos appas,
Tout cela de son cœur ne vous répond-il pas?
Croyez que vos bontés vivent dans sa mémoire.

ROXANE.

Hélas! pour mon repos, que ne le puis-je croire!
Pourquoi faut-il au moins que, pour me consoler,
L'ingrat ne parle pas comme on le fait parler?
Vingt fois, sur vos discours pleine de confiance,
Du trouble de son cœur jouissant par avance,
Moi-même j'ai voulu m'assurer de sa foi,
Et l'ai fait en secret amener devant moi.*
Peut-être trop d'amour me rend trop difficile;
Mais, sans vous fatiguer d'un récit inutile,
Je ne retrouvois point ce trouble, cette ardeur
Que m'avoit tant promis un discours trop flatteur.**
Enfin, si je lui donne et la vie et l'empire,
Ces gages incertains ne me peuvent suffire.

ATALIDE.

Quoi donc? à son amour qu'allez-vous proposer?

---

* Var. *Pour l'entendre à mes yeux m'assurer de sa foi,*
Je l'ai fait en secret amener devant moi.

** Var. *Mes yeux ne trouvoient point ce trouble, cette ardeur*
Que leur avoit promis un discours trop flatteur.

ROXANE.

S'il m'aime, dès ce jour il me doit épouser.

ATALIDE.

Vous épouser! O ciel, que prétendez-vous faire?

ROXANE.

Je sais que des sultans l'usage m'est contraire;
Je sais qu'ils se sont fait une superbe loi
De ne point à l'hymen assujettir leur foi.
Parmi tant de beautés qui briguent leur tendresse,
Ils daignent quelquefois choisir une maîtresse;
Mais toujours inquiète avec tous ses appas,
Esclave, elle reçoit son maître dans ses bras;
Et, sans sortir du joug où leur loi la condamne,
Il faut qu'un fils naissant la déclare sultane.
Amurat plus ardent, et seul jusqu'à ce jour,
A voulu que l'on dût ce titre à son amour.
J'en reçus la puissance aussi bien que le titre;
Et des jours de son frère il me laissa l'arbitre.
Mais ce même Amurat ne me promit jamais
Que l'hymen dût un jour couronner ses bienfaits :
Et moi, qui n'aspirois qu'à cette seule gloire,
De ses autres bienfaits j'ai perdu la mémoire.[1]
Toutefois, que sert-il de me justifier?
Bajazet, il est vrai, m'a tout fait oublier,

1. Le poëte n'a point encore appris aux spectateurs quel est le caractère de Roxane : c'est elle-même qui, dès qu'elle paroît, le fait connoitre; c'est par elle qu'on apprend qu'elle est ambitieuse, fière, violente, ingrate et perfide. Parce qu'elle n'a point encore reçu d'Amurat le titre d'épouse, elle a oublié toutes les preuves qu'elle a reçues de son amour : elle veut donner son cœur à Bajazet; et la première fois qu'elle le verra, elle le menacera de la mort s'il ne l'épouse, et lui proposera toujours ou sa main ou la mort. C'est dans la Turquie que le poëte place cet horrible caractère. (L. R.)

Malgré tous ses malheurs, plus heureux que son frère,
Il m'a plu, sans peut-être aspirer à me plaire :
Femmes, gardes, vizir, pour lui j'ai tout séduit ;
En un mot, vous voyez jusqu'où je l'ai conduit.
Grâces à mon amour, je me suis bien servie
Du pouvoir qu'Amurat me donna sur sa vie.
Bajazet touche presque au trône des sultans :
Il ne faut plus qu'un pas ; mais c'est où je l'attends.
Malgré tout mon amour, si dans cette journée*
Il ne m'attache à lui par un juste hyménée ;
S'il ose m'alléguer une odieuse loi,
Quand je fais tout pour lui, s'il ne fait tout pour moi,
Dès le même moment, sans songer si je l'aime,
Sans consulter enfin si je me perds moi-même,[1]
J'abandonne l'ingrat, et le laisse rentrer
Dans l'état malheureux d'où je l'ai su tirer.
Voilà sur quoi je veux que Bajazet prononce :
Sa perte ou son salut dépend de sa réponse.
Je ne vous presse point de vouloir aujourd'hui
Me prêter votre voix pour m'expliquer à lui[2] :
Je veux que, devant moi, sa bouche et son visage
Me découvrent son cœur sans me laisser d'ombrage ;
Que lui-même, en secret amené dans ces lieux,

---

* Var. *Quel que soit mon amour, si dans cette journée.*

1. Ces vers contiennent le germe de toute l'intrigue ; ils motivent et préparent la catastrophe ; ils fixent avec précision le caractère de Roxane et la nature de son amour. (G.)

2. On dit communément : *s'expliquer avec quelqu'un,* pour *avoir une explication,* mais *s'expliquer à quelqu'un,* c'est lui faire connaître ses sentiments, c'est lui ouvrir son cœur, et, dans la bouche de Roxane, c'est lui donner le choix de l'épouser ou de mourir. C'est ainsi que Racine a eu l'art de faire un trait de caractère d'une simple expression. (A. M.)

Sans être préparé se présente à mes yeux.
Adieu. Vous saurez tout après cette entrevue.

SCÈNE IV.

ATALIDE, ZAÏRE.

ATALIDE.

Zaïre, c'en est fait, Atalide est perdue.

ZAÏRE.

Vous?

ATALIDE.

Je prévois déjà tout ce qu'il faut prévoir.
Mon unique espérance est dans mon désespoir.¹

ZAÏRE.

Mais, madame, pourquoi?

ATALIDE.

Si tu venois d'entendre
Quel funeste dessein Roxane vient de prendre,
Quelles conditions elle veut imposer!
Bajazet doit périr, dit-elle, ou l'épouser :
S'il se rend, que deviens-je en ce malheur extrême?
Et, s'il ne se rend pas, que devient-il lui-même?

---

1. Heureuse imitation du vers de Virgile :

Una salus victis nullam sperare salutem.

Mot à mot : « L'unique salut des vaincus est de ne point espérer de salut. » (*Æneid.*, lib. II, v. 354.)

ZAÏRE.

Je conçois ce malheur. Mais, à ne point mentir,
Votre amour, dès longtemps, a dû le pressentir.

ATALIDE.

Ah, Zaïre! l'amour a-t-il tant de prudence?
Tout sembloit avec nous être d'intelligence :
Roxane, se livrant tout entière à ma foi,
Du cœur de Bajazet se reposoit sur moi,
M'abandonnoit le soin de tout ce qui le touche,
Le voyoit par mes yeux, lui parloit par ma bouche;
Et je croyois toucher au bienheureux moment
Où j'allois par ses mains couronner mon amant.
Le ciel s'est déclaré contre mon artifice.
Et que falloit-il donc, Zaïre, que je fisse?
A l'erreur de Roxane ai-je dû m'opposer,
Et perdre mon amant pour la désabuser?
Avant que dans son cœur cette amour fût formée,
J'aimois et je pouvois m'assurer d'être aimée.
Dès nos plus jeunes ans, tu t'en souviens assez,
L'amour serra les nœuds par le sang commencés.
Élevée avec lui dans le sein de sa mère,
J'appris à distinguer Bajazet de son frère;
Elle-même avec joie unit nos volontés :
Et, quoique après sa mort l'un de l'autre écartés,
Conservant, sans nous voir, le desir de nous plaire,
Nous avons su toujours nous aimer et nous taire.
Roxane, qui depuis, loin de s'en défier,
A ses desseins secrets voulut m'associer,
Ne put voir sans amour ce héros trop aimable :
Elle courut lui tendre une main favorable;
Bajazet, étonné, rendit grâce à ses soins,

Lui rendit des respects : pouvoit-il faire moins ?
Mais qu'aisément l'amour croit tout ce qu'il souhaite !
De ses moindres respects Roxane satisfaite
Nous engagea tous deux, par sa facilité,
A la laisser jouir de sa crédulité.
Zaïre, il faut pourtant avouer ma foiblesse;
D'un mouvement jaloux je ne fus pas maîtresse.
Ma rivale, accablant mon amant de bienfaits,
Opposoit un empire à mes foibles attraits;
Mille soins la rendoient présente à sa mémoire;
Elle l'entretenoit de sa prochaine gloire :
Et moi, je ne puis rien. Mon cœur, pour tout discours,
N'avoit que des soupirs qu'il répétoit toujours.
Le ciel seul sait combien j'en ai versé de larmes.
Mais enfin Bajazet dissipa mes alarmes :
Je condamnai mes pleurs, et jusques aujourd'hui
Je l'ai pressé de feindre, et j'ai parlé pour lui.
Hélas ! tout est fini : Roxane méprisée
Bientôt de son erreur sera désabusée.
Car enfin Bajazet ne sait point se cacher;
Je connois sa vertu prête à s'effaroucher. [1]
Il faut qu'à tous moments, tremblante et secourable,
Je donne à ses discours un sens plus favorable.
Bajazet va se perdre. Ah ! si, comme autrefois,
Ma rivale eût voulu lui parler par ma voix !
Au moins, si j'avois pu préparer son visage ! [2]

1. *La vertu qui s'effarouche* : Racine est le premier qui se soit servi de cette expression, devenue aujourd'hui d'un usage habituel.

2. *Préparer un visage*, expression hardie et heureuse, pour dire : *préparer Bajazet à ne pas laisser paraître sur son visage l'éloignement que Roxane lui inspire*. Les vers de Racine offrent un si grand nombre de ces locutions neuves, qu'il est impossible de les relever toutes.

Mais, Zaïre, je puis l'attendre à son passage;*
D'un mot ou d'un regard je puis le secourir.
Qu'il l'épouse, en un mot, plutôt que de périr.[1]
Si Roxane le veut, sans doute il faut qu'il meure.
Il se perdra, te dis-je. Atalide, demeure;
Laisse, sans t'alarmer, ton amant sur sa foi.
Penses-tu mériter qu'on se perde pour toi?
Peut-être Bajazet, secondant ton envie,
Plus que tu ne voudras aura soin de sa vie.

ZAÏRE.

Ah! dans quels soins, madame, allez-vous vous plonger!
Toujours avant le temps faut-il vous affliger?
Vous n'en pouvez douter, Bajazet vous adore.
Suspendez, ou cachez l'ennui qui vous dévore :
N'allez point par vos pleurs déclarer vos amours.
La main qui l'a sauvé le sauvera toujours,
Pourvu qu'entretenue en son erreur fatale,
Roxane jusqu'au bout ignore sa rivale.[2]
Venez en d'autres lieux enfermer vos regrets,
Et de leur entrevue attendre le succès.

ATALIDE.

Hé bien, Zaïre, allons. Et toi, si ta justice
De deux jeunes amants veut punir l'artifice,
O ciel! si notre amour est condamné de toi,
Je suis la plus coupable, épuise tout sur moi!

* Var. *Mais, Zaïre, je puis attendre son passage.*

1. C'est ce qu'elle pense quand elle n'écoute que la raison, et c'est ce qu'elle ne pense plus quand elle n'écoute que l'amour. (L. R.)

2. Voilà le nœud de toute l'intrigue clairement indiqué : le succès de la conspiration, la vie de Bajazet, celle d'Atalide, sont attachés à l'erreur de Roxane. Cet acte, excellent dans toutes ses parties, est un modèle de la manière dont il faut expliquer un sujet, faire connaître les personnages et fonder l'intérêt; il laisse l'âme du spectateur entre la crainte et l'espérance. (G.) *Fatale* a le sens de : ordonnée par le destin.

ACTE DEUXIÈME.

SCÈNE PREMIÈRE.[1]

BAJAZET, ROXANE.

ROXANE.

Prince, l'heure fatale est enfin arrivée
Qu'à votre liberté le ciel a réservée.
Rien ne me retient plus; et je puis, dès ce jour,
Accomplir le dessein qu'a formé mon amour.
Non que, vous assurant d'un triomphe facile,
Je mette entre vos mains un empire tranquille;
Je fais ce que je puis, je vous l'avois promis :
J'arme votre valeur contre vos ennemis,
J'écarte de vos jours un péril manifeste;
Votre vertu, seigneur, achèvera le reste.
Osmin a vu l'armée; elle penche pour vous;
Les chefs de notre loi conspirent avec nous;
Le vizir Acomat vous répond de Byzance;
Et moi, vous le savez, je tiens sous ma puissance
Cette foule de chefs, d'esclaves, de muets,
Peuple que dans ses murs renferme ce palais,

---

1. Cette scène si bien amenée, si bien préparée, est exécutée avec tout l'art dont Racine était capable; elle est forte de choses : la sultane y développe sa politique ambitieuse, Bajazet sa noblesse et sa fierté. (G.)

Et dont à ma faveur les âmes asservies
M'ont vendu dès longtemps leur silence et leurs vies.
Commencez maintenant : c'est à vous de courir
Dans le champ glorieux que j'ai su vous ouvrir.
Vous n'entreprenez point une injuste carrière,
Vous repoussez, seigneur, une main meurtrière :
L'exemple en est commun; et, parmi les sultans,
Ce chemin à l'empire a conduit de tout temps.
Mais, pour mieux commencer, hâtons-nous l'un et l'autre
D'assurer à la fois mon bonheur et le vôtre.
Montrez à l'univers, en m'attachant à vous,
Que, quand je vous servois, je servois mon époux;*
Et, par le nœud sacré d'un heureux hyménée,
Justifiez la foi que je vous ai donnée.

BAJAZET.

Ah! que proposez-vous, madame!

ROXANE.

      Hé quoi, seigneur!
Quel obstacle secret trouble notre bonheur?

BAJAZET.

Madame, ignorez-vous que l'orgueil de l'empire...
Que ne m'épargnez-vous la douleur de le dire?

---

* VAR. *Que, quand je vous servois, j'ai servi mon époux.*

La proposition est amenée et motivée aussi adroitement qu'elle peut l'être. Mais ce qu'il y a ici de plus remarquable, c'est que ce rôle de Roxane est le seul où l'ambition ne refroidisse pas l'amour, qu'ordinairement tout autre mélange refroidit; c'est qu'ici l'intérêt de ces deux passions est le même, et qu'elles sont inséparables dans leur objet. Roxane ne peut épouser son amant qu'en le mettant sur le trône et en y montant avec lui. Le danger commun la justifie : c'est une des plus heureuses combinaisons dont Racine ait été redevable à la nature du sujet, et qui rendent la conception de ce rôle si tragique. (L.)

ACTE II, SCÈNE I.

ROXANE.

Oui, je sais que depuis qu'un de vos empereurs,
Bajazet[1], d'un barbare éprouvant les fureurs,
Vit au char du vainqueur son épouse enchaînée,
Et par toute l'Asie à sa suite traînée,
De l'honneur ottoman ses successeurs jaloux,
Ont daigné rarement prendre le nom d'époux.
Mais l'amour ne suit point ces lois imaginaires;
Et sans vous rapporter des exemples vulgaires,
Soliman (vous savez qu'entre tous vos aïeux,
Dont l'univers a craint le bras victorieux,
Nul n'éleva si haut la grandeur ottomane),
Ce Soliman jeta les yeux sur Roxelane.
Malgré tout son orgueil, ce monarque si fier,
A son trône, à son lit daigna l'associer,
Sans qu'elle eût d'autres droits au rang d'impératrice,
Qu'un peu d'attraits peut-être, et beaucoup d'artifice.[2]

BAJAZET.

Il est vrai. Mais aussi voyez ce que je puis,
Ce qu'étoit Soliman, et le peu que je suis.
Soliman jouissoit d'une pleine puissance :
L'Égypte ramenée à son obéissance;
Rhodes, des Ottomans ce redoutable écueil,
De tous ses défenseurs devenu le cercueil;
Du Danube asservi les rives désolées;
De l'empire persan les bornes reculées;

---

1. Bajazet Ier, prisonnier de Tamerlan.
2. M. de Thou écrit que Roxelane se servit d'un prétexte de religion pour engager Soliman à l'épouser. On disait aussi qu'elle l'avait captivé par des filtres qu'une Juive lui avait donnés. « Roxelana... ut majorem. dignitatis gradum adipisceretur, a simulata religione occasionem sumpsit.., philtris ab hebræa saga... subministratis. » (*Histor.*, lib. IX.)

Dans leurs climats brûlants les Africains domptés,
Faisoient taire les lois devant ses volontés.
Que suis-je? J'attends tout du peuple et de l'armée :
Mes malheurs font encor toute ma renommée.
Infortuné, proscrit, incertain de régner,
Dois-je irriter les cœurs au lieu de les gagner?
Témoins de nos plaisirs, plaindront-ils nos misères?
Croiront-ils mes périls et vos larmes sincères?[1]
Songez, sans me flatter du sort de Soliman,
Au meurtre tout récent du malheureux Osman :[2]
Dans leur rébellion, les chefs des janissaires,
Cherchant à colorer leurs desseins sanguinaires,
Se crurent à sa perte assez autorisés
Par le fatal hymen que vous me proposez.
Que vous dirai-je, enfin? Maître de leur suffrage,
Peut-être avec le temps j'oserai davantage.
Ne précipitons rien; et daignez commencer
A me mettre en état de vous récompenser.

ROXANE.

Je vous entends, seigneur. Je vois mon imprudence;
Je vois que rien n'échappe à votre prévoyance :
Vous avez pressenti jusqu'au moindre danger
Où mon amour trop prompt vous alloit engager.
Pour vous, pour votre honneur, vous en craignez les suites;
Et je le crois, seigneur, puisque vous me le dites.

---

1. Ce vers a donné lieu à beaucoup de critiques. Sans doute des périls ne peuvent pas être *sincères;* mais c'est un artifice de style, dont Racine offre le premier exemple, de réunir deux mots par la même épithète, quand il se trouve dans le dernier un rapport exact, et dans l'autre une analogie d'idées suffisante. Les périls sont *réels* quand les larmes sont *sincères,* et la *sincérité* des larmes fait sous-entendre la réalité des dangers. (L.)

2. Osman II, étranglé par les janissaires en 1621.

Mais avez-vous prévu, si vous ne m'épousez,
Les périls plus certains où vous vous exposez?
Songez-vous que, sans moi, tout vous devient contraire?
Que c'est à moi surtout qu'il importe de plaire?
Songez-vous que je tiens les portes du palais;[1]
Que je puis vous l'ouvrir ou fermer pour jamais,
Que j'ai sur votre vie un empire suprême;
Que vous ne respirez qu'autant que je vous aime?
Et sans ce même amour qu'offensent vos refus,
Songez-vous, en un mot, que vous ne seriez plus?*

BAJAZET.

Oui, je tiens tout de vous; et j'avois lieu de croire
Que c'étoit pour vous-même une assez grande gloire,
En voyant devant moi tout l'empire à genoux,
De m'entendre avouer que je tiens tout de vous.
Je ne m'en défends point; ma bouche le confesse,
Et mon respect saura le confirmer sans cesse :
Je vous dois tout mon sang; ma vie est votre bien.
Mais enfin voulez-vous...

ROXANE.

           Non, je ne veux plus rien.
Ne m'importune plus de tes raisons forcées;
Je vois combien tes vœux sont loin de mes pensées.
Je ne te presse plus, ingrat, d'y consentir :
Rentre dans le néant dont je t'ai fait sortir.
Car enfin qui m'arrête? et quelle autre assurance
Demanderois-je encor de son indifférence?

---

1. *Je tiens les portes*, pour dire *je suis maîtresse des portes* est une façon de parler énergique et précise.

* VAR. *Songez-vous dès longtemps que vous ne seriez plus?*

L'ingrat est-il touché de mes empressements?
L'amour même entre-t-il dans ses raisonnements?
Ah! je vois tes desseins. Tu crois, quoi que je fasse,
Que mes propres périls t'assurent de ta grâce;
Qu'engagée avec toi par de si forts liens,
Je ne puis séparer tes intérêts des miens.
Mais je m'assure encore aux bontés de ton frère;[1]
Il m'aime, tu le sais; et, malgré sa colère,
Dans ton perfide sang je puis tout expier,
Et ta mort suffira pour me justifier.
N'en doute point, j'y cours; et, dès ce moment même...
Bajazet, écoutez; je sens que je vous aime;
Vous vous perdez. Gardez de me laisser sortir:
Le chemin est encore ouvert au repentir.
Ne désespérez point une amante en furie.
S'il m'échappoit un mot, c'est fait de votre vie.[2]

1. On dit *je m'assure dans vos bontés, et je me fie à vos bontés.* Suivant l'Académie, *s'assurer dans* ou *en* est la seule locution correcte. L'autre locution est purement latine, et Racine a tenté de la faire passer dans notre langue, pour donner, dans certains cas, plus de rapidité à la pensée. On peut en juger en comparant les cas où il s'est servi de l'une et de l'autre préposition. Il dit ici :

Mais je m'assure encore aux bontés de ton frère.

Et dans *Athalie,* acte III, scène VII :

Ils ne s'assurent point en leur propre mérite.

2. Suivant la grammaire, ces deux verbes devraient être au même temps, puisque l'action que chacun exprime doit se passer au même moment, l'une dépend de l'autre : dès que le mot échappe à Roxane, Bajazet expire. Sans doute il eût été facile à Racine de mettre :

S'il m'échappe un seul mot, c'est fait de votre vie;

mais toute l'énergie de sa phrase disparaissait. Cet imparfait et ce présent n'ont donc point été mis là sans raison. La longueur de l'un augmente la vivacité de l'autre. Il semble que Roxane veuille marquer par le premier

ACTE II, SCÈNE I. 437

BAJAZET.

Vous pouvez me l'ôter, elle est entre vos mains :
Peut-être que ma mort, utile à vos desseins,
De l'heureux Amurat obtenant votre grâce,
Vous rendra dans son cœur votre première place.

ROXANE.

Dans son cœur? Ah! crois-tu, quand il le voudroit bien,[1]
Que, si je perds l'espoir de régner dans le tien,
D'une si douce erreur si longtemps possédée,
Je puisse désormais souffrir une autre idée,
Ni que je vive enfin, si je ne vis pour toi?

verbe qu'elle est bien éloignée de vouloir prononcer ce mot fatal, et que par le second elle fasse sentir cependant avec quelle rapidité elle serait obéie si le mot lui échappait. Cette nuance dans la pensée et dans l'expression se fait sentir surtout lorsqu'on essaye de construire la phrase d'une autre manière; car alors l'effet est entièrement perdu. C'est ainsi que d'une faute Racine sait faire sortir une beauté qui le fait pardonner, et que souvent une critique grammaticale est terminée par un éloge du style. (A. M.)

1. Tout ce morceau, pris bien avant dans le cœur humain, n'est que le développement de ce vers si frappant de passion et de vérité :

Bajazet, écoutez; je sens que je vous aime;

vers qui est du nombre de ceux qui valent une belle scène, parce qu'ils la renferment tout entière. Observons dans un art infiniment moins difficile sans doute que la tragédie, puisqu'il n'en est que la copie, dans l'art de la déclamation, un degré de perfection qui n'est guère moins rare que celui de la tragédie elle-même, et dont le mérite ressemble ici à celui de Racine. Quand la célèbre Clairon prononçait ce vers :

Dans son cœur? Ah! crois-tu, etc.,

son accent, son geste, ses yeux, toute son action dans cette seule exclamation *ah!* exprimait le couplet tout entier, au point qu'avec un peu d'intelligence on aurait deviné tout ce qu'elle allait dire. Ce prodige de déclamation et de pantomime, et un autre du même genre dans le rôle d'OEdipe, joué par Le Kain, sont les deux choses qui m'ont paru les plus étonnantes dans ce genre de talent, qui aujourd'hui semble perdu. (L.)

Je te donne, cruel, des armes contre moi,[1]
Sans doute; et je devrois retenir ma foiblesse :
Tu vas en triompher. Oui, je te le confesse,
J'affectois à tes yeux une fausse fierté :
De toi dépend ma joie et ma félicité :
De ma sanglante mort ta mort sera suivie.
Quel fruit de tant de soins que j'ai pris pour ta vie!
Tu soupires enfin, et sembles te troubler :
Achève, parle.

BAJAZET.

O ciel! que ne puis-je parler!

ROXANE.

Quoi donc? que dites-vous? et que viens-je d'entendre?
Vous avez des secrets que je ne puis apprendre?
Quoi! de vos sentiments je ne puis m'éclaircir?

BAJAZET.

Madame, encore un coup, c'est à vous de choisir :
Daignez m'ouvrir au trône un chemin légitime;
Ou bien, me voilà prêt, prenez votre victime.

ROXANE.

Ah! c'en est trop enfin, tu seras satisfait.
Holà! gardes, qu'on vienne.

SCÈNE II.

BAJAZET, ROXANE, ACOMAT.

ROXANE.

Acomat, c'en est fait.
Vous pouvez retourner, je n'ai rien à vous dire.

---

1. Dans les deux premières éditions, il y a un point au lieu d'une virgule à la fin de ce vers.

BAJAZET

ROXANE. *Quoi donc! que dites-vous? et que viens-je d'entendre?*
Vous avez des secrets que je ne puis apprendre?

Acte II, Scène Ire

Garnier Frères, Éditeurs

Du sultan Amurat je reconnois l'empire :
Sortez. Que le sérail soit désormais fermé ;
Et que tout rentre ici dans l'ordre accoutumé.[1]

SCÈNE III.

BAJAZET, ACOMAT.

ACOMAT.

Seigneur, qu'ai-je entendu ? Quelle surprise extrême !
Qu'allez-vous devenir ? Que deviens-je moi-même ?
D'où naît ce changement ? Qui dois-je en accuser ?
O ciel !

BAJAZET.

        Il ne faut point ici vous abuser.
Roxane est offensée, et court à la vengeance :
Un obstacle éternel rompt notre intelligence.
Vizir, songez à vous, je vous en averti ;
Et, sans compter sur moi, prenez votre parti.

ACOMAT.

Quoi ?

BAJAZET.

    Vous et vos amis, cherchez quelque retraite.
Je sais dans quels périls mon amitié vous jette ;

---

1. Voilà de la terreur tragique, et une de ces révolutions qui tiennent au caractère et à la passion d'un personnage, et semblent annoncer une catastrophe prochaine. Mais les écrivains capables de ces grands coups de théâtre savent reculer ce qu'ils ont l'air de précipiter. (L.) — Il est remarquable que Voltaire s'est emparé de cette situation dans la scène VII de l'acte III de *Zaïre*. (G.)

Et j'espérois un jour vous mieux récompenser.
Mais c'en est fait, vous dis-je; il n'y faut plus penser.

ACOMAT.

Et quel est donc, seigneur, cet obstacle invincible?
Tantôt dans le sérail j'ai laissé tout paisible.
Quelle fureur saisit votre esprit et le sien?

BAJAZET.

Elle veut, Acomat, que je l'épouse!

ACOMAT.

Hé bien?
L'usage des sultans à ses vœux est contraire;
Mais cet usage, enfin, est-ce une loi sévère,
Qu'aux dépens de vos jours vous deviez observer?
La plus sainte des lois, ah! c'est de vous sauver,
Et d'arracher, seigneur, d'une mort manifeste
Le sang des Ottomans, dont vous faites le reste!

BAJAZET.

Ce reste malheureux seroit trop acheté,
S'il faut le conserver par une lâcheté.

ACOMAT.

Et pourquoi vous en faire une image si noire?[1]
L'hymen de Soliman ternit-il sa mémoire?[2]
Cependant Soliman n'étoit point menacé
Des périls évidents dont vous êtes pressé.

BAJAZET.

Et ce sont ces périls et ce soin de ma vie

1. A quoi se rapporte *en*? Il faut deviner que c'est au mariage de Bajazet avec Roxane : le sens l'indique; mais le poëte aurait dû marquer plus exactement ce rapport. (G.)

2. Dans la *Roxelane* de Desmares, Soliman II est tellement épris de la beauté et du mérite de Roxelane, qu'il veut l'épouser, malgré la coutume

Qui d'un servile hymen feroient l'ignominie.
Soliman n'avoit point ce prétexte odieux :
Son esclave trouva grâce devant ses yeux ;
Et, sans subir le joug d'un hymen nécessaire,
Il lui fit de son cœur un présent volontaire.

ACOMAT.

Mais vous aimez Roxane.

BAJAZET.

Acomat, c'est assez.
Je me plains de mon sort moins que vous ne pensez.
La mort n'est point pour moi le comble des disgrâces ;
J'osai, tout jeune encor, la chercher sur vos traces ;
Et l'indigne prison où je suis renfermé
A la voir de plus près m'a même accoutumé ;
Amurat à mes yeux l'a vingt fois présentée :
Elle finit le cours d'une vie agitée.
Hélas ! si je la quitte avec quelque regret...
Pardonnez, Acomat, je plains avec sujet
Des cœurs dont les bontés trop mal récompensées
M'avoient pris pour objet de toutes leurs pensées.

des princes ottomans qui, depuis Bajazet Ier, n'ont eu que des esclaves favorites. Ce prince consulte le mufti sur le parti qu'il doit prendre :

LE MUFTI.
Vous pouvez l'épouser.

SOLIMAN.
Épouser une esclave ! ah ! que dites-vous, père ?

LE MUFTI.
Le remède est fâcheux, mais il est salutaire.
Ah ! seigneur, qui des deux est indigne de vous,
D'être né d'une esclave ou d'en être l'époux ?

L'argument est, en effet, sans réplique.

ACOMAT.

Ah! si nous périssons, n'en accusez que vous,
Seigneur : dites un mot, et vous nous sauvez tous.
Tout ce qui reste ici de braves janissaires,
De la religion les saints dépositaires,
Du peuple byzantin ceux qui plus respectés[1]
Par leur exemple seul règlent ses volontés,
Sont prêts de vous conduire à la porte sacrée
D'où les nouveaux sultans font leur première entrée.

BAJAZET.

Hé bien, brave Acomat, si je leur suis si cher,
Que des mains de Roxane ils viennent m'arracher;
Du sérail, s'il le faut, venez forcer la porte;
Entrez, accompagné de leur vaillante escorte.
J'aime mieux en sortir sanglant, couvert de coups,
Que chargé malgré moi du nom de son époux.
Peut-être je saurai, dans ce désordre extrême,
Par un beau désespoir me secourir moi-même;[2]
Attendre, en combattant, l'effet de votre foi,
Et vous donner le temps de venir jusqu'à moi.

ACOMAT.

Hé! pourrai-je empêcher, malgré ma diligence,
Que Roxane d'un coup n'assure sa vengeance?
Alors qu'aura servi ce zèle impétueux,
Qu'à charger vos amis d'un crime infructueux?
Promettez : affranchi du péril qui vous presse,
Vous verrez de quel poids sera votre promesse.

1. Pour : les plus respectés ; voyez p. 454.
2. Corneille avait dit avant Racine :

Ou qu'un beau désespoir alors le secourût.
(*Horace*, acte III, scène VI.)

BAJAZET.

Moi!

ACOMAT.

Ne rougissez point : le sang des Ottomans
Ne doit point en esclave obéir aux serments.
Consultez ces héros que le droit de la guerre
Mena victorieux jusqu'au bout de la terre :
Libres dans leur victoire, et maîtres de leur foi,
L'intérêt de l'État fut leur unique loi ;
Et d'un trône si saint la moitié n'est fondée
Que sur la foi promise et rarement gardée.
Je m'emporte, seigneur...

BAJAZET.

Oui, je sais, Acomat,
Jusqu'où les a portés l'intérêt de l'État.
Mais ces mêmes héros, prodigues de leur vie,
Ne la rachetoient point par une perfidie.

ACOMAT.

O courage inflexible ! ô trop constante foi,*
Que, même en périssant, j'admire malgré moi !
Faut-il qu'en un moment un scrupule timide
Perde... Mais quel bonheur nous envoie Atalide?

SCÈNE IV.

BAJAZET, ATALIDE, ACOMAT.

ACOMAT.

Ah ! madame ! venez avec moi vous unir.
Il se perd.

* VAR.   *O courage ! ô vertus ! ô trop constante foi !*

ATALIDE.

C'est de quoi je viens l'entretenir.
Mais laissez-nous : Roxane, à sa perte animée,
Veut que de ce palais la porte soit fermée.
Toutefois, Acomat, ne vous éloignez pas :
Peut-être on vous fera revenir sur vos pas.[1]

SCÈNE V.

BAJAZET, ATALIDE.

BAJAZET.

Hé bien! c'est maintenant qu'il faut que je vous laisse.
Le ciel punit ma feinte, et confond votre adresse;
Rien ne m'a pu parer contre ses derniers coups :
Il falloit ou mourir, ou n'être plus à vous.
De quoi nous a servi cette indigne contrainte?
Je meurs plus tard : voilà tout le fruit de ma feinte.
Je vous l'avois prédit : mais vous l'avez voulu;
J'ai reculé vos pleurs autant que je l'ai pu.[2]
Belle Atalide, au nom de cette complaisance,
Daignez de la sultane éviter la présence :
Vos pleurs vous trahiroient; cachez-les à ses yeux,
Et ne prolongez point de dangereux adieux.

ATALIDE.

Non, seigneur. Vos bontés pour une infortunée

---

1. Vers admirablement placé pour faire renaître un rayon d'espérance. (G.)

2. On ne peut ni reculer ni avancer des pleurs. On sent bien que l'idée de l'auteur est : *J'ai reculé le moment de vos pleurs;* mais ce n'est pas là le cas de l'ellipse, parce qu'il n'y a aucun rapport entre le propre et le figuré. (L.)

Ont assez disputé contre la destinée.
Il vous en coûte trop pour vouloir m'épargner :
Il faut vous rendre ; il faut me quitter, et régner.

BAJAZET.

Vous quitter?

ATALIDE.

Je le veux. Je me suis consultée.
De mille soins jaloux jusqu'alors agitée,
Il est vrai, je n'ai pu concevoir sans effroi
Que Bajazet pût vivre et n'être plus à moi ;
Et, lorsque quelquefois de ma rivale heureuse
Je me représentois l'image douloureuse,
Votre mort (pardonnez aux fureurs des amants)
Ne me paroissoit pas le plus grand des tourments.
Mais à mes tristes yeux votre mort préparée
Dans toute son horreur ne s'étoit pas montrée :
Je ne vous voyois pas, ainsi que je vous vois,
Prêt à me dire adieu pour la dernière fois.
Seigneur, je sais trop bien avec quelle constance
Vous allez de la mort affronter la présence ;
Je sais que votre cœur se fait quelques plaisirs[1]
De me prouver sa foi dans ses derniers soupirs :
Mais, hélas! épargnez une âme plus timide ;
Mesurez vos malheurs aux forces d'Atalide ;
Et ne m'exposez point aux plus vives douleurs
Qui jamais d'une amante épuisèrent les pleurs!

BAJAZET.

Et que deviendrez-vous, si, dès cette journée,
Je célèbre à vos yeux ce funeste hyménée?

---

1. *Quelques plaisirs* au pluriel n'est ni exact ni élégant. Il ne s'agit ici que d'un seul plaisir, de celui de prouver sa foi. Il fallait donc absolument le singulier.

ATALIDE.

Ne vous informez point ce que je deviendrai.[1]
Peut-être à mon destin, seigneur, j'obéirai.
Que sais-je? A ma douleur je chercherai des charmes.[2]
Je songerai peut-être, au milieu de mes larmes,
Qu'à vous perdre pour moi vous étiez résolu ;
Que vous vivez ; qu'enfin c'est moi qui l'ai voulu.

BAJAZET.

Non, vous ne verrez point cette fête cruelle.
Plus vous me commandez de vous être infidèle,
Madame, plus je vois combien vous méritez
De ne point obtenir ce que vous souhaitez.
Quoi ! cet amour si tendre, et né dans notre enfance,
Dont les feux avec nous ont crû dans le silence ;
Vos larmes, que ma main pouvoit seule arrêter ;
Mes serments redoublés de ne vous point quitter :
Tout cela finiroit par une perfidie?
J'épouserois, et qui? (s'il faut que je le die)
Une esclave attachée à ses seuls intérêts,
Qui présente à mes yeux les supplices tout prêts,
Qui m'offre, ou son hymen, ou la mort infaillible ;
Tandis qu'à mes périls Atalide sensible,
Et trop digne du sang qui lui donna le jour,
Veut me sacrifier jusques à son amour.

1. Il faudroit : *ne vous informez point de ce que je deviendrai ;* et pourquoi le faudroit-il? parce qu'aucun verbe ne peut avoir deux régimes simples, ou deux accusatifs, comme on parleroit en latin : Ne vous informez point *ce*, c'est-à-dire la chose que je deviendrai. Alors *vous* et *ce* sont deux régimes simples, ce qui est contraire au principe. Il eût été facile de mettre : *ne me demandez point*, etc. (D'O.(

2. Corneille a employé le mot *charmes* dans le même sens :

Et contre ma douleur, j'aurois senti des charmes
Quand une main si chère eût essuyé mes larmes.
(*Le Cid*, acte III, scène IV.)

ACTE II, SCÈNE V.

Ah ! qu'au jaloux sultan ma tête soit portée,
Puisqu'il faut à ce prix qu'elle soit rachetée !

ATALIDE.

Seigneur, vous pourriez vivre, et ne me point trahir.

BAJAZET.

Parlez : si je le puis, je suis prêt d'obéir.

ATALIDE.

La sultane vous aime ; et, malgré sa colère,
Si vous preniez, seigneur, plus de soin de lui plaire ;
Si vos soupirs daignoient lui faire pressentir
Qu'un jour...

BAJAZET.

Je vous entends : je n'y puis consentir.
Ne vous figurez point que, dans cette journée,
D'un lâche désespoir ma vertu consternée
Craigne les soins d'un trône où je pourrois monter,
Et par un prompt trépas cherche à les éviter.
J'écoute trop peut-être une imprudente audace ;
Mais, sans cesse occupé des grands noms de ma race,
J'espérois que, fuyant un indigne repos,
Je prendrois quelque place entre tant de héros.
Mais, quelque ambition, quelque amour qui me brûle,
Je ne puis plus tromper une amante crédule.
En vain, pour me sauver, je vous l'aurois promis :
Et ma bouche et mes yeux, du mensonge ennemis,
Peut-être, dans le temps que je voudrois lui plaire,
Feroient par leur désordre un effet tout contraire ;
Et de mes froids soupirs ses regards offensés
Verroient trop que mon cœur ne les a point poussés.
O ciel ! combien de fois je l'aurois éclaircie,
Si je n'eusse à sa haine exposé que ma vie ;

Si je n'avois pas craint que ses soupçons jaloux
N'eussent trop aisément remonté jusqu'à vous!
Et j'irois l'abuser d'une fausse promesse?
Je me parjurerois? et, par cette bassesse...
Ah! loin de m'ordonner cet indigne détour,
Si votre cœur étoit moins plein de son amour,
Je vous verrois sans doute en rougir la première.
Mais, pour vous épargner une injuste prière,
Adieu; je vais trouver Roxane de ce pas,
Et je vous quitte.

ATALIDE.

Et moi, je ne vous quitte pas.
Venez, cruel, venez, je vais vous y conduire;
Et de tous nos secrets c'est moi qui veux l'instruire.
Puisque, malgré mes pleurs, mon amant furieux
Se fait tant de plaisir d'expirer à mes yeux,
Roxane, malgré vous, nous joindra l'un et l'autre :
Elle aura plus de soif de mon sang que du vôtre;
Et je pourrai donner à vos yeux effrayés
Le spectacle sanglant que vous me prépariez.

BAJAZET.

O ciel! que faites-vous?

ATALIDE.

Cruel! pouvez-vous croire
Que je sois moins que vous jalouse de ma gloire?[1]
Pensez-vous que cent fois, en vous faisant parler,
Ma rougeur ne fût pas prête à me déceler?

---

1. Il est certain que l'auteur n'a point rendu sa pensée. Atalide voulait dire : *Pouvez-vous croire que je sois moins jalouse de ma gloire que vous n'êtes jaloux de la vôtre?* — Au contraire, elle semble dire : *Pouvez-vous croire que ma gloire me touche moins qu'elle ne vous touche?*

Mais on me présentoit votre perte prochaine.
Pourquoi faut-il, ingrat! quand la mienne est certaine,
Que vous n'osiez pour moi ce que j'osois pour vous?
Peut-être il suffira d'un mot un peu plus doux;
Roxane dans son cœur peut-être vous pardonne.
Vous-même, vous voyez le temps qu'elle vous donne :
A-t-elle, en vous quittant, fait sortir le vizir ?
Des gardes à mes yeux viennent-ils vous saisir?
Enfin, dans sa fureur implorant mon adresse,
Ses pleurs ne m'ont-ils pas découvert sa tendresse?
Peut-être elle n'attend qu'un espoir incertain
Qui lui fasse tomber les armes de la main.
Allez, seigneur, sauvez votre vie et la mienne. *

BAJAZET.

Hé bien... Mais quels discours faut-il que je lui tienne?

ATALIDE.

Ah! daignez sur ce choix ne me point consulter.
L'occasion, le ciel pourra vous les dicter.
Allez : entre elle et vous je ne dois plus paroître;
Votre trouble ou le mien nous feroit reconnoître.
Allez : encore un coup, je n'ose m'y trouver.
Dites... tout ce qu'il faut, seigneur, pour vous sauver.

VAR. *Allez, seigneur, tentez cette dernière voie.*
BAJAZET.
Hé bien!... Mais quels discours voulez-vous que j'emploie?

ACTE TROISIÈME.

SCÈNE PREMIÈRE.

ATALIDE, ZAIRE.

ATALIDE.

Zaïre, il est donc vrai, sa grâce est prononcée?

ZAÏRE.

Je vous l'ai dit, madame : une esclave empressée,
Qui couroit de Roxane accomplir le désir,
Aux portes du sérail a reçu le vizir.
Ils ne m'ont point parlé; mais, mieux qu'aucun langage,
Le transport du vizir marquoit sur son visage
Qu'un heureux changement le rappelle au palais,
Et qu'il y vient signer une éternelle paix.
Roxane a pris sans doute une plus douce voie.

ATALIDE.

Ainsi, de toutes parts, les plaisirs et la joie
M'abandonnent, Zaïre, et marchent sur leurs pas.
J'ai fait ce que j'ai dû; je ne m'en repens pas.

ZAÏRE.

Quoi, madame! Quelle est cette nouvelle alarme?

ATALIDE.

Et ne t'a-t-on point dit, Zaïre, par quel charme,

ACTE III, SCÈNE I.

Ou, pour mieux dire enfin, par quel engagement
Bajazet a pu faire un si prompt changement?
Roxane en sa fureur paroissoit inflexible;
A-t-elle de son cœur quelque gage infaillible?
Parle. L'épouse-t-il?

ZAÏRE.

Je n'en ai rien appris.
Mais enfin s'il n'a pu se sauver qu'à ce prix;
S'il fait ce que vous-même avez su lui prescrire;
S'il l'épouse, en un mot...

ATALIDE.

S'il l'épouse, Zaïre!

ZAÏRE.

Quoi! vous repentez-vous des généreux discours
Que vous dictoit le soin de conserver ses jours?

ATALIDE.

Non, non; il ne fera que ce qu'il a dû faire.
Sentiments trop jaloux, c'est à vous de vous taire :
Si Bajazet l'épouse, il suit mes volontés;
Respectez ma vertu, qui vous a surmontés;
A ces nobles conseils ne mêlez point le vôtre;
Et, loin de me le peindre entre les bras d'une autre,
Laissez-moi sans regret me le représenter
Au trône où mon amour l'a forcé de monter.
Oui, je me reconnois, je suis toujours la même.
Je voulois qu'il m'aimât, chère Zaïre; il m'aime :
Et du moins cet espoir me console aujourd'hui
Que je vais mourir digne et contente de lui.

ZAÏRE.

Mourir! Quoi! vous auriez un dessein si funeste?

ATALIDE.

J'ai cédé mon amant; tu t'étonnes du reste!
Peux-tu compter, Zaïre, au nombre des malheurs
Une mort qui prévient et finit tant de pleurs?
Qu'il vive, c'est assez. Je l'ai voulu, sans doute;
Et je le veux toujours, quelque prix qu'il m'en coûte.
Je n'examine point ma joie ou mon ennui :
J'aime assez mon amant pour renoncer à lui.
Mais, hélas! il peut bien penser avec justice
Que, si j'ai pu lui faire un si grand sacrifice,
Ce cœur, qui de ses jours prend ce funeste soin,
L'aime trop pour vouloir en être le témoin.
Allons; je veux savoir...

ZAÏRE.

Modérez-vous, de grâce :
On vient vous informer de tout ce qui se passe.
C'est le vizir.

SCÈNE II.

ATALIDE, ACOMAT, ZAIRE.

ACOMAT.

Enfin, nos amants sont d'accord,[1]
Madame; un calme heureux nous remet dans le port.

---

1. L'arrivée d'Acomat n'apprend au fond rien de nouveau; mais ce vizir donne quelques détails qui servent à enflammer la jalousie d'Atalide : c'est le seul motif de la scène; et Acomat est assez bien choisi pour ce message : car ce vieux politique, peu fait à ce langage de l'amour, et ne connaissant pas la force des termes, emploie les plus énergiques pour mieux peindre une réconciliation qu'il croit qu'Atalide désire autant que lui. L'ignorance où il est des sentiments de cette princesse donne beaucoup d'intérêt à son récit. (G.)

La sultane a laissé désarmer sa colère;
Elle m'a déclaré sa volonté dernière;
Et, tandis qu'elle montre au peuple épouvanté
Du prophète divin l'étendard redouté,
Qu'à marcher sur mes pas Bajazet se dispose,
Je vais de ce signal faire entendre la cause,
Remplir tous les esprits d'une juste terreur,
Et proclamer enfin le nouvel empereur.
Cependant permettez que je vous renouvelle
Le souvenir du prix qu'on promit à mon zèle.
N'attendez point de moi ces doux emportements,
Tels que j'en vois paroître au cœur de ces amants;
Mais si, par d'autres soins, plus dignes de mon âge,
Par de profonds respects, par un long esclavage,
Tel que nous le devons au sang de nos sultans,
Je puis...

ATALIDE.

Vous m'en pourrez instruire avec le temps.
Avec le temps aussi vous pourrez me connoître.
Mais quels sont ces transports qu'ils vous ont fait paroître?

ACOMAT.

Madame, doutez-vous des soupirs enflammés
De deux jeunes amants l'un de l'autre charmés?

ATALIDE.

Non; mais, à dire vrai, ce miracle m'étonne.
Et dit-on à quel prix Roxane lui pardonne?
L'épouse-t-il enfin?

ACOMAT.

Madame, je le croi.
Voici tout ce qui vient d'arriver devant moi:
Surpris, je l'avouerai, de leur fureur commune,

Querellant les amants, l'amour et la fortune,
J'étois de ce palais sorti désespéré.
Déjà, sur un vaisseau dans le port préparé,*
Chargeant de mon débris les reliques plus chères,[1]
Je méditois ma fuite aux terres étrangères.
Dans ce triste dessein au palais rappelé,
Plein de joie et d'espoir, j'ai couru, j'ai volé.
La porte du sérail à ma voix s'est ouverte,
Et d'abord une esclave à mes yeux s'est offerte,
Qui m'a conduit sans bruit dans un appartement
Où Roxane attentive écoutoit son amant.
Tout gardoit devant eux un auguste silence :
Moi-même, résistant à mon impatience,
Et respectant de loin leur secret entretien,
J'ai longtemps, immobile, observé leur maintien.
Enfin, avec des yeux qui découvroient son âme,
L'une a tendu la main pour gage de sa flamme ;
L'autre, avec des regards éloquents, pleins d'amour,
L'a de ses feux, madame, assurée à son tour.

ATALIDE.

Hélas !

ACOMAT.

Ils m'ont alors aperçu l'un et l'autre.
« Voilà, m'a-t-elle dit, votre prince et le nôtre.
Je vais, brave Acomat, le remettre en vos mains.
Allez lui préparer les honneurs souverains ;
Qu'un peuple obéissant l'attende dans le temple :
Le sérail va bientôt vous en donner l'exemple. »
Aux pieds de Bajazet alors je suis tombé ;
Et soudain à leurs yeux je me suis dérobé :

---

* Var. *Déjà, dans un vaisseau sur l'Euxin préparé...*

1. Pour : les plus chères ; voyez p. 442.

Trop heureux d'avoir pu, par un récit fidèle,
De leur paix, en passant, vous conter la nouvelle,
Et m'acquitter vers vous de mes respects profonds.
Je vais le couronner, madame, et j'en réponds.

SCÈNE III.

ATALIDE, ZAIRE.

ATALIDE.

Allons, retirons-nous, ne troublons point leur joie.*

ZAÏRE.

Ah! madame! croyez...

ATALIDE.

          Que veux-tu que je croie?
Quoi donc! à ce spectacle irai-je m'exposer?[1]
Tu vois que c'en est fait, ils se vont épouser;
La sultane est contente; il l'assure qu'il l'aime.
Mais je ne m'en plains pas, je l'ai voulu moi-même.
Cependant croyois-tu, quand, jaloux de sa foi,
Il s'alloit plein d'amour sacrifier pour moi,
Lorsque son cœur, tantôt m'exprimant sa tendresse,
Refusoit à Roxane une simple promesse,
Quand mes larmes en vain tâchoient de l'émouvoir,
Quand je m'applaudissois de leur peu de pouvoir,

---

* VAR. *Allons, retirons-nous, ne troublons point sa joie.*

1. Dans le langage ordinaire on ne diroit pas *s'exposer à un spectacle*, pour *être présente à un spectacle;* mais on doit remarquer qu'Atalide s'exposeroit véritablement si elle assistait au bonheur de sa rivale, et cette expression est ici pleine de justesse et d'énergie.

Croyois-tu que son cœur, contre toute apparence,
Pour la persuader trouvât tant d'éloquence?
Ah! peut-être, après tout, que, sans trop se forcer,¹
Tout ce qu'il a pu dire, il a pu le penser.
Peut-être en la voyant, plus sensible pour elle,
Il a vu dans ses yeux quelque grâce nouvelle;
Elle aura devant lui fait parler ses douleurs;
Elle l'aime; un empire autorise ses pleurs :
Tant d'amour touche enfin une âme généreuse.
Hélas! que de raisons contre une malheureuse!²

ZAÏRE.

Mais ce succès, madame, est encore incertain.
Attendez.

ATALIDE.

Non, vois-tu, je le nierois en vain.
Je ne prends point plaisir à croître ma misère;³
Je sais pour se sauver tout ce qu'il a dû faire.
Quand mes pleurs vers Roxane ont rappelé ses pas,
Je n'ai point prétendu qu'il ne m'obéît pas :
Mais après les adieux que je venois d'entendre,

1. *Après tout... vois-tu... à ne point mentir... à dire vrai... encore un coup,* etc. : locutions communes, plus fréquentes dans *Bajazet* que dans les autres tragédies de Racine : et c'est peut-être ce qui faisait dire à Boileau que le style de *Bajazet* était négligé, si toutefois on peut regarder ce mot comme authentique. (G.) *En la voyant, il a vu* est une légère négligence.

2. *Une malheureuse* est devenu une expression triviale; mais le vers est naturel et touchant, et cette ressource est nécessaire au talent; sans cela, la langue s'appauvriroit tous les jours par les bizarreries et les usurpations du discours familier. (L.)

3. *Croître* est un verbe neutre. Suivant Richelet, on peut le faire actif en vers, et, ce qui vaut mieux que l'autorité de Richelet, Racine l'a employé activement, non-seulement dans ce vers, mais dans *Iphigénie* et dans *Esther*. (G.) — Le Dictionnaire de l'Académie dit expressément que *croître,* dans le sens d'*augmenter,* est actif en poésie.

Après tous les transports d'une douleur si tendre,
Je sais qu'il n'a point dû lui faire remarquer
La joie et les transports qu'on vient de m'expliquer.
Toi-même, juge-nous, et vois si je m'abuse :
Pourquoi de ce conseil moi seule suis-je excluse?
Au sort de Bajazet ai-je si peu de part?
A me chercher lui-même attendroit-il si tard,
N'étoit que de son cœur le trop juste reproche
Lui fait peut-être, hélas! éviter cette approche?
Mais non, je lui veux bien épargner ce souci :
Il ne me verra plus.

ZAÏRE.

Madame, le voici.

SCÈNE IV.

BAJAZET, ATALIDE, ZAIRE.

BAJAZET.

C'en est fait, j'ai parlé, vous êtes obéie.
Vous n'avez plus, madame, à craindre pour ma vie :
Et je serois heureux, si la foi, si l'honneur
Ne me reprochoit point mon injuste bonheur;*
Si mon cœur, dont le trouble en secret me condamne,
Pouvoit me pardonner aussi bien que Roxane.
Mais enfin je me vois les armes à la main;
Je suis libre, et je puis contre un frère inhumain,
Non plus par un silence aidé de votre adresse,
Disputer en ces lieux le cœur de sa maîtresse,
Mais par de vrais combats, par de nobles dangers,

---

* VAR. *Et je serois heureux, si je pouvois goûter*
  Quelque bonheur, au prix qu'il vient de m'en coûter.

Moi-même le cherchant aux climats étrangers,
Lui disputer les cœurs du peuple et de l'armée,
Et pour juge entre nous prendre la renommée.
Que vois-je? Qu'avez-vous? Vous pleurez![1]

ATALIDE.

Non, seigneur,
Je ne murmure point contre votre bonheur :
Le ciel, le juste ciel vous devoit ce miracle.
Vous savez si jamais j'y formai quelque obstacle :
Tant que j'ai respiré, vos yeux me sont témoins
Que votre seul péril occupoit tous mes soins ;
Et puisqu'il ne pouvoit finir qu'avec ma vie,
C'est sans regret aussi que je la sacrifie.
Il est vrai, si le ciel eût écouté mes vœux,
Qu'il pouvoit m'accorder un trépas plus heureux :
Vous n'en auriez pas moins épousé ma rivale ;
Vous pouviez l'assurer de la foi conjugale ;
Mais vous n'auriez pas joint à ce titre d'époux
Tous ces gages d'amour qu'elle a reçus de vous.
Roxane s'estimoit assez récompensée,
Et j'aurois en mourant cette douce pensée,
Que, vous ayant moi-même imposé cette loi,
Je vous ai vers Roxane envoyé plein de moi;
Qu'emportant chez les morts toute votre tendresse,
Ce n'est point un amant en vous que je lui laisse.

BAJAZET.

Que parlez-vous, madame, et d'époux et d'amant?
O ciel! de ce discours quel est le fondement?

---

1. Voilà le germe du *Zaïre, vous pleurez.* La situation est plus vive dans *Zaïre;* le mot est mieux placé; il n'est pas précédé de ces locutions oiseuses *que vois-je? qu'avez-vous?* qui en détruisent tout l'effet. (G.)

ACTE III, SCÈNE IV.

Qui peut vous avoir fait ce récit infidèle?
Moi, j'aimerois Roxane, ou je vivrois pour elle,
Madame! Ah! croyez-vous que, loin de le penser,
Ma bouche seulement eût pu le prononcer?
Mais l'un ni l'autre enfin n'étoit point nécessaire :
La sultane a suivi son penchant ordinaire,
Et, soit qu'elle ait d'abord expliqué mon retour
Comme un gage certain qui marquoit mon amour;
Soit que le temps trop cher la pressât de se rendre,
A peine ai-je parlé, que, sans presque m'entendre,
Ses pleurs précipités ont coupé mes discours :
Elle met dans ma main sa fortune, ses jours,
Et, se fiant enfin à ma reconnoissance,
D'un hymen infaillible a formé l'espérance.
Moi-même, rougissant de sa crédulité,
Et d'un amour si tendre et si peu mérité,
Dans ma confusion, que Roxane, madame,
Attribuoit encore à l'excès de ma flamme,
Je me trouvois barbare, injuste, criminel.
Croyez qu'il m'a fallu, dans ce moment cruel,
Pour garder jusqu'au bout un silence perfide,
Rappeler tout l'amour que j'ai pour Atalide.
Cependant, quand je viens, après de tels efforts,
Chercher quelque secours contre tous mes remords,
Vous-même contre moi je vous vois, irritée,
Reprocher votre mort à mon âme agitée;
Je vois enfin, je vois qu'en ce même moment
Tout ce que je vous dis vous touche foiblement.
Madame, finissons et mon trouble et le vôtre.
Ne nous affligeons point vainement l'un et l'autre.
Roxane n'est pas loin; laissez agir ma foi :
J'irai, bien plus content et de vous et de moi,

Détromper son amour d'une feinte forcée,
Que je n'allois tantôt déguiser ma pensée.
La voici.

ATALIDE.

Juste ciel ! où va-t-il s'exposer ?
Si vous m'aimez, gardez de la désabuser.

SCÈNE V.

BAJAZET, ROXANE, ATALIDE, ZAIRE.

ROXANE.

Venez, seigneur, venez : il est temps de paraître,
Et que tout le sérail reconnoisse son maître :
Tout ce peuple nombreux dont il est habité,
Assemblé par mon ordre, attend ma volonté.
Mes esclaves gagnés, que le reste va suivre,
Sont les premiers sujets que mon amour vous livre.
L'auriez-vous cru, madame, et qu'un si prompt retour
Fît à tant de fureur succéder tant d'amour ?
Tantôt, à me venger fixe et déterminée, [1]
Je jurois qu'il voyoit sa dernière journée :
A peine cependant Bajazet m'a parlé ;
L'amour fit le serment, l'amour l'a violé.
J'ai cru dans son désordre entrevoir sa tendresse :
J'ai prononcé sa grâce, et je crois sa promesse*.

---

1. On ne peut pas dire *fixe à se venger;* mais *fixe* passe à la faveur de *déterminée.*

* VAR. *J'ai prononcé sa grâce, et j'en crois sa promesse.*

BAJAZET.

Oui, je vous ai promis et j'ai donné ma foi
De n'oublier jamais tout ce que je vous doi;
J'ai juré que mes soins, ma juste complaisance*,
Vous répondront toujours de ma reconnoissance.
Si je puis à ce prix mériter vos bienfaits,
Je vais de vos bontés attendre les effets.

SCÈNE VI.

ROXANE, ATALIDE, ZAIRE.

ROXANE.

De quel étonnement, ô ciel! suis-je frappée!
Est-ce un songe? et mes yeux ne m'ont-ils point trompée?
Quel est ce sombre accueil, et ce discours glacé
Qui semble révoquer tout ce qui s'est passé?
Sur quel espoir croit-il que je me sois rendue,
Et qu'il ait regagné mon amitié perdue?
J'ai cru qu'il me juroit que jusques à la mort
Son amour me laissoit maîtresse de son sort.
Se repent-il déjà de m'avoir apaisée?
Mais moi-même tantôt me serois-je abusée?
Ah!... Mais il vous parloit : quels étoient ses discours,[1]
Madame?

    Var. *Oui, je vous ai promis, et je m'en souviendrai,*
        Que fidèle à vos soins autant que je vivrai,
        Mon respect éternel, ma juste complaisance, etc.

1. Cet entretien entre deux rivales inspire la terreur; la dureté et la violence de Roxane contrastent bien avec la douceur et la timidité d'Atalide; la jalousie de la sultane, dont on aperçoit les premiers traits, laisse

ATALIDE.

Moi, madame! Il vous aime toujours.

ROXANE.

Il y va de sa vie, au moins que je le croie.
Mais de grâce, parmi tant de sujets de joie,
Répondez-moi, comment pouvez-vous expliquer
Ce chagrin qu'en sortant il m'a fait remarquer?

ATALIDE.

Madame, ce chagrin n'a point frappé ma vue.
Il m'a de vos bontés longtemps entretenue,
Il en étoit tout plein quand je l'ai rencontré :
J'ai cru le voir sortir tel qu'il étoit entré.
Mais, madame, après tout faut-il être surprise
Que, tout près d'achever cette grande entreprise,
Bajazet s'inquiète, et qu'il laisse échapper
Quelques marques des soins qui doivent l'occuper?

ROXANE.

Je vois qu'à l'excuser votre adresse est extrême :
Vous parlez mieux pour lui qu'il ne parle lui-même.

ATALIDE.

Mais quel autre intérêt...

ROXANE.

Madame, c'est assez.
Je conçois vos raisons mieux que vous ne pensez.
Laissez-moi : j'ai besoin d'un peu de solitude.
Ce jour me jette aussi dans quelque inquiétude :

appréhender les excès les plus funestes. Ce moment est vraiment tragique, parce que les personnages sont dans un grand danger; et cependant le dialogue est simple, naturel; il n'y a aucun fracas sur la scène. (G.)

ACTE III, SCÈNE VI.

J'ai, comme Bajazet, mon chagrin et mes soins :
Et je veux un moment y penser sans témoins.

SCÈNE VII.

ROXANE.

De tout ce que je vois que faut-il que je pense?
Tous deux à me tromper sont-ils d'intelligence?
Pourquoi ce changement, ce discours, ce départ?
N'ai-je pas même entre eux surpris quelque regard?
Bajazet interdit! Atalide étonnée!
O ciel! à cet affront m'auriez-vous condamnée?
De mon aveugle amour seroient-ce là les fruits?
Tant de jours douloureux, tant d'inquiètes nuits,
Mes brigues, mes complots, ma trahison fatale,
N'aurois-je tout tenté que pour une rivale?
Mais peut-être qu'aussi, trop prompte à m'affliger,
J'observe de trop près un chagrin passager :
J'impute à son amour l'effet de son caprice.
N'eût-il pas jusqu'au bout conduit son artifice?
Prêt à voir le succès de son déguisement,
Quoi! ne pouvoit-il pas feindre encore un moment?
Non, non, rassurons-nous : trop d'amour m'intimide.
Et pourquoi dans son cœur redouter Atalide?
Quel seroit son dessein? Qu'a-t-elle fait pour lui?
Qui de nous deux enfin le couronne aujourd'hui?
Mais, hélas! de l'amour ignorons-nous l'empire?
Si par quelque autre charme Atalide l'attire,
Qu'importe qu'il nous doive et le sceptre et le jour?

Les bienfaits dans un cœur balancent-ils l'amour ?
Et sans chercher plus loin, quand l'ingrat me sut plaire,
Ai-je mieux reconnu les bontés de son frère ?
Ah ! si d'une autre chaîne il n'étoit point lié,
L'offre de mon hymen l'eût-il tant effrayé ?[1]
N'eût-il pas sans regret secondé mon envie ?
L'eût-il refusé, même aux dépens de sa vie ?
Que de justes raisons... Mais qui vient me parler ?
Que veut-on ?

SCÈNE VIII.

ROXANE, ZATIME.

ZATIME.

Pardonnez si j'ose vous troubler :
Mais, madame, un esclave arrive de l'armée ;
Et, quoique sur la mer la porte fût fermée,
Les gardes, sans tarder, l'ont ouverte à genoux,
Aux ordres du sultan qui s'adressent à vous.
Mais ce qui me surprend, c'est Orcan qu'il envoie[2].

ROXANE.

Orcan !

ZATIME.

Oui, de tous ceux que le sultan emploie,
Orcan, le plus fidèle à servir ses desseins,

---

1. *Offre,* du temps de Racine, étoit des deux genres ; aujourd'hui il ne s'emploie qu'au féminin. (G.)

2. L'arrivée de cet Orcan, qu'on ne voit pas, redouble l'intérêt, augmente la terreur, parce qu'on soupçonne qu'il est porteur d'ordres atroces. Cet incident coupe le monologue de Roxane : la seconde partie est bien plus vive que la première, parce qu'il survient à Roxane un nouvel embarras. La situation de la sultane est vraiment théâtrale. (G.).

ACTE III, SCÈNE VIII.

Né sous le ciel brûlant des plus noirs Africains.
Madame, il vous demande avec impatience.
Mais j'ai cru vous devoir avertir par avance;
Et, souhaitant surtout qu'il ne vous surprît pas,
Dans votre appartement j'ai retenu ses pas.

ROXANE.

Quel malheur imprévu vient encor me confondre?
Quel peut être cet ordre? et que puis-je répondre?
Il n'en faut point douter, le sultan, inquiet,
Une seconde fois condamne Bajazet.
On ne peut sur ses jours sans moi rien entreprendre :
Tout m'obéit ici. Mais dois-je le défendre?
Quel est mon empereur? Bajazet? Amurat?
J'ai trahi l'un; mais l'autre est peut-être un ingrat.[1]
Le temps presse. Que faire en ce doute funeste?
Allons, employons bien le moment qui nous reste.
Ils ont beau se cacher, l'amour le plus discret
Laisse par quelque marque échapper son secret.
Observons Bajazet; étonnons Atalide;
Et couronnons l'amant, ou perdons le perfide.

1. Ce vers heureux et précis explique parfaitement le trouble de Roxane : placée entre deux écueils, elle n'a que le choix. Le parti qu'elle prend laisse le spectateur dans une vive attente, excite puissamment la curiosité, et termine l'acte de la manière la plus intéressante. (G.)

ACTE QUATRIÈME.

SCÈNE PREMIÈRE.

ATALIDE, ZAIRE.

ATALIDE.

Ah! sais-tu mes frayeurs? sais-tu que dans ces lieux
J'ai vu du fier Orcan le visage odieux?
En ce moment fatal que je crains sa venue!
Que je crains... Mais dis-moi, Bajazet t'a-t-il vue?
Qu'a-t-il dit? se rend-il, Zaïre, à mes raisons?
Ira-t-il voir Roxane, et calmer ses soupçons?

ZAÏRE.

Il ne peut plus la voir sans qu'elle le commande :
Roxane ainsi l'ordonne, elle veut qu'il l'attende.
Sans doute à cet esclave elle veut le cacher.
J'ai feint en le voyant de ne le point chercher.
J'ai rendu votre lettre, et j'ai pris sa réponse.
Madame, vous verrez ce qu'elle vous annonce.

ATALIDE lit :

« Après tant d'injustes détours,
« Faut-il qu'à feindre encor votre amour me convie!
« Mais je veux bien prendre soin d'une vie

« D'où vous jurez que dépendent vos jours :
« Je verrai la sultane ; et par ma complaisance,
« Par de nouveaux serments de ma reconnoissance,
  « J'apaiserai, si je puis, son courroux,
« N'exigez rien de plus : ni la mort, ni vous-même,
« Ne me ferez jamais prononcer que je l'aime,
  « Puisque jamais je n'aimerai que vous. »
Hélas! que me dit-il? Croit-il que je l'ignore?
Ne sais-je pas assez qu'il m'aime, qu'il m'adore?*
Est-ce ainsi qu'à mes vœux il sait s'accommoder?
C'est Roxane, et non moi, qu'il faut persuader.
De quelle crainte encor me laisse-t-il saisie?
Funeste aveuglement! perfide jalousie!
Récit menteur! Soupçons que je n'ai pu celer!
Falloit-il vous entendre, ou falloit-il parler?
C'étoit fait, mon bonheur surpassoit mon attente :
J'étois aimée, heureuse; et Roxane contente.
Zaïre, s'il se peut, retourne sur tes pas :
Qu'il l'apaise. Ces mots ne me suffisent pas :
Que sa bouche, ses yeux, tout l'assure qu'il l'aime :
Qu'elle le croie enfin. Que ne puis-je moi-même,
Échauffant par mes pleurs ses soins trop languissants,
Mettre dans ses discours tout l'amour que je sens?
Mais à d'autres périls je crains de le commettre.

ZAÏRE.

Roxane vient à vous.

ATALIDE.

Ah! cachons cette lettre.

---

* Var. *Ne sais-tu pas assez qu'il m'aime, qu'il m'adore?*

SCÈNE II.

ROXANE, ATALIDE, ZATIME, ZAIRE.

ROXANE, à Zatime.

Viens. J'ai reçu cet ordre. Il faut l'intimider.

ATALIDE, à Zaïre.

Va, cours; et tâche enfin de le persuader.

SCÈNE III.

ROXANE, ATALIDE, ZATIME.

ROXANE.

Madame, j'ai reçu des lettres de l'armée.[1]
De tout ce qui s'y passe êtes-vous informée?

ATALIDE.

On m'a dit que du camp un esclave est venu :
Le reste est un secret qui ne m'est pas connu.

ROXANE.

Amurat est heureux : la fortune est changée,

---

1. Ce vers fut relevé par les critiques, comme étant de la conversation familière : la situation le rend admirable. *Des lettres de l'armée*, dans les circonstances où l'on est, ne peuvent apporter qu'un arrêt de mort contre Bajazet. Ce seul mot doit épouvanter Atalide; et quand l'expression n'a rien d'ignoble en elle-même, c'est un mérite vraiment dramatique de faire trembler avec les mots les plus ordinaires, et qui partout ailleurs seraient la chose du monde la plus simple. (L.)

Madame, et sous ses lois Babylone est rangée.

ATALIDE.

Hé quoi, madame! Osmin...

ROXANE.

Étoit mal averti;[1]
Et depuis son départ cet esclave est parti.
C'en est fait.

ATALIDE, à part.

Quel revers!

ROXANE.

Pour comble de disgrâces,
Le sultan, qui l'envoie, est parti sur ses traces.

ATALIDE.

Quoi! les Persans armés ne l'arrêtent donc pas?

ROXANE.

Non, madame : vers nous il revient à grands pas.

ATALIDE.

Que je vous plains, madame! et qu'il est nécessaire
D'achever promptement ce que vous vouliez faire!

ROXANE.

Il est tard de vouloir s'opposer au vainqueur.

ATALIDE, à part.

O ciel!

ROXANE.

Le temps n'a point adouci sa rigueur.

---

1. Terme impropre en cette occasion. Le mot propre était *mal instruit*, *mal informé;* car Osmin n'a reçu aucun avis, aucune nouvelle, et c'est dans ce cas seulement qu'il eût pu être *mal averti*. Du reste, tout le dialogue de cette scène est un modèle de précision, de justesse et d'art. (L.)

Vous voyez dans mes mains sa volonté suprême.

ATALIDE.

Et que vous mande-t-il?

ROXANE.

Voyez : lisez vous-même.
Vous connoissez, madame, et la lettre[1] et le seing.

ATALIDE.

Du cruel Amurat je reconnois la main.
(Elle lit.)
« Avant que Babylone éprouvât ma puissance,
« Je vous ai fait porter mes ordres absolus :
« Je ne veux point douter de votre obéissance;
« Et crois que maintenant Bajazet ne vit plus.
« Je laisse sous mes lois Babylone asservie,
« Et confirme en partant mon ordre souverain.
« Vous, si vous avez soin de votre propre vie,
« Ne vous montrez à moi que sa tête à la main. »

ROXANE.

Hé bien?

ATALIDE, à part.

Cache tes pleurs, malheureuse Atalide.

ROXANE.

Que vous semble?

ATALIDE.

Il poursuit son dessein parricide.
Mais il pense proscrire un prince sans appui :
Il ne sait pas l'amour qui vous parle pour lui;
Que vous et Bajazet vous ne faites qu'une âme;
Que plutôt, s'il le faut, vous mourrez...

---

1. La *lettre* signifie ici l'écriture comme plus loin, scène v :
Du prince votre amant j'ai reconnu la lettre.

ROXANE.

Moi, madame ?
Je voudrois le sauver, je ne le puis haïr ;
Mais...

ATALIDE.

Quoi donc ? qu'avez-vous résolu ?

ROXANE.

D'obéir.

ATALIDE.

D'obéir !

ROXANE.

Et que faire en ce péril extrême ?
Il le faut.

ATALIDE.

Quoi, ce prince aimable... qui vous aime,
Verra finir ses jours qu'il vous a destinés !

ROXANE.

Il le faut ; et déjà mes ordres sont donnés.

ATALIDE.

Je me meurs.

ZATIME.

Elle tombe, et ne vit plus qu'à peine.

ROXANE.

Allez, conduisez-la dans la chambre prochaine ;
Mais au moins observez ses regards, ses discours,
Tout ce qui convaincra leurs perfides amours.

SCÈNE IV.

ROXANE.

Ma rivale à mes yeux s'est enfin déclarée.
Voilà sur quelle foi je m'étois assurée !
Depuis six mois entiers j'ai cru que, nuit et jour,
Ardente, elle veilloit au soin de mon amour :
Et c'est moi qui, du sien ministre trop fidèle,
Semble depuis six mois ne veiller que pour elle ;
Qui me suis appliquée à chercher les moyens
De lui faciliter tant d'heureux entretiens ;
Et qui même souvent, prévenant son envie,
Ai hâté les moments les plus doux de sa vie.
Ce n'est pas tout : il faut maintenant m'éclaircir
Si dans sa perfidie elle a su réussir ;
Il faut... Mais que pourrois-je apprendre davantage ?
Mon malheur n'est-il pas écrit sur son visage ?
Vois-je pas, au travers de son saisissement,[1]
Un cœur dans ses douleurs content de son amant ?[2]
Exempte des soupçons dont je suis tourmentée,
Ce n'est que pour ses jours qu'elle est épouvantée.*
N'importe : poursuivons. Elle peut, comme moi,

---

1. *Vois-je pas*, pour *ne vois-je pas* : licence permise à la poésie, et consacrée par de fréquents exemples dans Racine et dans Voltaire. Il y a des licences qui ont un air de hardiesse ; il y en a qui donnent à la diction un air de naturel, et celle-ci est du nombre. (L.)

2. Observation aussi juste que fine, et qui ne devait pas échapper à une femme jalouse. (L.)

* VAR. *Ce n'est que pour ses jours qu'elle est inquiétée.*

Sur des gages trompeurs s'assurer de sa foi.
Pour le faire expliquer, tendons-lui quelque piége.
Mais quel indigne emploi moi-même m'imposé-je?
Quoi donc! à me gêner appliquant mes esprits,
J'irai faire à mes yeux éclater ses mépris?
Lui-même il peut prévoir et tromper mon adresse.
D'ailleurs l'ordre, l'esclave, et le vizir me presse.
Il faut prendre parti : l'on m'attend. Faisons mieux :[1]
Sur tout ce que j'ai vu fermons plutôt les yeux;
Laissons de leur amour la recherche importune;
Poussons à bout l'ingrat et tentons la fortune :
Voyons si, par mes soins sur le trône élevé,
Il osera trahir l'amour qui l'a sauvé,
Et si, de mes bienfaits lâchement libérale,[2]
Sa main en osera couronner ma rivale.
Je saurai bien toujours retrouver le moment
De punir, s'il le faut, la rivale et l'amant :
Dans ma juste fureur observant le perfide,
Je saurai le surprendre avec son Atalide,
Et, d'un même poignard les unissant tous deux,
Les percer l'un et l'autre, et moi-même après eux.[3]

---

1. Cette phrase un peu prosaïque et même familière ne blesse point ici, grâce à la vérité des mouvements divers qui agitent Roxane, et qui font que le spectateur délibère pour ainsi dire avec elle. C'est à force de vérité que Racine fait passer, et ce qu'il a de plus hardi, et ce qu'il a de plus simple. (L.)

2. *Libérale de mes bienfaits! lâchement libérale!* Quel choix de termes, et quelle justesse de rapports! (L.)

3. Ajax, dans Sophocle, s'exprime à peu près de même : « O Jupiter, s'écrie-t-il, auteur de ma race, que ne puis-je exterminer ce méchant fourbe (Ulysse) que je hais! que ne puis-je percer le cœur de deux injustes rois, et me tuer moi-même après eux! » (*Note manuscrite de Racine; Sophocle de la Bibliothèque du Roi*, p. 18) (L.) — Dans le vers précédent, *les unissant d'un même poignard :* expression d'une hardiesse heureuse. (G.)

Voilà, n'en doutons point, le parti qu'il faut prendre.*
Je veux tout ignorer.

SCÈNE V.

ROXANE, ZATIME.

ROXANE.

Ah! que viens-tu m'apprendre,[1]
Zatime? Bajazet en est-il amoureux?[2]
Vois-tu, dans ses discours, qu'ils s'entendent tous deux?

ZATIME.

Elle n'a point parlé : toujours évanouie,
Madame, elle ne marque aucun reste de vie[3]
Que par des longs soupirs et des gémissements
Qu'il semble que son cœur va suivre à tous moments.
Vos femmes, dont le soin à l'envi la soulage,
Ont découvert son sein pour leur donner passage.

---

* Var. *Sans doute j'ai trouvé le parti qu'il faut prendre.*

1. On ne peut pas se démentir plus promptement, ni se contredire dans les termes plus formellement ; et tout cela est si vrai, tout cela est tellement de l'amour, qu'on ne prend garde ni à la contradiction apparente, ni à la vérité de l'imitation. La situation seule nous occupe. (L.)

2. La question est familière, même dans la bouche d'une sultane, au moment d'une si grande crise : le mot *amoureux*, et cette façon de parler, *être amoureux de quelqu'un*, doivent être bannis de la tragédie, comme exprimant une sorte d'amour qui n'est ni assez sérieux ni assez noble. (G.)

3. On dirait bien *ses soupirs et ses gémissements marquent encore un reste de vie;* mais, quand le nominatif est une personne, il faut dire *elle ne montre*. C'est que le mot *marquer*, dans les personnes, suppose toujours une intention ; *elle marque de la haine, de l'amour*, etc. Ces petites distinctions tiennent à la logique de la grammaire, et c'est dans un écrivain tel que Racine qu'il faut les observer, d'autant plus qu'il y manque plus rarement. (L.)

ACTE IV, SCÈNE V.

Moi-même, avec ardeur secondant ce dessein,
J'ai trouvé ce billet enfermé dans son sein :
Du prince votre amant j'ai reconnu la lettre,[1]
Et j'ai cru qu'en vos mains je devois le remettre.

ROXANE.

Donne... Pourquoi frémir? et quel trouble soudain
Me glace à cet objet, et fait trembler ma main?
Il peut l'avoir écrit sans m'avoir offensée ;
Il peut même... Lisons, et voyons sa pensée :
« . . . . ni la mort ni vous-même
« Ne me ferez jamais prononcer que je l'aime,
   « Puisque jamais je n'aimerai que vous. »
Ah! de la trahison me voilà donc instruite !
Je reconnois l'appas[2] dont ils m'avoient séduite.
Ainsi donc mon amour étoit récompensé,
Lâche, indigne du jour que je t'avois laissé !
Ah! je respire enfin ; et ma joie est extrême
Que le traître, une fois, se soit trahi lui-même.
Libre des soins cruels où j'allois m'engager,
Ma tranquille fureur n'a plus qu'à se venger.[3]
Qu'il meure : vengeons-nous. Courez : qu'on le saisisse.
Que la main des muets s'arme pour son supplice :
Qu'ils viennent préparer ces nœuds infortunés

---

1. *Lettre* signifie *l'écriture*. C'est la seconde fois que Racine l'emploie dans ce sens.

2. *Appas*, et non *appât*, dans toutes les éditions originales.

3. C'est ainsi que l'amour est *tranquille,* dans ses fureurs; et remarquez que Roxane se croit de bonne foi très *tranquille,* parcequ'elle est sûre de ce qui la met au désespoir. Quelle *tranquillité!* que les passions sont folles! et qu'il serait à souhaiter qu'en les voyant si bien peintes, on n'apprît qu'à les plaindre et à les mépriser! Mais malheureusement l'homme se fait souvent un poison de ce qui devrait être un antidote : c'est pour cela que Racine se reprochait ses tragédies. (L.)

Par qui de ses pareils les jours sont terminés.
Cours, Zatime, sois prompte à servir ma colère.

ZATIME.

Ah, madame!

ROXANE.

Quoi donc?

ZATIME.

Si, sans trop vous déplaire,
Dans les justes transports, madame, où je vous vois,
J'osois vous faire entendre une timide voix :
Bajazet, il est vrai, trop indigne de vivre,
Aux mains de ces cruels mérite qu'on le livre;
Mais, tout ingrat qu'il est, croyez-vous aujourd'hui
Qu'Amurat ne soit pas plus à craindre que lui?
Et qui sait si déjà quelque bouche infidèle
Ne l'a point averti de votre amour nouvelle?
Des cœurs comme le sien, vous le savez assez,
Ne se regagnent plus quand ils sont offensés;
Et la plus prompte mort, dans ce moment sévère,
Devient de leur amour la marque la plus chère.

ROXANE.

Avec quelle insolence et quelle cruauté[1]
Ils se jouoient tous deux de ma crédulité!
Quel penchant, quel plaisir je sentois à les croire!
Tu ne remportois pas une grande victoire,[2]

---

1. La réflexion de Zatime est frappante ; mais Roxane, tout entière à la passion, ne répond qu'à sa propre pensée. Nous avons déjà remarqué un artifice semblable de style dans le rôle d'Hermione.

2. Quelques commentateurs veulent trouver ici une imitation du discours de Junon (*Æneid.*, lib. IV, v. 93); mais les deux personnages ne sont

Perfide, en abusant ce cœur préoccupé,
Qui lui-même craignoit de se voir détrompé ![1]
Moi qui, de ce haut rang qui me rendoit si fière,
Dans le sein du malheur t'ai cherché la première,
Pour attacher des jours tranquilles, fortunés,
Aux périls dont tes jours étoient environnés,[2]
Après tant de bontés, de soins, d'ardeurs extrêmes,
Tu ne saurois jamais prononcer que tu m'aimes !
Mais dans quel souvenir me laissé-je égarer ?
Tu pleures, malheureuse ! ah ! tu devois pleurer[3]
Lorsque, d'un vain désir à ta perte poussée,

pas animés des mêmes sentiments. Ce qui chez Junon est une ironie, chez Roxane devient un reproche touchant ; et quoique le vers

> Tu ne remportois pas une grande victoire

paroisse une traduction de *egregiam laudem, et spolia ampla refertis*, il nous est démontré que Racine, en écrivant ces vers, ne pouvait songer à imiter un discours qui n'a nul rapport avec celui de Roxane. En général, il faut se défier de cette manie de certains auteurs, qui croient retrouver dans les anciens jusqu'aux pensées les plus ordinaires des poëtes modernes. La plupart des commentateurs de Racine sont pleins de ces rapprochements forcés. Nous n'avons traduit que les passages dont l'imitation nous a paru évidente.

1. Après ce vers, Racine a retranché les quatre suivants :

> Tu n'as pas eu besoin de tout ton artifice ;
> Et je veux bien te faire encor cette justice :
> Toi-même, je m'assure, as rougi plus d'un jour
> Du peu qu'il t'en coûtoit pour tromper tant d'amour.
> Moi qui, de ce haut rang, etc.

2. *Attacher des jours à des périls* : il était impossible d'exprimer avec plus d'énergie les sacrifices que Roxane faisait à son amant. C'est encore un de ces tours hardis créés par Racine, et dont la justesse égale la richesse poétique.

3. C'est Virgile qui a fourni à Racine cette heureuse figure ; le poëte latin fait dire à Didon :

> Infelix Dido, nunc te fata impia tangunt !
> Tum decuit, cum sceptra dabas.

« Malheureuse Didon, tu pleures maintenant ta cruelle destinée ! Ah ! tu devais pleurer quand tu livrais au perfide ton cœur et ton empire ! » (*Æneid.*, lib. IV, v. 596 et 597.)

Tu conçus de le voir la première pensée.
Tu pleures! et l'ingrat, tout prêt à te trahir,
Prépare les discours dont il veut t'éblouir;
Pour plaire à ta rivale, il prend soin de sa vie.
Ah! traître, tu mourras!... Quoi! tu n'es point partie?[1]
Va! Mais nous-même, allons, précipitons nos pas :
Qu'il me voie, attentive au soin de son trépas,
Lui montrer à la fois, et l'ordre de son frère,
Et de sa trahison ce gage trop sincère.
Toi, Zatime, retiens ma rivale en ces lieux.
Qu'il n'ait, en expirant, que ses cris pour adieux.[2]
Qu'elle soit cependant fidèlement servie;
Prends soin d'elle : ma haine a besoin de sa vie.
Ah! si pour son amant facile à s'attendrir,
La peur de son trépas la fit presque mourir,
Quel surcroît de vengeance et de douceur nouvelle
De le montrer bientôt pâle et mort devant elle,
De voir sur cet objet ses regards arrêtés
Me payer les plaisirs que je leur ai prêtés!
Va, retiens-la. Surtout, garde bien le silence.
Moi... Mais qui vient ici différer ma vengeance?

---

1. Tout est animé dans ce monologue, tout est plein, non pas de ce désordre artificiel et factice que les poëtes emploient pour faire briller un acteur ou une actrice; mais de ces traits d'une passion véritable qui pénètrent le cœur. Roxane revient tout à coup à sa vengeance; et c'est Atalide plus encore que Bajazet qui allume sa fureur. (G.)

2. Expression très-poétique, qui semble une imitation de ce vers du *Cid* :

> Nous laissent pour adieux des cris épouvantables.
> (Acte IV, scène III.)

Il est remarquable que, ce beau vers ayant été critiqué par l'Académie, Corneille lui substitua le vers suivant, qui est bien loin d'offrir une aussi grande image :

> Poussent jusques aux cieux des cris épouvantables.

SCÈNE VI.

ROXANE, ACOMAT, OSMIN.

ACOMAT.

Que faites-vous, madame ? en quels retardements
D'un jour si précieux perdez-vous les moments ?
Byzance, par mes soins presque entière assemblée,
Interroge ses chefs, de leur crainte troublée ;
Et tous pour s'expliquer, ainsi que mes amis,
Attendent le signal que vous m'aviez promis.
D'où vient que, sans répondre à leur impatience,
Le sérail cependant garde un triste silence ?
Déclarez-vous, madame ; et, sans plus différer...

ROXANE.
Oui, vous serez content, je vais me déclarer.

ACOMAT.
Madame, quel regard, et quelle voix sévère,
Malgré votre discours, m'assurent du contraire !
Quoi, déjà votre amour, des obstacles vaincu[1]...

ROXANE.
Bajazet est un traître, et n'a que trop vécu.

ACOMAT.
Lui !

---

1. Cette construction, interdite à la prose, qui doit dire *vaincu par les obstacles,* appartient à la poésie depuis ce vers heureux de Malherbe :

> Je suis vaincu du temps ; je cède à ses outrages.

Boileau répétait souvent ce vers, et Racine s'est servi deux fois de la même construction. (L.)

ROXANE.

Pour moi, pour vous-même, également perfide,[1]
Il nous trompoit tous deux.

ACOMAT.

Comment?

ROXANE.

Cette Atalide,
Qui même n'étoit pas un assez digne prix
De tout ce que pour lui vous avez entrepris...

ACOMAT.

Hé bien?

ROXANE.

Lisez : jugez, après cette insolence,
Si nous devons d'un traître embrasser la défense.
Obéissons plutôt à la juste rigueur
D'Amurat, qui s'approche et retourne vainqueur;
Et, livrant sans regret un indigne complice,
Apaisons le sultan par un prompt sacrifice.

ACOMAT, lui rendant le billet.

Oui, puisque jusque-là l'ingrat m'ose outrager,
Moi-même, s'il le faut, je m'offre à vous venger,[2]
Madame. Laissez-moi nous laver l'un et l'autre
Du crime que sa vie a jeté sur la nôtre.[3]

---

1. *Perfide pour quelqu'un* n'a point été adopté par l'usage, quoique cette tournure soit plus vive que *perdide envers quelqu'un,* seule locution conforme à la grammaire.

2. Quelle présence d'esprit! et comme cet Acomat est toujours maître de lui-même et au-dessus des événements! C'est là un vrai rôle de politique, d'homme d'État, qui ne se vante de rien, et qui se montre capable de tout. (L.)

3. Il suffit de mettre la pensée en prose, pour apprécier cette poésie sublime. Acomat veut dire : *En laissant la vie à Bajazet, nous avons com-*

ACTE IV, SCÈNE VI.

Montrez-moi le chemin, j'y cours.

ROXANE.

Non, Acomat :
Laissez-moi le plaisir de confondre l'ingrat.
Je veux voir son désordre, et jouir de sa honte.
Je perdrois ma vengeance en la rendant si prompte.
Je vais tout préparer. Vous, cependant, allez
Disperser promptement vos amis assemblés.

SCÈNE VII.

ACOMAT, OSMIN.

ACOMAT.

Demeure : il n'est pas temps, cher Osmin, que je sorte.

OSMIN.

Quoi! jusque-là, seigneur, votre amour vous transporte?
N'avez-vous pas poussé la vengeance assez loin?
Voulez-vous de sa mort être encor le témoin?

ACOMAT.

Que veux-tu dire? Es-tu toi-même si crédule
Que de me soupçonner d'un courroux ridicule?[1]

---

mis un crime qui met en danger notre vie. Le vers de Racine dit tout cela avec la précision la plus énergique. Il serait trop long de relever toutes les beautés de ce genre qui sont dans le rôle d'Acomat, l'un des mieux écrits du théâtre français. Chaque vers pourrait être le sujet d'une observation.

1. *Ridicule* ne semble pas fait pour entrer dans le dialogue tragique. Ici c'est une beauté : le poëte ne pouvait pas mieux faire sentir le profond mépris d'Acomat pour ces *ridicules* jalousies d'amour qui viennent, malgré lui, se mêler à de si grands intérêts. Corneille s'est servi du même mot plus heureusement encore, en parlant de ce *foudre ridicule* que les païens mettaient dans les mains de leur Jupiter : le contraste de *foudre* et de *ridicule* est de génie. (A. M.)

Moi, jaloux![1] Plût au ciel qu'en me manquant de foi
L'imprudent Bajazet n'eût offensé que moi!

OSMIN.

Et pourquoi donc, seigneur, au lieu de le défendre...

ACOMAT.

Eh! la sultane est-elle en état de m'entendre?
Ne voyois-tu pas bien, quand je l'allois trouver,
Que j'allois avec lui me perdre ou me sauver?
Ah! de tant de conseils événement sinistre!
Prince aveugle! ou plutôt trop aveugle ministre,
Il te sied bien d'avoir en de si jeunes mains,[2]
Chargé d'ans et d'honneurs, confié tes desseins,
Et laissé d'un vizir la fortune flottante
Suivre de ces amants la conduite imprudente!

OSMIN.

Hé! laissez-les entre eux exercer leur courroux :
Bajazet veut périr; seigneur, songez à vous.
Qui peut de vos desseins révéler le mystère,
Sinon quelques amis engagés à se taire?
Vous verrez par sa mort le sultan adouci.

ACOMAT.

Roxane en sa fureur peut raisonner ainsi :
Mais moi qui vois plus loin, qui, par un long usage,

---

1. *Moi, jaloux!* dit Acomat; et Orosmane dit aussi : *Moi, jaloux!* Prenez garde que l'une de ces exclamations est l'excès du dédain, et l'autre le cri d'une âme blessée qui a honte de son mal. Ce sont, avec les mêmes mots, deux genres de beautés tout opposés. (L.)

2. Le poëte n'a pas oublié de séparer Acomat de toutes ces passions qui se meuvent autour de lui. Ces quatre vers sont admirables : plus le vizir se fait de reproches, plus le spectateur le justifie, d'abord parce que le vizir n'a pu faire que ce qu'il a fait; ensuite parce qu'il lui était impossible de deviner la conduite de Bajazet. (L.)

ACTE IV, SCÈNE VII.

Des maximes du trône ai fait l'apprentissage ;
Qui, d'emplois en emplois, vieilli sous trois sultans,
Ai vu de mes pareils les malheurs éclatants,
Je sais, sans me flatter, que de sa seule audace
Un homme tel que moi doit attendre sa grâce,
Et qu'une mort sanglante est l'unique traité
Qui reste entre l'esclave et le maître irrité.[1]

OSMIN.

Fuyez donc.

ACOMAT.

J'approuvois tantôt cette pensée :
Mon entreprise alors étoit moins avancée ;
Mais il m'est désormais trop dur de reculer.
Par une belle chute il faut me signaler,
Et laisser un débris, du moins après ma fuite,
Qui de mes ennemis retarde la poursuite.
Bajazet vit encor : pourquoi nous étonner?
Acomat de plus loin a su le ramener.
Sauvons-le malgré lui de ce péril extrême,
Pour nous, pour nos amis, pour Roxane elle-même.
Tu vois combien son cœur, prêt à le protéger,
A retenu mon bras trop prompt à la venger.
Je connois peu l'amour ; mais j'ose te répondre
Qu'il n'est pas condamné, puisqu'on le veut confondre,[2]

1. Vers admirables et profonds, qui expliquent pourquoi dans l'empire ottoman les révoltes des grands sont si fréquentes et si opiniâtres : il n'y a point de pardon pour le rebelle qui se rend, et le sultan ne traite qu'avec celui qu'il craint. (G.)

2. Les sentences font un bel effet dans la poésie ; mais elles font encore un plus bel effet, surtout dans la poésie dramatique, quand, au lieu d'être débitées en forme de sentences, elles sont mises en action. Si le vizir eût dit : *qui va confondre un infidèle l'aime encore*, il eût paru vouloir moraliser ; et il y songe si peu, dans l'agitation où il est, qu'il avoue même son ignorance : *je connois peu l'amour*. (L. R.)

Que nous avons du temps. Malgré son désespoir,
Roxane l'aime encore, Osmin, et le va voir.

OSMIN.

Enfin, que vous inspire une si noble audace?
Si Roxane l'ordonne, il faut quitter la place :[1]
Ce palais est tout plein...

ACOMAT.

Oui, d'esclaves obscurs,
Nourris, loin de la guerre, à l'ombre de ses murs.
Mais toi, dont la valeur, d'Amurat oubliée,
Par de communs chagrins à mon sort s'est liée,
Voudras-tu jusqu'au bout seconder mes fureurs?

OSMIN.

Seigneur, vous m'offensez : si vous mourez, je meurs.

ACOMAT.

D'amis et de soldats une troupe hardie
Aux portes du palais attend notre sortie;
La sultane d'ailleurs se fie à mes discours :
Nourri dans le sérail, j'en connois les détours;
Je sais de Bajazet l'ordinaire demeure;
Ne tardons plus, marchons; et, s'il faut que je meure,
Mourons; moi, cher Osmin, comme un vizir; et toi,
Comme le favori d'un homme tel que moi.

1. *Quitter la place* n'est ici que simple, et cette simplicité ne déplait pas dans l'entretien de deux conjurés occupés de si grandes affaires. (G.)

ACTE CINQUIÈME.

SCÈNE PREMIÈRE.

ATALIDE.

Hélas! je cherche en vain : rien ne s'offre à ma vue.
Malheureuse! Comment puis-je l'avoir perdue?[1]
Ciel, aurois-tu permis que mon funeste amour
Exposât mon amant tant de fois en un jour?
Que, pour dernier malheur, cette lettre fatale
Fût encor parvenue aux yeux de ma rivale?
J'étois en ce lieu même; et ma timide main,
Quand Roxane a paru, l'a cachée en mon sein.
Sa présence a surpris mon âme désolée;
Ses menaces, sa voix, un ordre m'a troublée.[2]
J'ai senti défaillir ma force et mes esprits :
Ses femmes m'entouroient quand je les ai repris;

---

1. La construction de cette phrase est défectueuse : le pronom *le* semble se rapporter au mot *vue* du vers précédent; tandis que l'auteur veut le faire rapporter au mot *lettre,* qui se trouve plus bas. Voilà pour la grammaire : quant à la poésie, il nous semble que cette construction même est un effet de l'art, et qu'elle exprime parfaitement la préoccupation d'Atalide.
2. Nous avons déjà remarqué que Racine met quelquefois au singulier un verbe qui a plusieurs nominatifs. Voyez acte IV, scène IV.

A mes yeux étonnés leur troupe est disparue.
Ah! trop cruelles mains, qui m'avez secourue,
Vous m'avez vendu cher vos secours inhumains;
Et par vous cette lettre a passé dans ses mains.
Quels desseins maintenant occupent sa pensée?
Sur qui sera d'abord sa vengeance exercée?
Quel sang pourra suffire à son ressentiment?
Ah! Bajazet est mort, ou meurt en ce moment.
Cependant on m'arrête, on me tient enfermée.
On ouvre, de son sort je vais être informée.

SCÈNE II.

ROXANE, ATALIDE, ZATIME, GARDES.

ROXANE, à Atalide.

Retirez-vous.

ATALIDE.

Madame... Excusez l'embarras...

ROXANE.

Retirez-vous, vous dis-je; et ne répliquez pas.[1]
Gardes, qu'on la retienne.

SCÈNE III.

ROXANE, ZATIME.

ROXANE.

Oui, tout est prêt, Zatime :
Orcan et les muets attendent leur victime.

---

1. Ce vers est terrible dans sa simplicité, et prépare bien l'explication que Bajazet doit avoir avec Roxane. (G.)

ACTE V, SCÈNE III.

Je suis pourtant toujours maîtresse de son sort :
Je puis le retenir. Mais, s'il sort, il est mort.
Vient-il?

ZATIME.

Oui, sur mes pas un esclave l'amène;
Et loin de soupçonner sa disgrâce prochaine,
Il m'a paru, madame, avec empressement
Sortir, pour vous chercher, de son appartement.

ROXANE.

Ame lâche, et trop digne enfin d'être déçue,
Peux-tu souffrir encor qu'il paroisse à ta vue?
Crois-tu par tes discours le vaincre ou l'étonner?
Quand même il se rendroit, peux-tu lui pardonner?
Quoi! ne devrois-tu pas être déjà vengée?
Ne crois-tu pas encore être assez outragée?
Sans perdre tant d'efforts sur ce cœur endurci,
Que ne le laissons-nous périr?... Mais le voici.

SCÈNE IV.

BAJAZET, ROXANE.

ROXANE.

Je ne vous ferai point des reproches frivoles :
Les moments sont trop chers pour les perdre en paroles.
Mes soins vous sont connus : en un mot, vous vivez;
Et je ne vous dirois que ce que vous savez.
Malgré tout mon amour, si je n'ai pu vous plaire,
Je n'en murmure point; quoiqu'à ne vous rien taire,
Ce même amour peut-être, et ces mêmes bienfaits,
Auroient dû suppléer à mes foibles attraits.

Mais je m'étonne enfin que, pour reconnoissance,
Pour prix de tant d'amour, de tant de confiance,*
Vous avez si longtemps, par des détours si bas,
Feint un amour pour moi que vous ne sentiez pas.

BAJAZET.

Qui? moi, madame?

ROXANE.

Oui, toi¹. Voudrois-tu point encore
Me nier un mépris que tu crois que j'ignore?
Ne prétendrois-tu point, par tes fausses couleurs,
Déguiser un amour qui te retient ailleurs;
Et me jurer enfin, d'une bouche perfide,
Tout ce que tu ne sens que pour ton Atalide?

BAJAZET.

Atalide, madame! O ciel! qui vous a dit...

ROXANE.

Tiens, perfide, regarde, et démens cet écrit.

BAJAZET, après avoir regardé la lettre.

Je ne vous dis plus rien : cette lettre sincère
D'un malheureux amour contient tout le mystère;
Vous savez un secret que, tout prêt à s'ouvrir,
Mon cœur a mille fois voulu vous découvrir.
J'aime, je le confesse ; et devant que votre âme,²

---

* Var. *D'un amour appuyé sur tant de confiance.*

1. Cette réponse brusque et violente est bien dans le caractère de Roxane, qui vient de reprocher à Bajazet qu'elle l'a laissé vivre. (G.)

2. Boileau et Racine ont employé cette façon de parler *devant que* : c'était une raison pour la conserver ; mais l'aveugle tyrannie de l'usage l'a supprimée. On lisait dans la première édition :

Et devant qu'à ma vue,
Prévenant mon espoir, vous fussiez apparue. (G.)

Prévenant mon espoir, m'eût déclaré sa flamme,
Déjà plein d'un amour dès l'enfance formé,
A tout autre désir mon cœur étoit fermé.
Vous me vîntes offrir et la vie et l'empire ;
Et même votre amour, si j'ose vous le dire,
Consultant vos bienfaits, les crut, et sur leur foi,
De tous mes sentiments vous répondit pour moi.[1]
Je connus votre erreur. Mais que pouvois-je faire?
Je vis en même temps qu'elle vous étoit chère.
Combien le trône tente un cœur ambitieux!
Un si noble présent me fit ouvrir les yeux.
Je chéris, j'acceptai, sans tarder davantage,
L'heureuse occasion de sortir d'esclavage,
D'autant plus qu'il falloit l'accepter ou périr;
D'autant plus que vous-même, ardente à me l'offrir,
Vous ne craigniez rien tant que d'être refusée;
Que même mes refus vous auroient exposée;
Qu'après avoir osé me voir et me parler,
Il étoit dangereux pour vous de reculer.
Cependant, je n'en veux pour témoins que vos plaintes,
Ai-je pu vous tromper par des promesses feintes?*
Songez combien de fois vous m'avez reproché
Un silence témoin de mon trouble caché :
Plus l'effet de vos soins et ma gloire étoient proches,**
Plus mon cœur, interdit, se faisoit de reproches.

1. *Et même votre amour... consultant vos bienfaits* : le sens de ces trois vers se présente d'abord, on ne songe pas même à le chercher. Lorsqu'on veut cependant le chercher, on trouve quelque difficulté, quoique la construction soit très-nette : « Votre amour, consultant vos bienfaits, crut qu'ils devoient m'engager à vous aimer, et vous répondit pour moi de tous mes sentiments. » (L. R.)

* Var. *Loin de vous abuser par des promesses feintes...*

** Var. *Plus l'effet de vos soins, plus ma gloire étoient proches...*

Le ciel, qui m'entendoit, sait bien qu'en même temps
Je ne m'arrêtois pas à des vœux impuissants ;
Et si l'effet enfin, suivant mon espérance,
Eût ouvert un champ libre à ma reconnoissance,
J'aurois, par tant d'honneurs, par tant de dignités,
Contenté votre orgueil et payé vos bontés,*
Que vous-même peut-être...

####### ROXANE.

Et que pourrois-tu faire ?
Sans l'offre de ton cœur, par où peux-tu me plaire ?
Quels seroient de tes vœux les inutiles fruits ?
Ne te souvient-il plus de tout ce que je suis ?
Maîtresse du sérail, arbitre de ta vie,
Et même de l'État, qu'Amurat me confie,
Sultane, et ce qu'en vain j'ai cru trouver en toi,
Souveraine d'un cœur qui n'eût aimé que moi :
Dans ce comble de gloire où je suis arrivée,
A quel indigne honneur m'avois-tu réservée ?
Traînerois-je en ces lieux un sort infortuné,
Vil rebut d'un ingrat que j'aurois couronné,
De mon rang descendue, à mille autres égale,
Ou la première esclave enfin de ma rivale ?
Laissons ces vains discours : et, sans m'importuner,
Pour la dernière fois, veux-tu vivre et régner ?
J'ai l'ordre d'Amurat, et je puis t'y soustraire.
Mais tu n'as qu'un moment : parle.

####### BAJAZET.

Que faut-il faire ?

####### ROXANE.

Ma rivale est ici : suis-moi sans différer ;

' Var.   *Contenté votre gloire et payé vos bontés.*

ACTE V, SCÈNE IV.

Dans les mains des muets viens la voir expirer;[1]
Et, libre d'un amour à ta gloire funeste,
Viens m'engager ta foi : le temps fera le reste.
Ta grâce est à ce prix, si tu veux l'obtenir.

BAJAZET.

Je ne l'accepterois que pour vous en punir;
Que pour faire éclater aux yeux de tout l'empire
L'horreur et le mépris que cette offre m'inspire.
Mais à quelle fureur me laissant emporter,
Contre ses tristes jours vais-je vous irriter!
De mes emportements elle n'est point complice,
Ni de mon amour même et de mon injustice :
Loin de me retenir par des conseils jaloux,
Elle me conjuroit de me donner à vous.*
En un mot, séparez ses vertus de mon crime.
Poursuivez, s'il le faut, un courroux légitime;[2]
Aux ordres d'Amurat hâtez-vous d'obéir :
Mais laissez-moi du moins mourir sans vous haïr.
Amurat avec moi ne l'a point condamnée ;

---

1. Racine, dans l'édition de 1676, a très heureusement substitué ce vers terrible au suivant, dont l'idée et l'expression étaient également répréhensibles :

De ton cœur par sa mort viens me voir m'assurer.

* VAR.   *Si mon cœur l'avoit crue, il ne seroit qu'à vous.*
Après ce vers, Racine a supprimé les vers suivants, qui se trouvent dans l'édition de 1672 :

Confessant vos bienfaits, reconnoissant vos charmes,
Elle a pour me fléchir employé jusqu'aux larmes.
Toute prête vingt fois à se sacrifier,
Par sa mort elle-même a voulu nous lier.
En un mot, etc.

2. On *poursuit une vengeance*, et non pas *un courroux*. On *suit son courroux*, parce qu'on s'y laisse entraîner ; on *poursuit la vengeance*, parce qu'on veut l'obtenir. (L.)

Épargnez une vie assez infortunée.
Ajoutez cette grâce à tant d'autres bontés,
Madame; et si jamais je vous fus cher...

ROXANE.

Sortez.[1]

SCÈNE V.

ROXANE, ZATIME.

ROXANE.

Pour la dernière fois, perfide, tu m'as vue,
Et tu vas rencontrer la peine qui t'est due.

ZATIME.

Atalide à vos pieds demande à se jeter,
Et vous prie un moment de vouloir l'écouter,
Madame : elle vous veut faire l'aveu fidèle
D'un secret important qui vous touche plus qu'elle.

ROXANE.

Oui, qu'elle vienne. Et toi, suis Bajazet qui sort;
Et, quand il sera temps, viens m'apprendre son sort.

---

1. Ce mot terrible finit parfaitement la dernière scène tragique de cette pièce. La proposition de Roxane, tout atroce qu'elle est, est conforme au caractère du personnage, à la situation, aux mœurs. Ce n'est pas dans le sérail qu'une femme outragée et trompée épargne sa rivale; et Roxane, qui a fait l'amour le poignard à la main, doit finir par frapper celui qui refuse d'elle le trône et la vie. Bajazet répond d'abord comme il doit répondre; mais, devenu suppliant un instant après, il rentre dans le rôle passif qu'il était difficile de ne pas lui donner, mais qui ne peut jamais convenir au héros d'une tragédie. (L.)

SCÈNE VI.

ROXANE, ATALIDE.

ATALIDE.

Je ne viens plus, madame, à feindre disposée,
Tromper votre bonté si longtemps abusée :
Confuse, et digne objet de vos inimitiés,
Je viens mettre mon cœur et mon crime à vos pieds.
Oui, madame, il est vrai que je vous ai trompée :
Du soin de mon amour seulement occupée,
Quand j'ai vu Bajazet, loin de vous obéir,
Je n'ai dans mes discours songé qu'à vous trahir.
Je l'aimai dès l'enfance ; et dès ce temps, madame,
J'avois par mille soins su prévenir son âme.
La sultane sa mère, ignorant l'avenir,
Hélas ! pour son malheur se plut à nous unir.
Vous l'aimâtes depuis : plus heureux l'un et l'autre,
Si connoissant mon cœur, ou me cachant le vôtre,
Votre amour de la mienne eût su se défier !
Je ne me noircis point pour le justifier.
Je jure par le ciel, qui me voit confondue,
Par ces grands Ottomans dont je suis descendue,
Et qui tous avec moi vous parlent à genoux
Pour le plus pur du sang qu'ils ont transmis en nous,
Bajazet à vos soins tôt ou tard plus sensible,
Madame, à tant d'attraits n'étoit pas invincible.
Jalouse, et toujours prête à lui représenter
Tout ce que je croyois digne de l'arrêter,
Je n'ai rien négligé, plaintes, larmes, colère,

Quelquefois attestant les mânes de sa mère ;
Ce jour même, des jours le plus infortuné,
Lui reprochant l'espoir qu'il vous avoit donné,
Et de ma mort enfin le prenant à partie,¹
Mon importune ardeur ne s'est point ralentie,
Qu'arrachant malgré lui des gages de sa foi,
Je ne sois parvenue à le perdre avec moi.
Mais pourquoi vos bontés seroient-elles lassées ?
Ne vous arrêtez point à ses froideurs passées ;
C'est moi qui l'y forçai. Les nœuds que j'ai rompus
Se rejoindront bientôt quand je ne serai plus.
Quelque peine pourtant qui soit due à mon crime,
N'ordonnez pas vous-même une mort légitime,
Et ne vous montrez point à son cœur éperdu
Couverte de mon sang par vos mains répandu :
D'un cœur trop tendre encore épargnez la foiblesse.
Vous pouvez de mon sort me laisser la maîtresse,
Madame ; mon trépas n'en sera pas moins prompt.
Jouissez d'un bonheur dont ma mort vous répond ;*
Couronnez un héros dont vous serez chérie :
J'aurai soin de ma mort ; prenez soin de sa vie.
Allez, madame, allez : avant votre retour,
J'aurai d'une rivale affranchi votre amour.

ROXANE.

Je ne mérite pas un si grand sacrifice :
Je me connois, madame, et je me fais justice.
Loin de vous séparer, je prétends aujourd'hui

1. Le rendant responsable de ma mort. On se servait encore alors figurément, dans la poésie et dans l'éloquence, de ces termes, qui ne sont plus d'usage qu'au barreau. Corneille y est fort sujet ; Racine ne se l'est permis qu'une fois, et nos bons écrivains y ont renoncé. (L.)

* Var. *Jouissez du bonheur dont ma mort vous répond.*

ACTE V, SCÈNE VI.

Par des nœuds éternels vous unir avec lui :
Vous jouirez bientôt de son aimable vue.¹
Levez-vous. Mais que veut Zatime tout émue?

SCÈNE VII.

ROXANE, ATALIDE, ZATIME.

ZATIME.

Ah! venez vous montrer, madame, ou désormais²
Le rebelle Acomat est maître du palais :
Profanant des sultans la demeure sacrée,
Ses criminels amis en ont forcé l'entrée.
Vos esclaves tremblants, dont la moitié s'enfuit,
Doutent si le vizir vous sert ou vous trahit.

ROXANE.

Ah, les traîtres! Allons, et courons le confondre.
Toi, garde ma captive, et songe à m'en répondre.

SCÈNE VIII.

ATALIDE, ZATIME.

ATALIDE.

Hélas! pour qui mon cœur doit-il faire des vœux?

---

1. Ironie atroce, qui excite l'indignation du spectateur; mais le poëte ne veut et ne doit pas inspirer d'autre sentiment pour Roxane. Cette férocité froide et tranquille est dans les mœurs du sérail. Hermione n'est pas si calme quand elle a ordonné le meurtre de Pyrrhus. (G.)

2. Zatime n'apprend rien à Roxane du sort de Bajazet; Roxane ne

J'ignore quel dessein les anime tous deux.
Si de tant de malheurs quelque pitié te touche,
Je ne demande point, Zatime, que ta bouche
Trahisse en ma faveur Roxane et son secret :
Mais, de grâce, dis-moi ce que fait Bajazet.
L'as-tu vu? Pour ses jours n'ai-je encor rien à craindre?

ZATIME.

Madame, en vos malheurs je ne puis que vous plaindre.

ATALIDE.

Quoi! Roxane déjà l'a-t-elle condamné?

ZATIME.

Madame, le secret m'est sur tout[1] ordonné.

ATALIDE.

Malheureuse, dis-moi seulement s'il respire.

ZATIME.

Il y va de ma vie et je ne puis rien dire.

ATALIDE.

Ah! c'en est trop, cruelle! Achève, et que ta main
Lui donne de ton zèle un gage plus certain;
Perce toi-même un cœur que ton silence accable,
D'une esclave barbare esclave impitoyable;
Précipite des jours qu'elle me veut ravir;
Montre-toi, s'il se peut, digne de la servir.
Tu me retiens en vain; et, dès cette même heure,
Il faut que je le voie, ou du moins que je meure.

témoigne sur cet objet aucune curiosité, quoiqu'elle eût recommandé à Zatime de venir lui apprendre le sort de Bajazet; mais le poëte a besoin que le spectateur l'ignore, et l'on aperçoit trop le besoin du poëte. (G.)

1. Par-dessus tout.

SCÈNE IX.

ATALIDE, ACOMAT, ZATIME.

ACOMAT.

Ah! que fait Bajazet? Où le puis-je trouver,
Madame? Aurai-je encor le temps de le sauver?
Je cours tout le sérail; et, même dès l'entrée,*
De mes braves amis la moitié séparée
A marché sur les pas du courageux Osmin :
Le reste m'a suivi par un autre chemin.
Je cours et je ne vois que des troupes craintives
D'esclaves effrayés, de femmes fugitives.

ATALIDE.

Ah! je suis de son sort moins instruite que vous.
Cette esclave le sait.

ACOMAT.
    Crains mon juste courroux.
Malheureuse, réponds.

SCÈNE X.

ATALIDE, ACOMAT, ZATIME, ZAIRE.

ZAÏRE.
Madame...

ATALIDE.
    Hé bien, Zaïre?

---

* VAR. *Je cours tout ce palais; et, même dès l'entrée...*

Qu'est-ce ?[1]

ZAÏRE.

Ne craignez plus : votre ennemie expire.

ATALIDE.

Roxane ?

ZAÏRE.

Et ce qui va bien plus vous étonner,
Orcan lui-même, Orcan vient de l'assassiner.

ATALIDE.

Quoi ! lui ?

ZAÏRE.

Désespéré d'avoir manqué son crime,
Sans doute il a voulu prendre cette victime.

ATALIDE.

Juste ciel, l'innocence a trouvé ton appui ![*]
Bajazet vit encor : vizir, courez à lui.

ZAÏRE.

Par la bouche d'Osmin vous serez mieux instruite.
Il a tout vu.

---

1. C'est un léger oubli d'un grand poëte, trop occupé du naturel et de la vérité du dialogue, qui ne se souvient pas que ce dialogue n'est point une conversation familière. Ce qu'il importe le plus d'observer, c'est que l'intérêt se soutient par l'ignorance où l'on est encore du sort de Bajazet : la révolte d'Acomat donne quelque espérance que Bajazet a pu échapper à la mort. (G.)

* VAR. *Juste ciel, l'innocence a trouvé votre appui !*

SCÈNE XI.

ATALIDE, ACOMAT, OSMIN, ZAIRE.

ACOMAT.

Ses yeux ne l'ont-ils point séduite?
Roxane est-elle morte?

OSMIN.

Oui, j'ai vu l'assassin
Retirer son poignard tout fumant de son sein.
Orcan, qui méditoit ce cruel stratagème,
La servoit à dessein de la perdre elle-même;
Et le sultan l'avoit chargé secrètement
De lui sacrifier l'amante après l'amant. [1]
Lui-même d'aussi loin qu'il nous a vus paraître;
« Adorez, a-t-il dit, l'ordre de votre maître;
« De son auguste seing reconnoissez les traits,
« Perfides, et sortez de ce sacré palais.* »
A ce discours, laissant la sultane expirante,
Il a marché vers nous; et d'une main sanglante
Il nous a déployé l'ordre dont Amurat
Autorise ce monstre à ce double attentat.
Mais, seigneur, sans vouloir l'écouter davantage,
Transportés à la fois de douleur et de rage,

---

1. Ce vers répond parfaitement à la critique de Mme de Sévigné, qui dit qu'on n'entre point dans les motifs de cette grande tuerie : on y entre parfaitement, et il est très-naturel qu'Amurat, se défiant de Roxane et de Bajazet, ait donné ordre de les faire mourir tous les deux. (G.)

* VAR. « *Connoissez, a-t-il dit, l'ordre de votre maître,*
  « *Perfides; et voyant le sang que j'ai versé,*
  « *Voyez ce que m'enjoint son amour offensé.* »

Nos bras impatients ont puni son forfait,
Et vengé dans son sang la mort de Bajazet.

ATALIDE.

Bajazet!

ACOMAT.

Que dis-tu?

OSMIN.

Bajazet est sans vie.
L'ignoriez-vous?

ATALIDE.

O ciel!

OSMIN.

Son amante en furie,
Près de ces lieux, seigneur, craignant votre secours,
Avoit au nœud fatal abandonné ses jours.*
Moi-même des objets j'ai vu le plus funeste,
Et de sa vie en vain j'ai cherché quelque reste :
Bajazet étoit mort. Nous l'avons rencontré
De morts et de mourants noblement entouré,
Que, vengeant sa défaite, et cédant sous le nombre, [1]

---

* VAR. *Ne le saviez-vous pas?*

ATALIDE.
O ciel!

OSMIN.
Cette furie,
Près de ces lieux, seigneur, craignant votre secours,
Avoit à ce perfide abandonné ses jours.

1. Sans doute l'inversion qui sépare *les morts et les mourants* du *que* relatif est une incorrection, mais qu'il ne faut pas absolument interdire en vers, quand elle n'a d'ailleurs aucun inconvénient. Ici le véritable défaut c'est la seconde interposition, *que, vengeant sa défaite,* etc. Il en résulte une phrase dure et mal construite. (L.)

ACTE V, SCÈNE XI.

Ce héros a forcés d'accompagner son ombre.
Mais, puisque c'en est fait, seigneur, songeons à nous.

ACOMAT.

Ah! destins ennemis, où me réduisez-vous?
Je sais en Bajazet la perte que vous faites,
Madame; je sais trop qu'en l'état où vous êtes,
Il ne m'appartient point de vous offrir l'appui
De quelques malheureux qui n'espéroient qu'en lui :
Saisi, désespéré d'une mort qui m'accable,
Je vais, non point sauver cette tête coupable,
Mais, redevable aux soins de mes tristes amis,
Défendre jusqu'au bout leurs jours qu'ils m'ont commis.
Pour vous, si vous voulez qu'en quelque autre contrée
Nous allions confier votre tête sacrée,
Madame, consultez :[1] maîtres de ce palais,
Mes fidèles amis attendront vos souhaits;
Et moi, pour ne point perdre un temps si salutaire,
Je cours où ma présence est encor nécessaire;
Et jusqu'au pied des murs que la mer vient laver,
Sur mes vaisseaux tout prêts je viens vous retrouver.[2]

---

1. *Consultez* a ici le sens de *délibérez avec vous-même.*
2. La tragédie pourrait finir à cette scène : le spectateur supposerait qu'Atalide donne un consentement tacite à la proposition d'Acomat; et la règle qui veut qu'on rende compte, à la fin, du sort de chaque personnage, serait suffisamment observée. Le dénoûment serait ainsi débarrassé d'un monologue qui le fait languir, et d'un meurtre très-froid. Rien n'est plus vicieux que d'ensanglanter mal à propos la scène; rien n'est moins tragique que la mort d'un personnage auquel on prend peu d'intérêt. (G.)

Le personnage d'Atalide avait, dans la pensée de Racine, plus d'importance que ne lui en attribue l'auteur de cette note; et il intéressait très-vivement les spectateurs quand La Champmeslé le remplissait. Le rôle était alors sur le même plan que celui de Roxane.

SCÈNE XII.

ATALIDE, ZAIRE.

ATALIDE.

Enfin, c'en est donc fait; et, par mes artifices,
Mes injustes soupçons, mes funestes caprices,
Je suis donc arrivée au douloureux moment
Où je vois par mon crime expirer mon amant!
N'étoit-ce pas assez, cruelle destinée,
Qu'à lui survivre, hélas! je fusse condamnée?
Et falloit-il encor que, pour comble d'horreurs,
Je ne pusse imputer sa mort qu'à mes fureurs?
Oui, c'est moi, cher amant, qui t'arrache la vie;
Roxane, ou le sultan, ne te l'ont point ravie :
Moi seule, j'ai tissu le lien malheureux
Dont tu viens d'éprouver les détestables nœuds.
Et je puis, sans mourir, en souffrir la pensée,
Moi qui n'ai pu tantôt, de ta mort menacée,
Retenir mes esprits prompts à m'abandonner!
Ah! n'ai-je eu de l'amour que pour t'assassiner?
Mais c'en est trop : il faut, par un prompt sacrifice,
Que ma fidèle main te venge et me punisse.
Vous, de qui j'ai troublé la gloire et le repos,
Héros, qui deviez tous revivre en ce héros;
Toi, mère malheureuse, et qui, dès notre enfance,
Me confias son cœur dans une autre espérance;
Infortuné vizir, amis désespérés,
Roxane, venez tous, contre moi conjurés,

Tourmenter à la fois une amante éperdue ;
(Elle se tue.)
Et prenez la vengeance enfin qui vous est due.

ZAÏRE.

Ah, madame !... Elle expire. O ciel ! en ce malheur,
Que ne puis-je avec elle expirer de douleur ![1]

---

1. La vivacité, la brusquerie du dénoûment ne paraissaient pas aussi essentielles au XVIIe siècle qu'elles le sont devenues par la suite. L'impatience du public n'était certainement pas aussi grande. On en a la preuve, non-seulement dans beaucoup de tragédies de Corneille et de Racine, mais aussi dans les comédies de Molière, où souvent le dénoûment est fort peu rapide. D'où vient cette différence ? D'abord de ce que la beauté de la diction, à cette époque, occupait davantage les esprits, et que la curiosité était moins blasée. Puis une autre cause, l'heure moins tardive à laquelle finissait le spectacle, contribuait peut-être à donner plus de complaisance et de calme aux spectateurs qui, de nos jours, au contraire, sont si pressés de partir, qu'ils n'écoutent jamais la fin d'une pièce.

FIN DE BAJAZET.

EXAMEN CRITIQUE
DE BAJAZET

Bajazet fut représenté sur le théâtre de l'Hôtel de Bourgogne dans les premiers jours de l'année 1672, probablement le 5 janvier. Le succès fut grand. Il suffirait pour le constater de ces lignes que M*me* de Sévigné écrivait à sa fille le 13 janvier : « Racine a fait une pièce qui s'appelle *Bajazet* et qui enlève la paille; vraiment elle ne va pas en *empirando* comme les autres. M. de Tallard dit qu'elle est autant au-dessus de celles de Corneille que celles de Corneille sont au-dessus de celles de Boyer. Voilà ce qui s'appelle bien louer; il ne faut pas tenir les vérités cachées. Nous en jugerons par nos yeux et par nos oreilles.

> Du bruit de Bajazet mon âme importunée[1]

fait que je veux aller à la comédie. »

Robinet, dans sa lettre du 16 janvier, annonce

> Que Bajazet à turque trogne
> Triomphe à l'Hôtel de Bourgogne,

et que Racine

> A fait un spectacle pompeux,
> Le plus beau qui soit sous les cieux.

1. Conf. *Alexandre,* acte I*er*, scène II.

Mme de Sévigné écrit de nouveau le 15 janvier : « La comédie de Racine m'a paru belle ; nous y avons été. Ma belle-fille[1] m'a paru la plus merveilleuse comédienne que j'aie jamais vue : elle surpasse la Desœillets de cent lieues loin ; et moi qu'on croit assez bonne pour le théâtre, je ne suis pas digne d'allumer les chandelles quand elle paroît. Elle est laide de près, et je ne m'étonne pas que mon fils ait été suffoqué par sa présence ; mais quand elle dit des vers, elle est adorable. *Bajazet* est beau ; j'y trouve quelque embarras sur la fin ; il y a bien de la passion, et de la passion moins folle que celle de *Bérénice*. Je trouve cependant, à mon petit sens, qu'elle ne surpasse pas *Andromaque*. »

Telle est l'impression première ; la réflexion amènera des critiques moins modérées ;[2] mais c'est cette impression première qu'il s'agit de saisir chez les témoins qu'une partialité décidée pour Corneille disposait peu favorablement.

Une objection s'éleva immédiatement et se répandit comme un mot d'ordre parmi eux, c'est celle qui fut faite par Corneille lui-même, au dire de Segrais : « Tous les personnages ont, sous un habit turc, le sentiment qu'on a au milieu de la France.[3] »

Robinet tourne la critique en compliment pour l'acteur :

> Champmeslé, sur ma parole,
> De Bajazet soutient le rôle
> En Turc aussi doux qu'un François,
> En Musulman des plus courtois.[4]

Dans le *Mercure galant*, 9 janvier 1672, de Visé prend le ton du persiflage : « Le sujet de cette tragédie est turc, à ce que rapporte l'auteur dans sa préface. » L'intention ironique du rédacteur du *Mercure* est d'autant moins douteuse, que la préface de Racine, au moment où paraissait l'article du

---

1. La Champmeslé, que Mme de Sévigné appelait ainsi à cause de la liaison de son fils avec cette comédienne.
2. Voyez l'examen de *Bérénice*, p. 374.
3. Voyez p. 371.
4. Lettre en vers du 30 janvier 1672.

Mercure, n'était pas publiée encore. Un peu plus loin il ajoute :
« Je ne puis être pour ceux qui disent que cette pièce n'a rien
d'assez turc : il y a des Turcs qui sont galants ; et puis elle
plaît, il n'importe comment ; et il ne coûte pas plus, quand on
a à feindre, d'inventer des caractères d'honnêtes gens et de
femmes tendres et galantes que ceux de barbares qui ne conviennent point au goût des dames de ce siècle, à qui sur
toutes choses il importe de plaire. »

L'objection a été reproduite depuis par Fontenelle, par
Lamothe-Houdard, par l'abbé Dubos, et même sur un point
(le caractère de Bajazet) par La Harpe. Sous le règne du
romantisme, il était de mode de railler les Turcs de Racine
« avec leurs dolimans abricot bordés de fourrures et leurs
moules de gâteau de Savoie sur la tête, » comme si le poëte
leur avait prêté ce costume.

Racine a très-bien défendu sa pièce dans la préface de l'édition de 1676.[1] Des apologistes vigoureux sont venus après lui;
l'abbé Geoffroy, M. Deltour, ont pris en main la cause de l'auteur
tragique contre ses adversaires. Résumons leurs arguments.

Racine, sans s'attacher à donner à son œuvre par quelques
curiosités de langage ce que nous appelons la couleur locale,
a su parfaitement indiquer la civilisation et le pays où il nous
transporte. Il montre une connaissance suffisante du caractère
et des usages du peuple turc.

L'atroce politique des sultans qui avaient la précaution, en
montant sur le trône, de faire étrangler leurs frères ; les lois
du sérail, ou, pour parler plus exactement, du harem, le
monde à part qui y habite, les intrigues, les exécutions qui
s'y accomplissent, tout cela est peint avec des traits d'une
incontestable énergie. Parmi les personnages, deux au moins,
Acomat et Roxane, sont d'une vérité frappante. « Acomat,
disait Voltaire,[2] me paraît l'effort de l'esprit humain... Je ne

1. Voyez p. 407.
2. Épître dédicatoire de *Zulime.*

vois rien dans l'antiquité ni chez les modernes qui soit dans ce caractère ; et la beauté de la diction le relève encore : pas un seul vers ou dur ou faible ; pas un mot qui ne soit le mot propre ; jamais de sublime hors-d'œuvre, qui cesse alors d'être sublime ; jamais de dissertation étrangère au sujet, toutes les convenances parfaitement observées. Enfin ce rôle me paraît d'autant plus admirable qu'il se trouve dans la seule tragédie où l'on pouvait l'introduire, et qu'il aurait été déplacé partout ailleurs. »

Roxane n'a pas été moins généralement approuvée. « C'est une esclave orgueilleuse qui veut profiter du pouvoir que lui a laissé son maître pour le trahir et le dépouiller en son absence... Elle a de la tête, de la fermeté, et toute la logique qui convient à ses projets. Elle ne disserte pas sur les passions, mais elle en a de très-violentes qu'elle exprime avec énergie et conduit avec vigueur. Elle ne débite point de sentences, il n'y a pas un vers à prétention dans son rôle ; mais il est rempli de vers admirables, d'une éloquence aussi vive que naturelle. Entraînée par les sens vers Bajazet, elle n'oublie jamais l'ambition qui la guide vers le trône. L'amour et la politique, qui vont rarement ensemble, se réunissent dans son âme et se prêtent mutuellement des forces ; son amour est politique, et sa politique est passionnée. [1] »

Ces personnages ont une physionomie assez turque, on en convient, mais on se rabat sur ceux de Bajazet et d'Atalide, qui sont plus faibles. La Harpe surtout a été très-sévère pour le caractère de Bajazet. « Quand on songe, dit-il, qu'il ne s'agit de rien moins que du salut d'un ami tel qu'Acomat, de celui d'Atalide, de Bajazet lui-même et de l'empire, on est forcé d'avouer que les raffinements de délicatesse d'un côté, et la folle complaisance de l'autre sont l'opposé de la tragédie, parce qu'ils le sont du bon sens. Les madrigaux sont par trop déplacés au milieu des glaives ; et remarquez qu'en donnant

---

1. Geoffroy, édition de *Racine*, t. III, p. 340.

à Bajazet une fermeté qui le relevait d'ailleurs, rien n'empêchait que son intrigue avec Atalide ne fût de même découverte, et que l'action ne marchât vers le dénoûment. Bajazet eût été ce qu'il devait être, et le spectateur n'eût pas été dans le cas de dire que, s'il périt, c'est qu'il l'a bien voulu ; et qu'un prince qui, dans de pareilles circonstances, sacrifie tout à de si minces scrupules de tendresse, non-seulement n'est point un héros, et encore moins un héros turc, mais ne mérite nullement qu'on se perde pour le servir. »

L'abbé Geoffroy réplique : « Un jeune prince amoureux, qui ne connaît pas encore le monde et que la politique n'a point corrompu, peut fort bien ne pas vouloir acheter le trône par une lâcheté ; il peut estimer l'honneur plus que la vie. Si, vaincu par les prières d'Atalide, Bajazet est descendu jusqu'à la feinte avec Roxane, lorsque Atalide jalouse condamne cette feinte, il peut rentrer dans son caractère et préférer les plus grands périls à la honte de céder aux menaces d'une femme... C'est par amour que Bajazet s'est d'abord déterminé à feindre ; c'est par fierté et par grandeur d'âme qu'il renonce ensuite à cette feinte. Racine nous a présenté dans Bajazet l'héroïsme de la probité et de l'honneur, beaucoup plus que celui de la constance et de la fidélité amoureuse ; et d'ailleurs cette fidélité-là même tient à l'honneur, puisqu'elle n'est au fond que la fidélité à tenir sa parole... Bajazet a toute la fierté, tout le flegme et toute la bonne foi des Turcs. Il renonce au trône pour ne pas tromper une femme, tandis qu'une perfidie amoureuse est le triomphe d'un galant français. Il s'expose à la mort pour ne pas affliger ce qu'il aime, tandis qu'un petit-maître français se fait un plaisir et un honneur de déchirer le cœur qu'il a séduit. Assurément, Bajazet est turc autant qu'il est possible de l'être. »

Quant au personnage d'Atalide, Geoffroy le défend de même : « Les caprices, les contradictions, les bizarreries d'Atalide, dit-il, sont dans le cœur des amoureuses de tous les pays ; elles conviennent aux princesses de l'Orient comme aux héroïnes du Nord ; Atalide n'est point une esclave ; elle est de la famille des Ottomans ; il n'y a rien dans ses sentiments qui ne soit très-conforme à sa naissance et aux mœurs de sa nation... Atalide n'est pas *habillée à la française ;* c'est bien une amante turque pour qui la mort même de son amant n'est pas le dernier des maux ; qui flotte entre le désir de sauver la vie de Bajazet et la crainte de perdre son cœur, et dont la jalousie importune entraîne le jeune prince vers sa ruine. »

M. Deltour justifie surtout ces deux caractères de Bajazet et d'Atalide par leur opposition nécessaire à ceux d'Acomat et de Roxane. La sensibilité et la délicatesse d'Atalide font ressortir encore par le contraste la terrible énergie de la sultane. « Nous ne voyons pas, pour nous, que Bajazet soit si galant et si tendre. Il s'entretient avec Atalide moins de son amour pour elle que de sa haine et de son mépris pour Roxane, de son honneur, de sa gloire, de ses ancêtres qu'il dégraderait en épousant une esclave. Grave, loyal, scrupuleux même dans sa loyauté, il rougit du détour que l'intérêt seul d'Atalide peut lui faire supporter ; il est près de le reprocher à son amante. En face de Roxane, il soutient bien mal un rôle qui répugne à sa fierté autant qu'à son cœur : il faut toute la passion de Roxane pour que l'illusion de la sultane résiste à cette froideur, pour que ses craintes ne deviennent pas plus tôt une affreuse certitude. A la fin de la pièce, Bajazet aura le droit de répondre à ses reproches que ce n'est pas lui qui l'a trompée, mais elle-même. Avec quel orgueil méprisant il la repousse quand, pour prix de l'empire qu'elle lui donne, elle veut le titre d'épouse légitime ! Quelle noble et tranquille fermeté il oppose à ses transports, à ses supplications, à ses menaces ! Il ne sort qu'une fois de ce calme, c'est quand Roxane, détrompée, veut encore lui faire grâce à la condition qu'il contemplera le supplice de sa rivale. Alors il écrase de son indignation cette femme sanguinaire. Plus nous étudions ce caractère, moins nous pouvons souscrire à la condamnation des critiques ; moins il nous semble que la figure de Bajazet se confonde parmi celles des galants doucereux et vulgaires ; plus elle nous paraît avoir d'originalité et de relief, plus nous la trouvons digne de la tragédie.[1] »

On aura beau dire, on sentira toujours, à la lecture ou à la représentation de *Bajazet,* quelque irritation des scrupules du jeune prince et des inquiétudes jalouses d'Atalide, précisément parce que l'on s'intéresse à eux, et qu'on les voudrait sauver. Que leur âme ne soit pas tout à fait turque, c'est ce que nous ne rechercherons guère. Il nous suffit qu'ils soient dans la vérité humaine, et Bajazet représente bien la généreuse jeunesse et Atalide la tendresse imprévoyante, déjouant les plans des conspirateurs politiques obligés de compter avec elles. Ce sont des agneaux parmi les loups. « Bajazet, c'est encore une observation d'un de nos devanciers, adoré d'une fière beauté de qui sa vie dépend, joue presque le rôle d'une sultane ; c'est un sérail en révolution, et, si l'on peut ainsi parler, tombé en quenouille. Par la situation des principaux personnages, la femme est un homme qui attaque et fait toutes les avances ; l'homme est une femme qui refuse et se défend. Voilà pourquoi Bajazet est un peu froid au théâtre. Prince par la naissance et par le cœur, il est presque un esclave par sa position précaire ; ses sentiments sont enchaînés et ses vertus passives. Les spectateurs sont déconcertés à l'aspect d'un héros embarrassé, contraint, dépendant, toujours sous le glaive, et qui n'a rien de libre que sa conscience. » J'ajoute que c'est à cause de cela précisément que cette conscience doit être plus susceptible, et en quelque sorte plus sauvage.

Un mérite qu'on ne peut contester à la tragédie de *Bajazet,* c'est d'être admirablement théâtrale. L'action ne languit point ; la situation des personnages change presque à chaque scène. Le trouble va croissant, jusqu'à ce terrible mot de Roxane : « Sortez ! » qui est l'arrêt de mort de Bajazet, et qui forme un des plus beaux coups de théâtre que l'on connaisse.

---

1. *Les Ennemis de Racine,* p. 268.

Le succès, avons-nous dit, avait été éclatant. On a vu que Mlle de Champmeslé y eut une grande part. Mais quel rôle joua-t-elle, celui de Roxane ou celui d'Atalide? L'*Histoire du Théâtre françois* des frères Parfait contient à ce sujet une note ainsi conçue : « Avant la représentation de *Bajazet,* Racine avoit destiné le rôle d'Atalide à Mlle Champmeslé et celui de Roxane à Mlle d'Ennebaut. Dans la suite, il changea de sentiment et trouva que cette dernière joueroit mieux Atalide, et Mlle Champmeslé Roxane. Enfin, après avoir repris et redonné ces rôles, il revint à son premier dessein, de sorte que Mlle Champmeslé joua Atalide et Mlle d'Ennebaut Roxane. »

Cette distribution a toujours été révoquée en doute, à cause de l'effet même que l'actrice produisit. Est-il probable, a-t-on dit, que la tragédienne ait excité la vive admiration, dont témoignent notamment les lettres de Mme de Sévigné, dans un autre rôle que celui de Roxane? Elle est confirmée cependant par la lettre de Mme de Sévigné à Mme de Grignan, du 24 août 1689, où il est dit, en parlant d'un des anciens amants de la Champmeslé : « J'avoue, ma fille, que nous avons été bien exposées au mérite de ce dernier (M. de Revel); mais nous avons soutenu sa figure : tout ce que nous avons fait en sa faveur, c'est de comprendre qu'il a été fort aimé de plusieurs sortes de femmes, et nous nous sommes contentées d'en être les confidentes. Son éloquence ne nous a point séduites, elle nous a diverties. Nous admirions quelquefois comme en ânonnant il ne laissoit pas de sortir heureusement de toutes ses périodes : les fureurs de la R***, pareilles à celles de Médée, sont admirables ; les manœuvres de la Champmeslé pour conserver tous ses amants, sans préjudice des rôles d'*Atalide,* de Bérénice et de Phèdre, font passer cinq lieues de pays fort aisément. » Ainsi, c'était bien dans le personnage d'Atalide, et non dans celui de Roxane, que la Champmeslé excitait des transports d'enthousiasme.

Le succès de *Bajazet* fut durable. Ce fut une des premières pièces que M. et Mlle Champmeslé apportèrent à l'Hôtel de Guénégaud à la rentrée de Pâques 1679. Elle y fut représentée quatre fois avant la jonction des troupes, qui s'accomplit au mois d'août 1680. De ce moment au 1er septembre 1685, nous voyons par le registre de La Grange qu'elle fut jouée dix-sept fois à Paris et six fois à la cour.

Bajazet, comme toutes les tragédies de Racine, fut l'objet de nombreuses et brillantes reprises. Disons toutefois qu'après la Champmeslé, le premier rôle tenu par les actrices les plus célèbres fut toujours celui de Roxane. C'est dans ce rôle que se distinguèrent successivement Adrienne Lecouvreur, Mlle Clairon, Mlle Raucourt, Mlle Duchesnois, Mlle Rachel. On n'a conservé le souvenir que d'une ou deux Atalide : Mlle Sainval cadette et Mlle Desgarcins, qui débuta dans ce rôle le 24 mai 1788, et dont La Harpe a parlé dans sa *Correspondance littéraire*.

Parmi les œuvres issues plus ou moins directement de *Bajazet*, nous mentionnerons une pièce de M. Alexandre Dumas fils, *la Princesse Georges*, représentée au mois de décembre 1871. Elle compte quatre principaux personnages : le prince Georges de Birac et la princesse Séverine sa femme, la comtesse Sylvanie de Terremonde et le comte son mari. Le prince trompe sa femme avec la comtesse ; Séverine, qui aime passionnément son époux, soupçonne qu'il lui est infidèle. Sa femme de chambre, Rosalie, a épié le prince jusqu'à Rouen, où elle l'a vu descendre et rejoindre Sylvanie. Le prince apaise à peu de frais la jalousie et les plaintes de sa femme. Il lui dit qu'il ne s'agissait que de rompre une liaison antérieure à son mariage, d'échanger d'anciennes lettres. La princesse aveuglée, enivrée par la présence de son mari, se laisse convaincre.

<blockquote>Mais qu'aisément l'amour croit tout ce qu'il souhaite !</blockquote>

Cependant, restée seule, rentrant en elle-même, elle s'aperçoit combien les explications de son mari étaient peu sérieuses, combien elle a été prompte à pardonner. Elle se promet d'observer avec une attention extrême le prince et la comtesse :

> Ils ont beau se cacher, l'amour le plus discret
> Laisse par quelque marque échapper son secret.

Le soir, dans une fête qu'elle donne, la princesse surprend un échange de paroles à voix basse entre le prince et la comtesse. Un valet de chambre livre à la princesse Séverine un billet du prince. Ce billet lui révèle que le prince va le lendemain partir avec la comtesse, en emportant deux millions, qui font juste la moitié de la dot de la princesse. Celle-ci se livre à des transports violents :

> Avec quelle insolence et quelle cruauté
> Ils se jouoient tous deux de ma crédulité !...
> Tu ne remportois pas une grande victoire,
> Perfide, en abusant ce cœur préoccupé
> Qui lui-même craignoit de se voir détrompé !

La princesse s'adresse à sa mère qui l'a mariée ; elle s'adresse au notaire de la famille ; elle leur demande ce qu'ils peuvent faire pour elle, pour lui rendre son époux, pour lui conserver sa fortune. Elle demande ce que, dans de si cruelles circonstances, peut la famille, ce que peut la loi. « Rien, » lui répondent-ils l'un et l'autre. La comtesse veut du moins se venger. Elle prévient le comte de Terremonde que la comtesse le trompe, sans lui dire le nom du séducteur. Le comte feint de partir en voyage ; mais il revient, armé de pistolets, se cacher dans la loge du concierge de son hôtel, pour surprendre et punir le coupable. La princesse en est avertie ; elle sait aussi que le prince doit se rendre chez la comtesse. Elle le mande auprès d'elle : s'il se repent, elle le retiendra ; sinon elle le laissera aller où la mort l'attend.

> Je suis pourtant toujours maîtresse de son sort.
> Je puis le retenir. Mais s'il sort, il est mort.

Le prince ne se repent pas. Bien au contraire, il accuse sa femme de calomnier la comtesse Sylvanie, il lui déclare durement, cyniquement, qu'il est décidé à s'enfuir avec celle-ci, sans oublier les deux millions. Indignée, la princesse s'écrie : « Va donc la retrouver! » Il va pour sortir, mais avant qu'il ait franchi le seuil, la princesse s'est jetée au-devant de lui; elle lui dit ce qu'elle a fait, elle s'attache à lui pour l'arrêter. Un coup de feu retentit. Le comte de Terremonde a tué un certain M. de Fondette, rival du prince et ayant les mêmes titres à la vengeance du comte. C'est un quiproquo. Le prince semble un peu dégrisé par cette aventure, et la pièce finit là.

Les situations de cette comédie-drame et son développement extérieur offrent une analogie frappante avec *Bajazet*. Et pourtant rien ne ressemble moins à *Bajazet*. Il y a autant de différence entre les deux tableaux que du jour à la nuit, et c'est pour qu'on puisse mesurer cette distance singulière que nous les rapprochons ici l'un de l'autre.

FIN DE L'EXAMEN CRITIQUE DE BAJAZET.

TABLE
DU TOME TROISIÈME

Notice préliminaire sur *Britannicus*.	3
Épître dédicatoire à M. le duc de Chevreuse.	41
Notice historique sur le duc de Chevreuse.	43
Première préface.	49
Seconde préface.	55
BRITANNICUS.	59
Examen critique de *Britannicus*.	181
Notice préliminaire sur *Bérénice*.	223
Épître dédicatoire à Mgr Colbert.	273
Préface.	275
BÉRÉNICE.	279
Examen critique de *Bérénice*.	365
Notice préliminaire sur *Bajazet*.	391
Première préface.	403
Seconde préface.	405
BAJAZET.	409
Examen critique de *Bajazet*.	505

PARIS. — J. CLAYE, IMPRIMEUR, 7, RUE SAINT-BENOIT. — [374]

www.ingramcontent.com/pod-product-compliance
Lightning Source LLC
Chambersburg PA
CBHW051355230426
43669CB00011B/1643